ZHONGJI CAIWU KUAIJI XUEXI ZHIDAO YU ZIZHU CESHI

浙江省"十三五"优势与特色专业建设成果

高等学校会计学与财务管理专业系列教材

中级财务会计

学习指导与自主测试（第三版）

主　编　贝洪俊　白玉华　杨黎明

副主编　程　洋　龚素英　蔡　琴

高等教育出版社·北京

内容提要

本书是浙江省"十三五"优势与特色专业建设成果，是贝洪俊、白玉华、龚素英主编的《中级财务会计》（第三版）的配套学习指导用书。本书与主教材的结构、内容和教学特点相配套，共包括八大板块：①学习目的和要求；②学习重点和难点；③教材主要观点提示；④案例导入设计；⑤自学内容和课外阅读；⑥自主测试；⑦自主测试参考答案及解析；⑧期末考试模拟试题及参考答案。

本书可作为"中级财务会计"课程的辅助教材，帮助学生深入理解主教材内容，有效提高学生的自主学习能力、分析问题和解决问题能力；也可以作为任课教师的教学参考书。

图书在版编目(CIP)数据

中级财务会计学习指导与自主测试 / 贝洪俊，白玉华，杨黎明主编. —3 版. —北京：高等教育出版社，2019.8(2023.7重印)

ISBN 978-7-04-052572-4

Ⅰ. ①中… Ⅱ. ①贝… ②白… ③杨… Ⅲ. ①财务会计—高等学校—教学参考资料 Ⅳ. ①F234.4

中国版本图书馆 CIP 数据核字(2019)第 168185 号

策划编辑	林 荫 郭昕宇	责任编辑	郭昕宇 林 荫	封面设计 张文豪
责任印制	高忠富			

出版发行	高等教育出版社	网　址	http://www.hep.edu.cn
社　　址	北京市西城区德外大街4号		http://www.hep.com.cn
邮政编码	100120	网上订购	http://www.hepmall.com.cn
印　　刷	江苏凤凰数码印务有限公司		http://www.hepmall.com
开　　本	787mm×1092mm　1/16		http://www.hepmall.cn
印　　张	17.25	版　次	2017年8月第1版
字　　数	440千字		2019年8月第3版
购书热线	010-58581118	印　次	2023年7月第4次印刷
咨询电话	400-810-0598	定　价	37.00元

本书如有缺页、倒页、脱页等质量问题，请到所购图书销售部门联系调换
版权所有　侵权必究
物 料 号　52572-00

前　言

自主学习能力直接影响学生学习成效和人才培养质量。培养学生自主学习能力是高等学校落实立德树人根本任务、全面深化教学改革的重要途径。为使学生深入理解和系统掌握中级财务会计的基本知识,任课教师进行了形式多样的课堂教学改革,如翻转课堂、研究性学习教学改革。

事实证明,翻转课堂、研究性教学改革在"中级财务会计"课程教学中取得了很好的效果。"知识传授在课外,知识内化在课内"是翻转课堂或研究性教学改革的精髓。我们认为,课外教学资源的提供是影响学生学习效果的重要因素,一本好的学习参考书对提高学生学习成效至关重要,能起到事半功倍的效果。为此,我们编写了《中级财务会计学习指导与自主测试》(第三版)这本辅助教材。本书根据2019年我国最新修订的企业会计准则和财务报表格式,结合企业的实际会计业务以及作者多年的会计教学经验编写而成,包括八大板块:

(1) 学习目的和要求:提供主教材各章的学习目标和学习要求。

(2) 学习重点和难点:提炼主教材各章学习重点和学习难点。

(3) 教材主要观点提示:对主教材各章的主要知识点作了进一步的梳理和总结。

(4) 案例导入设计:帮助任课教师找到课堂教学的切入点。

(5) 自学内容和课外阅读:学习是一个探究和发现的过程,阅读是最好的学习方式之一,因此,本书安排了部分内容供学生自主学习,同时附有相关的阅读资料列表,主要是让学生了解获取知识的途径。

(6) 自主测试:根据主教材知识点,结合目前会计类考试的题型以及企业的实际会计业务精心设计测试题目,学生可以对自主学习情况进行自我评估。

(7) 自主测试参考答案及解析:自主测试题目不仅配有参考答案,而且对答案进行了详细的解析,让学生知其然也知其所以然。

(8) 期末考试模拟试题及参考答案:让学生了解期末考试的题型及难易程度。

本书是贝洪俊、白玉华、龚素英主编的《中级财务会计》(第三版)的配套学习指导用书,与主教材的结构、内容和教学特点相配套。本书可以作为学生学习"中级财务会计"课程的重要学习资源,帮助学生深入理解教材内容,显著提高学生的自主学习能力、分析问题和解决问题能力,也可以作为任课教师的教学参考书。

本书的出版得到了宁波财经学院和浙江万里学院的大力支持,也得到了高等教育出版社的鼓励,在此一并表示诚挚的谢意。

由于时间仓促,加之作者水平有限,书中错误之处在所难免,我们希望各位教师与同学批评指正。

编　者

2019 年 7 月

目 录

第一章 总 论 … 1
一、学习目的和要求 … 1
二、学习重点和难点 … 1
三、教材主要观点提示 … 1
四、案例导入设计 … 2
五、自学内容和课外阅读 … 2
六、自主测试 … 2

第二章 货币资金与应收及预付款项 … 6
一、教学目的与要求 … 6
二、学习重点和难点 … 6
三、教材主要观点提示 … 6
四、案例导入设计 … 7
五、自学内容和课外阅读 … 8
六、自主测试 … 8

第三章 存 货 … 15
一、学习目的和要求 … 15
二、学习重点和难点 … 15
三、教材主要观点提示 … 15
四、案例导入设计 … 16
五、自学内容和课外阅读 … 16
六、自主测试 … 16

第四章 金融资产 … 29
一、学习目的和要求 … 29
二、学习重点和难点 … 29
三、教材主要观点提示 … 29

四、案例导入设计　30
　　五、自学内容和课外阅读　30
　　六、自主测试　30

第五章　长期股权投资　42
　　一、学习目的和要求　42
　　二、学习重点和难点　42
　　三、教材主要观点提示　42
　　四、案例导入设计　43
　　五、自学内容和课外阅读　43
　　六、自主测试　43

第六章　长期非货币性资产　52
　　一、学习目的和要求　52
　　二、学习重点和难点　52
　　三、教材主要观点提示　52
　　四、案例导入设计　53
　　五、自学内容和课外阅读　53
　　六、自主测试　54

第七章　资产减值　79
　　一、学习目的和要求　79
　　二、学习重点和难点　79
　　三、教材主要观点提示　79
　　四、案例导入设计　79
　　五、自学内容和课外阅读　80
　　六、自主测试　80

第八章　负　债　86
　　一、学习目的和要求　86
　　二、学习重点和难点　86
　　三、教材主要观点提示　86
　　四、案例导入设计　87
　　五、自学内容和课外阅读　87
　　六、自主测试　87

第九章　所有者权益　100
　　一、学习目的和要求　100
　　二、学习重点和难点　100
　　三、教材主要观点提示　100

四、案例导入设计　　101
　　五、自学内容和课外阅读　　101
　　六、自主测试　　101

第十章　收入、费用和利润　　110
　　一、学习目的和要求　　110
　　二、学习重点和难点　　110
　　三、教材主要观点提示　　110
　　四、案例导入设计　　111
　　五、自学内容和课外阅读　　111
　　六、自主测试　　111

第十一章　特殊交易和事项　　127
　　一、学习目的和要求　　127
　　二、学习重点和难点　　127
　　三、教材主要观点提示　　127
　　四、案例导入设计　　128
　　五、自学内容和课外阅读　　128
　　六、自主测试　　129

第十二章　财务报表　　140
　　一、学习目的和要求　　140
　　二、学习重点和难点　　140
　　三、教材主要观点提示　　140
　　四、案例导入设计　　141
　　五、自学内容和课外阅读　　141
　　六、自主测试　　141

自主测试参考答案及解析　　158
　　第一章　总　论　　158
　　第二章　货币资金与应收及预付款项　　160
　　第三章　存　货　　164
　　第四章　金融资产　　172
　　第五章　长期股权投资　　180
　　第六章　长期非货币性资产　　185
　　第七章　资产减值　　205
　　第八章　负　债　　210
　　第九章　所有者权益　　219
　　第十章　收入、费用和利润　　223
　　第十一章　特殊交易和事项　　232

第十二章　财务报表　　238

附录一　期末考试模拟试题　　247
模拟试题(一)　　247
模拟试题(二)　　253

附录二　模拟试题参考答案　　260
模拟试题(一)参考答案　　260
模拟试题(二)参考答案　　264

第一章 总 论

 一、学习目的和要求

通过本章学习,了解财务会计的含义与本质;了解财务会计目标与会计规范;掌握会计核算的基本前提;掌握财务会计信息的质量要求;掌握会计要素的确认条件、会计计量属性及其应用范围;掌握财务会计报告的构成与信息提供。要求学生能够结合企业经营的实际情况,分析理解企业财务会计基本理论。

 **二、学习重点和难点**

重点:对我国财务会计目标的理解;会计假设的作用;会计要素确认条件、计量属性;会计信息质量特征及其在会计实务中的具体应用。

难点:会计假设对会计政策选择的影响;会计信息质量特征对会计要素确认、计量和报告的影响;会计计量属性的应用。

 **三、教材主要观点提示**

财务会计是以企业会计准则为主要依据,运用确认、计量、记录和报告等专门的程序和方法,着重向会计信息使用者提供财务信息的经济信息系统。

财务会计目标是向财务报告使用者提供与企业财务状况、经营成果和现金流量等有关的会计信息,反映企业管理层受托责任履行情况,帮助财务报告使用者作出经济决策。

会计基本假设简称会计假设,是企业进行会计确认、计量、记录和报告的前提,是对会计核算所处时间、空间和环境等所作的合理设定。会计假设包括会计主体、持续经营、会计分期和货币计量四个基本假设。会计核算对象的确定、会计政策的选择、会计数据的收集都要以这四个基本假设为前提。

会计确认基础包括权责发生制和收付实现制两种。企业一般以权责发生制为基础进行会计确认、计量与报告。

会计信息质量要求包括可靠性、相关性、可理解性、可比性、实质重于形式、重要性、谨慎性和及时性。

会计要素按照交易或者事项的经济特征进行基本分类,可分为反映企业财务状况的会计要素和反映企业经营成果的会计要素。会计要素既是会计确认和计量的依据,也是确定财务报表结构和内容的基础,包括资产、负债、所有者权益、收入、费用和利润。

会计要素计量属性主要包括历史成本、重置成本、可变现净值、现值和公允价值。企业对会计要素进行计量时,一般采用历史成本;按规定采用其他计量属性时,应当确保相关金额能够取得并可靠计量。

四、案例导入设计

案例导入:通过教材中的案例引入,引导学生思考:财务会计的含义与本质是什么?财务会计信息包括哪些内容?财务会计信息应当具备哪些质量特征?财务报告应当包括哪些构成内容?如何规范会计信息的披露?在此基础上,进一步引导学生思考:如果企业的性质和经营环境不同,比如,企业是个人独资企业,将对上述哪些方面产生影响?进而引导学生思考并理解会计环境对财务会计的影响。

提问抽答:会计应当满足哪些使用者的信息需求?他们需要的信息有哪些差异?财务会计应如何满足他们的信息需求?

归纳总结:财务会计目标、会计假设及会计确认基础、会计信息质量要求及其关系;会计要素及其分类、会计计量属性及其应用。

五、自学内容和课外阅读

自学内容	具体内容	课外阅读资料
会计规范	(1) 会计职业与会计规范 (2) 会计规范的层次 (3) 会计准则体系的内容	(1)《企业会计准则——基本准则》第一、二、九、十章 (2)《企业会计准则第39号——公允价值计量》 (3)《编报财务报表的框架》 (4)《财务会计概念公告》(第1—7号)

六、自主测试

(一) 单项选择题

1. 下列关于会计要素的表述中,正确的是(　　)。
   A. 企业承担潜在义务是负债的特征之一
   B. 预期能给企业带来经济利益是资产的特征之一
   C. 利润是企业一定期间内收入减去费用后的净额
   D. 收入是导致所有者权益增加的经济利益的总流入

2. 资产按照现在购买相同或者相似资产所需支付的现金或现金等价物的金额计量,这是(　　)会计计量属性。
   A. 历史成本　　　　B. 重置成本　　　　C. 可变现净值　　　　D. 公允价值

3. 以下不属于企业的资产的是( )。
   A. 短期租入的固定资产　　　　　　B. 使用权资产
   C. 存货　　　　　　　　　　　　　D. 企业申请的专利

4. 下列项目中,不属于费用的是( )。
   A. 资产减值损失　　　　　　　　　B. 固定资产报废净损失
   C. 业务招待费　　　　　　　　　　D. 质量保证费

5. 下列有关会计主体的表述不正确的是( )。
   A. 会计主体可以是营利组织,也可以是非营利组织
   B. 会计主体必须要有独立的资金,并独立编制财务报告对外报送
   C. 企业的经济活动应与投资者的经济活动相区分
   D. 会计主体可以是法人,也可以是非法人

6. 我国企业会计准则中的"收入"是指( )。
   A. 仅是主营业务收入　　　　　　　B. 营业收入和营业外收入之和
   C. 营业收入、营业外收入与投资收益之和　D. 营业收入

7. 下列各项中,没有体现实质重于形式要求的是( )。
   A. 将租入的使用权资产作为自有资产入账
   B. 售后回购的账务处理
   C. 将出售固定资产产生的净损益计入资产处置损益
   D. 应收债权的出售和融资

8. A公司对B公司投资,投资额占B公司表决权资本的16%,A公司为B公司生产产品提供配方,并规定B公司不得改变其配方,故可确认A公司对B公司有重大影响。此项业务处理的依据是会计信息质量要求的( )。
   A. 重要性　　　　　　　　　　　　B. 实质重于形式
   C. 谨慎性　　　　　　　　　　　　D. 相关性

9. 下列说法中,体现了可比性要求的是( )。
   A. 发出存货计价方法一经确定,不得随意改变;如果变更,需在财务报告中说明
   B. 对有的资产、负债采用公允价值计量
   C. 将租入的使用权资产视同自有资产
   D. 期末对存货采用成本与可变现净值孰低法计量

10. 企业将劳动资料划分为固定资产和低值易耗品,是基于( )会计信息质量要求。
    A. 可比性　　B. 谨慎性　　C. 可理解性　　D. 重要性

11. 某企业将预收的货款记入"预收账款"科目,在收到款项的当期不确认收入,而在实际发出商品时确认收入,这主要体现的会计基本假设是( )。
    A. 持续经营　　B. 会计分期　　C. 会计主体　　D. 货币计量

12. 企业提供的会计信息应有助于财务会计报告使用者对企业过去、现在或者未来的情况作出评价或者预测,这体现了会计信息质量要求的( )。
    A. 相关性　　B. 可靠性　　C. 可理解性　　D. 可比性

13. 企业将租入的使用权资产按自有固定资产的折旧方法计提折旧,遵循的是会计信息质量要求的( )。
    A. 可比性　　B. 重要性　　C. 相关性　　D. 实质重于形式

(二) 多项选择题

1. 下列组织可以作为一个会计主体进行核算的有(　　)。
   A. 母公司　　　　　　　　　　　B. 非单独核算的分公司
   C. 销售门市部　　　　　　　　　D. 学校

2. 下列各项中,不属于资产的是(　　)。
   A. 计划购买的原材料　　　　　　B. 待处理财产损失
   C. 委托加工物资　　　　　　　　D. 预收款项

3. 下列各项中,可能导致本期资产和所有者权益同时增减变动的有(　　)。
   A. 收购本企业发行的股票,实现减资
   B. 盈余公积转增资本
   C. 用现金支付股利
   D. 资产负债表日,其他债权投资的公允价值高于其账面余额

4. 下列业务事项中,可以引起资产和负债同时变化的有(　　)。
   A. 计提无形资产减值准备　　　　B. 赊购原材料
   C. 计提长期借款利息　　　　　　D. 到期支付应付票据金额

5. 下列事项中,属于企业收入的有(　　)。
   A. 销售商品所取得的收入　　　　B. 提供劳务所取得的收入
   C. 报废无形资产的收入　　　　　D. 出租机器设备取得的收入

6. 下列属于企业的资产的有(　　)。
   A. 短期租入的固定资产　　　　　B. 租入的使用权资产
   C. 企业申请的专利　　　　　　　D. 债权投资

7. 下列属于利得的有(　　)。
   A. 报废无形资产产生的收益　　　B. 出售原材料的收入
   C. 固定资产毁损清理产生的收益　D. 转让无形资产使用权的收入

8. 下列各项中,属于利得的有(　　)。
   A. 出租固定资产取得的收益　　　B. 报废固定资产产生的净收益
   C. 接受的捐赠　　　　　　　　　D. 销售商品的收入

9. 下列各项中,企业不应将其作为资产在年末资产负债表中反映的有(　　)。
   A. 尚未批准处理的盘亏设备
   B. 债务重组过程中的应收债权
   C. 已全额计提减值准备的无形资产
   D. 法院正在审理中的因被侵权而很可能获得的赔偿款

10. 在有不确定因素的情况下作判断时,下列事项中,符合谨慎性做法的有(　　)。
    A. 合理估计可能发生的损失和费用　B. 充分估计可能取得的收益和利润
    C. 不要高估资产和预计收益　　　　D. 设置秘密准备

11. 下列事项中,体现实质重于形式会计信息质量要求的有(　　)。
    A. 售后回购销售方式下不确认收入　B. 售后租回业务方式下不确认收入
    C. 将包装物作为存货核算　　　　　D. 租入的使用权资产作为固定资产核算

12. 下列各项账务处理方法中,体现谨慎性要求的有(　　)。
    A. 采用双倍余额递减法计提固定资产折旧
    B. 将租入使用权资产视作自有固定资产核算

C. 无形资产期末按照其账面价值与可收回金额孰低计价
D. 固定资产期末采用成本计价

（三）判断题

1. 一般情况下,对于会计要素的计量,应当采用历史成本计量属性。　　　（　）
2. 费用包括向所有者分配的利润。　　　（　）
3. 收入最终会导致所有者权益的增加。　　　（　）
4. 谨慎性要求企业对交易或者事项进行会计确认、计量和报告时应当保持应有的谨慎,应充分估计资产和收益。　　　（　）
5. 如果可以判断企业不能持续经营,仍可以以持续经营的基本假设编制财务报告。
　　　（　）
6. 可靠性要求企业应当以实际发生的交易或事项为依据进行会计确认、计量和报告,如实反映符合确认和计量要求的各项会计要素及其他相关信息,保证会计信息真实可靠、内容完整。
　　　（　）
7. 为满足会计信息可比性的要求,企业不能随意变更会计政策。　　　（　）
8. 实质重于形式要求企业应当按照交易或者事项的经济实质进行会计确认、计量和报告,不应仅以交易或者事项的法律形式为依据。　　　（　）
9. 负债是企业承担的义务。　　　（　）
10. 工业企业报废固定资产取得的收益构成企业的收入。　　　（　）
11. 附注是财务报表的有机组成部分,而报表至少应当包括资产负债表、利润表和现金流量表。小企业编制的报表可以不包括现金流量表。　　　（　）
12. 涉及金额较大的会计信息是重要的,而涉及金额较小的会计信息是不重要的。（　）

第二章 货币资金与应收及预付款项

一、教学目的与要求

通过本章学习,掌握货币资金的管理与控制;掌握应收票据的核算与贴现;掌握应收账款入账价值的确定及核算;掌握应收账款的融资;掌握预付账款及其他应收款的核算;掌握坏账准备的计提范围与计提方法;掌握货币资金及应收预付项目在财务报告中的列示。要求学生能够针对货币资金、应收款项等在实务中可能发生的情况,依据货币资金和应收款项确认的原则和条件进行判断分析。

二、学习重点和难点

重点:货币资金的内容、内部管理的重要性及会计核算;应收票据的贴现;应收账款的初始计量;坏账损失的核算;其他应收款的主要内容。

难点:库存现金的管理和控制方法;应收账款中现金折扣总价法和净价法的会计核算;坏账准备的计提及坏账损失的会计核算;应收债权出售和融资的核算。

三、教材主要观点提示

货币资金是指企业在生产经营过程中,以货币形态存在的资产。货币资金按其存放地点和用途,可分为库存现金、银行存款和其他货币资金。它是流动资产中流动性最强的资产,必须加强管理。库存现金和银行存款的账务处理主要包括两个部分:一是通过库存现金总分类账和银行存款总分类账进行总括核算,二是设置现金日记账和银行存款日记账。由于存放地点和用途不同,会计上对其他货币资金通常设置"其他货币资金"总账科目进行单独核算,并按照外埠存款、银行汇票存款、银行本票存款、信用证保证金存款、信用卡存款和存出投资款等设置明细科目,进行明细分类核算。

应收票据是指企业持有的、尚未到期兑现的商业汇票。应收票据的核算内容包括持有票据、票据到期、票据转让和贴现。应收票据贴现是企业的一种融资行为。**应收账款**是企业经营活动中的信用交易所形成的索取相应资源的权力。企业对预期可能难以收回的应收账款将通过提取坏账准备的方法来反映;应收账款融资,主要有应收账款抵借和应收账款出售两种方式。预付账款是企业因购货或接受劳务,按照合同规定预付给供应单位的款项。**其他应收款**是指除应收票据、应收账款和预付账款以外的其他各种应收、暂付款项。

坏账是指企业无法收回或收回的可能性极小的应收款项。由于发生坏账而产生的损失,被称为坏账损失。对于坏账损失的核算一般采用备抵法;在备抵法下要求企业在每一会计期间,都要采用一定方法估计坏账损失;估计坏账损失的方法主要有四种:应收账款余额百分比法、账龄分析法、赊销百分比法和个别认定法。

四、案例导入设计

案例导入 1   **上市公司推崇"现金为王"**

宏图高科(600122)三季报显示,前三季度实现营业总收入 104.87 亿元,同比增长 18.6%;实现基本每股收益 0.14 元,比去年同期增长 21.35%。另外,该公司货币资金总额为 39.95 亿元,占净资产的比例高达 90%,这意味着该公司大部分资产都以现金形式储备。而从公布的三季报来看,在年底社会资金普遍紧张的背景下,不少上市公司都采取了"现金为王"的策略,但是仍有一半的上市公司现金偿付能力不足。

引导学生思考:企业储备大量现金有什么意义?这里的现金是指广义还是狭义的现金?

提问抽答:货币资金有哪些?企业为何要加强对现金的管理与控制?本章中的"现金"与"现金流量表"中"现金"的关系是什么?举例说明银行结算方式有哪些?企业能否根据银行存款余额调节表进行账务处理?

案例导入 2   **应收账款成为大股东的提款机**

辽通化工(000059)半年报显示,上半年公司实现归属于上市公司股东的净利润为 4.68 亿元,较上年同期增长 111.01%。然而辽通化工应收账款高达 3.09 亿元,其中,单项金额重大应收账款 2.8 亿元。北方华锦化学工业集团有限公司作为大股东,其对辽通化工的应收账款占辽通化工总应收账款的比例竟然高达 69.26%,涉及金额 2.14 亿元。

引导学生思考:应收账款有没有发生坏账的可能性?如何对可能发生的坏账在会计上加以反映?直接法与备抵法各自的优缺点是什么?应收票据是指什么类型的票据?应收票据贴现业务的实质是什么?

提问抽答:应收票据与应收账款的区别是什么?坏账是怎样产生的?为何要计提坏账准备?应收债权融资方式有哪些?有何区别?

归纳总结:货币资金的具体内容;有关结算程序和账务处理方法;货币资金管理与控制的方法;应收款项的种类、特点及相关的账务处理方法;坏账损失的核算方法;应收票据的贴现;应收账款的管理。

五、自学内容和课外阅读

自学内容	具体内容	课外阅读资料
银行转账结算的方式	(1) 银行转账结算方式 (2) 出票人、提示付款期限、种类、背书、收付双方的原始凭证	(1)《中华人民共和国票据法》 (2)《支付结算办法》 (3)《人民币银行结算账户管理办法》 (4)《企业会计准则第22号——金融工具确认与计量》 (5)《IAS39——金融工具:确认与计量》

六、自主测试

(一) 单项选择题

1. 企业将款项委托开户银行汇往采购地银行,开立采购专户时,应借记的科目是(   )。
   A. "银行存款"   B. "材料采购"
   C. "其他货币资金"   D. "其他应收款"

2. 下列各项中,不属于"其他货币资金"科目核算内容的是(   )。
   A. 信用证存款   B. 存出投资款   C. 备用金   D. 银行汇票存款

3. 企业采用银行承兑汇票结算方法购进货物,签发的银行承兑汇票经开户银行承兑时,支付的承兑手续费应计入(   )。
   A. 管理费用   B. 财务费用   C. 营业外支出   D. 其他业务成本

4. 企业在现金清查中发现多余现金,在未经批准处理之前,应借记"库存现金"科目,贷记(   )科目。
   A. "营业外收入"   B. "待处理财产损溢"
   C. "其他应付款"   D. "其他业务收入"

5. 企业的银行存款账户中,办理日常转账结算和现金收付业务的是(   )。
   A. 基本存款账户   B. 一般存款账户
   C. 临时存款账户   D. 专用存款账户

6. 经过"银行存款余额调节表"调整后的银行存款余额为(   )。
   A. 企业账上的银行存款余额
   B. 银行账上的企业存款余额
   C. 企业可动用的银行存款数额
   D. 企业应当在会计报表中反映的银行存款余额

7. 商业承兑汇票的承兑人通常为(   )。
   A. 购货企业   B. 销货企业
   C. 购货企业的开户银行   D. 销货企业的开户银行

8. 根据《现金管理暂行条例》规定,下列经济业务中,不能用现金支付的是(   )。
   A. 支付职工奖金 5 000 元   B. 支付零星办公用品购置费 800 元
   C. 支付物资采购货款 1 200 元   D. 支付职工差旅费 2 000 元

9. 企业对现金清查中发现的确实无法查明原因的现金溢余,应计入(　　)。
　　A. 其他业务收入　　　　　　　　　　B. 资本公积
　　C. 盈余公积　　　　　　　　　　　　D. 营业外收入

10. 下列各类款项中,适合用托收承付方式结算的是(　　)。
　　A. 代销商品的款项　　　　　　　　　B. 寄销商品的款项
　　C. 赊销商品的款项　　　　　　　　　D. 因商品交易而产生的款项

11. 企业采购人员持银行汇票到外地办理款项支付结算后,根据有关凭证账单报销时,应借记有关科目,贷记(　　)。
　　A. "银行存款"科目　　　　　　　　　B. "应付票据——商业承兑汇票"科目
　　C. "应付票据——银行承兑汇票"科目　D. "其他货币资金"科目

12. 不单独设置"备用金"科目的企业,内部各部门、各单位周转使用的备用金,应通过(　　)科目核算。
　　A. "库存现金"　　B. "其他应收款"　　C. "应收账款"　　D. "预付账款"

13. 某企业持有一张 2019 年 2 月 28 日签发、期限为 3 个月的商业汇票。该商业汇票的到期日为(　　)。
　　A. 5 月 28 日　　B. 5 月 29 日　　C. 5 月 30 日　　D. 5 月 31 日

14. 某企业对基本生产车间所需备用金采用定额备用金制度。当基本生产车间报销日常管理支出而补足其备用金定额时,应借记的会计科目是(　　)。
　　A. "其他应收款"　　B. "其他应付款"　　C. "制造费用"　　D. "生产成本"

15. 下列情形中,不违背"确保办理货币资金业务的不相容岗位相互分离、制约和监督"原则的是(　　)。
　　A. 由出纳人员兼管会计档案保管工作
　　B. 由出纳人员保管签发支票所需全部印章
　　C. 由出纳人员兼管收入总账和明细账的登记工作
　　D. 由出纳人员兼管固定资产明细账及总账的登记工作

16. 长江公司 2019 年 2 月 10 日销售商品给大海公司,产生一笔应收账款 1 200 万元;2019 年 6 月 30 日,长江公司计提坏账准备 150 万元;2019 年 12 月 31 日,该笔应收账款的未来现金流量现值为 950 万元;2019 年 12 月 31 日,该笔应收账款应计提的坏账准备为(　　)万元。
　　A. 300　　　　　　B. 100　　　　　　C. 250　　　　　　D. 0

17. 甲公司 2019 年 6 月 1 日销售产品一批给丙公司,价款为 600 000 元,增值税为 78 000 元,双方约定丙公司应于 2019 年 9 月 30 日付款。甲公司 2019 年 7 月 10 日将应收丙公司的账款出售给工商银行,出售价款为 520 000 元,甲公司与工商银行签订的协议中规定,在应收丙公司账款到期,丙公司不能按期偿还时,银行不能向甲公司追偿。甲公司已收到款项并存入银行。甲公司出售应收账款时应编制的会计分录为(　　)。
　　A. 借:银行存款　　　　　　　　　　　　　　　　　　520 000
　　　　　营业外支出　　　　　　　　　　　　　　　　　158 000
　　　　　　贷:应收账款　　　　　　　　　　　　　　　　　　　678 000
　　B. 借:银行存款　　　　　　　　　　　　　　　　　　520 000
　　　　　财务费用　　　　　　　　　　　　　　　　　　158 000
　　　　　　贷:应收账款　　　　　　　　　　　　　　　　　　　678 000

C. 借:银行存款　　　　　　　　　　　　　　　　　　520 000
　　营业外支出　　　　　　　　　　　　　　　　　158 000
　　　贷:短期借款　　　　　　　　　　　　　　　　　　　678 000
D. 借:银行存款　　　　　　　　　　　　　　　　　　520 000
　　　贷:短期借款　　　　　　　　　　　　　　　　　　　520 000

18. 某企业销售商品一批,增值税专用发票上注明的价款为100万元,适用的增值税税率为13%,为购买方代垫运杂费2万元,款项尚未收回。该企业确认的应收账款为(　　)万元。
　　A. 100　　　　　B. 102　　　　　C. 113　　　　　D. 115

19. 某企业支付的下列款项中,可以使用库存现金进行支付的是(　　)。
　　A. 财务部门购买账簿2 200元　　　　B. 销售部门宣传费1 200元
　　C. 工程人员工资30 000元　　　　　　D. 生产车间办公费1 500元

20. 企业应当定期进行现金清查,当发生现金短缺时,属于无法查明原因的现金短缺应计入(　　)。
　　A. 营业外支出　　B. 管理费用　　C. 财务费用　　D. 资产减值损失

21. 下列各项中,不属于其他货币资金核算内容的是(　　)。
　　A. 银行本票存款　B. 银行汇票存款　C. 信用卡存款　D. 银行承兑汇票

22. 某企业为增值税一般纳税人,本月销售一批商品,商品标价为200万元(不含税),因为购买方是批量购买,所以给予10%的商业折扣,企业按折扣后的金额开具了增值税专用发票。同时,该企业为购买方垫付包装费1万元,保险费0.5万元,款项尚未收回。该企业应当确认的应收账款入账金额为(　　)万元。
　　A. 226　　　　　B. 203.4　　　　C. 204.9　　　　D. 227.5

23. 企业应收账款明细账的贷方余额反映的是(　　)。
　　A. 应付账款　　B. 预收账款　　C. 预付账款　　D. 其他应收款

24. 某企业2019年4月14日为甲公司提供运输劳务,并开具了运输业增值税专用发票,应收取的运费为100万元,增值税9万元。为了提早收回劳务款而在合同中规定了现金折扣条件为:2/10,1/20,n/30(计算现金折扣时不考虑增值税)。甲公司在2019年4月28日支付上述款项,则该企业实际收到的金额为(　　)万元。
　　A. 109　　　　　B. 108　　　　　C. 107　　　　　D. 100

25. 某企业2019年5月初应收账款余额为1 500万元,本月发生赊销1 000万元,收回应收账款500万元,实际发生坏账损失20万元。已知该企业按应收账款余额百分比法计提坏账准备,计提比例为2%,则2019年5月31日该企业应计提的坏账准备金额为(　　)万元。
　　A. 39.6　　　　B. 9.6　　　　　C. 29.6　　　　　D. 10

(二) 多项选择题

1. 商业汇票的签发人包括(　　)。
　　A. 收款人　　　B. 付款人　　　C. 承兑申请人　　D. 承兑银行

2. 企业发生的下列支出中,可用现金支付的有(　　)。
　　A. 发放本月职工工资185 000元　　　B. 购买原材料价款68 000元
　　C. 购买办公用品580元　　　　　　　D. 报销退休职工张某医药费6 300元

3. 下列各项中,属于其他货币资金的有(　　)。
　　A. 银行本票存款　B. 信用卡存款　C. 银行汇票存款　D. 外埠存款

4. 下列各项构成应收款入账价值的有( )。
   A. 增值税销项税额
   B. 代购货方垫付的包装费
   C. 代购货方垫付的运杂费
   D. 销售货物发生的商业折扣
5. 导致企业账面银行存款的余额与银行账面企业存款的余额在同一日期不一致的情况有( )。
   A. 银行已记作企业的存款增加,而企业尚未接到收款通知,尚未记账的款项
   B. 银行已记作企业的存款减少,而企业尚未接到付款通知,尚未记账的款项
   C. 企业已记作银行存款增加,而银行尚未办妥入账手续的款项
   D. 企业已记作银行存款减少,而银行尚未支付入账的款项
6. 下列各项中,不通过"其他货币资金"科目核算的有( )。
   A. 银行汇票存款
   B. 银行承兑汇票
   C. 备用金
   D. 存出投资款
7. 下列各项中,会引起期末应收账款账面价值发生变化的有( )。
   A. 收回应收账款
   B. 收回已转销的坏账
   C. 计提应收账款坏账准备
   D. 将应收票据转入应收账款
8. 下列各项中,应在"坏账准备"科目贷方反映的有( )。
   A. 提取的坏账准备
   B. 收回前期已确认为坏账并转销的应收账款
   C. 发生的坏账损失
   D. 冲销的坏账准备
9. 企业现金清查中发现现金溢余,在进行账务处理时可能会涉及的会计科目有( )。
   A. "其他应付款"
   B. "管理费用"
   C. "其他应收款"
   D. "营业外收入"
10. 下列各项中,会导致企业银行存款日记账的余额大于银行对账单余额的有( )。
    A. 企业将转账支票签发,但持票单位尚未办理转账
    B. 银行代企业收款,企业尚未取得到账通知单
    C. 企业收到转账支票已办理入账手续,但银行尚未入账
    D. 银行代扣本季度网银服务费,企业尚未取得扣款通知单
11. 企业取得银行承兑汇票时,下列款项中,应当构成应收票据入账金额的有( )。
    A. 销售商品收入
    B. 应收取的增值税税款
    C. 替购买方垫付的保险费
    D. 销售商品的检验费
12. 下列各项中,会影响工业企业应收账款入账金额的有( )。
    A. 销售商品的价款
    B. 增值税的销项税额
    C. 销售商品发生的现金折扣
    D. 销售商品发生的商业折扣
13. 下列关于预付账款的表述中正确的有( )。
    A. 预付账款属于企业的资产
    B. 预付账款是因为购货等行为发生的
    C. 预付账款不多的企业可以将预付的款项记入应收账款的贷方
    D. 预付账款的减少是在企业收到购买商品时
14. 下列各项中,应当通过"其他应收款"科目核算的有( )。
    A. 应收取的包装物租金
    B. 应收取的各项保险赔款
    C. 已收取的包装物押金
    D. 企业替购货单位代垫的包装费

15. 下列事项中,会引起企业应收账款期末账面价值发生增减变动的有( )。
A. 已转销的坏账又重新收回
B. 期末计提坏账准备
C. 实际发生坏账损失
D. 企业持有的商业承兑汇票到期承兑人尚未支付

(三) 判断题

1. 根据现行银行结算办法的有关规定,异地托收承付结算方式可适用于各种企业办理商品交易,以及因商品交易而产生的劳务供应的款项。( )
2. 企业采用代销、寄销、赊销方式销售商品的款项,不得采用异地托收承付结算方式结算货款。( )
3. 我国的会计核算以人民币为记账本位币,因此,企业的现金是指库存的人民币现金,不包括外币。( )
4. 企业与银行核对银行存款账目时,对已发现的未达账项,应当编制银行存款余额调节表进行调节,并进行相应的账务处理。( )
5. 无论是商业承兑汇票还是银行承兑汇票,其付款人都负有到期无条件支付票款的责任。( )
6. 企业用银行汇票支付购货款时,应通过"应付票据"科目核算。( )
7. 未达账款是指企业与银行之间由于凭证传递上的时间差,一方已登记入账而另一方尚未入账的账项。( )
8. 托收承付结算方式既适用于同城结算,也适用于异地结算。( )
9. 商业承兑汇票是由购货企业签发,并由购货企业承兑的。( )
10. 企业采用托收承付结算的款项,必须是商品交易,以及因商品交易而产生的劳务供应的款项。( )
11. 企业购货时所取得的现金折扣应冲减销售费用。( )
12. 企业将应收债权出售给银行,且不承担相应的坏账风险,则应按应收债权出售处理,并计提坏账准备。( )
13. 企业将银行日记账余额与银行对账单余额进行核对,发现有未达账项,应当编制银行存款余额调节表,并依据调节表调节的内容进行对应的账务处理,以达到账实相符。( )
14. 企业取得的商业承兑汇票到期而承兑人无力支付款项时,企业应当将应收票据转入到"营业外支出"科目中。( )
15. 企业预付款项不多时,可以不设置"预付账款"科目,而将预付的款项记入"应付账款"科目的借方。( )
16. 坏账准备一经计提,以后各期不得转回。( )

(四) 不定项选择题

甲公司为增值税一般纳税人,2019年8月发生与应收款项有关的经济业务如下:

(1) 8月1日,应收账款余额为2 480万元,其中应收A公司300万元,应收B公司2 000万元,应收C公司160万元,应收D公司20万元。

(2) 8月5日,销售一批产品给C公司,开出的增值税专用发票注明的价款为200万元,增值税税额为26万元,货款尚未收到。甲公司在合同中规定的现金折扣条件为2/10,1/20,n/30(计算现金折扣时不考虑增值税)。

(3) 8月18日,收到A公司所欠货款300万元,款项存入银行。

(4) 8月22日,收到C公司前欠货款及本月5日销售货款,款项存入银行。

(5) 8月28日,收到D公司来函,确认D公司的货款无法收回,甲公司确认坏账损失。

(6) 8月29日,收到B公司前欠货款100万元,款项存入银行。

甲公司按应收账款余额百分比法计提坏账准备,甲公司根据以往的经验估计坏账计提比例为6%。

要求:根据以上资料,不考虑其他因素,回答下列问题(答案中的金额单位用万元表示)。

(1) 2019年8月1日,甲公司应收账款的账面价值为(　　)万元。
A. 2 480　　　　B. 2 331.2　　　　C. 2 460　　　　D. 2 312.4

(2) 2019年8月22日,甲公司收到C公司款项为(　　)万元。
A. 382.14　　　　B. 224　　　　C. 384　　　　D. 383.74

(3) 甲公司实际发生现金折扣时,下列表述正确的有(　　)。
A. 甲公司发生的现金折扣应计入财务费用中
B. 甲公司应当合理预计可能发生的现金折扣,将其金额从应收账款中扣除
C. 甲公司在2019年8月22日实际收到的货款中224万元属于当月实现销售款的收回
D. 甲公司在实现销售收入时不考虑现金折扣

(4) 甲公司在2019年8月31日应当编制的会计分录是(　　)。
A. 借:信用减值损失　　　　　　　　　　　114
　　　贷:坏账准备　　　　　　　　　　　　　　114
B. 借:坏账准备　　　　　　　　　　　　　14.8
　　　贷:信用减值损失　　　　　　　　　　　　14.8
C. 借:坏账准备　　　　　　　　　　　　　114
　　　贷:信用减值损失　　　　　　　　　　　　114
D. 借:信用减值损失　　　　　　　　　　　14.8
　　　贷:坏账准备　　　　　　　　　　　　　　14.8

(五) 业务题

1. 某企业2019年6月30日银行存款日记账余额为409 500元,银行对账单企业存款余额为400 430元。经检查,发现6月有如下7项未达账项。

(1) 25日,银行将外单位货款8 000元误记入该企业账户。

(2) 28日,企业购买办公用品,签发支票3 400元,账务处理误记为2 400元。

(3) 29日,企业开出支票4 600元购买低值易耗品,持票人尚未到银行办理转账。

(4) 30日,企业收到转账支票15 000元,银行尚未入账。

(5) 30日,银行收到购货单位异地汇款18 330元,该企业尚未接到银行收款通知。

(6) 30日,外单位委托银行收取其货款19 800元,该企业开户行已支付,该企业尚未接到银行付款通知。

(7) 30日,该企业送存银行一张转账支票,金额为4 200元,因对方存款不足而被退回,该企业尚未接到通知。

要求:编制该企业本月银行存款余额调节表。

2. 江东公司 2016 年年末应收账款余额为 18 万元,年初坏账准备账户贷方余额为 600 元,该年没有发生坏账损失。2017 年发生坏账损失 900 元,年末应收账款余额为 22 万元。2018 年未发生坏账损失,上年核销的坏账损失又收回 500 元,年末应收账款余额为 25 万元。2019 年未发生坏账损失,年末应收账款余额为 23 万元。江东公司计提坏账准备的比例为 4‰。

要求:根据资料按应收账款余额百分比法计算江东公司各年年末应计提的坏账准备,并编制有关会计分录。

3. A 企业因销售而取得 B 购货企业签发并承兑的一张 180 天到期的商业承兑汇票,票面金额为 200 000 元。A 企业 75 天后持此票据到银行贴现(不附追索权),贴现率为 8%。

要求:(1) 计算 A 企业取得的贴现金额。

(2) 编制 A 企业贴现时的会计分录。

4. 甲企业采用备抵法核算坏账损失,并按应收账款年末余额的 5% 计提坏账准备。2019 年 1 月 1 日,甲企业应收账款余额为 3 000 000 元,坏账准备余额为 150 000 元。2019 年度,甲企业发生了如下相关业务:

(1) 销售商品一批,增值税专用发票上注明的价款为 5 000 000 元,增值税税额为 650 000 元,货款尚未收到。

(2) 因某客户破产,该客户所欠货款 10 000 元不能收回,确认为坏账损失。

(3) 收回上年度已转销为坏账损失的应收账款 8 000 元并存入银行。

(4) 收到某客户以前所欠的货款 4 000 000 元并存入银行。

要求:

(1) 编制 2019 年度确认坏账损失的会计分录。

(2) 编制收到上年度已转销为坏账损失的应收账款的会计分录。

(3) 计算 2019 年年末"坏账准备"科目余额。

(4) 编制 2019 年年末计提坏账准备的会计分录。

第三章 存 货

一、学习目的和要求

通过本章学习,理解存货的核算范围和确认标准;掌握存货确认和计量的基本要求;掌握通过各种方式取得存货的成本的确定及其账务处理;掌握发出存货的各种计量方法及其优缺点;了解选择存货核算方法时应考虑的因素;掌握计划成本法的原理及其账务处理;掌握存货盘盈、盘亏的账务处理;掌握存货期末计量方法;理解存货在财务报告中的列示方法。要求学生能够针对存货业务中可能发生的各种情况,依据存货的基本原理进行判断分析。

二、学习重点和难点

重点:存货的核算范围;取得存货的核算;存货发出计量方法,以及不同存货发出计量方法对财务状况和经营成果的影响;计划成本法的原理;存货的期末计量。

难点:计划成本法的账务处理;期末存货成本与可变现净值孰低法的运用,尤其是不同存货可变现净值的确定方法。

三、教材主要观点提示

存货是指企业在日常活动中持有以备出售的产成品或商品、处在生产过程中的在产品、在生产过程或提供劳务过程中耗用的材料、物料等。存货区别于固定资产等非流动资产的最基本特征是,企业持有存货的最终目的是出售。存货包括两种:一种是可供直接出售的,如企业的产成品、商品等;另一种是需经过进一步加工后才能出售的,如原材料等。

存货同时满足下列条件的,才能予以确认:①与该存货有关的经济利益很可能流入企业;②该存货的成本能够可靠地计量。

存货的收入与发出,既可以按实际成本计价核算,也可按计划成本计价核算。按实际成本计价核算时,存货收发的明细核算和总分类核算均按存货的实际成本进行。存货的初始计量应以取得存货的实际成本为基础,实际成本包括采购成本、加工成本和其他成本。存货的实际成本应结合存货的具体取得方式分别确定,作为存货入账的依据。企业发出存货的计价方法包括:个别认定法、先进先出法、加权平均法等。存货按计划成本核算时,存货收发的明细核算和总分类核算均按计划成本进行,同时设置"材料成本差异"科目核算实际成本与计划成本的差异。按计划成本核算时,还需要在会计报告期期末计算存货成本差异率,将本期发出存货的计划成本调整为实际成本,以便按实际成本计算在资产负债表上报告期期末存货的价值、在利润表上报告当期对外销售存货的实际成本。期末,必须对存货进行清查,如果发生盘盈或盘亏,应通过"待处理财产损溢"科目处理。

资产负债表日,存货应当按照成本与可变现净值孰低计量。存货的可变现净值若小于实际成本,则应计提存货跌价准备,并计入当期损益。

四、案例导入设计

案例导入:通过教材中的案例引入,引导学生思考:存货对企业经营活动的重要性有哪些?如何加强对企业存货的管理?

提问抽答:存货的判定标准是什么?不同的存货计价方法对企业的利润核算会产生什么影响?存货收发核算按实际成本计价和按计划成本计价的优缺点分别是什么?为什么要使用成本与可变现净值孰低法进行期末存货的计价?这体现了什么会计信息质量要求?

归纳总结:存货的范围与分类;存货入账价值的确定方法和发出存货的各种计价方法;按实际成本和按计划成本计价情况下存货收发核算的账务处理方法;成本与可变现净值孰低法的基本原理及其在确定存货报告价值中的具体应用。

五、自学内容和课外阅读

自学内容	具体内容	课外阅读资料
存货的分类; 存货的期末清查	(1) 存货按用途、存放地点、取得方式及分类 (2) 存货清查盘盈、盘亏的账务处理	(1)《企业会计准则第1号——存货》 (2)《IAS2——存货》

六、自主测试

(一)单项选择题

1. 甲公司为增值税一般纳税人。甲公司管理不善,造成一批库存原材料毁损,该批原材料实际成本为30 000元,收回残料价值2 000元。过失人赔偿1 000元,保险公司赔偿8 000元。甲公司购入材料适用的增值税税率为13%。该批毁损原材料造成的净损失为(   )元。

  A. 26 800   B. 19 000   C. 22 040   D. 22 900

2. 2019年12月31日,祁红公司库存B材料的账面价值(成本)为60万元,市场价格为55万元。假设不发生其他采购费用。由于B材料市场价格下降,市场上用B材料生产的乙产品的市场价格也有所下降。祁红公司估计,用库存的B材料生产的乙产品的市场价格由150万元降至135万元。乙产品的成本为140万元。将B材料加工成乙产品尚需投入80万元,估计销售费用及税金为5万元。2019年12月31日B材料的账面价值为(   )万元。

  A. 60   B. 50   C. 55   D. 80

3. 对下列存货盘亏或损毁事项进行处理时,企业不应当计入管理费用的是( )。
   A. 定额内损耗造成的存货盘亏净损失
   B. 核算差错造成的存货盘亏净损失
   C. 自然灾害造成的存货毁损净损失
   D. 收发计量差错造成的存货盘亏净损失
4. 某公司的甲材料专门用于生产 M 产品,公司仓库中有 50 吨甲材料和 100 件 M 产品。2019 年 12 月 31 日,甲材料的成本为每吨 10 万元,可变现净值为每吨 8 万元;M 产品的成本为每件 30 万元,可变现净值为每件 35 万元。假设公司无其他存货,以前未计提存货跌价准备。则 2019 年 12 月 31 日应计提的存货跌价准备为( )万元。
   A. 100   B. 500   C. 400   D. 0
5. 企业进行材料清查时,对于盘亏的材料,应先记入"待处理财产损溢"科目,经报批准后,对于应由过失人赔偿的损失记入( )科目。
   A."管理费用"   B."其他应收款"   C."营业外支出"   D."销售费用"
6. M 公司为增值税一般纳税人,适用的增值税税率为 13%。M 公司委托 N 公司(小规模纳税人)加工一批材料,发出原材料实际成本为 1 000 万元,完工收回时支付加工费 200 万元。该材料属于消费税应税物资,M 公司收回材料后继续用于加工应税消费品,适用的消费税税率为 10%。M 公司收回该材料的入账价值是( )万元。
   A. 1 300   B. 1 220   C. 1 200   D. 1 370
7. 吉利企业甲材料的相关业务:8 月 1 日,结存 100 件,单价 5 元;8 月 6 日,发出 20 件;8 月 12 日,购进 320 件,单价 3 元;8 月 23 日,发出 100 件。吉利企业对甲材料采用月末一次加权平均法计价,8 月月末甲材料的实际成本为( )元。
   A. 1 112.38   B. 1 042.86   C. 1 360   D. 1 060
8. M 公司期末原材料的账面余额为 5 000 元,数量为 100 件。该原材料专门用于生产与 N 公司合同约定的 50 件甲产品。合同约定:M 公司为 N 公司提供甲产品 50 件,每件售价 110 元(不含增值税),加工成本总额为 510 元。估计销售每件甲产品需发生相关税费 0.2 元(不含增值税,本题下同)。本期期末市场上该原材料每件售价为 48 元,发生相关税费 0.1 元。期末该原材料应计提的减值准备为( )元。
   A. 20   B. 200   C. 190   D. 105
9. 甲企业采用计划成本对原材料进行核算。2019 年 5 月,甲企业接受某股东作为追加资本投入的原材料一批,双方按现行市价将该批材料的折价款定为 20 000 元。该批材料的计划成本为 21 000 元。适用的增值税税率为 13%。甲企业对这一交易事项应编制的会计分录为( )。

A. 借:原材料		21 000
应交税费——应交增值税(进项税额)		2 600
贷:实收资本		22 600
材料成本差异		1 000
B. 借:原材料		21 000
应交税费——应交增值税(进项税额)		2 730
贷:实收资本		22 730
材料成本差异		1 000

C. 借:原材料　　　　　　　　　　　　　　　　　　　　　　　　　　21 000
　　　应交税费——应交增值税(进项税额)　　　　　　　　　　　　　2 600
　　　　贷:实收资本　　　　　　　　　　　　　　　　　　　　　　　22 600
　　　　　　资本公积　　　　　　　　　　　　　　　　　　　　　　　1 000
D. 借:原材料　　　　　　　　　　　　　　　　　　　　　　　　　　21 000
　　　应交税费——应交增值税(进项税额)　　　　　　　　　　　　　2 730
　　　　贷:实收资本　　　　　　　　　　　　　　　　　　　　　　　22 730
　　　　　　资本公积　　　　　　　　　　　　　　　　　　　　　　　1 000

10. 甲公司是增值税一般纳税人,适用的增值税税率为13%,捐赠给乙公司10台自产的机器设备,单位成本为4万,当时的市场售价为5万,此次捐赠行为,企业计入营业外支出的金额为( )万元。
　　A. 45.2　　　　　B. 46.5　　　　　C. 40　　　　　D. 50

11. 某增值税一般纳税人企业购进农产品一批,支付买价12 000元,装卸费1 000元,入库前挑选整理费400元,按照税法规定,该购进农产品适用增值税抵扣税率为9%,该批农产品的采购成本为( )元。
　　A. 12 000　　　　B. 12 320　　　　C. 13 000　　　　D. 13 400

12. 在物价持续下跌的情况下,发出存货采用( )方法更能体现谨慎性。
　　A. 移动加权平均法　　　　　　　B. 月末一次加权平均
　　C. 个别计价法　　　　　　　　　D. 先进先出法

13. 下列有关确定存货可变现净值基础的表述,不正确的是( )。
　　A. 有销售合同的库存商品以该库存商品的合同售价为基础
　　B. 无销售合同的库存商品以该库存商品的估计售价为基础
　　C. 用于生产有销售合同产品的材料以该材料的市场价格为基础
　　D. 用于出售且无销售合同的材料以该材料的市场价格为基础

14. 某企业为增值税一般纳税人,从外地购入原材料5 000吨,收到的增值税专用发票上注明售价为每吨100元,增值税税额为65 000元;另发生运输费1 860元,增值税税额为167.40元;装卸费为1 000元;途中保险费为800元。原材料运到后验收数量为4 997吨,短缺3吨(属于合理损耗),则该原材料的入账价值为( )元。
　　A. 500 000　　　　B. 501 860　　　　C. 503 360　　　　D. 503 660

15. 某企业为增值税一般纳税人,从外地购入原材料5 000吨,收到的增值税专用发票上注明售价为每吨100元,增值税税额为65 000元;发生运输费1 860元,增值税税额为167.40元;装卸费为1 000元;途中保险费为800元。所购原材料到达后,验收发现短缺20%,其中合理损耗5%,另15%的短缺尚待查明原因。该材料应计入存货的实际成本为( )元。
　　A. 435 336　　　　B. 432 650　　　　C. 503 660　　　　D. 428 111

16. 下列各项中,不属于企业存货项目的是( )。
　　A. 委托代销商品　　　　　　　　B. 工程物资
　　C. 待发出商品　　　　　　　　　D. 原材料

17. 下列各项中,不构成一般纳税人外购存货入账成本的是( )。
　　A. 购买价款　　　　　　　　　　B. 进口货物交纳的增值税
　　C. 进口货物交纳的关税　　　　　D. 途中合理损耗

18. 甲公司(增值税一般纳税人)外购原材料一批,取得的增值税普通发票注明的价税合计金额为120万元,支付运杂费10万元,保险费2万元,入库前的挑选整理费0.5万元,则该批原材料的入账金额为(　　)万元。

　　A. 132.5　　　　　　B. 115.06　　　　　　C. 132.2　　　　　　D. 132

19. 某公司(增值税一般纳税人)购入原材料100吨,取得增值税专用发票,注明价款30万元,增值税税额3.9万元,发生包装费1万元、保险费1万元。入库时验收原材料99.5吨,缺失部分为途中合理损耗。则该批原材料入账的单位成本为(　　)元。

　　A. 3 200　　　　　　B. 3 608.04　　　　　C. 3 590　　　　　　D. 3 216.08

20. 下列各项中关于先进先出法的表述不正确的是(　　)。

　　A. 需有假设前提即假设先购进的存货先发出
　　B. 按先进先出的假定流转顺序来确定发出存货的成本及期末结存存货的成本
　　C. 先进先出法不能随时结转发出存货成本
　　D. 购入存货单价不稳定时,采用先进先出法工作量较大

21. 某企业采用先进先出法计算发出原材料成本,2019年8月,甲材料结存100千克,每千克实际成本为200元;9月7日,购入甲材料350千克,每千克实际成本为210元;9月21日,购买甲材料400千克,每千克实际成本为230元;9月28日,发出甲材料500千克,那么,9月份发出的甲材料的成本为(　　)元。

　　A. 145 000　　　　　B. 105 000　　　　　C. 150 000　　　　　D. 155 000

22. 某工业企业对原材料采用实际成本进行核算,下列会计科目中不会涉及的是(　　)。

　　A. "原材料"　　　B. "材料采购"　　C. "在途物资"　　D. "应付账款"

23. M公司月初结存甲材料13吨,每吨单价8 290元,本月购入情况如下:3日,购入5吨,单价8 800元;17日,购入12吨,单价7 900元。本月领用情况如下:10日,领用10吨;28日,领用10吨。M公司采用移动加权平均法计算发出存货成本,则M公司期末结存甲材料成本为(　　)元。

　　A. 81 126.70　　　B. 78 653.25　　　C. 85 235.22　　　D. 67 221.33

24. M公司采用计划成本核算存货的发出成本,月初结存甲材料100千克,"原材料"科目借方金额为23 000元,"材料成本差异"科目贷方金额为200元,本月购入甲材料200千克,实际成本为44 000元,计划成本为46 000元,本期生产领用甲材料150千克,计划成本为34 500元,则月末结存甲材料的实际成本为(　　)元。

　　A. 32 457.45　　　　　　　　　　B. 33 400.55
　　C. 33 399.45　　　　　　　　　　D. 34 500.55

25. 企业出借给购买单位使用的包装物成本的摊销额应当记入(　　)科目。

　　A. "销售费用"　　　　　　　　　B. "生产成本"
　　C. "其他业务成本"　　　　　　　D. "管理费用"

26. 企业销售随同商品出售单独计价的包装物一批,该批包装物的计划成本为30 000元,材料成本差异率为-2%,则需要计入(　　)。

　　A. 其他业务成本29 400元　　　　B. 销售费用29 400元
　　C. 其他业务成本30 600元　　　　D. 销售费用30 600元

27. 甲公司和乙公司均为增值税一般纳税人,甲公司委托乙公司加工一批应税消费品(非金银首饰),发出材料的成本为280 000元,往返运杂费为2 000元,乙公司收取的加工费为

20 000元(不含税),并向甲公司开具了增值税专用发票,乙公司代收代交消费税75 000元。甲公司收回该批商品后用于连续加工生产应税消费品。甲公司收回该批委托加工物资的成本为( )元。

A. 377 000　　　　B. 300 000　　　　C. 302 000　　　　D. 375 000

28. 甲公司委托乙公司加工一批应交消费税的产品,收回后直接对外出售。甲公司发出原材料实际成本为320万元,支付加工费12万元、增值税1.56万元、消费税36万元。假定甲乙双方均为增值税一般纳税人,不考虑其他相关税费,甲公司收回该批产品的入账价值为( )万元。

A. 369.56　　　　B. 332　　　　C. 333.56　　　　D. 368

29. 应当交纳消费税的委托加工物资收回后用于继续生产应税消费品,按规定受托方代收代交的消费税应记入( )科目。

A. "生产成本"　　　　　　　　B. "委托加工物资"
C. "主营业务成本"　　　　　　D. "应交税费——应交消费税"

30. 甲公司库存商品采用毛利率法进行核算,月初结存库存商品200万元,本月购入库存商品300万元,本月销售库存商品取得不含税收入220万元,上季度该类库存商品的毛利率为20%,则月末结存库存商品的成本为( )万元。

A. 280　　　　B. 324　　　　C. 224　　　　D. 242

31. 某商贸企业属于增值税一般纳税人,采用售价金额核算法核算库存商品,2019年4月初库存商品成本为1 200万元,售价总额为1 500万元,本月购进商品进价成本为1 000万元,售价总额为1 250万元,本月销售收入1 130万元(含税),则月末结存库存商品的实际成本为( )万元。

A. 1 200　　　　B. 1 220　　　　C. 1 320　　　　D. 1 400

32. 企业发生存货盘盈时,在按管理权限报经批准后,应贷记的会计科目是( )。

A. "营业外收入"　　　　　　B. "管理费用"
C. "资本公积"　　　　　　　D. "以前年度损益调整"

33. 企业存货发生盘亏,在按管理权限报经批准后,属于一般经营损失的部分应借记的会计科目是( )。

A. "营业外支出"　　　　　　B. "管理费用"
C. "资产减值损失"　　　　　D. "资本公积"

34. 甲公司为增值税一般纳税人,4月在财产清查中发现盘亏甲材料1 000千克,实际购入成本为300元/千克。经查,这属于管理不善造成的损失,由过失人赔款3 000元,则处理后的净损失为( )元。

A. 336 000　　　　B. 297 000　　　　C. 321 000　　　　D. 300 000

35. 甲公司(增值税一般纳税人)因地震毁损原材料一批,当时购入该原材料取得的增值税专用发票注明价款150万元,增值税税额19.5万元,根据保险责任范围及合同规定,应由保险公司赔偿50万元,则处理后应计入( )。

A. 管理费用100万元　　　　　B. 营业外支出100万元
C. 管理费用119.5万元　　　　D. 营业外支出119.5万元

36. 下列关于存货跌价准备的表述正确的是( )。

A. 存货跌价准备一经计提在存货持有期间不得转回

B. 转回存货跌价准备会减少存货的账面价值
C. 存货的成本高于其可变现净值的差额为当期需要计提的存货跌价准备金额
D. 企业出售存货时要将匹配的存货跌价准备一并结转

37. 甲公司2019年12月1日库存商品借方余额为1 200万元,对应的存货跌价准备贷方金额为30万元,当期销售库存商品结转的成本为400万元,当期完工入库的库存商品成本为500万元。12月31日库存商品的可变现净值为1 290万元,则12月31日需要计提的存货跌价准备为(　　)万元。
   A. 20　　　　　　B. 0　　　　　　C. -20　　　　　　D. -10

38. 某企业2019年8月31日,乙存货的实际成本为100万元,加工该存货至完工产成品估计还将发生成本为25万元,估计销售费用和相关税费为3万元,估计用该存货生产的产成品售价为120万元。假定乙存货月初"存货跌价准备"科目贷方余额为12万元,2019年8月31日应计提的存货跌价准备为(　　)万元。
   A. -8　　　　　　B. 4　　　　　　C. 8　　　　　　D. -4

(二) 多项选择题

1. 下列各项中,应计入存货实际成本的有(　　)。
   A. 用于继续加工的委托加工应税消费品收回时支付的消费税
   B. 一般纳税人企业委托加工物资收回时所支付的增值税
   C. 发出用于委托加工的物资在运输途中发生的合理损耗
   D. 商品流通企业外购商品时所发生的合理损耗

2. 下列账务处理正确的有(　　)。
   A. 为特定客户设计产品发生的可直接确定的设计费用计入相关产品成本
   B. 由于管理不善产生的存货净损失计入管理费用
   C. 以存货抵偿债务结转的相关存货跌价准备冲减资产减值损失
   D. 非正常原因造成的存货净损失计入营业外支出

3. 在我国的会计实务中,下列项目中构成企业存货实际成本的有(　　)。
   A. 自然灾害造成的原材料净损失　　B. 入库后的挑选整理费
   C. 运输途中的合理损耗　　D. 小规模纳税人购货时的增值税进项税额

4. 下列项目中,计算为生产产品而持有的材料的可变现净值时,不会影响其可变现净值的因素有(　　)。
   A. 材料的账面成本
   B. 材料的售价
   C. 估计发生的销售产品的费用及相关税费
   D. 估计发生的销售材料的费用及相关税费

5. 企业期末编制资产负债表时,下列各项应包括在"存货"项目的有(　　)。
   A. 委托代销商品　　B. 周转材料
   C. 为在建工程购入的工程物资　　D. 约定将于未来购入的商品

6. 下列项目中,应确认为购货企业存货的有(　　)。
   A. 销售方已确认销售,但尚未发运给购货方的商品
   B. 购销双方已签协议约定,但尚未办理商品购买手续的商品
   C. 未收到销售方结算发票,但已运抵购货方验收入库的商品
   D. 购货方已付款购进,但尚在运输途中的商品

7. 下列税金中,应作为存货价值入账的有( )。
   A. 一般纳税人购入存货时支付的增值税(已取得增值税专用发票)
   B. 进口商品应支付的关税
   C. 签订购买存货合同时交纳的印花税
   D. 收回后用于直接对外销售的委托加工消费品支付的消费税

8. "材料成本差异"科目贷方核算的内容有( )。
   A. 入库材料成本超支差异   B. 入库材料成本节约差异
   C. 结转发出材料应负担的超支差异   D. 结转发出材料应负担的节约差异

9. 下列情形中,表明存货的可变现净值为零有( )。
   A. 已霉烂变质的存货
   B. 已过期但是有转让价值的存货
   C. 生产中已不再需要,并且已无使用价值和转让价值的存货
   D. 其他足以证明已无使用价值和转让价值的存货

10. 下列各项中,关于企业存货的表述正确的有( )。
    A. 存货应按成本进行初始计量
    B. 存货成本包括采购成本、加工成本和其他成本
    C. 存货期末计价应按照成本与可变现净值孰低计量
    D. 存货采用计划成本核算的,期末应将计划成本调整为实际成本

11. 下列关于商品流通企业外购商品过程中发生的相关费用表述正确的有( )。
    A. 在采购商品过程中发生的运输费、装卸费、保险费以及其他可归属于存货采购成本的费用等进货费用,应当计入存货的采购成本
    B. 采购过程中发生的相关费用一律构成企业存货的采购成本
    C. 可以先进行归集,期末根据所购商品的存销情况分别进行分摊,对于已售商品的进货费用,计入当期损益;对于未售商品的进货费用,计入期末存货成本
    D. 采购商品的进货费用金额较小的,也可在发生时直接计入当期损益

12. 下列关于个别计价法的表述正确的有( )。
    A. 假设实物流转与成本流转一致
    B. 按照各种存货逐一辨认发出存货和期末存货所属的购进批别或生产批别,分别按其购入或生产时确定的单位成本计算各批发出存货和期末存货成本
    C. 存货收发频繁的情况下不适宜采用此方法
    D. 成本计算准确

13. 下列各项中,引起存货账面价值发生增减变动的有( )。
    A. 发出委托加工物资   B. 已发出商品但尚未确认收入
    C. 计提存货跌价准备   D. 存货暂估入账

14. 下列关于包装物的核算,表述不正确的有( )。
    A. 生产过程中用于包装产品的包装物成本应当计入生产成本
    B. 随同商品出售而不单独计价的包装物成本应当计入生产成本
    C. 随同商品出售单独计价的包装物成本应当计入销售费用
    D. 出租给购买单位使用的包装物成本应当计入销售费用

15. 下列关于委托加工物资的表述中正确的有(　　)。
    A. 如果以计划成本核算,在发出委托加工物资时,同时结转发出材料应负担的材料成本差异
    B. 委托加工物资也可以使用售价进行核算
    C. 受托方代收代交的消费税应计入委托加工物资的成本中
    D. 支付加工费所匹配的增值税不构成委托加工物资的成本

16. 企业采用计划成本核算发出存货成本,需要设置"材料成本差异"科目,下列关于"材料成本差异"科目的表述中正确的有(　　)。
    A. 其借方登记的是购入存货的超支差
    B. 其贷方登记的是购入存货的节约差
    C. 其借方登记的是发出存货成本结转的超支差
    D. 其贷方登记的是发出存货成本结转的超支差

17. 下列关于毛利率法的表述正确的有(　　)。
    A. 该方法适用于商品流通企业
    B. 该方法适用于经营商品品种繁多的企业
    C. 该方法要求同类商品的毛利率大致相同
    D. 该方法不能满足对存货管理的需要

18. 下列关于企业存货清查的表述中不正确的有(　　)。
    A. 盘盈的存货应记入"营业外收入"科目
    B. 盘亏的存货均记入"营业外支出"科目
    C. 盘亏存货所负担的增值税进项税额需要作转出处理
    D. 盘盈的存货应按差错进行追溯调整

19. 企业盘亏存货时会涉及的会计科目有(　　)。
    A. "其他应付款"
    B. "应交税费——应交增值税(进项税额转出)"
    C. "营业外支出"
    D. "管理费用"

20. 下列关于企业计提存货跌价准备的表述正确的有(　　)。
    A. 当存货的成本低于可变现净值时,存货按成本计价
    B. 企业计提存货跌价准备会减少企业当期营业利润
    C. 计提存货跌价准备的影响因素消失,存货价值得以恢复时应在原计提的存货跌价准备金额内转回
    D. 转回存货跌价准备时,将转回的金额计入管理费用中

21. 下列关于存货的表述中正确的有(　　)。
    A. 存货是企业日常活动中持有的以备出售或耗用的物资
    B. 应定期对存货进行清查以保证账面结存数与实际数量相符
    C. 存货在资产负债表日应当按成本与公允价值孰低计量
    D. 生产车间领用存货用于机物料耗用时应当将其成本计入生产成本中

22. 下列企业对财产清查中发现的盘盈存货进行的账务处理正确的有(　　)。
    A. 发生存货盘盈首先进行调账,达到账实相符

B. 盘盈存货按管理权限报经批准后计入管理费用
C. 盘盈存货按管理权限报经批准后计入营业外收入
D. 盘盈存货会增加营业利润

(三) 判断题

1. 因遭受意外灾害发生的损失和尚待查明原因的途中损耗,应计入物资的采购成本。( )

2. 生产领用的包装物,应将其成本计入制造费用;随同商品出售但不单独计价的包装物,应将其成本计入当期其他业务成本;随同商品出售并单独计价的包装物,应将其成本计入当期销售费用。( )

3. 随同商品出售单独计价的包装物的成本应计入其他业务成本。( )

4. 企业应当采用后进先出法、加权平均法或者个别计价法确定发出存货的实际成本。( )

5. 对于数量繁多、单价较低的存货,可以不按单个存货项目计提存货跌价准备。( )

6. 某一材料是专门用于生产某种产品的,如果材料发生减值,但是生产的产品没有发生减值,材料就按自身的可变现净值和账面价值相比较确认减值额。( )

7. 存货采购入库后的仓储费(不包括在生产过程中必需的仓储费)应计入当期损益。( )

8. 不能归属于使存货达到目前场所和状态的其他支出,应在发生时计入当期损益。( )

9. 非正常消耗的直接材料、直接人工和制造费用,应在发生时计入管理费用。( )

10. 如果按照计划成本进行存货核算,则要对存货的计划成本和实际成本之间的差额进行单独核算,最终将计划成本调整为实际成本。( )

11. 采用先进先出法核算发出存货成本的,在物价持续上涨时,期末存货成本接近市价,而发出存货成本偏高,利润偏低。( )

12. 企业外购原材料采用实际成本计价,月末如果货物已收到但发票账单未到,应当在备查簿中进行登记以保证账实相符。( )

13. 工业企业销售外购原材料应通过"其他业务收入"科目和"其他业务成本"科目核算。( )

14. 如果企业领用低值易耗品的金额较小,可以在领用时一次计入成本费用。( )

15. 已完成销售手续但购买单位尚未提取的商品,企业应当将其作为代管商品,在代管商品备查簿中进行登记备查。( )

16. 购入材料在运输途中发生的合理损耗应从材料成本中扣除。( )

17. 商品流通企业采购商品过程中发生的进货费用应计入当期损益,不计入存货成本。( )

18. 如果企业各期的商品进销差价率是比较均衡的,也可以采用上期商品的进销差价率分摊本期的商品进销差价,但是年度终了时应对商品进销差价进行核实调查。( )

19. 增值税一般纳税人发生存货的盘亏及毁损,其进项税额需要进行转出处理。( )

20. 存货的可变现净值是存货的估计售价减去至完工时估计将要发生的成本、估计的销售费用及相关税费后的金额。( )

21. 可变现净值为存货的售价或合同价是其基本特征之一。( )

(四)不定项选择题

1.甲公司为增值税一般纳税人,适用的增值税税率为13%,存货发出计价采用计划成本法核算。A材料的计划成本为0.21万元/吨。2019年9月甲公司与存货有关的经济业务如下:

(1)1日,"原材料——A材料"科目借方余额为2 500万元,"材料成本差异"科目贷方余额为300万元。

(2)3日,购入A材料1 000吨,取得的货物增值税专用发票注明的价款为200万元,增值税税额为26万元,取得的运费增值税专用发票注明的运费为2万元,增值税税额为0.18万元。材料已验收入库。以上款项均已通过银行转账方式支付。

(3)12日,购入A材料2 000吨,取得的货物增值税专用发票注明的价款为500万元,增值税税额为65万元,取得的运费增值税普通发票注明的运费价税金额为5万元,支付保险费、包装费共计2万元,支付入库前挑选整理人员工资1万元。验收入库时发现短缺1吨,经查明属于运输途中的合理损耗。以上款项均已通过银行转账方式支付。

(4)22日,以电汇方式购入A材料3 000吨,取得的货物增值税专用发票注明的价款为600万元,增值税税额为78万元。但材料尚未收到。

(5)25日,收到22日购入的A材料3 000吨,并已验收入库。

(6)截至30日,甲公司基本生产车间领用A材料2 500吨;辅助生产车间领用A材料100吨;车间管理部门领用A材料50吨;厂部管理部门领用A材料10吨。

要求:根据以上资料,不考虑其他因素,回答下列问题。(答案中的金额单位用万元表示)。

(1)甲公司2019年9月3日购入A材料应当编制的会计分录正确的是(   )。

  A. 借:原材料   200
      应交税费——应交增值税(进项税额)   26
        贷:银行存款   226

  B. 借:材料采购   202
      应交税费——应交增值税(进项税额)   26.18
        贷:银行存款   228.18

  C. 借:原材料   210
        贷:材料采购   202
          材料成本差异   8

  D. 借:原材料   200
        贷:材料采购   200

(2)甲公司2019年9月12日购入A材料的实际成本为(   )万元。
  A. 507   B. 508   C. 507.75   D. 573

(3)甲公司2019年9月22日应当编制的会计分录为(   )。

  A. 借:原材料   630
        贷:材料采购   600
          材料成本差异   30

  B. 借:材料采购   600
      应交税费——应交增值税(进项税额)   78
        贷:银行存款   678

C. 借：原材料　　　　　　　　　　　　　　　　　　　　　　　600
　　　　　应交税费——应交增值税(进项税额)　　　　　　　　　78
　　　　　　贷：银行存款　　　　　　　　　　　　　　　　　　　　　678
　　D. 不需进行账务处理

(4) 甲公司2019年9月的材料成本差异率为(　　)。
　　A. 6.64%　　　　　B. 5.25%　　　　　C. -6.64%　　　　　D. -5.25%

(5) 下列关于9月领用A材料的表述正确的是(　　)。
　　A. 记入"基本生产成本"科目的金额为490.14万元
　　B. 记入"辅助生产成本"科目的金额为19.61万元
　　C. 记入"制造费用"科目的金额为9.95万元
　　D. 记入"管理费用"科目的金额为1.99万元

2. 乙公司为增值税一般纳税人，适用的增值税税率为13%。存货成本采用实际成本法核算，原材料的发出成本按月末一次加权平均法计算。2019年5月有关原材料的业务如下：

(1) 1日，结存A材料100千克，实际成本为320 000元。

(2) 5日，购入A材料200千克，取得的货物增值税专用发票注明的价款为610 000元，增值税税额为79 300元，取得的运费增值税专用发票注明的运费为3 000元，增值税税额为270元，以上款项尚未支付。材料已验收入库。

(3) 18日，购入A材料500千克，货物已运抵企业，并且验收入库，但是发票及账单均未收到。

(4) 22日，将A材料委托丙公司加工M产品(非金银首饰的应税消费品)一批，发出A材料150千克。

(5) 28日，委托丙公司加工的M产品完成，乙公司支付丙公司加工费并取得增值税专用发票，发票注明加工费52 000元，增值税税额8 320元；同时，丙公司向乙公司收取代收代交的消费税59 000元。以上款项乙公司均以银行转账方式支付。乙公司收回M产品后直接对外出售。

(6) 31日，仍未收到本月18日购入A材料500千克的发票及账单。乙公司根据历史数据估价3 200元/千克入账。

(7) 本月生产领用A材料500千克(不包括委托加工物资部分)。

要求：根据以上资料，不考虑其他因素，回答下列问题(答案中的金额单位用元表示)。

(1) 乙公司5日购入A材料时应当编制的会计分录为(　　)。
　　A. 借：材料采购　　　　　　　　　　　　　　　　　　　　　613 000
　　　　　应交税费——应交增值税(进项税额)　　　　　　　　79 570
　　　　　　贷：应付账款　　　　　　　　　　　　　　　　　　　　692 570
　　B. 借：原材料　　　　　　　　　　　　　　　　　　　　　　613 000
　　　　　应交税费——应交增值税(进项税额)　　　　　　　　79 570
　　　　　　贷：应付账款　　　　　　　　　　　　　　　　　　　　692 570
　　C. 借：在途物资　　　　　　　　　　　　　　　　　　　　　613 000
　　　　　应交税费——应交增值税(进项税额)　　　　　　　　79 570
　　　　　　贷：应付账款　　　　　　　　　　　　　　　　　　　　692 570
　　D. 借：原材料　　　　　　　　　　　　　　　　　　　　　　613 270
　　　　　应交税费——应交增值税(进项税额)　　　　　　　　79 300
　　　　　　贷：应付账款　　　　　　　　　　　　　　　　　　　　692 570

(2) 乙公司18日购入A材料500千克,下列处理中正确的是(　　)。
A. 购入A材料时未取得发票及账单,所以当日不需进行账务处理
B. 购入A材料时虽然未取得发票及账单,需按暂估价格入账
C. 到月末仍未取得发票及账单,需按暂估价格入账
D. 次月初需要将上月暂估入账的处理用红字冲回
(3) 乙公司当月发出A材料的实际单位成本为(　　)元。
A. 3 200 B. 3 167 C. 3 166.25 D. 3 199.75
(4) 下列关于乙公司委托丙公司加工M产品的账务处理正确的是(　　)。
A. 发出A材料的实际成本为474 937.5元
B. 收回委托加工物资的成本为56 937.5元
C. 委托方代收代交的消费税需要计入委托加工物资成本中
D. 收回委托加工物资的成本为585 937.5元
(5) 乙公司月末结存A材料的实际成本为(　　)元。
A. 474 937.5 B. 480 000 C. 479 962.5 D. 475 050

(五) 业务题

1. 励志股份有限公司(以下简称"励志公司")将生产应税消费品甲产品所用原材料委托佳瑞企业加工。6月21日,励志公司发出材料实际成本为35 950元,应付加工费为5 000元(不含增值税),消费税税率为10%,励志公司收回加工物资后将进行应税消费品甲产品的加工;8月25日,收回加工物资并验收入库,另支付往返运杂费100元,加工费及代收代交的消费税均未结算;9月6日,将收回的加工物资投入生产甲产品,生产甲产品过程中产生工资费用10 000元、福利费用1 400元,分配制造费用22 200元;11月30日,甲产品全部完工验收入库。12月5日,销售甲产品一批,售价300 000元(不含增值税),甲产品消费税税率也为10%。收到一张3个月期的商业承兑汇票,面值为339 000元。励志公司、佳瑞企业均为一般纳税人,增值税税率为13%。

要求:编制励志股份有限公司、佳瑞企业有关会计分录,同时编制励志公司交纳消费税的会计分录。

2. 长江股份有限公司(以下简称"长江公司")是一家生产电子产品的上市公司,为增值税一般纳税人。

(1) 2019年12月31日,长江公司期末存货有关资料如下:甲产品280台,成本4 200万元;乙产品500台,成本1 500万元;丙产品1 000台,成本1 700万元;丁配件400件,成本600万元,用于生产丙产品。

(2) 2019年12月31日,甲产品市场销售价格为每台13万元,预计销售费用及税金为每台0.5万元。

(3) 2019年12月31日,乙产品市场销售价格为每台3万元。长江公司已经与某企业签订一份不可撤销的销售合同,约定在2020年2月10日向该企业销售乙产品300台,合同价格为每台3.2万元。乙产品预计销售费用及税金为每台0.2万元。

(4) 2019年12月31日,丙产品市场销售价格为每台2万元,预计销售费用及税金为每台0.15万元。

(5) 2019年12月31日,丁配件的市场销售价格为每件1.2万元。现有的丁配件可用于生产400台丙产品,用丁配件加工成丙产品后预计丙产品单位成本为每台1.75万元。

(6) 2018 年 12 月 31 日,甲产品和丙产品的存货跌价准备余额分别为 800 万元和 150 万元,对其他存货未计提存货跌价准备;2019 年销售甲产品和丙产品后分别结转存货跌价准备 200 万元和 100 万元。长江公司按单项存货、按年计提跌价准备。

要求:计算长江公司 2019 年 12 月 31 日应计提或转回的存货跌价准备,并编制相关的会计分录。

3. 华远股份有限公司为增值税一般纳税人,原材料按计划成本计价核算,A 材料计划单位成本为 305 元/千克。期末存货按成本与可变现净值孰低法计价,中期期末和年末按单个存货项目计提存货跌价准备。该公司 2019 年 A 材料的有关资料如下:

(1) 4 月 30 日,从外地购入 A 材料 1 000 千克,增值税专用发票上注明的价款为 300 000 元,增值税税额为 39 000 元。另发生运杂费 1 500 元,装卸费 340 元(为简化核算,不考虑运费增值税)。各种款项已用银行存款支付,材料尚未到达。

(2) 5 月 10 日,所购 A 材料到达企业,验收入库的实际数量为 980 千克,短缺的 20 千克系定额内合理损耗。

(3) 由于该公司调整产品品种结构,上述 A 材料一直积压在库。A 材料 6 月 30 日和 12 月 31 日的可变现净值分别为 295 000 元和 299 000 元。

要求:

(1) 计算 A 材料实际采购成本和材料成本差异。

(2) 编制 A 材料采购入库的会计分录,以及中期期末和年末计提存货跌价准备的会计分录("应交税费"科目要求写出明细科目)。

第四章 金融资产

一、学习目的和要求

通过本章学习,掌握金融资产的分类方法及理由;掌握交易性金融资产与其他债权投资和其他权益工具投资按照公允价值计量,具体包括其初始计量、后续计量(持有、期末、处置)的账务处理;掌握债权投资的初始计量、债券溢价或折价的账务处理;明确各金融资产项目在财务报告中的列示。要求学生能够针对实务中可能发生的各种情况,依据金融资产的经济内涵、核算要求进行判断分析。

二、学习重点和难点

本章既是本课程的重点,又是难点。
重点:各项金融资产的基本业务核算方法。
难点:实际利率法。

三、教材主要观点提示

金融资产,是指企业持有的现金、其他方的权益工具以及符合下列条件之一的资产:
(1) 从其他方收取现金或其他金融资产的合同权利。
(2) 在潜在有利条件下,与其他方交换金融资产或金融负债的合同权利。
(3) 将来须用或可用企业自身权益工具进行结算的非衍生工具合同,且企业根据该合同将收到可变数量的自身权益工具。
(4) 将来须用或可用企业自身权益工具进行结算的衍生工具合同,但以固定数量的自身权益工具交换固定金额的现金或其他金融资产的衍生工具合同除外。

企业根据管理金融资产的业务模式和金融资产的合同现金流量特征,将金融资产分类为三类:以摊余成本计量的金融资产、以公允价值计量且其变动计入其他综合收益的金融资产和以公允价值计量且其变动计入当期损益的金融资产。企业会计准则按此方式对金融资产进行分类,并设置相应会计科目核算。在资产负债表中,各类金融资产分项单独列示。

四、案例导入设计

案例导入 1　　　　　　　交易性金融资产助推净利润

光大证券(601788)2009 年三季报显示,公司前三季度实现净利润 18.56 亿元,同比增长 44.59%,基本每股收益 0.63 元。其中,第三季度净利润为 6.37 亿元。值得关注的是,2008 年 12 月 31 日,公司交易性金融资产为 1.29 亿元,但三季报显示公司持有的交易性金融资产达 47.84 亿元,增长了 36 倍。

引导学生思考: 交易性金融资产大幅度增值的原因是什么?如何理解交易性金融资产的公允价值?

案例导入 2　　　　　其他权益工具投资下降使上市公司利润缩水

东电 B 股(900949)三季报显示,该公司其他权益工具投资 9 个月时间减少了 42.8 亿元,这个金额在目前已披露三季报的非金融类上市公司中居首位。该公司年初拥有其他权益工具投资 64.8 亿元,9 月底降至 22 亿元。该公司持有交行、招行和兴业银行 3 家上市银行的股份。该公司出售部分持股,并且 3 只银行股市值下降,造成其他权益工具投资减少了 66%。缩水金额排在第二位的是南京高科,其其他权益工具投资减少 41 亿元,下降比例达 50%,主要原因就是该公司所持中信证券、栖霞建设、南京银行、科学城等股票市值缩水。

引导学生思考: 其他权益工具投资大幅度减值的原因有哪些?

归纳总结: 不同类别的金融资产,在初始计量、后续计量上存在异同。

五、自学内容和课外阅读

自学内容	具体内容	课外阅读资料
金融资产	(1) 金融资产的分类 (2) 金融资产的重分类	(1)《企业会计准则第 22 号——金融工具确认与计量》 (2)《IFRS9——金融工具》 (3)《IAS39——金融工具:确认与计量》

六、自主测试

(一) 单项选择题

1. 下列关于以公允价值计量,且其变动计入当期损益的金融资产的说法中,错误的是(　　)。

　A. 取得交易性金融资产主要是为了近期内出售

　B. 企业对取得的交易性金融资产,按其公允价值入账

　C. 在活跃市场中没有报价、公允价值不能可靠计量的权益工具投资,可以指定为以公允价值计量且其变动计入当期损益的金融资产

D. 交易性金融资产的价值应按资产负债表日的公允价值反映,公允价值的变动计入当期损益

2. 企业出售交易性金融资产时,应按实际收到的金额,借记"银行存款"科目,按该金融资产的成本,贷记"交易性金融资产——成本"科目,按该项交易性金融资产的公允价值变动,贷记或借记"交易性金融资产——公允价值变动"科目,按其差额,贷记或借记( )科目。

A. "公允价值变动损益"　　　　　B. "投资收益"
C. "资本公积"　　　　　　　　　D. "营业外收入"

3. 持有交易性金融资产期间被投资单位宣告发放现金股利或在资产负债表日按债券票面利率计算利息时,借记"应收股利"或"应收利息"科目,贷记( )科目。

A. "交易性金融资产"　　　　　　B. "投资收益"
C. "公允价值变动损益"　　　　　D. "短期投资"

4. 2019年1月1日,甲上市公司购入一批股票,作为交易性金融资产核算和管理。实际支付价款100万元,其中包含已经宣告的现金股利1万元。另支付相关费用2万元。以上款项均以银行存款支付。假定不考虑其他因素,该项交易性金融资产的入账价值为( )万元。

A. 100　　　　B. 102　　　　C. 99　　　　D. 103

5. 某股份有限公司于2019年3月30日以每股12元的价格购入某上市公司股票50万股,作为交易性金融资产核算,支付手续费等10万元。5月25日,收到该上市公司按每股0.5元发放的现金股利。12月31日,该股票的市价为每股11元。2019年12月31日,该股票投资的账面价值为( )万元。

A. 550　　　　B. 575　　　　C. 585　　　　D. 610

6. 甲公司自证券交易所购入某公司股票100万股,每股支付购买价款8.8万元(其中包括已宣告但尚未发放的现金股利0.3万元)。另支付交易费用2万元。甲公司将其划分为交易性金融资产核算,则该交易性金融资产的入账价值为( )万元。

A. 882　　　　B. 880　　　　C. 852　　　　D. 850

7. 企业取得一项交易性金融资产,在持有期间,被投资单位宣告分派股票股利,下列做法中正确的是( )。

A. 按企业应分得的金额计入当期投资收益
B. 应当区分分派的股票股利是否属于投资以前年度的,如果属于以前年度的应当冲减投资成本
C. 被投资单位宣告分派股票股利,投资单位无需进行账务处理
D. 企业应当在实际收到时进行账务处理

8. A公司2019年6月2日从证券交易市场中购入B公司发行在外的普通股股票1 000万股作为交易性金融资产核算,每股支付购买价款4元,另支付相关交易费用5万元,2019年6月30日,该股票的公允价值为4.3元/股。则A公司购入该项金融资产对当期损益的影响金额为( )万元。

A. 295　　　　B. 300　　　　C. 0　　　　D. 305

9. 某公司2019年3月15日购入M公司发行在外的普通股股票作为交易性金融资产核算。购买时支付价款1 200万元(包括已宣告但尚未发放的现金股利100万元,交易费用20万元),至2019年6月30日,该股票的公允价值为1 200万元。2019年8月19日,该公司将持有的M公司的股票全部出售,收取价款为1 210万元,则在处置时应当确认的投资收益为( )

万元。

    A. 10   B. 110   C. 80   D. 130

10. 下列各项中,构成交易性金融资产的入账价值的是( )。

    A. 支付代理机构手续费   B. 支付咨询费
    C. 支付购买价款   D. 支付已到付息期但尚未领取的利息

11. 甲公司2019年2月2日将持有的交易性金融资产全部出售,出售前交易性金融资产的账面价值为3 200万元(其中,成本2 800万元,公允价值变动400万元)。出售价款为3 500万元,款项已收并存入银行。该交易对当月损益的影响金额为( )万元。

    A. 300   B. 700   C. 400   D. 0

12. 2019年3月2日,甲公司购入乙公司发行的公司债券作为交易性金融资产核算。购买价款为1 298万元,另支付交易费用2万元。该债券系乙公司2019年3月1日发行的二年期一次还本付息债券,票面利率为6%。至2019年6月30日,该债券的公允价值为1 200万元。甲公司于2019年7月2日将其全部出售,取得价款1 180万元,则出售时甲公司应当确认的投资收益为( )万元。

    A. 118   B. -118   C. 20   D. -20

13. 甲公司2018年1月1日购入面值为1 000万元、票面年利率为4%的A公司债券,该债券为分期付息到期还本的债券。取得时支付价款1 045万元(包括已到付息期尚未领取的利息40万元),另支付交易费用5万元。甲公司将其作为交易性金融资产核算。2018年2月15日收到购买价款中所含的利息40万元。2018年6月30日该债券的公允价值为1 100万元;2018年12月31日该债券的公允价值为1 080万元。2019年2月15日,甲公司收到上年度的债券利息40万元。2019年3月3日甲公司将A公司债券全部出售,售价为1 030万元。则甲公司从购入债券至出售累计应确认的与该投资有关的收益为( )万元。

    A. 65   B. 60   C. 20   D. 35

14. 下列各项不属于金融资产的是( )。

    A. 库存现金   B. 应收账款   C. 基金投资   D. 存货

15. 下列金融资产中,应按公允价值进行初始计量,且交易费用计入当期损益的是( )。

    A. 交易性金融资产   B. 债权投资
    C. 其他债权投资   D. 其他权益工具投资

16. 出售其他债权投资时,应按实际收到的金额,借记"银行存款"等科目,按其账面余额,贷记"其他债权投资"科目,按应从所有者权益中转出的公允价值累计变动额,借记或贷记"其他综合收益"科目,按其差额,贷记或借记( )科目。

    A. "投资收益"   B. "资本公积"
    C. "营业外支出"   D. "营业外收入"

17. 下列关于金融资产的表述中不正确的是( )。

    A. 交易性金融资产初始取得时支付的交易费用计入当期损益
    B. 债权投资在持有期间应当按期初摊余成本和实际利率计算当期投资收益
    C. 其他债权投资后续期间应当按照公允价值进行计量
    D. 其他债权投资在持有期间应当按票面价值和票面利率计算当期投资收益

18. 将债权投资重分类为其他债权投资的,应在重分类日按其公允价值,借记"其他债权投资"科目,按其账面余额,贷记"债权投资"科目,按其差额,贷记或借记( )科目。
A. "其他综合收益"　　　　　　　　B. "投资收益"
C. "营业外收入"　　　　　　　　　D. "资产减值损失"

19. 企业在发生以公允价值计量且其变动计入当期损益的金融资产的下列有关业务中,不应贷记"投资收益"的是( )。
A. 持有期间获得的现金股利
B. 持有期间获得的债券利息
C. 资产负债表日,持有的股票市价大于其账面价值的差额
D. 企业转让交易性金融资产收到的价款大于其账面价值的差额

20. 未发生减值的债权投资如为分期付息、一次还本债券投资,应于资产负债表日按票面利率计算确定的应收未收利息,借记"应收利息"科目,按债权投资期初摊余成本和实际利率计算确定的利息收入,贷记"投资收益"科目,按其差额,借记或贷记( )科目。
A. "债权投资——利息调整"　　　　B. "债权投资——成本"
C. "债权投资——应计利息"　　　　D. "债权投资——债券溢折价"

21. 甲企业于2019年1月1日,以680万元的价格购进当日发行的面值为600万元的公司债券。其中债券的买价为675万元,相关税费为5万元。该公司债券票面利率为8%,期限为5年,一次还本付息。企业准备持有至到期。该企业记入"债权投资"科目的金额为( )万元。
A. 680　　　　B. 600　　　　C. 675　　　　D. 670

22. 甲公司2019年3月1日购入面值为2 000万元、票面年利率为4%的A公司债券。取得时支付价款2 030万元(包括已到期尚未领取的利息80万元),另支付交易费用5万元。甲公司将其划分为债权投资核算,则甲公司取得该债券的入账价值为( )万元。
A. 2 035　　　　B. 2 000　　　　C. 2 005　　　　D. 1 955

23. 甲公司2019年1月1日按每张980元的价格购入乙公司于2019年1月1日发行的期限为2年、面值为1 000元、票面年利率为3%的普通债券1 000张,将其划分为债权投资,发生交易费用8 000元,票款以银行存款支付。该债券的实际利率为4%。2019年12月31日,按照摊余成本和实际利率确认的投资收益为39 520元,则2019年年末债权投资的账面价值为( )元。
A. 980 000　　　　B. 988 000　　　　C. 978 480　　　　D. 997 520

24. 甲公司2019年1月1日购买乙公司同日发行的5年期公司债券,支付价款950万元。甲公司将其划分为其他债权投资核算。该债券面值为1 000万元,票面利率为4%,该债券系分期付息到期还本债券。同类债券的市场利率为5.16%,则2019年12月31日该债券的摊余成本为( )万元。
A. 959.02　　　　B. 954.02　　　　C. 995.02　　　　D. 945.02

25. M公司从上海证券交易所购入A公司股票100万股(占A公司总股份的0.01%),实际支付价款530万元,另支付交易费用3万元。M公司将其划分为其他权益工具投资核算。年末该股票的公允价值为5.6元/股,则此时其他权益工具投资的账面价值为( )万元。
A. 530　　　　B. 533　　　　C. 560　　　　D. 557

26. 企业取得的其他权益工具投资,在持有期间被投资单位宣告分配的现金股利,应记入

的会计科目是( )。

A. "其他综合收益"　　　　　　　　B. "投资收益"

C. "营业外收入"　　　　　　　　　D. "应收利息"

27. 甲公司 2019 年 11 月 9 日取得某项股权投资并将其划分为其他权益工具投资核算,取得投资支付价款 2 000 万元,另支付交易费用 20 万元。截至 2019 年 12 月 31 日,该股权投资的公允价值为 1 500 万元,则下列处理不正确的是( )。

A. 初始取得成本为 2 020 万元

B. 公允价值下降为 1 500 万元,应计入其他综合收益 520 万元

C. 公允价值下降为 1 500 万元,应计入公允价值变动损益 520 万元

D. 公允价值的下降不会影响当期损益

28. 甲公司 2019 年 8 月 8 日支付 3 000 万元取得一项股权投资,作为其他权益工具投资核算,支付价款中包括已宣告但尚未发放的现金股利 30 万元。另支付交易费用 20 万元。则甲公司该项其他权益工具投资的入账价值为( )万元。

A. 3 000　　　　B. 2 970　　　　C. 2 990　　　　D. 3 020

29. 某企业出售一项其他权益工具投资,实际取得价款 2 980 万元,该其他权益工具投资的账面价值为 2 800 万元(其中,成本 2 000 万元,公允价值变动 800 万元),则出售时应当计入留存收益的金额为( )万元。

A. 180　　　　　B. 980　　　　　C. 880　　　　　D. 800

30. 甲公司 2019 年 3 月 1 日购入乙公司发行的面值为 2 000 万元的公司债券,实际支付价款 2 000 万元(其中包括已到期但尚未领取的利息 50 万元),另支付相关交易费用 12 万元。甲公司将其划分为其他债权投资。则甲公司记入"其他债权投资——利息调整"科目的金额为( )万元。

A. 50　　　　　　B. 38　　　　　　C. 62　　　　　　D. 0

(二) 多项选择题

1. 下列各项中,会引起交易性金融资产账面余额发生变化的有( )。

A. 计提交易性金融资产持有期间的利息

B. 期末交易性金融资产公允价值高于其账面余额的差额

C. 期末交易性金融资产公允价值低于其账面余额的差额

D. 出售交易性金融资产

2. 下列项目中,不应计入交易性金融资产取得成本的有( )。

A. 支付的购买价格　　　　　　　B. 支付的佣金

C. 支付的手续费　　　　　　　　D. 支付价款中包含的应收利息

3. 企业取得交易性金融资产支付的总价款中,下列不应当计入交易性金融资产的入账价值的有( )。

A. 取得时已宣告但尚未发放的现金股利

B. 支付代理机构的手续费

C. 取得时已到期但尚未领取的债券利息

D. 支付给咨询公司的佣金

4. 企业持有交易性金融资产时,对于持有的分期付息到期还本的债券投资,在计息日企业进行相关账务处理会涉及的会计科目有( )。

A."投资收益" B."营业外收入"
C."公允价值变动损益" D."应收利息"

5. 下列关于交易性金融资产的表述中,正确的有( )。

A. 支付价款中包含已宣告但尚未发放的现金股利应当确认为投资收益

B. 期末公允价值上升或下降均会影响到当期损益

C. 持有期间取得被投资单位宣告分派的现金股利应当计入投资收益

D. 如果是债券投资应当按照摊余成本进行后续计量

6. 下列关于交易性金融资产的表述中正确的有( )。

A. 企业取得交易性金融资产应当按照取得时的公允价值作为初始入账金额

B. 交易性金融资产在持有期间收到的现金股利全部计入当期损益

C. 交易性金融资产在持有期间公允价值的波动会对当期损益造成影响

D. 处置时不需要将原计入公允价值变动损益的金额转入投资收益

7. 如果购入的以摊余成本计量的债券的实际利率等于票面利率,且不存在交易费用时,下列各项中,会引起债权投资账面价值发生增减变动的有( )。

A. 计提债权投资减值准备

B. 确认分期付息债券的投资利息

C. 确认到期一次付息债券的投资利息

D. 出售债权投资

8. 下列各项中,应作为债权投资取得时的初始成本入账的有( )。

A. 投资时支付的不含应收利息的价款

B. 投资时支付的手续费

C. 投资时支付的佣金

D. 投资时支付款项中所含的已到期尚未发放的利息

9. 下列有关其他债权投资的表述中,正确的有( )。

A. 其他债权投资发生的减值损失应计入当期损益

B. 其他债权投资的公允价值变动应计入当期损益

C. 取得其他债权投资发生的交易费用应直接计入其他债权投资成本

D. 处置其他债权投资时,以前期间因公允价值变动计入其他综合收益的金额应转入当期损益

10. 下列关于以公允价值计量且其变动计入其他综合收益的金融资产初始取得时的表述中正确的有( )。

A. 该金融资产应当按照取得时的公允价值和相关交易费用之和作为初始确认金额

B. 购入债券作为该类金融资产核算的,应当按照债券的面值记入"其他债权投资——成本"科目

C. 企业购入该类金融资产的价款中包括已宣告但尚未发放的股票股利,应单独作为应收股利处理

D. 企业购入该类金融资产的价款中包括已到付息期但尚未领取的债券利息的,应单独作为应收利息处理

(三)判断题

1."交易性金融资产"科目的期末借方余额,反映企业持有的交易性金融资产的成本与市

价孰低值。( )

2. 购入交易性金融资产支付的交易费用,应该计入交易性金融资产的成本。( )

3. 金融资产在初始确认时,可分为以公允价值计量且其变动计入其他综合收益的金融资产和以公允价值计量且其变动计入当期损益的金融资产两类。( )

4. 企业取得某项投资,并将其划分为交易性金融资产,初始取得时支付的相关交易费用计入企业当期财务费用。( )

5. 企业出售交易性金融资产时,要将原计入公允价值变动损益的金额转入营业外收入。( )

6. "其他债权投资"科目借方的期末余额,反映企业其他债权投资的公允价值。( )

7. 企业取得债权投资时支付的交易费用应计入投资收益。( )

8. 资产负债表日,对于分期付息、到期一次还本的债权投资,应按票面利率计算确定的应收未收利息,借记"债权投资——应计利息"科目。( )

9. 债权投资的摊余成本就是其账面价值。( )

10. 企业将某债券投资划分为以公允价值计量且其变动计入其他综合收益的金融资产核算的,实际支付的价款中包括交易费用,应当将此部分交易费用计入当期损益。( )

(四)不定项选择题

1. A公司2019年4月3日委托证券公司从证券交易所购入甲公司股票100 000股,购入价为6.8元/股(包括已宣告但尚未发放的现金股利0.3元/股)。另支付交易费用3 400元。A公司将其划分为交易性金融资产进行核算。5月8日,A公司收到现金股利30 000元。6月30日,甲公司股票公允价值为6.3元/股。9月2日,甲公司再次宣告分派现金股利,每股0.5元。10月8日,甲公司收到分派的现金股利。2019年12月31日,甲公司股票的公允价值为6.8元/股。2020年1月11日,A公司将持有的甲公司股票全部出售,售价为7元/股,支付交易费用4 000元,余款已存入证券公司指定账户中。

要求:根据以上资料,不考虑其他因素,回答下列回答(答案中的金额单位用元表示)。

(1) A公司取得甲公司股票时应编制的会计分录是( )。

A. 借:交易性金融资产——成本 680 000
    贷:银行存款 680 000

B. 借:交易性金融资产——成本 650 000
    应收股利 30 000
    投资收益 3 400
    贷:银行存款 683 400

C. 借:交易性金融资产——成本 650 000
    应收股利 30 000
    投资收益 3 400
    贷:其他货币资金 683 400

D. 借:交易性金融资产——成本 680 000
    投资收益 3 400
    贷:其他货币资金 683 400

(2) 6月30日,A公司应当编制的会计分录是( )。

A. 借:公允价值变动损益　　　　　　　　　　　　　　　　　20 000
　　　贷:交易性金融资产——公允价值变动　　　　　　　　　　　20 000
B. 借:交易性金融资产——公允价值变动　　　　　　　　　　　20 000
　　　贷:公允价值变动损益　　　　　　　　　　　　　　　　　20 000
C. 借:公允价值变动损益　　　　　　　　　　　　　　　　　50 000
　　　贷:交易性金融资产——公允价值变动　　　　　　　　　　　50 000
D. 借:交易性金融资产——公允价值变动　　　　　　　　　　　50 000
　　　贷:公允价值变动损益　　　　　　　　　　　　　　　　　50 000

(3) 9月2日,甲公司再次宣告分派现金股利时,下列说法正确的是(　　)。
A. A公司应当冲减初始投资成本50 000元
B. A公司应当确认投资收益50 000元
C. A公司应当按持股数量确认应收股利50 000元
D. A公司应当在实际收到股利时再进行确认

(4) 2020年1月11日,A公司出售甲公司股票时应编制的会计分录是(　　)。
A. 借:其他货币资金　　　　　　　　　　　　　　　　　　　700 000
　　　贷:交易性金融资产——成本　　　　　　　　　　　　　　650 000
　　　　　　　　　　　——公允价值变动　　　　　　　　　　　30 000
　　　　　投资收益　　　　　　　　　　　　　　　　　　　　20 000
B. 借:公允价值变动损益　　　　　　　　　　　　　　　　　30 000
　　　贷:投资收益　　　　　　　　　　　　　　　　　　　　30 000
C. 借:其他货币资金　　　　　　　　　　　　　　　　　　　696 000
　　　贷:交易性金融资产——成本　　　　　　　　　　　　　　650 000
　　　　　　　　　　　——公允价值变动　　　　　　　　　　　30 000
　　　　　投资收益　　　　　　　　　　　　　　　　　　　　16 000
D. 借:投资收益　　　　　　　　　　　　　　　　　　　　　30 000
　　　贷:公允价值变动损益　　　　　　　　　　　　　　　　　30 000

2. M公司2019年1月1日以银行存款2 100万元购入甲公司2018年1月1日发行的5年期公司债券,另支付交易费用2万元。该债券面值2 000万元,票面年利率为5%,该债券每年1月20日支付上年度利息,到期归还本金。M公司将其划分为交易性金融资产。2019年1月20日,M公司收到上年度利息并存入银行。2019年3月31日,该债券的公允价值为1 950万元。2019年6月30日,该债券的公允价值为1 930万元。2019年9月30日,该债券的公允价值为1 900万元。2019年10月19日,M公司将该债券全部出售,取得价款1 920万元。

要求:根据以上资料,不考虑其他因素,回答下列问题(答案中的金额单位用万元表示)。
(1) M公司取得甲公司债券时,下列账务处理正确的是(　　)。
A. 交易性金融资产的入账金额为2 000万元
B. 支付的交易费用应计入投资收益
C. 应确认应收利息100万元
D. 银行存款减少2 102万元
(2) M公司2019年编制的下列会计分录中,不正确的是(　　)。

A. 1月20日:
借:银行存款　　　　　　　　　　　　　　　　　　　　　100
　　贷:投资收益　　　　　　　　　　　　　　　　　　　　　　100
B. 3月31日:
借:公允价值变动损益　　　　　　　　　　　　　　　　　50
　　贷:交易性金融资产——公允价值变动　　　　　　　　　　50
C. 6月30日:
借:公允价值变动损益　　　　　　　　　　　　　　　　　20
　　贷:交易性金融资产——公允价值变动　　　　　　　　　　20
D. 9月30日:
借:公允价值变动损益　　　　　　　　　　　　　　　　　30
　　贷:交易性金融资产——公允价值变动　　　　　　　　　　30

(3) 2019年10月19日,M公司将该债券全部出售时应确认的投资收益为(　　)万元。
A. 80　　　　　　B. −80　　　　　　C. 20　　　　　　D. −20

(4) 下列关于M公司出售债券的说法正确的是(　　)。
A. 出售债券时对当期损益的影响金额为80万元
B. 出售债券时对当期损益的影响金额为20万元
C. 出售债券时累计公允价值变动损益金额为100万元
D. 出售债券时累计公允价值变动损益金额为200万元

3. 甲公司2019年1月1日购入某公司发行的5年期公司债券,以银行存款支付购买价款1 040万元(包括已到期尚未领取的利息40万元),另支付交易手续费20万元。该债券面值为1 000万元,票面年利率为4%。该债券为分期付息、到期还本的公司债券。已知同类债券的市场年利率为3.4%。甲公司将其划分为以摊余成本计量的金融资产。

要求:根据以上资料,不考虑其他因素,回答下列问题(答案中金额单位用万元表示)。

(1) 甲公司购入该债券时应编制的会计分录是(　　)。
A. 借:债权投资——成本　　　　　　　　　　　　　　　1 000
　　　应收利息　　　　　　　　　　　　　　　　　　　　40
　　　贷:银行存款　　　　　　　　　　　　　　　　　　　1 040
B. 借:债权投资——成本　　　　　　　　　　　　　　　1 000
　　　　　　　　——利息调整　　　　　　　　　　　　　　20
　　　应收利息　　　　　　　　　　　　　　　　　　　　40
　　　贷:银行存款　　　　　　　　　　　　　　　　　　　1 060
C. 借:债权投资——成本　　　　　　　　　　　　　　　1 020
　　　应收利息　　　　　　　　　　　　　　　　　　　　40
　　　贷:银行存款　　　　　　　　　　　　　　　　　　　1 060
D. 借:债权投资——成本　　　　　　　　　　　　　　　1 000
　　　　　　　　——利息调整　　　　　　　　　　　　　　60
　　　贷:银行存款　　　　　　　　　　　　　　　　　　　1 060

(2) 2019年12月31日,该债券的摊余成本为(　　)万元。
A. 994.68　　　　B. 985.32　　　　C. 1 020　　　　D. 1 014.68

(3) 摊余成本是金融资产的初始确认金额经过一定调整后的结果,下列各项中属于调整内容的是( )。
  A. 扣除已偿还的本金   B. 减去溢价的摊销额
  C. 加上折价的摊销额   D. 扣除已发生的减值损失
(4) 2020 年甲公司因持有该债券应当确认的实际利息收益为( )万元。
  A. 40   B. 34.5   C. 40.58   D. 5.5
(5) 下列关于债权投资在持有期间和出售时的账务处理表述正确的是( )。
  A. 债权投资在持有期间应当按期初摊余成本和实际利率计算确定投资收益
  B. 债权投资在持有期间无需进行减值测试
  C. 债权投资出售时应当将取得的价款与账面价值之间的差额作为投资收益处理
  D. 如果债权投资为分期付息债券,按期计提的利息记入"应收利息"科目

4. 甲公司 2019 年 1 月 12 日以银行存款购入乙公司于 2018 年 1 月 1 日发行的公司债券,支付购买价款 3 230 万元(包括 2018 年度已到付息期尚未领取的债券利息 180 万元及交易手续费 20 万元)。该债券面值为 3 000 万元,票面利率 6%,期限为 4 年。每年 1 月 22 日支付上年度利息。同类债券的市场利率为 5.6%。甲公司将其划分为以公允价值计量且其变动计入其他综合收益的金融资产。2019 年 1 月 22 日甲公司收到乙公司上年度债券利息 180 万元并存入银行。截至 2019 年 12 月 31 日,该债券的市场公允价值为 3 100 万元。

要求:根据以上资料,不考虑其他因素,回答下列问题(答案中金额单位用万元表示)。
(1) 甲公司购入乙公司发行的公司债券,下列表述中正确的是( )。
  A. 甲公司其他债权投资的入账成本为 3 050 万元
  B. 甲公司购入该债券发生的手续费计入其他债权投资
  C. 甲公司购入债券时应当确认应收利息 180 万元
  D. 甲公司购入该债券时应当确认的"其他债权投资——利息调整"为 50 万元
(2) 甲公司 2019 年 12 月 31 日其他债权投资的摊余成本为( )万元。
  A. 3 040.8   B. 3 050   C. 3 100   D. 2 870
(3) 甲公司 2019 年 12 月 31 日其他债权投资的账面价值为( )万元。
  A. 3 040.8   B. 3 050   C. 3 100   D. 2 870
(4) 甲公司 2019 年 12 月 31 日应确认的投资收益为( )万元。
  A. 170.8   B. 180   C. 168   D. 169.68
(5) 下列关于甲公司持有乙公司债券的说法中正确的是( )。
  A. 甲公司持有的乙公司债券在资产负债表日应当按公允价值进行计量
  B. 甲公司在 2019 年 12 月 31 日应当确认的"其他综合收益"为 59.2 万元
  C. 甲公司不可以在该债券到期前将其出售
  D. 甲公司持有的乙公司债券在资产负债表日应当以摊余成本进行计量

(五) 业务题

1. 某股份有限公司 2019 年有关交易性金融资产的资料如下:
(1) 3 月 1 日,该公司以银行存款购入 A 公司股票 50 000 股,并准备随时变现,每股买价 16 元,同时支付相关税费 4 000 元。
(2) 4 月 20 日,A 公司宣告发放的现金股利每股 0.4 元。
(3) 4 月 21 日,该公司又购入 A 公司股票 50 000 股,并准备随时变现,每股买价 18.4 元

(包含已宣告发放尚未支取的股利每股 0.4 元),同时支付相关税费 6 000 元。

(4) 4 月 25 日,该公司收到 A 公司发放的现金股利 20 000 元。

(5) 6 月 30 日,A 公司股票市价为每股 16.4 元。

(6) 7 月 18 日,该公司以每股 17.5 元的价格转让 A 公司股票 60 000 股,扣除相关税费 10 000 元,实得金额为 1 040 000 元。

(7) 12 月 31 日,A 公司股票市价为每股 18 元。

要求:根据上述经济业务编制有关会计分录。

2. 2019 年 5 月 10 日,甲公司以 620 万元(含已宣告但尚未领取的现金股利 20 万元)购入乙公司股票 200 万股作为交易性金融资产,另支付手续费 6 万元。5 月 30 日,甲公司收到现金股利 20 万元。

2019 年 6 月 30 日,该股票每股市价为 3.2 元。

2019 年 8 月 10 日,乙公司宣告分派现金股利,每股 0.20 元。8 月 20 日,甲公司收到分派的现金股利。

2019 年 12 月 31 日,甲公司仍持有该交易性金融资产,期末每股市价为 3.6 元。

2020 年 1 月 3 日,甲公司以 630 万元出售该交易性金融资产。假定甲公司每年 6 月 30 日和 12 月 31 日对外提供财务报告。

要求:(1) 编制上述经济业务的会计分录(金额单位用万元表示)。

(2) 计算该交易性金融资产的累计损益。

3. A 公司于 2019 年 1 月 2 日从证券市场上购入 B 公司于 2018 年 1 月 1 日发行的债券,该债券 4 年期、票面年利率为 4%、每年 1 月 5 日支付上年度的利息,到期日为 2022 年 1 月 1 日,到期日一次归还本金和最后一次利息。A 公司购入债券的面值为 1 000 万元,实际支付价款为 992.77 万元,另支付相关费用 20 万元。A 公司购入后将其划分为以摊余成本计量的金融资产。购入债券的实际利率为 5%。假定按年计提利息。

要求:编制 A 公司从 2019 年 1 月 1 日至 2022 年 1 月 1 日上述有关业务的会计分录(金额单位用万元表示)。

4. 2019 年 5 月 6 日,甲公司支付价款 10 160 000 元(含交易费用 20 000 元和已宣告发放现金股利 140 000 元),购入乙公司发行的股票 200 000 股,占乙公司有表决权股份的 0.5%。甲公司将其划分为以公允价值计量且其变动计入其他综合收益的金融资产。

2019 年 5 月 10 日,甲公司收到乙公司发放的现金股利 140 000 元。

2019 年 6 月 30 日,该股票市价为每股 52 元。

2019 年 12 月 31 日,甲公司仍持有该股票;当日,该股票市价为每股 50 元。

2020 年 5 月 9 日,乙公司宣告发放股利 200 000 元。

2020 年 5 月 13 日,甲公司收到乙公司发放的现金股利。

2020 年 5 月 20 日,甲公司以每股 49 元的价格将股票全部转让。假定不考虑其他因素。

要求:编制上述经济业务的会计分录。

5. 2019 年 5 月,甲公司以 480 万元购入乙公司股票 60 万股,作为以公允价值计量且其变动计入其他综合收益的金融资产,另支付手续费 10 万元。

2019 年 6 月 30 日,该股票每股市价为 7.5 元。

2019 年 8 月 10 日,乙公司宣告分派现金股利,每股 0.20 元。8 月 20 日,甲公司收到分派的现金股利。

2019年12月31日,甲公司仍持有该金融资产,期末每股市价为8.5元。

2020年1月3日,以515万元出售该金融资产。假定甲公司每年6月30日和12月31日对外提供财务报告。

要求:编制上述经济业务的会计分录(金额单位用万元表示)。

第五章 长期股权投资

 **一、学习目的和要求**

通过本章学习,掌握长期股权投资的概念和种类;掌握长期股权投资的初始计量、长期股权投资的成本法与权益法、长期股权投资处置;了解长期股权投资核算方法的转换;明确各长期股权投资项目在财务报告中的列示。要求学生能够针对实务中可能发生的各种情况,依据长期股权投资的经济内涵、核算要求进行判断分析。

 **二、学习重点和难点**

本章既是本课程的重点,又是难点。
重点:长期股权投资的基本业务核算方法。
难点:长期股权投资中成本法和权益法的运用。

 **三、教材主要观点提示**

长期股权投资,是指企业准备长期持有的权益性投资。控股合并和合并以外的其他方式形成的长期股权投资的初始计量:同一控制下的企业合并,应当按照取得被合并方所有者权益账面价值的份额作为长期股权投资的初始投资成本;非同一控制下企业合并形成的长期股权投资和企业合并以外的其他方式取得的长期股权投资,应当按照取得长期股权投资的公允价值作为其初始投资成本。

长期股权投资在持有期间应当分别采用成本法及权益法进行核算。投资单位对能够对被投资单位实施控制的长期股权投资采用成本法核算;投资单位对能够对被投资单位具有共同控制或重大影响的长期股权投资应当采用权益法核算。**成本法**,长期股权投资的价值通常按初始投资成本计量,除追加或收回投资外,一般不对长期股权投资的账面价值进行调整。**权益法**,长期股权投资最初以投资成本计量,以后则要根据投资单位应享有被投资单位所有者权益份额的变动,对长期股权投资的账面价值进行相应调整。

四、案例导入设计

| 案例导入 | 长期股权投资收益增厚上市公司业绩 |

上海电力(600021)是横向投资的成功典范,2007年中报投资收益2.5亿元,占利润总额的72.56%,是上年同期的4倍。其投资收益主要是对同类企业长期股权投资的收益,包括上海外高桥第二发电有限责任公司派发的4 800万元现金股利、上海吴泾第二发电有限责任公司派发的8 500万元现金股利以及来自吴泾八期近1.2亿元的投资收益。

引导学生思考:长期股权投资是如何影响公司业绩的?

提问抽答:大部分公司的业绩增长依赖于其主营业务的增长,然而投资收益的增加对企业利润的贡献也不容忽视。投资收益的形成情况如何?

归纳总结:长期股权投资成本的确定;长期股权投资的成本法和权益法。

五、自学内容和课外阅读

自学内容	具体内容	课外阅读资料
长期股权投资的种类和处置	(1) 长期股权投资的种类 (2) 长期股权投资处置的账务处理	(1)《企业会计准则第2号——长期股权投资》 (2)《企业会计准则第20号——企业合并》 (3)《IFRS3——企业合并》

六、自主测试

(一) 单项选择题

1. 长期股权投资采用权益法核算时,长期股权投资的初始投资成本小于投资时应享有被投资单位可辨认净资产公允价值份额的,应按其差额,借记"长期股权投资——成本"科目,贷记科目是(   )。

　　A."投资收益"　　　　　　　　　　B."资本公积——其他资本公积"
　　C."营业外收入"　　　　　　　　　D."长期股权投资——其他权益变动"

2. 长期股权投资采用权益法核算时,在持股比例不变的情况下,被投资单位除净损益和其他综合收益以外所有者权益的增加,企业按持股比例计算应享有的份额,借记的科目是(   )。

　　A."长期股权投资——股权投资准备"　　B."资本公积——其他资本公积"
　　C."长期股权投资——损益调整"　　　　D."长期股权投资——其他权益变动"

3. 2019年1月2日,A公司以银行存款600万元对D公司投资,持有D公司50%的股权,具有重大影响。D公司可辨认净资产公允价值总额为1 000万元。2019年3月2日,D公司宣告分配2018年现金股利100万元,2019年D公司实现净利润3 000万元。假定在取得投资时点被投资单位各项资产公允价值等于账面价值,双方采用的会计政策、会计期间相同。2019年年末 A 公司"长期股权投资"科目的账面余额是( )万元。

A. 450　　　　　　B. 2 050　　　　　　C. 600　　　　　　D. 550

4. S 公司 2017 年 1 月 1 日对乙公司初始投资成本为 165 万元,占乙公司资本 30%,乙公司可辨认净资产公允价值为 500 万元,采用权益法核算。2017 年,乙公司实现净利润 150 万元;2018 年,乙公司发生净亏损 750 万元(不存在长期应收款、预计负债的内容);2019 年,乙公司实现净利润 300 万元。假定在取得投资时点,被投资单位各资产公允价值等于账面价值,双方采用的会计政策、会计期间相同。则 2019 年年末 S 公司长期股权投资的账面价值是( )万元。

A. 75　　　　　　B. 90　　　　　　C. 165　　　　　　D. 0

5. A 公司 2018 年 1 月 1 日对乙公司初始投资成本为 165 万元,占乙公司资本 30%,采用权益法核算。当年乙公司实现净利润 150 万元,2019 年乙公司发生净亏损 750 万元,假定 A 公司存在长期应收乙公司款项 20 万元,则 2019 年年末 A 公司应编制的会计分录是( )。

A. 借:投资收益　　　　　　　　　　　　　　　　225
　　贷:长期股权投资——损益调整　　　　　　　　　210
　　　　长期应收款　　　　　　　　　　　　　　　15

B. 借:投资收益　　　　　　　　　　　　　　　　225
　　贷:长期股权投资——损益调整　　　　　　　　　210
　　　　预计负债　　　　　　　　　　　　　　　　15

C. 借:投资收益　　　　　　　　　　　　　　　　210
　　贷:长期股权投资——损益调整　　　　　　　　　210

D. 借:投资收益　　　　　　　　　　　　　　　　225
　　贷:长期股权投资——损益调整　　　　　　　　　225

6. 出售采用权益法核算的长期股权投资时,按处置长期股权投资的投资成本比例结转原计入资本公积的金额,转入的会计科目是( )。

A."资本公积"　　　　　　　　　　B."长期股权投资——投资成本"
C."投资收益"　　　　　　　　　　D."资本公积——其他资本公积"

7. 企业下列各项权益性投资中不能作为长期股权投资核算的是( )。

A. 对子公司的投资　　　　　　　　B. 对合营企业的投资
C. 对联营企业的投资　　　　　　　D. 在重大影响以下的投资

8. 甲公司 2019 年 3 月 30 日购买乙公司发行的股票 10 000 万股准备长期持有,拥有乙公司表决权的比例为 30%,对乙公司具有重大影响,每股购买价为 8.8 元(包括乙公司已宣告但尚未发放的现金股利 0.3 元),另外支付购买股票发生的有关税费为 26 万元,款项已支付。则下列关于甲公司的账务处理表述正确的是( )。

A. 甲公司将购买的股票作为其他权益工具投资核算,其初始入账成本为 85 026 万元
B. 甲公司将购买的股票作为长期股权投资核算,其初始入账成本为 85 026 万元
C. 甲公司将购买的股票作为其他权益工具投资核算,其初始入账成本为 88 026 万元
D. 甲公司将购买的股票作为长期股权投资核算,其初始入账成本为 88 026 万元

9. 长期股权投资采用成本法进行核算的,其在持有期间取得的被投资单位宣告发放的现金股利应记入的会计科目是( )。

A."公允价值变动损益"　　　　　　B."投资收益"

C. "营业外收入"　　　　　　　　　　　　D. "财务费用"

10. 甲公司取得乙公司30%的有表决权股份,能够对乙公司实施重大影响,2019年2月14日乙公司宣告分派股票股利1 000万股,则下列说法中正确的是(　　)。

　　A. 甲公司应当确认投资收益

　　B. 甲公司应当在实际收到时再进行账务处理

　　C. 甲公司不进行账务处理,但应在备查簿中登记

　　D. 甲公司应当调整长期股权投资的账面价值

11. 甲公司2019年9月30日以银行存款2 000万元购买乙公司40%的有表决权股份,从而能够对乙公司实施重大影响。投资当日乙公司可辨认净资产的账面价值(等于公允价值)为5 500万元。甲公司同时支付相关税费20万元。则甲公司长期股权投资的账面价值为(　　)万元。

　　A. 2 020　　　　B. 2 000　　　　C. 2 200　　　　D. 2 040

12. 东方公司2019年3月对宏达公司进行股权投资,占宏达公司有表决权股份的20%,东方公司能够在宏达公司董事会中派出代表。2019年6月宏达公司宣告分派现金股利,分派方案为每10股派0.5元,东方公司可以分派到的现金股利为275万元,则东方公司的下列账务处理正确的是(　　)。

　　A. 应当确认投资收益275万元

　　B. 应当冲减长期股权投资账面价值275万元

　　C. 宣告时不做账务处理

　　D. 此项业务需要在备查簿中进行登记

13. 甲公司2018年1月1日从二级市场购入乙公司股票500万股,每股支付购买价款22元,另支付相关交易费用200万元。甲公司购入的乙公司股票占乙公司总股份的25%,购买日乙公司账面净资产(等于公允价值)为35 000万元。同时,甲公司能够对乙公司实施重大影响。2018年,乙公司实现净利润2 000万元。2019年,乙公司发生净亏损5 000万元。2019年12月31日,甲公司长期股权投资的账面价值为(　　)万元。

　　A. 11 200　　　　B. 9 950　　　　C. 10 450　　　　D. 8 000

14. 某企业2019年2月2日对甲公司进行投资,占甲公司有表决权股份的30%,对甲公司能够实施重大影响。该企业实际支付购买价款2 000万元(与享有甲公司可辨认净资产的公允价值份额相等)。当年甲公司实现盈利600万元,宣告发放现金股利200万元,其他综合收益增加20万元。2019年12月31日,该企业的长期股权投资账面价值为(　　)万元。

　　A. 2 120　　　　B. 2 000　　　　C. 2 186　　　　D. 2 126

15. 甲公司2019年8月19日将其持有的一项长期股权投资出售。出售时该投资的账面价值为2 800万元(其中,成本为3 000万元,损益调整为贷方500万元,其他综合收益为借方300万元)。出售价款为3 000万元。则甲公司因出售该项投资应当确认的投资收益为(　　)万元。

　　A. 0　　　　B. 200　　　　C. 500　　　　D. 300

16. 企业对采用成本法核算的长期股权投资应当确认投资收益的事项是(　　)。

　　A. 投资后被投资单位宣告分派现金股利

　　B. 收到支付购买价款中包含的现金股利

　　C. 被投资单位当年实现盈利

D. 被投资单位其他权益工具投资公允价值上升

(二) 多项选择题

1. 企业对长期股权投资采用权益法核算的,其正确的账务处理为(　　　)。
   A. 长期股权投资的初始投资成本大于投资时应享有被投资单位可辨认净资产公允价值份额的,不调整已确认的初始投资成本
   B. 长期股权投资的初始投资成本大于投资时应享有被投资单位可辨认净资产公允价值份额的,作为股权投资借方差额
   C. 长期股权投资的初始投资成本小于投资时应享有被投资单位可辨认净资产公允价值份额的,应按其差额,借记"长期股权投资——成本"科目,贷记"营业外收入"科目
   D. 长期股权投资的初始投资成本小于投资时应享有被投资单位可辨认净资产公允价值份额的,作为股权投资贷方差额

2. 采用权益法核算时,不会引起长期股权投资账面价值增减变动的事项有(　　　)。
   A. 被投资单位实际发放股票股利
   B. 计提长期投资减值准备
   C. 被投资单位股东会宣告分派股票股利
   D. 实际收到已宣告的现金股利

3. 采用权益法核算时,能引起长期股权投资账面价值发生增减变动的事项有(　　　)。
   A. 计提长期股权投资减值准备
   B. 收到股票股利
   C. 被投资单位持有的其他债权投资公允价值发生变动
   D. 被投资单位宣告分派现金股利

4. 按企业会计准则规定,下列项目中,不应记入"投资收益"科目的有(　　　)。
   A. 成本法核算下,被投资单位实现净利润
   B. 权益法核算下,被投资单位所有者权益变动
   C. 权益法核算下,被投资单位实现净利润
   D. 权益法核算下,被投资单位宣告发放现金股利

5. 企业下列长期股权投资应当采用权益法核算的有(　　　)。
   A. 对被投资单位具有控制
   B. 对被投资单位具有共同控制
   C. 对被投资单位具有重大影响
   D. 对被投资单位不具有控制、共同控制及重大影响

6. 甲公司对乙公司的长期股权投资采用成本法核算,下列各项中不会引起甲公司长期股权投资的账面价值发生增减变动的有(　　　)。
   A. 乙公司宣告分派股票股利　　　B. 乙公司宣告分派现金股利
   C. 乙公司实现盈利或发生亏损　　D. 对乙公司的投资发生减值

7. 长期股权投资采用权益法核算,下列说法中正确的有(　　　)。
   A. 被投资单位宣告分派现金股利,投资单位应当确认投资收益
   B. 被投资单位实现盈利,投资单位相应增加长期股权投资的账面价值
   C. 被投资单位发生亏损,投资单位相应减少长期股权投资的账面价值,但应以其账面价值减记至零为限

D. 被投资单位以资本公积转增资本,投资单位相应增加长期股权投资的账面价值

8. 甲公司和乙公司共同设立丙公司,经双方协商各方的出资比例均为50%,股东按其出资比例行使对丙公司的各项表决权。有关以上业务的说法中正确的有(　　)。

A. 甲公司对丙公司的投资应作为长期股权投资核算

B. 甲公司应当对此长期股权投资采用成本法核算

C. 乙公司对丙公司的投资应作为长期股权投资核算

D. 乙公司应当对此长期股权投资采用权益法核算

9. 下列关于成本法核算长期股权投资的表述中正确的有(　　)。

A. 被投资单位宣告分派现金股利计入投资收益

B. 被投资单位实现盈利或发生亏损,投资单位均不需进行账务处理

C. 被投资单位除净损益、其他综合收益和利润分配以外的其他所有者权益发生变动,投资单位无需进行账务处理

D. 对子公司的投资在资产负债表日存在减值迹象的,其可收回金额低于账面价值的差额应当确认为资产减值损失

10. 采用权益法核算的长期股权投资,下列交易或事项中,投资单位应当减少长期股权投资账面价值的有(　　)。

A. 被投资单位宣告分派股票股利

B. 被投资单位发生经营亏损

C. 被投资单位持有的其他债权投资公允价值下降

D. 处置部分长期股权投资

11. 下列关于处置长期股权投资的说法中不正确的有(　　)。

A. 采用成本法核算的长期股权投资,处置时应当将其账面价值与实际收到价款的差额计入投资收益

B. 采用成本法核算的长期股权投资,处置时应当将其账面价值与实际收到价款的差额计入资本公积

C. 采用权益法核算的长期股权投资,部分处置时应当将其账面价值与实际收到价款的差额计入投资收益,同时将原计入其他综合收益的金额转入投资收益

D. 采用权益法核算的长期股权投资,部分处置时应当将其对应的账面价值与实际收到价款的差额计入投资收益,但将原计入其他综合收益的金额待全部处置时一并转入投资收益

12. 企业关于长期股权投资的下列处理中应当计入当期损益的有(　　)。

A. 采用权益法核算时,初始投资成本小于投资时应享有被投资单位可辨认净资产公允价值份额的部分

B. 采用成本法核算时,被投资单位宣告分派现金股利

C. 采用成本法核算时,处置长期股权投资其账面价值与实际收到价款的差额

D. 采用权益法核算时,被投资单位宣告分派现金股利

(三) 判断题

1. 企业无论以何种方式取得长期股权投资,实际支付的价款或对价中包含的已宣告但尚未领取的现金股利或利润,应作为取得的长期股权投资的成本。(　　)

2. 投资单位无论采用成本法还是权益法核算长期股权投资,均要在被投资单位宣告分派

利润或现金股利时,按照应享有的部分确认为当期投资收益。( )

3. 企业的长期股权投资采用权益法核算的,初始投资成本大于投资时应享有被投资单位可辨认净资产公允价值份额的,不调整已确认的初始投资成本。( )

4. 企业的长期股权投资采用权益法核算的,初始投资成本小于投资时应享有被投资单位可辨认净资产公允价值份额的,应按其差额,借"长期股权投资——成本"科目,贷记"投资收益"科目。( )

5. 投资单位收到被投资单位发放的股票股利,不进行账务处理,但应在备查簿中登记。( )

6. 处置长期股权投资时,不同时结转已计提的长期股权投资减值准备,待期末一并调整。( )

7. 除企业合并形成的长期股权投资,以非现金资产支付对价的,应当以非现金资产的账面价值作为取得长期股权投资的初始投资成本。( )

8. 企业采用成本法核算长期股权投资,投资后被投资单位宣告分派以前年度的现金股利,投资单位应当冲减其投资成本。( )

9. 长期股权投资计提减值准备后,如果减值迹象已经消失,应当在原计提范围内进行转回。( )

10. 长期股权投资采用权益法核算,被投资单位除净损益、其他综合收益和利润分配以外所有者权益的其他变动,投资单位应按其持股比例相应地增加或减少长期股权投资的账面价值。( )

11. 企业取得对联营企业的长期股权投资,被投资单位宣告分派现金股利,投资单位应当确认投资收益。( )

12. 采用权益法核算长期股权投资时,初始投资成本大于投资时享有的被投资单位可辨认净资产公允价值份额的部分不进行账务处理。( )

13. 企业取得长期股权投资后,被投资单位分派以前年度的利润,无论是成本法核算还是权益法核算均需按持股比例冲减原投资成本。( )

14. 长期股权投资采用权益法核算,被投资单位以资本公积转增资本,投资单位应当按其持股比例减少"长期股权投资"科目和"资本公积——其他资本公积"科目的金额。( )

15. 企业核算长期股权投资时,无论是成本法核算还是权益法核算,被投资单位宣告分派股票股利时,均不需进行账务处理。( )

(四)不定项选择题

1. 甲公司2018年1月1日以在证券公司的存出投资款购入乙公司股份,购买价款5 200万元,相关手续费20万元。甲公司购入股份占乙公司有表决权股份的30%,甲公司能够对乙公司实施重大影响。投资当日,乙公司可辨认净资产的账面价值为15 000万元(各项资产、负债的账面价值等于公允价值)。2018年度,乙公司实现盈利3 000万元;2019年3月18日,乙公司宣告分派现金股利2 000万元;2019年4月15日,甲公司收到乙公司分派的现金股利并存入投资款专户;2019年6月30日,乙公司一项其他权益工具投资账面价值低于公允价值800万元;2019年度,乙公司发生亏损2 000万元。2020年2月15日,甲公司将持有的乙公司股份对外转让40%(即乙公司全部股份的12%),取得的转让价款2 000万元已存入银行。转让后甲公司对乙公司仍具有重大影响。

要求:根据以上资料,不考虑其他因素,回答下列问题(答案中金额单位用万元表示)。

(1) 甲公司购入乙公司股份的下列说法中正确的是(　　)。
A. 甲公司取得乙公司的长期股权投资入账成本应当为 5 200 万元
B. 因甲公司能够对乙公司实施重大影响,所以该长期股权投资应当采用权益法核算
C. 甲公司取得乙公司的长期股权投资入账成本应当为 5 220 万元
D. 甲公司取得乙公司的长期股权投资入账成本应当为 4 500 万元

(2) 2018 年度,乙公司实现盈利,甲公司应当编制的会计分录为(　　)。
A. 无需进行账务处理
B. 借:长期股权投资——投资成本　　　　　　　　　　900
　　　贷:投资收益　　　　　　　　　　　　　　　　　　　900
C. 借:长期股权投资——损益调整　　　　　　　　　　900
　　　贷:投资收益　　　　　　　　　　　　　　　　　　　900
D. 借:长期股权投资——其他权益变动　　　　　　　　900
　　　贷:投资收益　　　　　　　　　　　　　　　　　　　900

(3) 2019 年 3 月 18 日乙公司宣告分派现金股利及 2019 年 4 月 15 日甲公司收到乙公司分派的现金股利的会计分录为(　　)。
A. 借:应收股利　　　　　　　　　　　　　　　　　　600
　　　贷:投资收益　　　　　　　　　　　　　　　　　　　600
B. 借:应收股利　　　　　　　　　　　　　　　　　　600
　　　贷:长期股权投资——损益调整　　　　　　　　　　600
C. 借:银行存款　　　　　　　　　　　　　　　　　　600
　　　贷:应收股利　　　　　　　　　　　　　　　　　　　600
D. 借:其他货币资金　　　　　　　　　　　　　　　　600
　　　贷:应收股利　　　　　　　　　　　　　　　　　　　600

(4) 下列关于甲公司持有乙公司长期股权投资的表述正确的是(　　)。
A. 乙公司其他权益工具投资公允价值下降 800 万元,甲公司应当确认减少长期股权投资的账面价值,同时减少投资收益
B. 乙公司其他权益工具投资公允价值下降 800 万元,不会影响甲公司当期损益
C. 乙公司发生经营亏损,甲公司应当按持股比例减少长期股权投资的账面价值
D. 乙公司发生经营亏损,会影响甲公司当期损益

(5) 甲公司将乙公司股份部分转让,下列账务处理的表述中正确的是(　　)。
A. 甲公司将持有的乙公司的长期股权投资对外转让后,剩余的长期股权投资的账面价值为 2 808 万元
B. 甲公司转让持有的乙公司长期股权投资对当月损益的影响为 128 万元
C. 甲公司转让持有的乙公司长期股权投资时应当确认投资收益 32 万元
D. 甲公司转让持有的乙公司长期股权投资后应继续采用权益法核算

2. M 公司 2019 年 2 月 3 日分别以银行存款 1 300 万元和 3 500 万元购买甲公司和乙公司的普通股股票,另支付相关手续费分别为 20 万元和 50 万元。M 公司将购买的甲公司的股票投资作为其他权益工具投资核算。因购买乙公司股票达到其有表决权股份的 20%,能够对乙公司实施重大影响,所以 M 公司将购入的乙公司股票投资作为长期股权投资核算。投资当日,乙公司可辨认净资产的账面价值 18 000 万元(与各项资产、负债的公允价值相同)。2019

年3月2日,甲公司宣告分派现金股利,M公司按持股比例可以分得150万元。2019年3月18日,乙公司宣告分派现金股利2 000万元。2019年4月5日和4月19日,M公司分别收到甲公司和乙公司分派的现金股利,并已存入银行。2019年度,甲公司发生亏损2 000万元,乙公司实现盈利3 000万元。2019年12月31日,对甲公司投资的公允价值为1 250万元。2020年2月1日,M公司将持有的甲公司股票全部转让,取得转让价款1 320万元已存入银行。

要求:根据以上资料,不考虑其他因素,回答下列问题(答案中金额单位用万元表示)。

(1) 下列关于M公司购入甲公司和乙公司股票的说法中正确的是( )。
A. 其他权益工具投资的入账价值为1 300万元
B. 其他权益工具投资的入账价值为1 320万元
C. 长期股权投资的入账价值为3 550万元
D. 长期股权投资的入账价值为3 600万元

(2) 下列关于M公司在3月2日和3月18日应当编制的会计分录是( )。
A. 借:应收股利   150
     贷:投资收益   150
B. 借:应收股利   400
     贷:投资收益   400
C. 借:应收股利   150
     贷:其他权益工具投资——公允价值变动   150
D. 借:应收股利   400
     贷:长期股权投资——损益调整   400

(3) 下列关于2019年12月31日M公司的账务处理正确的是( )。
A. 甲公司发生经营亏损,M公司应按持股比例减少其他权益工具投资的账面价值
B. 资产负债表日,对甲公司的投资公允价值下降,M公司应减少其他权益工具投资的账面价值
C. 乙公司实现盈利,M公司应按持股比例增加长期股权投资的账面价值
D. 资产负债表日,M公司应按对乙公司投资的公允价值来调整长期股权投资的账面价值

(4) 2019年12月31日,M公司持有的其他权益工具投资和长期股权投资的账面价值分别为( )万元。
A. 1 300;3 800   B. 1 250;3 600   C. 1 250;3 800   D. 1 300;3 600

(5) 2020年2月1日,M公司将持有的甲公司股票全部转让,应确认的投资收益为( )万元。
A. 50   B. 0   C. -50   D. 100

(五) 业务题

甲公司2017年3月1日—2019年1月5日发生下列与长期股权投资有关的经济业务:

(1) 甲公司2017年3月1日从证券市场上购入乙公司发行在外30%的股份并准备长期持有,从而对乙公司能够施加重大影响,实际支付款项2 000万元(含已宣告但尚未发放的现金股利60万元),另支付相关税费10万元。2017年3月1日,乙公司可辨认净资产公允价值为6 600万元。

(2) 2017年3月20日,甲公司收到现金股利。

(3) 2017年12月31日,乙公司其他权益工具投资的公允价值变动使乙公司其他综合收

益增加了 200 万元。

(4) 2017 年乙公司实现净利润 510 万元,其中 1 月份和 2 月份共实现净利润 100 万元,假定乙公司除一台设备外,其他资产的公允价值与账面价值相等。该设备 2017 年 3 月 1 日的账面价值为 400 万元,公允价值为 520 万元,采用年限平均法计提折旧,预计尚可使用寿命为 10 年。

(5) 2018 年 3 月 10 日,乙公司宣告分派现金股利 100 万元。

(6) 2018 年 3 月 25 日,甲公司收到现金股利。

(7) 2018 年,乙公司实现净利润 612 万元。

(8) 2019 年 1 月 5 日,甲公司将持有乙公司 5% 的股份对外转让,收到款项 390 万元存入银行。转让后,甲公司持有乙公司 25% 的股份,对乙公司仍具有重大影响。

要求:

(1) 编制上述有关业务的会计分录。

(2) 计算 2019 年 1 月 5 日出售部分股份后长期股权投资的账面价值。

第六章　长期非货币性资产

一、学习目的和要求

通过本章学习,理解固定资产、无形资产及投资性房地产的特点、确认条件,理解固定资产的计价标准和投资性房地产的范围;掌握不同类别的长期非货币性资产初始计量、后续计量及处置;明确长期非货币性资产在财务报告中的列示。要求学生能够针对实务中可能发生的各种情况,依据长期非货币性资产初始计量和后续计量的原则和方法进行判断分析。

二、学习重点和难点

重点:长期非货币性资产的确认标准与范围;长期非货币性资产的初始计量;固定资产折旧的计算方法;长期非货币性资产间的转换。

难点:长期非货币性资产的初始计量;长期非货币性资产的后续计量;投资性房地产成本模式转换为公允价值模式的账务处理;计提减值后固定资产、无形资产及投资性房地产的折旧与摊销的计算及其账务处理。

三、教材主要观点提示

固定资产是指同时具有下列特征的有形资产:为生产商品、提供劳务、出租或经营管理而持有;使用寿命超过一个会计年度。

无形资产是指企业拥有或控制的没有实物形态的可辨认的非货币性资产。无形资产的特征主要表现在:无形资产不具有实物形态;无形资产属于可辨认的非货币性资产;无形资产在创造经济利益方面存在较大的不确定性。

投资性房地产是指为赚取租金或资本增值,或者两者兼有而持有的房地产。投资性房地产的特征主要表现在:投资性房地产业务是一种经营性活动;投资性房地产区别于作为生产经营场所的房地产和用于销售的房地产;投资性房地产有两种后续计量模式。

上述资产应当在符合定义的前提下同时满足以下两条确认条件时,才能予以确认:与该资产有关的经济利益很可能流入企业;该资产的成本能够可靠计量。

固定资产的计价标准主要有:原始价值、重置价值和净值。固定资产应按实际成本进行初始计量。企业应当按规定对所有固定资产计提折旧。折旧是指在固定资产使用寿命内,按照确定的方法对应计折旧额进行系统分摊的过程。折旧是固定资产后续计量的一种方式。影响折旧计提的因素主要有:原始价值、预计净残值、预计使用寿命、折旧方法。可选用的折旧方法包括年限平均法、工作量法、双倍余额递减法、年数总和法等。固定资产预计使用寿命、预计净残值、折旧方法等由企业自行确定,并按管理权限批准,作为计提折旧依据,一经确定不得随意变更。固定资产应按月计提折旧,并根据其用途计入相关资产的成本或当期损益。正常情况下,固定资产折旧是以期初固定资产的原始价值为基础计算当月的折旧额。但对于已计提减值准备的固定资产,应按其可收回金额和尚可使用寿命计算其折旧额。固定资产的后续支出符合资产的确认条件时,应将其资本化,计入固定资产的账面价值;否则,固定资产的后续支出应予以费用化,计入发生当期的费用。固定资产出售、转让的净损益计入资产处置损益;固定资产报废毁损属于非经营性活动,处置的净损益计入营业外收入或营业外支出。

无形资产的初始计量通常是按实际成本,即以取得无形资产并使之达到预定用途而发生的全部支出,作为无形资产的成本。需要注意的是:对于企业自行进行的研究开发项目,应当区分研究阶段与开发阶段两个部分,分别进行核算。其中,研发支出符合条件的可以予以资本化。无形资产的摊销主要采用直线法。无形资产出售、转让的净损益计入资产处置损益;无形资产报废属于非经营性活动,处置的净损益计入营业外收入或营业外支出。

投资性房地产主要包括已出租的土地使用权、持有并准备增值后转让的土地使用权、已出租的建筑物。投资性房地产按实际成本进行初始计量。企业通常应当采用成本模式对投资性房地产进行后续计量,在满足特定条件时可以采用公允价值模式;但是,企业只能选择一种计量模式对其所有投资性房地产进行后续计量,不得同时采用两种计量模式。投资性房地产与非投资性房地产的转换也包括成本模式和公允价值模式。房地产投资属于经营性活动。

四、案例导入设计

案例导入:通过教材中的案例引入,引导学生思考:固定资产、无形资产和投资性房地产的确认条件与计量方法有何异同?

提问抽答:外购的长期非货币性资产的初始计量包含哪些支出?自建固定资产应该在何时确认?股东投入的长期非货币性资产该如何进行初始计量?

归纳总结:不同取得方式的长期非货币性资产的初始计量存在差别;固定资产在直线折旧法和加速折旧法下对企业资产和当期利润存在影响;自建固定资产达到预定可使用状态即可作为固定资产确认入账,不必等到竣工结算。

五、自学内容和课外阅读

自学内容	具体内容	课外阅读资料
固定资产的分类;固定资产清查	(1) 固定资产按用途、使用情况、所有权等分类 (2) 固定资产清查盘盈、盘亏的账务处理	(1)《企业会计准则第4号——固定资产》 (2)《企业会计准则第6号——无形资产》

第六章　长期非货币性资产

续　表

自学内容	具体内容	课外阅读资料
无形资产的确认与分类;无形资产的摊销	(1) 无形资产的特征和范围 (2) 无形资产的确认条件 (3) 无形资产的摊销及核算	(3)《企业会计准则第3号——投资性房地产》 (4)《企业会计准则第8号——资产减值》 (5)《IAS16——不动产、厂房和设备》 (6)《IAS38——无形资产》 (7)《IFRS3——企业合并》 (8)《IFRS5——持有待售的非流动资产和终止经营》
投资性房地产特征与范围	(1) 投资性房地产的特征 (2) 投资性房地产的范围 (3) 投资性房地产与固定资产、无形资产及存货的区别	

六、自主测试

第一部分　固　定　资　产

(一) 单项选择题

1. 在采用自营方式建造固定资产(不动产)的情况下,下列各项中,不应计入固定资产取得成本的是(　　)。

　A. 工程领用原材料的成本

　B. 生产车间为工程提供水、电等费用

　C. 工程领用自产产品的成本

　D. 工程在达到预定可使用状态后进行试运转时发生的支出

2. 下列各项中,计入固定资产成本的是(　　)。

　A. 达到预定可使用状态后发生的专门借款利息

　B. 达到预定可使用状态前由于自然灾害而产生的工程毁损净损失

　C. 进行日常修理发生的人工费用

　D. 安装过程中领用的原材料

3. 某公司2016年9月初增加设备一台,该项设备原值44 000元,预计可使用5年,净残值为4 000元,采用直线法计提折旧。至2018年年末,对该项设备进行检查后,估计其可收回金额为23 000元,减值测试后,该固定资产的折旧方法、年限和净残值等均不变。则2019年应计提的固定资产折旧额为(　　)元。

　A. 10 000　　　　B. 8 000　　　　C. 6 909.09　　　　D. 9 000

4. 2019年8月17日,远华股份有限公司接受长远公司以一台设备进行投资。该设备的原价为130万元,已提折旧40万元,计提减值准备20万元,投资合同约定的价值为66万元(该金额是公允的),占远华股份有限公司注册资本的20%。远华股份有限公司的注册资本为200万元。假定不考虑其他税费,远华股份有限公司接受投资的该设备的入账价值为(　　)万元。

　A. 90　　　　B. 70　　　　C. 110　　　　D. 66

5. 红日公司2019年10月9日购入设备一台,入账价值为600万元,预计使用寿命为5年,预计净残值为20万元。在采用双倍余额递减法计提折旧的情况下,该设备2020年应计提折旧(　　)万元。

　A. 144　　　　B. 134.4　　　　C. 240　　　　D. 224

6. 下列固定资产中,当月应计提折旧的是( )。
   A. 当月短期租入的设备   B. 已提足折旧继续使用的设备
   C. 当月租入使用权资产的设备   D. 大修理停用的设备

7. 在建工程在达到预定可使用状态前试生产产品所取得的收入,应当( )。
   A. 冲减在建工程成本   B. 冲减营业外支出
   C. 计入营业外收入   D. 计入主营业务收入

8. 大洋公司2019年6月20日自行建造的一条生产线投入使用,该生产线建造成本为2 000万元,预计使用寿命为5年,预计净残值为50万元。在采用年数总和法提折旧的情况下,2020年该设备应计提的折旧额为( )万元。
   A. 520   B. 280   C. 260   D. 585

9. 甲公司2018年9月1日购入一条不需安装的生产线。该生产线原价为996万元,预计使用寿命为5年,预计净残值为60万元,按年数总和法提折旧。则2019年应计提的折旧额是( )万元。
   A. 312   B. 296.4   C. 234   D. 192.56

10. 新兴公司购进机床一台,其入账价值为200万元,预计净残值为11.12万元,预计使用寿命为10年。在采用双倍余额递减法计提折旧的情况下,该项设备第三年应提折旧额为( )万元。
    A. 48   B. 16   C. 40   D. 25.60

11. 甲公司购入一项固定资产,入账价值为30万元,预计使用寿命为5年,预计净残值为2.5万元。企业对该项固定资产采用双倍余额递减法计提折旧,则第四年对该项固定资产计提的折旧额为( )万元。
    A. 1.99   B. 2.592   C. 3.24   D. 4.32

12. W公司为增值税一般纳税人,采用自营方式建造厂房,实际领用工程物资250万元(不含增值税)。另外领用本公司外购的产品一批,账面价值即取得成本为140万元,未计提存货跌价准备,该产品适用的增值税税率为13%,当期市场价格为200万元;发生的在建工程人员工资和应付福利费分别为190万元和40万元。假定该生产线已达到预定可使用状态;不考虑除增值税以外的其他相关税费。该厂房的入账价值为( )万元。
    A. 620   B. 638.2   C. 646   D. 678.5

13. 长江公司为一般纳税人,接受投资者投入的一台需要安装的设备。双方在协议中约定的价值为25万元(目前没有可靠证据证明这个价格是公允的),设备的公允价值为22.5万元。安装过程中领用生产用材料一批,实际成本为0.2万元;领用自产的产成品一批,实际成本为1万元,售价为2.4万元,该产品为应税消费品。该公司适用的增值税税率为13%,消费税税率10%。在不考虑所得税的情况下,安装完毕投入生产使用的该设备入账成本为( )元。
    A. 23.94   B. 23.70   C. 25.34   D. 26.20

14. M企业对X生产设备进行改良,该设备原价为500万元,已提折旧200万元,改良中发生各项支出共计50万元。改良时被替换部分的账面价值为20万元。则该项固定资产的入账价值为( )万元。
    A. 350   B. 370   C. 330   D. 550

15. 正保公司购入一台生产设备,其账面原值为40万元,采用双倍余额递减法按年计提折旧,预计使用寿命为5年,预计净残值率为10%。该设备在使用3年6个月后提前报废,报废时发生清理费用 0.4 万元,取得残值收入 1 万元。则该设备报废减少企业当期税前利润( )万元。

  A. 9.6　　　　　　　B. 8.08　　　　　　　C. 32.52　　　　　　　D. 6.88

16. 下列各项中,不应通过"固定资产清理"科目核算的是( )。

  A. 出售的固定资产　　　　　　　　　B. 盘亏的固定资产
  C. 报废的固定资产　　　　　　　　　D. 毁损的固定资产

17. 当期发生的下列事项中,影响当期损益的是( )。

  A. 在建工程试运营过程中所取得的收入
  B. 工程项目达到预定可使用状态后全部报废所发生的损失
  C. 在建工程领用本企业生产的产品
  D. 购买固定资产所支付的耕地占用税

18. 甲公司出售设备一台,售价为 14 万元。该设备的原价为 15 万元,已提折旧 2.5 万元。假设不考虑相关税费,本期出售该设备影响当期损益的金额为( )万元。

  A. 15.5　　　　　　　B. 16.5　　　　　　　C. 14　　　　　　　D. 1.5

19. 下列各项中,属于企业固定资产的是( )。

  A. 4S 店销售的小汽车　　　　　　　B. 房地产开发企业开发代售的商品房
  C. 商贸企业销售的电脑　　　　　　　D. 工业企业生产产品的机器设备

20. 2019 年 3 月 9 日,甲公司(增值税一般纳税人)外购不需安装的生产用设备一台,取得增值税专用发票(注明的价款为 120 万元,增值税税额为 15.6 万元),支付保险费 1 万元,取得运输增值税专用发票(注明的运费为 6 万元,增值税税额为 0.54 万元)。则甲公司该固定资产的入账价值为( )万元。

  A. 120　　　　　　　B. 121　　　　　　　C. 127　　　　　　　D. 143.14

21. 甲公司为增值税一般纳税人,2019 年 2 月 2 日购入需安装的生产用机器设备一台,支付价款 100 万元,增值税 13 万元。安装过程中领用本公司自产产品一批,该批产品成本为 5 万元,公允价值为 8 万元。2019 年 2 月 22 日安装结束,固定资产达到预定使用状态。则甲公司该固定资产的入账金额为( )万元。

  A. 118　　　　　　　B. 105　　　　　　　C. 108　　　　　　　D. 121

22. 甲公司(增值税一般纳税人)从乙公司一次性购入三台型号不同的机器设备 A、B、C,取得增值税专用发票(注明的价款为 1 800 万元,增值税税额为 234 万元),支付包装费 12 万元。已知设备 A、B、C 的公允价值分别为 1 000 万元、200 万元、800 万元,购买设备 C 时还发生安装费 20.2 万元。则甲公司购入 C 设备的入账金额为( )万元。

  A. 838.6　　　　　　　B. 745　　　　　　　C. 752.2　　　　　　　D. 740.2

23. 下列各项中不属于固定资产计提折旧方法的是( )。

  A. 生产总量法　　　B. 年限平均法　　　C. 双倍余额递减法　　　D. 工作量法

24. 甲公司 2019 年 1 月 1 日购入一台不需安装的生产用机器设备,取得增值税专用发票(注明的价款为 234 万元,增值税税额为 30.42 万元),支付运费取得增值税专用发票(注明的运费 22 万元,增值税税额为 1.98 万元),支付包装费等 2 万元。甲公司对此设备采用年限平均法计提折旧,预计净残值率为 5%,预计使用 5 年。则甲公司 2019 年该机器设备应当计提折旧的金额为( )万元。

  A. 44.94　　　　　　　B. 49.02　　　　　　　C. 48.08　　　　　　　D. 43.23

25. 某运输企业(增值税一般纳税人)购入一辆运货卡车,购入时取得增值税专用发票(注明的价款为40万元,增值税税额为5.2万元)。预计总行驶里程为50万千米,预计报废时的净残值为4万元。该企业对运货卡车采用工作量法计提折旧。当月卡车行驶3 000千米,则该辆卡车本月应当计提的折旧额为( )万元。

   A. 0.21   B. 0.22   C. 0.23   D. 0.24

26. 甲公司2018年11月1日购入一项固定资产,原价为100万元,预计使用寿命为5年,预计净残值率为5%。甲公司对该固定资产采用双倍余额递减法计提折旧,则2019年应当计提的折旧额为( )万元。

   A. 40   B. 36.67   C. 38.67   D. 42

27. 下列关于固定资产折旧的表述中不正确的是( )。

   A. 车间管理用固定资产折旧计入制造费用

   B. 生产车间闲置固定资产折旧计入制造费用

   C. 工程用固定资产折旧计入在建工程

   D. 售后部门固定资产折旧计入销售费用

28. 某公司为增值税一般纳税人,2018年7月5日购入一台需要安装的机器设备,增值税专用发票注明的价款为600万元,增值税税额为78万元,以上款项以支票支付;设备安装过程中领用本公司原材料80万元。该设备2018年8月8日达到预定可使用状态并交付车间使用。该固定资产预计使用5年,预计净残值率为5%,同时对该固定资产采用年数总和法计提折旧,则2019年应当计提的折旧额为( )万元。

   A. 196.26   B. 172.69   C. 215.33   D. 200.98

29. 企业对一条生产线进行更新改造。该生产线的原价为120万元,已提折旧为60万元。改造过程中支付改造费用30万元,被替换部分的账面价值15万元。该生产线更新改造后的入账价值为( )万元。

   A. 65   B. 75   C. 135   D. 150

30. 某企业2019年7月丢失固定资产一台,该固定资产原值120万元,已提折旧12万元,经过调查,该损失由企业管理不善造成,保险公司赔偿20万元。不考虑相关税费,则企业清查后应计入( )。

   A. 管理费用88万元   B. 营业外支出88万元

   C. 资产减值损失88万元   D. 其他应收款88万元

31. 2019年3月31日,甲公司采用出包方式对某固定资产进行改良,该固定资产账面原值为1 800万元,预计使用寿命为5年,已使用3年,预计净残值为零,采用年限平均法计提折旧。甲公司支付出包工程款48万元。2019年8月31日,改良工程达到预定可使用状态并投入使用,预计尚可使用4年,预计净残值为零,采用年限平均法计提折旧。2019年度该固定资产应计提的折旧额为( )万元。

   A. 154   B. 90   C. 64   D. 192

32. 某企业以短期租赁方式租入一栋厂房,该厂房发生的改良支出应记入( )科目。

   A. "管理费用"   B. "在建工程"

   C. "制造费用"   D. "长期待摊费用"

(二) 多项选择题

1. 下列固定资产中,应计提折旧的有(　　)。
   A. 大修理的固定资产
   B. 当月减少的固定资产
   C. 正处于改良期间的短期租入固定资产
   D. 租入的使用权资产

2. 下列表述正确的有(　　)。
   A. 盘盈、盘亏、报废、毁损的工程物资,按扣除保险公司或过失人赔偿部分后的差额,如果工程项目尚未完工的,计入或冲减所建工程项目的成本;如果工程项目已完工的,计入当期营业外收入或营业外支出
   B. 对于剩余的工程物资,应该按实际成本或计划成本,转作企业的库存材料
   C. 购入用于房屋及建筑物的工程物资时,入账价值不包括增值税税额
   D. 用于房屋及建筑物的工程物资成本包括购买价款、增值税税额、运杂费等

3. 下列项目中,影响折旧因素的有(　　)。
   A. 固定资产的预计使用寿命　　　　B. 固定资产的减值准备
   C. 固定资产的预计净残值　　　　　D. 固定资产的原始价值

4. 以下固定资产计提折旧的方法中,在计算折旧初期要考虑净残值的有(　　)。
   A. 年数总和法　　B. 工作量法　　C. 双倍余额递减法　　D. 年限平均法

5. 下列各项中,应计入固定资产入账价值的有(　　)。
   A. 购买固定资产时支付的契税
   B. 固定资产安装过程中所发生的原材料、工资等费用
   C. 固定资产发生的日常修理费用
   D. 进口固定资产支付的关税

6. 以下表述正确的有(　　)。
   A. 管理部门使用的固定资产,其计提的折旧应计入管理费用
   B. 销售部门使用的固定资产,其计提的折旧应计入销售费用
   C. 经营租出的固定资产,其计提的折旧应计入其他业务成本
   D. 自行建造固定资产过程中使用的固定资产(假设只用于建造固定资产),其计提的折旧应计入管理费用

7. 下列有关税金应该计入固定资产入账价值的有(　　)。
   A. 进口固定资产支付的关税　　　　B. 取得固定资产而支付的契税
   C. 购置经营用车辆支付的车辆购置税　D. 支付的耕地占用税

8. 下列各项中影响固定资产清理净收益的因素应包括(　　)。
   A. 报废固定资产的累计折旧额　　　B. 出售固定资产取得的价款
   C. 报废固定资产的原价　　　　　　D. 损毁固定资产取得的赔款

9. 下列有关固定资产折旧的账务处理中,不符合现行规定的有(　　)。
   A. 自行建造的固定资产应自办理竣工结束时开始计提折旧
   B. 因固定资产改良而停用的生产设备应继续计提折旧
   C. 租入的使用权资产应自租赁开始日起计提折旧
   D. 短期租入的固定资产不需要计提折旧

10. 在建工程单项工程或单位工程报废或损毁,减去材料价值和过失人或保险公司等赔款后的净损失,可能计入( )。
   A. 管理费用   B. 其他业务成本
   C. 营业外支出   D. 在建工程的成本

11. 下列各项中所发生的固定资产后续支出,能够资本化的有( )。
   A. 恢复或保持固定资产的原有性能标准,以确保未来经济效益的实现
   B. 使固定资产的生产能力增大
   C. 使固定资产生产的产品质量提高
   D. 使固定资产的估计使用寿命延长

12. 下列固定资产的相关损失项目,应计入营业外支出的有( )。
   A. 建造过程中的在建工程项目在正常原因下发生的某一单项工程毁损损失
   B. 企业对外捐赠支出
   C. 报废固定资产的净损失
   D. 经批准结转的固定资产盘亏损失

13. 下列各项中,会引起固定资产账面价值发生变化的有( )。
   A. 固定资产改扩建   B. 固定资产大修理
   C. 计提固定资产减值准备   D. 租入使用权资产

14. 下列各项中,影响固定资产清理净损益的有( )。
   A. 清理固定资产发生的费用   B. 清理固定资产的变价收入
   C. 清理固定资产的账面价值   D. 清理固定资产耗用的材料成本

15. 当期发生的下列事项中,不影响当期损益的有( )。
   A. 工程项目达到预定可使用状态后全部报废而发生损失
   B. 在建工程试运营过程中取得收入
   C. 购买固定资产而支付的车辆购置税
   D. 在建工程(房屋)领用原材料

16. 下列各项中,应记入"固定资产清理"科目贷方的有( )。
   A. 因自然灾害而损失的固定资产账面净值
   B. 因自然灾害而损失的固定资产取得的赔款
   C. 出售厂房所得的价款
   D. 支付给清理固定资产人员的工资

17. 下列关于工业企业取得固定资产的会计核算表述正确的有( )。
   A. 企业应当按照取得固定资产的实际成本加相关费用作为固定资产的取得成本
   B. 外购生产用动产设备负担的增值税不需计入取得成本
   C. 外购需安装才能使用的固定资产需通过在建工程归集相关成本
   D. 企业以一笔款项购入多项没有单独标价的固定资产,应按各项固定资产公允价值的比例对总成本进行分配

18. 下列关于企业建造固定资产的表述中正确的有( )。
   A. 企业自行建造固定资产,应按建造固定资产达到预定可使用状态前所发生的必要支出作为固定资产的入账成本
   B. 企业自建不动产项目领用本企业外购的原材料,则原材料涉及的增值税不作进项税额

转出处理

C. 企业建造固定资产采用出包方式的,在工程没有达到预定可以使用状态前支付的出包款应记入"在建工程"科目

D. 建造不动产过程中,该工程领用本企业自产的产品,则该产品不应当作视同销售处理,计算增值税销项税额

19. 下列各项中,会影响企业固定资产计提折旧的因素有(　　)。
   A. 固定资产的原始价值　　　　　B. 固定资产的预计净残值
   C. 固定资产的减值准备　　　　　D. 固定资产的预计使用寿命

20. 企业持有的下列固定资产中,不需计提折旧的有(　　)。
   A. 闲置的厂房　　　　　　　　　B. 单独计价入账的土地
   C. 因改扩建停用的机器设备　　　D. 已提足折旧仍继续使用的办公电脑

21. 下列关于固定资产折旧的表述正确的有(　　)。
   A. 当月增加固定资产当月不提折旧,从下月起计提折旧
   B. 提前报废的固定资产不需计提尚未提取的折旧
   C. 暂估入账的固定资产办理竣工决算后不需要调整原已计提的折旧
   D. 企业至少每年年末对固定资产的折旧方法进行复核

22. 下列关于固定资产的后续支出表述正确的有(　　)。
   A. 固定资产的后续支出不满足资本化条件的,计入当期损益
   B. 生产车间固定资产的日常修理费用,计入制造费用
   C. 满足资本化条件的固定资产后续支出应当将资本化的后续支出金额,计入更新改造前的固定资产原值
   D. 固定资产发生可资本化的后续支出时,应将固定资产的账面价值转入在建工程

23. 企业处置固定资产时通过"固定资产清理"科目核算的有(　　)。
   A. 出售固定资产　　　　　　　　B. 提前报废固定资产
   C. 对外投资固定资产　　　　　　D. 盘亏固定资产

24. 下列关于固定资产清查的表述中正确的有(　　)。
   A. 企业在财产清查中盘盈的固定资产应作为前期差错处理
   B. 盘盈的固定资产应当按照其重置成本入账
   C. 盘亏的固定资产应当按照其账面价值减去保险公司或过失人赔偿后的净额记入"营业外支出"科目
   D. 企业盘亏固定资产时需通过"待处理财产损溢"科目核算

25. 下列各项中,需要通过"在建工程"科目核算的有(　　)。
   A. 需安装的固定资产　　　　　　B. 更新改造的固定资产
   C. 自建的固定资产　　　　　　　D. 日常维修的固定资产

26. 企业处置固定资产需通过"固定资产清理"科目核算,下列各项中,应记入"固定资产清理"科目借方的有(　　)。
   A. 结转清理的净收益　　　　　　B. 应支付的增值税
   C. 发生的清理费用　　　　　　　D. 应收取的保险公司赔款

27. 企业对固定资产预计使用寿命进行估计时应当考虑的因素有(　　)。
   A. 预计的生产能力　　　　　　　B. 预计有形和无形的损耗

C. 预计的实物产量　　　　　　　　D. 法律或类似规定对资产使用的限制

28. 下列各项支出应计入长期待摊费用的有(　　　)。
A. 短期租入设备的改良支出　　　　B. 自有设备的改良支出
C. 企业发生的开办费　　　　　　　D. 短期租入办公楼的装修费

(三) 判断题

1. 取得固定资产需要交纳契税、耕地占用税、车辆购置税等相关税费。(　)
2. 企业筹建期间发生的相关支出(与工程建设无关),应该计入营业外支出。(　)
3. 采用出包方式自行建造固定资产工程时,预付承包单位的工程价款应通过"预付账款"科目核算。(　)
4. 对于季节性停用的固定资产不应该计提折旧。(　)
5. 固定资产的各组成部分具有不同使用寿命或者以不同方式为企业提供经济利益,且适用不同折旧率或折旧方法的,应当分别将各组成部分确认为单项固定资产。(　)
6. 以一笔款项购入多项没有单独标价的固定资产,应当按照各项固定资产的账面价值比例对总成本进行分配,分别确定各项固定资产的成本。(　)
7. 固定资产的大修理费用和日常修理费用,不符合固定资产确认条件的,应当根据不同情况分别在发生时计入当期管理费用或销售费用。(　)
8. 对于计提的固定资产减值准备,在以后期间价值恢复时,可以转回原已计提的减值准备金额。(　)
9. 已达到预定可使用状态但尚未办理竣工决算手续的固定资产,应按估计价值确定其成本,并计提折旧;办理竣工决算手续后,再按照实际成本调整原来的暂估价值,同时调整已经计提的累计折旧金额。(　)
10. 双倍余额递减法和年数总和法每期的折旧额都是递减的。(　)
11. 因购买固定资产发生的借款利息支出,在竣工决算前发生的,应予资本化,将其计入固定资产的建造成本;在竣工决算后发生的,则应作为当期费用处理。(　)
12. 企业接受投资者投入的一项固定资产,应该按照该项固定资产的公允价值确定入账价值。(　)
13. 任何企业都应该对所持有的固定资产预计弃置费用,弃置费用即清理费用。(　)
14. 固定资产装修费用应该在两次装修期间以及固定资产尚可使用寿命两者中较短的时间内采用合理方法单独计提折旧。(　)
15. 涉及处置费用的企业,期末可以不披露预计处置费用,仅仅披露预计处置时间即可。(　)
16. 企业对短期租入的固定资产和租入的使用权资产均应按照自有资产对其计提折旧。(　)
17. 固定资产是企业持有的为生产产品、提供劳务、出租或经营管理而持有的资产,这是其区别于存货的重要标志。(　)
18. 企业租入的使用权资产,在租赁期内应视同自有资产进行管理。(　)
19. 企业外购需安装的固定资产,应先通过"在建工程"科目归集安装项目的支出,待安装完成时将"在建工程"科目借方归集的金额转入"固定资产"科目的借方。(　)
20. 在出包工程方式下建造固定资产,"在建工程"科目主要核算企业与建造承包商办理工程价款结算的情况。(　)

21. 固定资产提足折旧后，不论是否继续使用，均不再计提折旧，但是提前报废的固定资产需将尚未提足的折旧一次性提足。（　）

22. 已达到预定可使用状态但尚未办理竣工决算的固定资产，应按估计价值入账，但不能计提折旧。（　）

23. 固定资产后续支出中满足资本化条件的，如果有被替换部分的资产，该资产无论是否有残料收入等经济利益的流入，都不会影响最终固定资产的入账价值。（　）

24. 企业购入不需安装的固定资产，应按实际支付的价款、相关税费以及使固定资产达到预定可使用状态前的合理必要支出作为固定资产的入账成本。（　）

25. 增值税一般纳税人外购动产设备所支付的增值税一律作为可抵扣的进项税额核算。（　）

26. 企业以一笔款项购入多项没有单独标价的固定资产，应将各项资产单独确认为固定资产，并按照各自资产公允价值的比例对总成本进行分配，分别确定各项固定资产的成本。（　）

27. 企业固定资产的预计使用寿命、预计净残值一经确定，不得变更。（　）

28. 企业固定资产计提减值准备后，应当按减值后固定资产的账面价值计提后续期间的折旧。（　）

29. 企业应当对已提足折旧外的所有的固定资产计提折旧。（　）

30. 固定资产折旧方法、预计使用寿命和预计净残值的改变应当作为会计政策变更。（　）

31. 对固定资产的不同组成部分，如果各部分能给企业带来经济利益的预期实现方式不同，就应作为单项固定资产分别处理。（　）

32. 固定资产当月增加当月不提折旧，当月减少当月照常提折旧。（　）

33. 企业因大修理而停用的固定资产正常提取折旧。（　）

34. 企业取得固定资产，发生与之有关的员工培训费需要计入固定资产成本，但专业人员服务费应当计入当期损益。（　）

35. 企业盘盈的固定资产应当通过"待处理财产损溢"科目核算，将其净收益记入"营业外收入"科目。（　）

36. 企业以固定资产对外投资，应当将固定资产的账面价值与固定资产公允价值的差额计入当期损益。（　）

37. 企业将固定资产以短期租出方式对外出租，应当将固定资产的折旧金额记入"管理费用"科目。（　）

38. 企业将固定资产对外出售，收取的增值税不会影响最终计入损益的金额。（　）

（四）不定项选择题

1. 甲公司（增值税一般纳税人）采用出包方式建造一栋厂房，与之有关的业务如下：

(1) 2014年11月2日，甲公司与乙公司签订出包协议，协议规定甲公司预先支付乙公司备料款200万元。

(2) 2014年12月1日，工程开工，甲公司按协议约定支付乙公司工程进度款2 000万元。

(3) 2015年1月20日，工程完工并达到预定可使用状态。甲公司按协议约定支付剩余工程款800万元。甲公司对该厂房采用年限平均法计提折旧，预计使用20年，预计净残值率为5%。

(4) 2015年2月1日，工程验收合格。

(5) 2019年1月9日,甲公司发现该厂房有一部分墙体发生脱落,有可能产生安全问题。甲公司随即开始对该厂房进行更新改造。改造过程中,发生人工薪酬40万元,以银行存款支付其他费用60万元;领用本企业产品一批,该批产品成本为300万元。

(6) 2019年6月22日,更新改造结束,厂房达到预定可使用状态。甲公司重新预计尚可使用寿命为10年,预计净残值为130万元,同时采用双倍余额递减法计提折旧。

(7) 2020年7月21日,甲公司将该厂房对外转让,取得转让价款3 000万元,以银行存款支付清理费用等20万元。相关过户手续已于当日办妥。不考虑其他相关税费。

要求:根据以上资料,不考虑其他因素,回答下列问题(答案中金额单位用万元表示)。

(1) 下列关于甲公司采用出包方式建造厂房的表述中正确的是(　　)。
A. 甲公司支付乙公司工程备料款应计入在建工程
B. 甲公司固定资产的入账价值为3 000万元
C. 甲公司应在工程验收合格时将在建工程转入固定资产
D. 甲公司应在工程达到预定可使用状态时将在建工程转入固定资产

(2) 甲公司2015年度计提折旧的账务处理正确的是(　　)。
A. 借:制造费用　　　　　　　　　　　　　　　　　　142.5
　　　贷:累计折旧　　　　　　　　　　　　　　　　　　142.5
B. 借:制造费用　　　　　　　　　　　　　　　　　　130.63
　　　贷:累计折旧　　　　　　　　　　　　　　　　　　130.63
C. 借:制造费用　　　　　　　　　　　　　　　　　　118.75
　　　贷:累计折旧　　　　　　　　　　　　　　　　　　118.75
D. 借:制造费用　　　　　　　　　　　　　　　　　　137.5
　　　贷:累计折旧　　　　　　　　　　　　　　　　　　137.5

(3) 2019年1月9日甲公司对厂房进行更新改造时编制的会计分录正确的是(　　)。
A. 借:在建工程　　　　　　　　　　　　　　　　　　2 430
　　　累计折旧　　　　　　　　　　　　　　　　　　　570
　　　贷:固定资产　　　　　　　　　　　　　　　　　3 000
B. 借:在建工程　　　　　　　　　　　　　　　　　　40
　　　贷:应付职工薪酬　　　　　　　　　　　　　　　40
C. 借:在建工程　　　　　　　　　　　　　　　　　　60
　　　贷:银行存款　　　　　　　　　　　　　　　　　60
D. 借:在建工程　　　　　　　　　　　　　　　　　　300
　　　贷:库存商品　　　　　　　　　　　　　　　　　300

(4) 甲公司2019年度对厂房应计提的折旧额为(　　)万元。
A. 283　　　　　B. 270　　　　　C. 294.88　　　　　D. 281.88

(5) 下列关于甲公司处置厂房时编制的会计分录正确的是(　　)。
A. 借:固定资产清理　　　　　　　　　　　　　　　　2 226.27
　　　累计折旧　　　　　　　　　　　　　　　　　　　603.73
　　　贷:固定资产　　　　　　　　　　　　　　　　　2 830
B. 借:固定资产清理　　　　　　　　　　　　　　　　20
　　　贷:银行存款　　　　　　　　　　　　　　　　　20

C. 借：银行存款　　　　　　　　　　　　　　　　　　　　　　　　3 000
　　　贷：固定资产清理　　　　　　　　　　　　　　　　　　　　　　　3 000
D. 借：固定资产清理　　　　　　　　　　　　　　　　　　　　　　753.73
　　　贷：资产处置损益　　　　　　　　　　　　　　　　　　　　　　753.73

（五）业务题（假设运费均不考虑增值税）

1. 海利公司于 2019 年 4 月 12 日购入一台需要安装的设备，取得增值税专用发票（注明价款为 110 000 元，增值税税额为 14 300 元），支付运杂费 2 300 元，支付安装费用 7 700 元。设备于 2019 年 5 月 17 日安装完毕，交付使用。设备预计使用寿命为 5 年，预计净残值率为 4%。

要求：
(1) 计算该设备的原始价值。
(2) 如果采用年限平均法计提折旧，计算该设备 2019 年 6 月份的月折旧额。
(3) 如果采用年数总和法计提折旧，计算该设备 2019 年 6 月份的月折旧额。
(4) 编制以上业务的会计分录。

2. 大洋企业为增值税一般纳税人，增值税税率为 13%。2019 年发生固定资产业务如下：

(1) 4 月 20 日，企业管理部门购入一台不需安装的 A 设备，取得的增值税专用发票上注明的设备价款为 478 万元，增值税税额为 62.14 万元，另发生运杂费 2 万元，款项均以银行存款。

(2) A 设备经过调试后，于 4 月 22 日投入使用，预计使用 10 年，净残值为 23 万元，对 A 设备采用双倍余额递减法计提折旧。

(3) 7 月 15 日，企业生产车间购入一台需要安装的 B 设备，取得的增值税专用发票上注明的设备价款为 600 万元，增值税税额为 78 万元，另发生保险费 10 万元，款项均以银行存款支付。

(4) 8 月 19 日，将 B 设备投入安装，以银行存款支付安装费 10 万元。B 设备于 8 月 25 日达到预定使用状态，并投入使用。

(5) 对 B 设备采用工作量法计提折旧，预计净残值为 20 万元，预计总工时为 2 万小时。9 月，B 设备实际使用工时为 200 小时。

假定购入上述设备的增值税税额可以作为进项税额抵扣。除上述资料外，不考虑其他因素。

要求（答案中的金额单位用万元表示）：
(1) 编制大洋企业 2019 年 4 月 20 日购入 A 设备的会计分录。
(2) 计算大洋企业 2019 年 5 月 A 设备的折旧额，并编制会计分录。
(3) 编制大洋企业 2019 年 7 月 15 日购入 B 设备的会计分录。
(4) 编制大洋企业 2019 年 8 月安装 B 设备及其投入使用的会计分录。
(5) 计算大洋企业 2019 年 9 月 B 设备的折旧额，并编制会计分录。

3. 大洋企业于 2017 年 1 月 5 日对一生产线进行改扩建，改扩建前该生产线的原价为 1 000 万元，已提折旧 300 万元，已提减值准备 50 万元。在改扩建过程中领用工程物资 300 万元，领用生产用原材料 50 万元。发生改扩建人员工资 100 万元，用银行存款支付其他费用 50 万元。该生产线于 2017 年 12 月 20 日达到预定可使用状态。该企业对改扩建后的固定资产采用年限平均法计提折旧，预计尚可使用寿命为 10 年，预计净残值为 50 万元。2019 年 12 月 31 日，该生产线的公允价值减去处置费用后的净额为 680 万元，预计未来现金流量现值为 690 万元。假定固定资产按年计提折旧，固定资产计提减值准备不影响固定资产的预计使用寿命和预计净残值。

要求：(1) 编制上述与固定资产改扩建有关业务的会计分录。

(2) 计算 2019 年 12 月 31 日该生产线是否应计提减值准备,若计提减值准备,编制相关会计分录(金额单位用万元表示)。

4. 银亮公司 2019 年发生如下经济业务:

(1) 购入一台不需要安装的设备,以银行存款支付设备价款 50 000 元,同时支付运杂费 2 000 元,该设备在原单位的原价为 80 000 元,已提折旧为 40 000 元,设备已交付使用。

(2) 接受 A 公司投入的一台设备,该设备在原单位原价为 100 000 元,已提折旧为 20 000 元,投资双方合同确认的价值为 75 000 元(假定是公允的),设备已交付使用。

(3) 盘盈设备一台,同类设备市场价格为 40 000 元,估计有五成新,盘盈设备的处理已经批准(假定不考虑盈余公积的影响)。

(4) 一台设备因转产不再使用,准备出售(有活跃交易市场),设备原价为 60 000 元,已提折旧为 30 000 元,设备的公允价值为 25 000 元,估计处置费用为 2 500 元。

该公司为一般纳税人,适用增值税税率为 13%,假设不考虑所得税的影响。

要求:根据上述业务编制有关会计分录。

5. 雅阁公司发生如下固定资产方面的经济业务:

(1) 雅阁公司 2019 年 5 月 8 日购入需要安装的专用设备一台,购买价格 100 万元,增值税专用发票中注明的税款 13 万元,保险及运输费 2 万元,全部通过开户行支付。该设备安装过程中领用生产用原材料价款 10 万元,发生安装人员薪酬 2 万元,另用银行存款 26 万元支付其他安装费用。该设备于 2019 年 6 月 30 日达到预定可使用状态。

(2) 雅阁公司采用年数总和法对上述设备计提折旧,该设备预计可使用 5 年,预计净残值为 5 万元。

(3) 雅阁公司于 2021 年 12 月 31 日将上述设备出售,通过开户行支付清理费用 1 万元,收取价款 70 万元;结转该固定资产清理的净损益。

要求(答案中的金额单位用万元表示):

(1) 编制该设备购入、安装、达到可使用状态的会计分录。

(2) 计算 2019 年度计提的折旧并编制会计分录。

(3) 编制 2021 年年末出售业务的会计分录。

6. 海利股份有限公司(以下简称海利公司)为一家上市公司,其 2019 年至 2023 年与固定资产有关的业务资料如下:

(1) 2019 年 12 月 12 日,海利公司购进一台不需要安装的设备,取得的增值税专用发票上注明的设备价款为 400 万元,增值税税额为 52 万元,另发生运输费 1 万元,款项以银行存款支付;没有发生其他相关税费。该设备于当日投入使用,预计使用寿命为 10 年,预计净残值为 5 万元,采用直线法计提折旧。

(2) 2020 年 12 月 31 日,海利公司对该设备进行检查时发现其已经发生减值,预计可收回金额为 311 万元;计提减值准备后,该设备原预计使用寿命、预计净残值、折旧方法保持不变。

(3) 2021 年 12 月 31 日,海利公司因生产经营方向调整,决定采用出包方式对该设备进行改良,改良工程验收合格后支付工程价款。该设备于当日停止使用,开始进行改良。

(4) 2022 年 3 月 12 日,改良工程完工并验收合格,海利公司以银行存款支付工程总价款 35 万元。当日,改良后的设备投入使用,预计尚可使用寿命为 8 年,采用直线法计提折旧,预计净残值为 16 万元。至 2022 年 12 月 31 日,该设备未发生减值。

(5) 2023 年 12 月 31 日,该设备因遭受自然灾害发生严重毁损,海利公司对其进行报废处置,取得残料变价收入10万元、保险公司赔偿款30万元,发生清理费用3万元;款项均以银行存款收付,不考虑其他相关税费。

要求(答案中的金额单位用万元表示):
(1) 编制2019年12月12日取得该设备的会计分录。
(2) 计算2020年度该设备计提的折旧额。
(3) 计算2020年12月31日该设备计提的固定资产减值准备,并编制相应的会计分录。
(4) 计算2021年度该设备计提的折旧额。
(5) 编制2021年12月31日该设备转入改良工程时的会计分录。
(6) 编制2022年3月12日支付该设备改良价款、结转改良后设备成本的会计分录。
(7) 计算2023年度该设备计提的折旧额。
(8) 计算2023年12月31日处置该设备实现的净损益。
(9) 编制2023年12月31日处置该设备的会计分录。

第二部分 无 形 资 产

(一) 单项选择题

1. 购买无形资产的价款超过正常信用条件延期支付,实质上具有融资性质的,无形资产的成本以( )为基础确定。
   A. 全部购买价款　　　　　　　　B. 全部购买价款的现值
   C. 对方提供的凭据上标明的金额　　D. 市价

2. A公司为甲、乙两个股东共同投资设立的股份有限公司。经营一年后,甲、乙之外的另一个投资者丙要求加入A公司。经协商,甲、乙同意丙以一项非专利技术投入无形资产,三方确认该非专利技术的价值是100万元。该项非专利技术在丙公司的账面余额为120万元,市价为100万元,那么该项非专利技术在A公司的入账价值为( )万元。
   A. 100　　　　　B. 120　　　　　C. 0　　　　　D. 150

3. 由投资者投入的无形资产,应按合同或协议约定的价值(假定该价值是公允的),借记"无形资产"科目,按其在注册资本中所占的份额,贷记"实收资本"科目,按其差额记入( )科目。
   A. "资本公积——资本(或股本)溢价"　　B. "营业外收入"
   C. "其他综合收益"　　　　　　　　　　D. "投资收益"

4. A公司2019年3月1日开始自行开发成本管理软件,在研究阶段发生材料费用10万元,开发阶段发放开发人员工资100万元、福利费20万元,支付租金30万元。开发阶段的支出满足资本化条件。2019年3月16日,A公司成功开发该成本管理软件,并依法申请了专利,支付注册费1万元、律师费2.5万元。A公司2019年3月20日为向社会展示其成本管理软件,特举办了大型宣传活动,支付费用50万元,则A公司无形资产的入账价值应为( )万元。
   A. 213.5　　　　B. 3.5　　　　C. 153.5　　　　D. 163.5

5. 企业在无形资产研发阶段发生的支出应先入( )科目。
   A. "无形资产"　　B. "管理费用"　　C. "研发支出"　　D. "累计摊销"

6. 企业购入或支付土地出让金取得的土地使用权,在已经开发或建造自用项目的,通常通过( )科目核算。
   A. "固定资产"　　B. "在建工程"　　C. "无形资产"　　D. "长期待摊费用"

7. 接受投资者投入无形资产的成本,应按( )入账。
   A. 同类无形资产的价格
   B. 该无形资产可能带来的未来现金流量之和
   C. 投资合同或协议约定的价值
   D. 投资方无形资产的账面价值

8. A公司于2017年1月5日购入专利权,支付价款225万元。该无形资产预计使用寿命为7年,法律规定年限为5年。2018年12月31日,与该无形资产相关的经济因素发生不利变化,致使其发生减值,A公司估计可收回金额为90万元。假定无形资产按照直线法进行摊销。则至2019年年末,无形资产的累计摊销额为( )万元。
   A. 30   B. 45   C. 135   D. 120

9. 企业摊销自用的、使用寿命确定的无形资产时,借记"管理费用"科目,贷记( )科目。
   A. "无形资产"   B. "累计摊销"
   C. "累计折旧"   D. "无形资产减值准备"

10. 在会计期末,股份有限公司所持有的无形资产的账面价值高于其可收回金额的差额,应当记入( )科目。
    A. "管理费用"   B. "资产减值损失"   C. "其他业务成本"   D. "营业外支出"

11. 2019年1月1日,乙公司将某专利的使用权转让给丙公司,每年收取租金10万元,适用的增值税税率为6%。转让期间,乙公司未使用该项专利。该专利权系乙公司2018年1月1日购入的,初始入账价值为10万元,预计使用寿命为5年。该无形资产按直线法摊销。假定不考虑其他因素,乙公司2019年度因该专利权形成的其他业务利润为( )万元。
    A. -2   B. 7.5   C. 8   D. 9.5

12. 甲公司出售其拥有的无形资产一项,取得收入300万元,适用增值税税率为6%。该无形资产取得时实际成本为400万元,已摊销120万元,已计提减值准备50万元。甲公司出售该项无形资产应计入当期损益的金额为( )万元。
    A. -100   B. -20   C. 300   D. 70

13. 甲公司以200万元的价格对外转让一项无形资产。该项无形资产系甲公司以360万元的价格购入,购入时该无形资产预计使用寿命为10年,法律规定的有效使用寿命为12年。转让时该无形资产已使用5年,转让该无形资产适用的增值税税率为6%,该无形资产已计提减值准备20万元。该无形资产按直线法摊销。假定不考虑其他相关税费,甲公司转让该无形资产所获得的净收益为( )万元。
    A. 10   B. 20   C. 30   D. 40

14. 甲公司研制一项新技术,在研究过程中发生的研究费用为60 000元,在开发过程中发生的开发费用为40 000元,研究成功后申请获得该项专利权,在申请过程中发生的专利登记费为20 000元,律师费为6 000元,该项专利权的入账价值为( )元。
    A. 86 000   B. 26 000   C. 6 000   D. 66 000

15. 下列各项中,不属于企业无形资产的是( )。
    A. 商标权   B. 非专利技术   C. 商誉   D. 土地使用权

16. 下列各项中,不构成无形资产入账价值的是( )。
    A. 购买价款   B. 相关税费   C. 推广费   D. 注册费

17. 甲公司 2019 年 7 月 4 日购入一项商标权,支付购买价款 200 万元,支付相关过户手续费 12 万元,支付为推广该商标权相关产品发生的宣传费 20 万元,支付注册登记费 18 万元。则甲公司购入无形资产的入账成本为(　　)万元。

　　A. 200　　　　　　B. 212　　　　　　C. 230　　　　　　D. 250

18. 2019 年 7 月 28 日,A 公司从 B 公司购入一项土地使用权,支付购买价款 2 000 万元,支付契税 80 万元,支付过户登记费 2 万元。A 公司预计该土地使用权尚可使用 30 年,采用直线法摊销。则 A 公司 2019 年应计提摊销的金额为(　　)万元。

　　A. 28.92　　　　　B. 34.70　　　　　C. 34.67　　　　　D. 28.89

19. 某企业自行研发一项非专利技术,截至 2019 年 3 月,共计发生研发支出 2 000 万元。经测试,该非专利技术的研究阶段已结束。从 2019 年 4 月 1 日开始进入开发阶段,截至 2019 年 11 月 9 日研发活动结束,共计发生研发支出 1 500 万元(假定全部符合资本化条件)。企业预计该非专利技术可以使用 8 年,采用直线法计提摊销。则 2019 年对该非专利技术应计提的摊销额为(　　)万元。

　　A. 15.63　　　　　B. 31.25　　　　　C. 36.46　　　　　D. 72.92

20. 2019 年 8 月 10 日,甲公司购买一项专利权,支付购买价款 200 万元,支付相关税费 2 万元,支付注册费 1 万元。合同约定该专利权使用寿命为 10 年,相关法律法规规定使用寿命为 8 年,采用直线法计提摊销。则甲公司 2019 年对该专利权计提的摊销金额为(　　)万元。

　　A. 10.57　　　　　B. 8.46　　　　　C. 6.77　　　　　D. 9.33

21. 甲公司购入一套财务软件用于企业财务核算,甲公司将此软件作为无形资产核算。企业计提摊销时应记入的会计科目是(　　)。

　　A. "管理费用"　　B. "销售费用"　　C. "财务费用"　　D. "其他业务成本"

22. 甲公司 2019 年将一项自行研发的非专利技术对外转让,取得转让价款 300 万元。已知该非专利技术的成本为 300 万元,已摊销 30 万元。不考虑相关税费,下列说法中正确的是(　　)。

　　A. 计入资产处置损益 30 万元　　　　B. 计入营业外收入 30 万元
　　C. 计入其他业务收入 30 万元　　　　D. 计入投资收益 30 万元

23. 企业出租无形资产使用权取得的收入应记入(　　)科目。

　　A. "营业外收入"　　　　　　　　　B. "主营业务收入"
　　C. "其他业务收入"　　　　　　　　D. "投资收益"

24. 甲公司 2019 年 9 月 2 日以 1 300 万元价格对外转让一项商标权。该商标权系甲公司 2016 年 1 月 9 日以 2 000 万元购入的,购入时该商标权预计使用 8 年,法律规定有效期 10 年。甲公司采用直线法对无形资产计提摊销。假定不考虑相关税费,则甲公司在转让无形资产时应确认的损益为(　　)万元。

　　A. 266.67　　　　B. 216.67　　　　C. 290.64　　　　D. 220.45

(二)多项选择题

1. 下列可以确认为无形资产的有(　　)。

　　A. 购入的计算机公司为客户开发的软件
　　B. 高级专业技术人才
　　C. 企业通过行政划拨无偿取得的土地使用权
　　D. 有偿取得一项为期 15 年的高速公路收费权

2. 外购无形资产的成本,包括( )。
A. 购买价款
B. 进口关税
C. 测试无形资产能否正常使用的费用
D. 直接归属于使该项资产达到预定用途所发生的其他支出

3. 投资者投入无形资产的成本,应当按照( )确定,但该价值不公允的除外。
A. 投资合同约定的价值 B. 公允价值
C. 投资方无形资产的账面价值 D. 协议约定的价值

4. 下列属于研究活动的是( )。
A. 为了获取知识而进行的活动
B. 研究成果或其他知识的应用研究、评价和最终选择
C. 材料、设备、产品、工序、系统或服务替代品的研究
D. 新的或经改进的材料、设备、产品、工序、系统或服务替代品的配制、设计、评价和最终选择

5. 下列有关土地使用权的账务处理,正确的有( )。
A. 企业取得的土地使用权通常应确认为无形资产
B. 土地使用权用于自行开发建造厂房等地上建筑物时,土地使用权与地上建筑物一般应当分别进行摊销和提取折旧
C. 企业外购房屋建筑物支付的价款无法在地上建筑物与土地使用权之间分配的,应当全部作为固定资产核算
D. 房地产开发企业取得土地用于建造对外出售的房屋建筑物,相关的土地使用权应当计入所建造的房屋建筑物成本

6. 下列有关无形资产账务处理的表述中,正确的有( )。
A. 无形资产后续支出应该在发生时计入当期损益
B. 企业自用的、使用寿命确定的无形资产的摊销额,应该全部计入当期管理费用
C. 不能为企业带来经济利益的无形资产的摊余价值,应该全部转入当期管理费用
D. 使用寿命有限的无形资产应当从取得当月开始摊销

7. 下列有关无形资产账务处理的表述中,不正确的有( )。
A. 转让无形资产使用权所取得的收入应计入营业外收入
B. 使用寿命不确定的无形资产不应摊销
C. 转让无形资产所有权所发生的支出应计入其他业务成本
D. 购入但尚未投入使用的、使用寿命确定的无形资产的价值不应进行摊销

8. 下列各项中,属于无形资产摊销可能记入的科目有( )。
A. "制造费用" B. "管理费用" C. "其他业务成本" D. "研发支出"

9. 下列各项中,属于无形资产特征的有( )。
A. 不具有实物形态 B. 具有可辨认性
C. 能够单独计量 D. 能够为企业带来经济利益流入

10. 下列各项中,可以认定为企业无形资产的有( )。
A. 外购的商标权 B. 自行研发的非专利技术
C. 企业合并形成的商誉 D. 已出租的土地使用权

11. 下列关于企业内部研发形成无形资产的表述中正确的有(　　　　)。
A. 应当区分研究阶段和开发阶段
B. 研究阶段的支出一律费用化
C. 开发阶段的支出一律资本化
D. 无法区分是发生在研究阶段还是开发阶段的支出一律费用化

12. 下列关于无形资产的摊销表述中不正确的有(　　　　)。
A. 企业取得的无形资产均应在取得当月开始摊销
B. 无形资产的合同有效期大于法律规定使用期限的按照合同期限进行摊销
C. 无形资产摊销只能采用直线法
D. 无形资产摊销时不必考虑净残值

13. 下列关于无形资产出售的表述中正确的有(　　　　)。
A. 应当按实际收到的金额记入"银行存款"科目
B. 应支付的相关税费记入"应交税费"科目
C. 出售价款大于无形资产账面价值和出售相关税费的差额记入"资产处置损益"科目
D. 出售价款小于无形资产账面价值和出售相关税费的差额记入"营业外支出"科目

14. 对使用寿命有限的无形资产,下列说法中正确的有(　　　　)。
A. 其摊销期限应当自无形资产可供使用时起至不再作为无形资产确认时止
B. 其应摊销金额应当在使用寿命内系统合理地摊销
C. 无形资产的应摊销金额为其成本扣除预计残值后的金额,已计提减值准备的无形资产,还应扣除已计提的无形资产减值准备累计金额
D. 其摊销期限应当自无形资产可供使用的下个月起至不再作为无形资产确认时止

15. 下列各项中,会引起无形资产账面价值发生增减变化的有(　　　　)。
A. 内部研发无形资产研究阶段发生支出
B. 无形资产计提减值准备
C. 摊销无形资产
D. 出售无形资产

(三) 判断题

1. 无形资产是指企业为生产商品、提供劳务、出租给他人或为管理而持有的、没有实物形态的非货币性长期资产。(　　)

2. 某企业以50万元外购一项专利权,同时支付相关费用6万元。外购无形资产的成本,包括购买价款、进口关税和其他税费以及直接归属于使该项资产达到预定用途所发生的其他支出。那么,该外购专利权的入账价值为56万元。(　　)

3. 企业为首次发行股票和为非首次发行股票而接受投资者投入的无形资产,均应按投资合同或协议约定的价值作为实际成本,但合同或协议约定价值不公允的除外。(　　)

4. 已计入各期费用的研究费用,在该项无形资产研究开发成功并依法申请专利时,再将原已计入费用的研究费用予以资本化。(　　)

5. 工业企业为建造生产车间而购入的土地使用权在生产车间正式动工建造之前应作为工程物资核算。(　　)

6. 无形资产的后续支出应判断是否可以资本化,符合资本化条件的应予以资本化,计入无形资产成本。不符合资本化条件的应直接计入当期费用。(　　)

7. 使用寿命确定的无形资产的摊销额应计入管理费用。　　　　　　　(　)
8. 无形资产摊销时,应该冲减无形资产的成本。　　　　　　　　　　(　)
9. "无形资产"科目的期末借方余额,反映企业无形资产的账面价值。　(　)
10. 无形资产预期不能为企业带来经济利益的,应将其账面价值转入"管理费用"科目。
　　　　　　　　　　　　　　　　　　　　　　　　　　　　　　　(　)
11. 出售无形资产属于企业的日常活动,因此,出售无形资产所取得的收入应通过"其他业务收入"科目核算。　　　　　　　　　　　　　　　　　　(　)
12. 土地使用权应作为企业的无形资产进行核算。　　　　　　　　　　(　)
13. 无法区分无形资产研究阶段支出和开发阶段支出的,应当将其所发生的研发支出全部资本化,计入无形资产成本。　　　　　　　　　　　　　　　　(　)
14. 企业的无形资产均应按照直线法进行摊销。　　　　　　　　　　　(　)
15. 无形资产的残值一经确定,不得变更。　　　　　　　　　　　　　(　)
16. 无形资产必须是能够从企业分离或划分出来的,并能够单独计量和出售。(　)
17. 商誉不具有实物形态,所以企业应当将其划分为无形资产核算。　　(　)
18. 企业无形资产的取得方式主要有外购和自行研发等。　　　　　　　(　)
19. 企业自行研发的无形资产如果不能合理预计使用寿命,则应当按5年来摊销。(　)
20. 对使用寿命有限的无形资产,应当在取得当月开始摊销,处置当月停止摊销。(　)
21. 企业选择的摊销方法应当反映与该资产有关的经济利益预期实现的方式。(　)
22. 企业报废无形资产的净收益应当计入营业外收入中。　　　　　　　(　)
23. 企业对无形资产计提的摊销额一定会对当期损益造成影响。　　　　(　)

(四) 业务题

1. 某公司正在研究和开发一项新工艺,2018年1至9月发生各项研究、调查、试验等费用100万元,2018年10月至12月发生材料、人工等各项费用60万元,在2018年9月月末,该公司已经可以证实该项新工艺必然开发成功,并满足无形资产确认标准。2019年1月至6月又发生材料费用、直接参与开发人员的工资、场地设备租金和注册费等支出240万元。2019年6月月末,该项新工艺完成,达到了预定可使用状态。

要求:编制相关业务的会计分录(答案以万元为单位)。

2. 某电子有限公司2016年1月1日以银行存款300万元购入一项专利权。该项无形资产的预计使用寿命为10年,2019年年末预计该项无形资产的可收回金额为100万元,尚可使用寿命为5年。另外,该公司2017年1月内部研发成功并可供使用非专利技术的无形资产账面价值为150万元,无法预见这一非专利技术为企业带来未来经济利益的期限。2019年年末预计其可收回金额为130万元,预计该非专利技术可以继续使用4年。该企业按直线法摊销无形资产。

要求:计算2019年计提的无形资产减值准备和2020年的摊销金额,并编制会计分录。

3. 甲股份有限公司2016年至2019年有关无形资产业务的资料如下:

(1) 2016年12月1日,以银行存款300万元购入一项无形资产(不考虑相关税费)。该无形资产的预计使用寿命为10年,采用直线法摊销。

(2) 2018年12月31日,对该无形资产进行减值测试时,该无形资产的预计未来现金流量现值为190万元,公允价值减去处置费用后的金额为180万元。减值测试后该资产的使用寿命不变。

(3) 2019 年 4 月 1 日,将该无形资产对外出售,取得价款 260 万元并收存银行(不考虑相关税费)。

要求(答案中的金额单位用万元表示):
(1) 编制购入该无形资产的会计分录。
(2) 计算 2016 年 12 月 31 日无形资产的摊销金额。
(3) 编制 2016 年 12 月 31 日摊销无形资产的会计分录。
(4) 计算 2017 年 12 月 31 日该无形资产的账面价值。
(5) 计算该无形资产 2018 年年末计提的减值准备金额,并编制会计分录。
(6) 计算该无形资产出售形成的净损益。
(7) 编制出售该无形资产的会计分录。

4. 2015 年 1 月 1 日,甲企业外购 A 无形资产,实际支付的价款为 100 万元。该无形资产从可供使用时起至不再作为无形资产确认时止的年限为 5 年。2016 年 12 月 31 日,与 A 无形资产相关的经济因素发生不利变化,致使 A 无形资产发生减值。甲企业估计其可收回金额为 18 万元。

2018 年 12 月 31 日,甲企业发现,导致 A 无形资产在 2016 年发生减值损失的不利经济因素已全部消失,且此时估计 A 无形资产的可收回金额为 22 万元。假定不考虑所得税及其他相关税费的影响。

要求:编制从无形资产购入到无形资产使用期满相关业务的会计分录(金额单位用万元表示)。

5. 2019 年 1 月 1 日,A 上市公司从 B 公司购买一项商标权,由于 A 公司资金周转比较紧张,与 B 公司协议采用分期付款方式支付款项。合同规定,该项商标权总计 3 000 000 元,每年年末付款 1 000 000 元,三年付清。假定银行同期贷款利率为 5%,未确认融资费用采用实际利率法摊销,取得的商标权采用直线法按 5 年摊销。2023 年 1 月 1 日,A 公司将上述商标权对外出售,实得款项 600 000 元存入银行。假定不考虑相关税费。假定按年摊销无形资产和确认利息费用。

要求:编制 A 公司 2019 年 1 月 1 日至 2023 年 1 月 1 日相关的会计分录。

第三部分　投资性房地产

(一) 单项选择题

1. 下列关于投资性房地产核算的表述中,正确的是(　　)。
A. 采用成本模式计量的投资性房地产不需要确认减值损失
B. 采用公允价值模式计量的投资性房地产可转换为采用成本模式计量
C. 采用公允价值模式计量的投资性房地产,其公允价值的变动金额应计入资本公积
D. 采用成本模式计量的投资性房地产,符合条件时可转换为采用公允价值模式计量

2. 企业对采用公允价值模式进行后续计量的投资性房地产取得的租金收入,应该贷记(　　)科目。
A. "投资收益"　　B. "管理费用"　　C. "营业外收入"　　D. "其他业务收入"

3. 下列说法中不正确的是(　　)。
A. 与投资性房地产有关的经济利益只要很可能流入企业,就应进行投资性房地产确认
B. 外购投资性房地产的成本,包括购买价款、相关税费和可直接归属于该资产的其他支出
C. 自行建造投资性房地产的成本,由建造该项资产达到预定可使用状态前所发生的必要

支出构成

D. 与投资性房地产有关的后续支出,满足投资性房地产相关会计准则规定的确认条件的,应当计入投资性房地产成本;不满足准则规定的确认条件的,应当在发生时计入当期损益

4. 下列有关投资房地产的账务处理中,说法不正确的是( )。

A. 采用公允价值模式计量的投资房地产,不计提折旧或进行摊销,应当以资产负债表日投资性房地产的公允价值为基础调整其账面价值

B. 采用公允价值模式计量的投资性房地产转为成本模式计量,应当作为会计政策变更处理

C. 采用成本模式计量的土地使用权,期末应当计提土地使用权当期的摊销额

D. 存货转换为采用公允价值模式计量的投资性房地产,应当按照该项投资性房地产转换当日的公允价值计量

5. 根据《企业会计准则第3号——投资性房地产》,下列项目不属于投资性房地产的是( )。

A. 已出租的建筑物　　　　　　　　B. 持有并准备增值后转让的房屋建筑物
C. 已出租的土地使用权　　　　　　D. 持有并准备增值后转让的土地使用权

6. 甲企业2019年1月1日外购一幢建筑物。该建筑物的售价为500万元,甲企业以银行存款支付。该建筑物用于出租,年租金为30万元,每年年初收取租金。甲企业对投资性房地产采用公允价值模式进行后续计量。2019年12月31日,该建筑物的公允价值为510万元。2019年该项交易影响当期损益的金额为( )万元。

A. 40　　　　　B. 20　　　　　C. 30　　　　　D. 50

7. 某企业投资性房地产采用成本模式计量。2019年2月1日,该企业购入一幢建筑物用于出租。该建筑物的成本为540万元,预计使用寿命为20年,预计净残值为60万元。采用直线法计提折旧。2019年,该建筑物应计提的折旧额为( )万元。

A. 12　　　　　B. 20　　　　　C. 24　　　　　D. 10

8. A企业的投资性房地产采用公允价值模式计量。2019年1月1日,A企业将一项自用房地产转换为投资性房地产。该自用房地产的账面余额为130万元,已提折旧额为10万元,已经计提的减值准备为10万元。该投资性房地产的公允价值为60万元。转换当日,投资性房地产的入账价值为( )万元。

A. 100　　　　　B. 60　　　　　C. 70　　　　　D. 75

9. 下列各项中,属于企业投资性房地产的是( )。

A. 企业将职工宿舍按市场价格出租给本企业职工
B. 房地产开发企业开发的准备增值后转让的商品房
C. 企业将办公大楼整体出租给某事业单位
D. 公司将用于建造办公楼的土地使用权出售

10. 甲公司与乙公司于2019年1月8日签订短期租赁协议,将其一栋办公楼出租给乙公司,租期5年。2019年8月8日,乙公司又将该办公楼短期租赁给丙公司,以赚取租金差价,租期3年。则下列说法中不正确的是( )。

A. 甲公司对该办公楼应当作为投资性房地产核算
B. 乙公司对该办公楼应当作为投资性房地产核算
C. 丙公司对该办公楼不应当作为投资性房地产核算

D. 乙公司对该办公楼不应当作为投资性房地产核算

11. 甲公司 2019 年 1 月 1 日将一栋办公楼出租给乙公司,租期 3 年,每月收取租金 10 万元。该办公楼所在地不存在活跃的房地产交易市场。办公楼原值为 1 200 万元,预计净残值为 120 万元,预计使用 20 年,采用年限平均法计提折旧。则该交易对甲公司全年损益的影响金额为( )万元。
   A. 54　　　　　　　B. 114　　　　　　　C. 66　　　　　　　D. 120

12. 下列关于投资性房地产的表述不正确的是( )。
   A. 发生减值迹象的投资性房地产均要计提减值准备
   B. 投资性房地产后续计量可以采用成本模式或公允价值模式
   C. 同一企业只能采用一种模式对所有的投资性房地产进行后续计量
   D. 企业对投资性房地产的计量模式一经确定不得随意变更

13. 2019 年 1 月 3 日,从事房地产开发的某企业将一栋写字楼出租给乙公司,当日该写字楼的账面价值和公允价值均为 15 000 万元。2019 年 12 月 31 日,该写字楼的公允价值为 15 900 万元,该企业对投资性房地产采用公允价值模式进行后续计量。则下列表述不正确的是( )。
   A. 该写字楼不需计提折旧
   B. 该写字楼公允价值的上升对当期损益的影响金额为 900 万元
   C. 计量模式转换当日,当期损益不会受影响
   D. 如果公允价值不能可靠取得,应当将该写字楼转为采用成本模式计量

14. 企业将自有固定资产转换为采用成本模式进行后续计量的投资性房地产时,下列表述不正确的是( )。
   A. 应将转换日固定资产的原值转入"投资性房地产"科目
   B. 应将转换日固定资产累计折旧转入"投资性房地产累计折旧"科目
   C. 应将转换日固定资产减值准备转入"投资性房地产减值准备"科目
   D. 应将转换日固定资产的账面价值转入"投资性房地产"科目

15. 甲公司 2019 年 6 月 3 日将原用于生产经营的办公楼对外出租。该办公楼原值 1 890 万元,已提折旧 189 万元,已提减值准备 18.9 万元。出租日,该办公楼的公允价值为 1 500 万元。甲公司对投资性房地产采用公允价值模式进行后续计量。下列说法中正确的是( )。
   A. 转换日应记入"公允价值变动损益"科目贷方的金额为 182.1 万元
   B. 转换日应记入"其他综合收益"科目贷方的金额为 182.1 万元
   C. 转换日应记入"公允价值变动损益"科目借方的金额为 182.1 万元
   D. 转换日应记入"其他综合收益"科目借方的金额为 182.1 万元

16. 企业将自有资产转换为以公允价值模式进行后续计量的投资性房地产时,转换日自有资产的公允价值大于转换日自有资产的账面价值的差额应记入的是( )科目。
   A. "公允价值变动损益(借方)"　　　　B. "公允价值变动损益(贷方)"
   C. "其他综合收益(借方)"　　　　　　D. "其他综合收益(贷方)"

17. 企业将以公允价值模式进行后续计量的投资性房地产转换为自用固定资产时,转换日投资性房地产公允价值大于转换日投资性房地产账面价值的差额应记入的是( )科目。
   A. "公允价值变动损益(借方)"　　　　B. "公允价值变动损益(贷方)"
   C. "其他综合收益(借方)"　　　　　　D. "其他综合收益(贷方)"

18. 甲公司2018年1月将自用厂房对外出租。该厂房原值为5 000万元,已提折旧2 000万元,出租日该厂房的公允价值为3 500万元。甲公司对投资性房地产采用公允价值模式进行后续计量,至2018年12月31日,该厂房的公允价值为3 600万元。2019年6月30日,该厂房的公允价值为3 550万元。2019年7月,甲公司将其出售,取得价款3 800万元。不考虑相关税费,则甲公司应当记入"其他业务成本"科目的金额为( )万元。
   A. 3 550   B. 3 600   C. 3 000   D. 3 500

(二)多项选择题

1. 关于投资性房地产转换后的入账价值的确定,下列说法中正确的有( )。
   A. 在成本模式下,应当将房地产转换前的账面价值作为转换后的入账价值
   B. 采用公允价值模式计量的投资性房地产转换为自用房地产时,应当以其转换当日的公允价值作为自用房地产的账面价值
   C. 采用公允价值模式计量的投资性房地产转换为自用房地产时,应当以其转换当日的账面价值作为自用房地产的账面价值
   D. 自用房地产或存货转换为采用公允价值模式计量的投资性房地产时,投资性房地产按照转换当日的公允价值计价

2. 对投资性房地产的后续计量,下列说法中不正确的有( )。
   A. 企业通常应当采用成本模式对投资性房地产进行后续计量,也可采用公允价值模式对投资性房地产进行后续计量
   B. 企业选择采用公允价值模式对投资性房地产进行后续计量的,以后期间也可采用成本模式对投资性房地产进行后续计量
   C. 同一企业对不同的投资性房地产可以采用不同的计量模式
   D. 企业只能采用公允价值模式对投资性房地产进行后续计量

3. 下列有关投资性房地产后续计量的描述正确的有( )。
   A. 在成本模式下,当月增加的房屋当月不计提折旧
   B. 在公允价值模式下,当月增加的房屋下月开始计提折旧
   C. 在成本模式下,当月增加的土地当月进行摊销
   D. 在公允价值模式下,当月增加的土地下月开始摊销

4. 投资性房地产计提折旧或进行摊销,可能贷记的科目有( )。
   A. "投资性房地产累计折旧"   B. "资产减值准备"
   C. "投资性房地产累计摊销"   D. "累计折旧"

5. 下列属于企业的投资性房地产的有( )。
   A. 企业以经营租赁方式出租的生产线   B. 企业自行建造后用于出租的房地产
   C. 企业生产经营用的土地使用权   D. 企业短期出租的厂房

6. 关于投资性房地产的后续计量,下列说法中正确的有( )。
   A. 采用公允价值模式计量的,不对投资性房产计提折旧
   B. 采用公允价值模式计量的,应对投资性房产计提折旧
   C. 已采用公允价值模式计量的投资性房地产,不得从公允价值模式转为成本模式
   D. 已采用成本模式计量的投资性房地产,不得从成本模式转为公允价值模式

7. 下列关于投资性房地产的表述正确的有( )。
   A. 企业计划用于出租但尚未出租的土地使用权不属于投资性房地产

B. 被认定为闲置土地的不属于投资性房地产
C. 已出租的建筑物必须能够单独计量和出售才能划分为投资性房地产
D. 企业董事会或类似机构作出书面决议,明确表明将空置建筑物用于经营出租,且持有意图短期内不再发生变化,即使尚未签订租赁协议,也应将其视为投资性房地产

8. 下列各项关于取得投资性房地产的表述正确的有(　　)。
A. 外购的投资性房地产入账成本应当包括买价、相关税费和可直接归属于该资产的其他支出
B. 自行建造的投资性房地产成本应由建造该项房地产达到预定可使用状态前发生的必要支出构成
C. 企业将固定资产转为投资性房地产的,应当将原固定资产的账面价值作为投资性房地产的入账价值
D. 企业将存货转换为以公允价值模式进行后续计量的投资性房地产,应当将转换日该资产的公允价值作为投资性房地产的入账价值

9. 下列关于投资性房地产处置的表述不正确的有(　　)。
A. 企业处置投资性房地产,应将处置净收益计入营业外收入
B. 企业将以成本模式进行后续计量的投资性房地产处置,应当将取得的处置收入计入其他业务收入,投资性房地产的账面价值结转到其他业务成本
C. 企业将以公允价值模式进行后续计量的投资性房地产处置,应当将取得的处置收入计入其他业务收入,投资性房地产的账面价值结转到其他业务成本
D. 投资性房地产出售不会影响当期营业利润

(三)判断题
1. 投资性房地产,是指为赚取租金或资本增值,或两者兼有而持有的房地产。(　　)
2. 自行建造投资性房地产的成本,由建造该项资产达到预定可使用状态前所发生的必要支出构成。(　　)
3. 与投资性房地产有关的后续支出,应当在发生时计入当期损益。(　　)
4. 企业在资产负债表日只能采用成本模式对投资性房地产进行后续计量。(　　)
5. 采用公允价值模式计量的,不对投资性房地产计提折旧或进行摊销,应当以资产负债表日投资性房地产的公允价值为基础调整其账面价值,公允价值与原账面价值之间的差额计入当期损益。(　　)
6. 企业对投资性房地产的计量模式一经确定,不得随意变更。成本模式转为公允价值模式的,应当作为会计政策变更。(　　)
7. 已采用公允价值模式计量的投资性房地产,不得从公允价值模式转为成本模式。(　　)
8. 已采用成本模式计量的投资性房地产,不得从成本模式转为公允价值模式。(　　)
9. 在成本模式下,应当将房地产转换前的账面价值作为转换后的入账价值。(　　)
10. 采用公允价值模式计量的投资性房地产转换为自用房地产时,应当以其转换当日的账面价值作为自用房地产的账面价值,公允价值与原账面价值的差额计入当期损益。(　　)
11. 某企业将办公楼的一部分出租,则该企业应当将该办公楼作为投资性房地产核算。(　　)
12. 投资性房地产取得的租金应当作为其他业务收入进行核算。(　　)

13. 企业持有并准备增值后转让的土地使用权,应当划分为投资性房地产。（ ）

14. 企业自行建造投资性房地产的成本由土地开发费、建造成本、安装成本、应予资本化的借款费用和其他支出等构成。（ ）

15. 同一企业只能采用一种模式对所有的投资性房地产进行后续计量,不得同时采用两种计量模式。（ ）

16. 企业将投资性房地产从以成本模式进行后续计量转为以公允价值模式进行后续计量,应作为会计估计变更处理。（ ）

17. 企业处置投资性房地产时,应当将收取的价款与投资性房地产的账面价值的差额记入"投资收益"科目。（ ）

18. 处置采用公允价值模式计量的投资性房地产时,应当将原记入"公允价值变动损益"科目的金额结转到"其他业务收入"科目。（ ）

19. 企业将自有资产转换为以公允价值模式进行后续计量的投资性房地产,处置时,要将原记入"其他综合收益"科目的金额结转到"其他业务成本"科目。（ ）

20. 已采用公允价值模式计量的投资性房地产,如果不能持续取得该房地产的公允价值,应当将其转为以成本模式计量。（ ）

21. 投资性房地产采用成本模式计量,可以计提减值准备,但在持有期间该减值准备不得转回。（ ）

22. 投资性房地产的租金收入、期末公允价值变动以及处置均属于"营业利润"核算范畴。（ ）

（四）业务题（会计分录中金额单位以万元表示）

1. 甲企业将一栋办公楼出租给乙企业使用,已确认其为投资性房地产,采用成本模式进行后续计量。假设这栋办公楼的成本为1 800万元,按照直线法计提折旧,使用寿命为20年,预计净残值为零。按照短期租赁合同,乙企业每月支付甲企业租金8万元。当年12月,这栋办公楼发生减值迹象,经减值测试,其可收回金额为1 200万元,此时办公楼的账面价值为1 500万元,以前未计提减值准备。

要求:进行相关的账务处理。

2. A公司将一幢自用的厂房作为投资性房地产对外出租并采用公允价值模式对其进行后续计量。该厂房的账面原值为1 500万元,已计提折旧400万元,已计提减值准备100万元。

要求:

(1) 假定转换当日该厂房的公允价值为480万元,进行相关的账务处理。

(2) 假定转换当日该厂房的公允价值为1 030万元,进行相关的账务处理。

3. 长江公司于2019年1月30日将采用公允价值模式计量的投资性房地产（一栋建筑物）转为行政管理部门使用,该建筑物2018年12月31日的账面价值为2 000万元(成本1 900万元,公允价值变动100万元),2019年1月30日的公允价值为2 070万元,转换日该建筑物的尚可使用寿命为15年,采用年限平均法计提折旧,无残值。

要求:

(1) 编制长江公司2019年1月30日将投资性房地产转为自用的会计分录。

(2) 计算长江公司2019年计提的折旧额并编制会计分录。

4. 甲企业为了满足市场需求并扩大再生产,将生产车间从市中心搬迁到郊区。2017年3月,管理层决定将原厂区陈旧厂房拆除平整后,持有以备增值后转让。土地使用权的账面余额为3 000万元,已计提摊销900万元,剩余使用寿命为40年,按照直线法摊销,不考虑残值。2019年3月,甲企业将原厂区出售,取得转让收入4 000万元。假设不考虑相关税费。

要求:
(1) 编制甲企业2017年3月将土地使用权转为投资性房地产的会计分录。
(2) 计算甲企业2018年计提的摊销额并编制会计分录。
(3) 编制甲企业2019年3月出售原厂区的会计分录。

5. 长江房地产公司(以下简称长江公司)于2016年1月1日将一幢商品房对外出租并采用公允价值模式计量,租期为3年,每年12月31日收取租金100万元。出租时,该幢商品房的成本为2 000万元,公允价值为2 200万元。2016年12月31日,该幢商品房的公允价值为2 150万元;2017年12月31日,该幢商品房的公允价值为2 120万元;2018年12月31日,该幢商品房的公允价值为2 050万元。2019年1月5日,长江公司将该幢商品房对外出售,将收到的2 080万元存入银行。

要求:编制长江公司上述经济业务的会计分录(假定按年确认公允价值变动损益和租金收入)。

6. 大海公司2016年7月1日开始对一间生产用厂房进行改扩建,改扩建前该厂房的原价为2 000万元,已提折旧200万元,已提减值准备100万元。在改扩建过程中,领用工程物资400万元,领用生产用原材料200万元,原材料的进项税额为34万元,发生改扩建人员薪酬50万元,用银行存款支付其他费用100万元。该厂房于2016年12月20日达到预定可使用状态。大海公司对改扩建后的厂房采用年限平均法计提折旧,预计尚可使用寿命为20年,预计净残值为50万元。2018年12月10日,由于所生产的产品停产,大海公司决定将上述厂房以短期租赁方式对外出租,租期为2年,每年年末收取租金,每年租金为180万元,起租日为2018年12月31日,到期日为2020年12月31日,对租出的投资性房地产采用成本模式计量。租出后,该厂房仍按原折旧方法、折旧年限和预计净残值计提折旧。

要求:
(1) 计算厂房改扩建后的入账价值,并编制会计分录。
(2) 计算2017年厂房计提的折旧额,并编制会计分录。
(3) 编制2018年12月31日出租厂房业务的会计分录。
(4) 编制2019年12月31日收到租金和计提折旧的会计分录。

第七章 资产减值

一、学习目的和要求

通过本章学习,掌握资产减值的含义、资产可收回金额估计的基本方法;掌握单项资产和资产组减值的账务处理;了解总部资产和商誉减值的账务处理。要求学生能够对资产是否发生减值作出判断,对单项资产减值和资产组减值金额进行估计。

二、学习重点和难点

重点:单项资产减值的账务处理;资产组减值的账务处理。
难点:资产可收回金额估计的方法;总部资产减值的账务处理;商誉减值的账务处理。

三、教材主要观点提示

资产减值,是指资产的可收回金额低于其账面价值。资产减值是对资产计价的一种调整。企业应当在资产负债表日判断资产是否存在可能发生减值的迹象。资产存在减值迹象的,应当估计其可收回金额。资产可收回金额的估计,应当根据其公允价值减去处置费用后的净额与资产预计未来现金流量的现值两者之间较高者确定。

资产减值金额的计提基础是单项资产或资产组。企业计提各项资产减值准备所形成的损失均通过"资产减值损失"科目核算。

由于总部资产和商誉的特点,其减值的账务处理存在着特殊性。

四、案例导入设计

案例导入:通过教材中的案例引入,引导学生思考:资产减值的认定条件和计提范围是什么?
提问抽答:如何确定资产可收回金额?
归纳总结:不同资产的减值计提以及资产减值损失的账务处理。

五、自学内容和课外阅读

自学内容	具体内容	课外阅读资料
资产减值	(1) 资产组的认定 (2) 总部资产的界定 (3) 资产组组合	(1)《企业会计准则第8号——资产减值》 (2)《企业会计准则第4号——固定资产》 (3)《企业会计准则第6号——无形资产》 (4)《企业会计准则第3号——投资性房地产》

六、自主测试

(一) 单项选择题

1. 根据《企业会计准则第8号——资产减值》,资产减值是指资产的(　　)低于其账面价值的情况。

   A. 可变现净值　　　　　　　　　　B. 可收回金额

   C. 预计未来现金流量现值　　　　　D. 公允价值

2. 根据《企业会计准则第8号——资产减值》,资产减值的对象不包括(　　)。

   A. 对子公司、联营企业和合营企业的长期股权投资

   B. 采用成本模式进行后续计量的投资性房地产

   C. 存货

   D. 生产性生物资产

3. 企业期末计提资产减值准备时,借记的科目是(　　)。

   A."营业外支出"　　B."管理费用"　　C."投资收益"　　D."资产减值损失"

4. 资产组的认定依据是(　　)。

   A. 该资产组能否产生现金流入

   B. 该资产组能否独立进行核算

   C. 该资产组能否产生独立的现金流入

   D. 该资产组的未来现金流量能否可靠计量

5. 为了资产减值测试而计算资产未来现金流量现值时所使用的折现率是反映(　　)和资产特定风险的税前利率。

   A. 当前市场货币时间价值　　　　　B. 预期市场货币时间价值

   C. 未来现金净流入　　　　　　　　D. 资产的公允价值

6. 计算资产未来现金流量现值时所使用的折现率应当首先以(　　)为依据。

   A. 资产的市场利率　　　　　　　　B. 加权平均资金成本

   C. 增量借款利率　　　　　　　　　D. 其他相关市场借款利率

7. 估计资产的公允价值减去处置费用后的净额的最佳方法是(　　)。

   A. 根据公平交易中资产的销售协议价格减去可直接归属于该资产处置费用的金额确定

   B. 在资产不存在销售协议但存在活跃市场的情况下,应当根据该资产的市场价格减去处置费用后的金额确定

   C. 在既不存在资产销售协议又不存在资产活跃市场的情况下,企业应当以可获取的最佳

信息为基础,参考同行业类似资产的最近交易价格或者结果进行估计

D. 如果企业无法可靠估计资产的公允价值减去处置费用后的净额,应当以该资产预计未来现金流量的现值作为其可收回金额

8. 2019年12月31日,甲企业对其拥有的一台机器设备因存在减值迹象而进行减值测试时发现,如果立即出售该资产可以获得920万元的价款,发生的处置费用预计为20万元;如果继续使用,那么该资产的预计未来现金流量现值为888万元。该资产目前的账面价值是1 000万元,甲企业在2019年12月31日应该计提的固定资产减值准备为( )万元。

A. 100　　　　　B. 120　　　　　C. 112　　　　　D. 20

9. 下列关于资产组的叙述不正确的是( )。

A. 资产组的认定以其产生的主要现金流入独立于其他资产或者资产组的现金流入为依据

B. 某服装企业有童装、西装、衬衫三个工厂,每个工厂在核算、考核和管理等方面都相对独立,在这种情况下,每个工厂通常为一个资产组

C. 某家具制造商有A车间和B车间,A车间专门生产家具部件,生产完后由B车间负责组装,该企业对A车间和B车间资产的使用和处置等决策是一体的,在这种情况下,A和B车间通常应当被认定为一个资产组

D. 从煤矿引出的运煤专用铁路线通常为一个资产组

10. 2017年6月10日,某上市公司购入一台不需要安装的生产设备,支付价款和相关税费总计100万元,购入后即达到预定可使用状态。该设备的预计使用寿命为10年,预计净残值为8万元,按照直线法计提折旧。2018年12月,因出现减值迹象,对该设备进行减值测试,预计该设备的公允价值为55万元,处置费用为13万元;如果继续使用,预计未来使用及处置所产生现金流量的现值为35万元。假定原预计使用寿命、预计净残值不变。2019年该生产设备应计提的折旧为( )万元。

A. 4　　　　　B. 4.25　　　　　C. 4.375　　　　　D. 9.2

11. 企业持有的无形资产账面价值高于其可收回金额的差额应计入( )。

A. 营业外支出　　　　　　　　　　B. 管理费用

C. 资产减值损失　　　　　　　　　D. 公允价值变动损益

12. 长虹公司于2017年12月购入一台设备,实际成本为50万元,估计使用寿命为5年,估计净残值为零,采用直线法计提折旧。2018年年末,对该设备进行检查,估计其可收回金额为36万元。2019年年末,再次检查估计该设备可收回金额为30万元,则2019年年末应调整资产减值损失的金额为( )万元。

A. 6　　　　　B. 7　　　　　C. 3　　　　　D. 0

(二)多项选择题

1.《企业会计准则第8号——资产减值》第四条规定,企业应当在资产负债表日判断资产是否存在可能发生减值的迹象。但下列资产中,无论是否存在减值迹象,每年都应当进行减值测试的有( )。

A. 固定资产　　　　　　　　　　B. 企业合并所形成的商誉

C. 使用寿命不确定的无形资产　　D. 使用寿命有限的无形资产

2. 企业应当在资产负债表日判断资产是否存在可能发生减值的迹象;对于存在减值迹象的资产,应当进行减值测试,下列情况中,资产可能发生减值的有( )。

A. 资产的市价当期大幅度下跌,其跌幅明显高于因时间的推移或者正常使用而预计的下跌

B. 有证据表明资产已经陈旧过时或者其实体已经损坏

C. 资产已经或者将被闲置、终止使用或者计划提前处置

D. 市场利率在当期已经提高且影响企业计算资产预计未来现金流量现值的折现率,导致资产可收回金额大幅度降低

3. 可收回金额应当根据资产的公允价值减去处置费用后的净额与资产预计未来现金流量的现值两者之间较高者确定,其中处置费用包括( )。

A. 相关税费   B. 法律费用
C. 搬运费   D. 财务费用

4. 关于资产的公允价值减去处置费用后的净额的确定,下列表述正确的有( )。

A. 根据公平交易中资产的销售协议价格减去可直接归属于该资产处置费用的金额确定

B. 在不存在资产销售协议但存在资产活跃市场的情况下,应当根据该资产的市场价格减去处置费用后的金额确定

C. 在既不存在资产销售协议又不存在资产活跃市场的情况下,企业应当以可获取的最佳信息为基础,参考同行业类似资产的最近交易价格或者结果进行估计

D. 如果企业无法可靠估计资产的公允价值减去处置费用后的净额,应当以该资产预计未来现金流量的现值作为其可收回金额

5. 预计资产未来现金流量的现值,主要应当综合考虑的因素有( )。

A. 资产的预计未来现金流量   B. 资产的使用寿命
C. 折现率   D. 资产中包含的不确定性价格

6. 下列资产的减值问题通过《企业会计准则第8号——资产减值》规范的有( )。

A. 对子公司、联营企业和合营企业的长期股权投资

B. 商誉

C. 采用成本模式进行后续计量的投资性房地产

D. 无形资产(包括资本化的开发支出)

7. 可收回金额是按照( )两者中较高者确定的。

A. 长期资产的账面价值减去处置费用后的净额

B. 长期资产的公允价值减去处置费用后的净额

C. 未来现金流量

D. 未来现金流量现值

8. 资产组或总部资产发生减值,损失的金额抵减了资产组或者资产组组合中资产的账面价值后,各项资产的账面价值不得低于( )三者之中最高者。

A. 该资产的公允价值减去处置费用后的净额(如可确定的)

B. 该资产预计未来现金流量的现值(如可确定的)

C. 零

D. 该资产账面价值

9. 下列各项资产计提减值准备后,在持有期间减值损失不得转回的有( )。

A. 固定资产   B. 长期股权投资
C. 其他债权投资   D. 存货

（三）判断题

1. 资产的可收回金额应当根据资产的销售净价与资产预计未来现金流量的现值两者之间较高者确定。（　）

2. 资产减值损失确认后，减值资产的折旧或者摊销费用在未来期间不需要作相应调整。（　）

3. 资产减值是资产的可收回金额低于其账面价值，这里的资产是指单项资产。（　）

4. 资产减值损失一经确认，在以后会计期间永远不得转回或转销。（　）

5. 企业在估计资产未来现金流量现值时，只能使用单一的折现率。（　）

6. 企业在估计资产的公允价值减去处置费用后的净额时，如果资产不存在销售协议但存在活跃市场，应当根据该资产的市场价格减去处置费用后的金额确定。资产的市场价格通常应当按照资产的卖方要价确定。（　）

7. 预计未来现金流量应当以企业管理层批准的最近财务预算或者预测数据为基础。（　）

8. 在预计未来现金流量和折现率时，应当在一致的基础上考虑因一般通货膨胀而产生的物价上涨因素的影响。（　）

9. 某公司按照与当地政府签订的合同提供交通服务，合同要求该公司在五条单独的线路上提供最低限度的交通服务。该公司投入每条线路的资产和每条线路产生的现金流量能够分别认定，其中一条线路在重大亏损状况下运营。该公司应将每一条公交线路认定为一个资产组。（　）

10. 预计资产未来现金流量，应当根据资产未来每期最有可能产生的现金流量进行预测，即使用单一的未来每期预计现金流量和单一的折现率计算资产未来现金流量的现值。（　）

11. 资产负债表日应当对所有的无形资产进行减值测试。（　）

12. 使用寿命不确定的无形资产不用进行摊销，也不用进行减值测试计提减值准备。（　）

（四）不定项选择题

1. 甲公司（增值税一般纳税人）2019年10月18日以银行转账方式购入需安装的生产用机器设备一台，取得增值税专用发票（注明的价款为3 000万元，增值税税额为390万元），支付运费并取得增值税专用发票（注明的运费为100万元，增值税税额为9万元），支付保险费10万元。

（1）安装过程中发生安装费60万元，领用本企业原材料的成本为100万元，领用本企业产品的成本为180万元，该批产品的市场售价为200万元，发生安装人员薪酬50万元。

（2）2019年12月1日，该机器设备达到预定可使用状态。甲公司预计该机器设备的使用寿命为5年，预计净残值为175万元，采用年限平均法计提折旧。

（3）2020年12月31日，该机器设备预计未来现金流量的现值为2 800万元，公允价值减处置费用的净额为2 780万元。甲公司对该设备的预计使用寿命、预计净残值及折旧方法保持不变。

（4）2021年12月31日，该机器设备预计未来现金流量为2 500万元，公允价值减处置费用的净额为2 580万元。

要求：根据以上资料，不考虑其他因素，回答下列问题（答案中金额单位用万元表示）。

(1) 甲公司购入该机器设备时应当编制的会计分录是(　　)。

A. 借:在建工程　　　　　　　　　　　　　　　　　　　　　3 000
　　　应交税费——应交增值税(进项税额)　　　　　　　　　　390
　　贷:银行存款　　　　　　　　　　　　　　　　　　　　　　　3 390

B. 借:在建工程　　　　　　　　　　　　　　　　　　　　　3 110
　　　应交税费——应交增值税(进项税额)　　　　　　　　　　399
　　贷:银行存款　　　　　　　　　　　　　　　　　　　　　　　3 509

C. 借:在建工程　　　　　　　　　　　　　　　　　　　　　3 100
　　　应交税费——应交增值税(进项税额)　　　　　　　　　　399
　　贷:银行存款　　　　　　　　　　　　　　　　　　　　　　　3 499

D. 借:在建工程　　　　　　　　　　　　　　　　　　　　　3 121
　　　应交税费——应交增值税(进项税额)　　　　　　　　　　390
　　贷:银行存款　　　　　　　　　　　　　　　　　　　　　　　3 511

(2) 下列关于甲公司在机器设备的安装过程中的账务处理,表述不正确的是(　　)。

A. 甲公司领用本企业外购原材料用于机器设备的安装应当将原材料负担的增值税进行转出处理

B. 甲公司领用本企业生产的产品用于机器设备的安装应当直接按产品的成本计入在建工程

C. 甲公司固定资产的入账价值为3 500万元

D. 甲公司固定资产的入账价值为3 675万元

(3) 甲公司对该机器设备2020年应计提的折旧金额为(　　)万元。

A. 656.25　　　　B. 665　　　　C. 700　　　　D. 668.4

(4) 甲公司对该机器设备2021年应计提的折旧金额为(　　)万元。

A. 668.4　　　　B. 651.25　　　　C. 665　　　　D. 656.25

(5) 下列关于甲公司对该机器设备持有期间的账务处理表述正确的是(　　)。

A. 固定资产计提折旧的金额应计入制造费用

B. 固定资产在资产负债表日的可收回金额应按该固定资产预计未来现金流量现值与公允价减处置费用净额孰高原则确认

C. 固定资产减值准备一经确认在以后会计期间不得转回

D. 固定资产发生减值后应重新估计固定资产的预计使用寿命、预计净残值和折旧方法

(五)业务题

1. 大华公司拥有的甲设备原值为3 000万元,已计提的折旧为800万元,已计提的减值准备为200万元,该公司在2019年12月31日对甲设备进行减值测试时发现,该设备存在明显的减值迹象,即如果该公司出售甲设备,买方愿意以1 800万元的销售净价购买;如果继续使用,尚可使用寿命为5年,未来4年现金流量净值以及第5年使用期满处置的现金流量净值分别为600万元、550万元、400万元、320万元、180万元。采用的折现率为5%。

要求:确定该资产是否发生减值。如果发生减值,计算其减值准备,并编制相关会计分录(保留两位小数)。

2. 长江公司2014年12月20日购入甲生产线,用于生产光学器材。甲生产线由A、B、C三部机器构成,初始成本分别为600万元、600万元和800万元。甲生产线使用寿命为10年,

预计净残值为零,以年限平均法计提折旧。三部机器均无法单独产生现金流量,但整条生产线构成完整的产销单位,属于一个资产组。2019 年,该生产线所生产光学产品的替代产品上市;到年底汇总,该公司光学产品销量锐减 40%,因此,公司于年末对该条生产线进行减值测试。经估计该生产线未来 5 年现金流量及其折现率,得到其现值为 820 万元。如果公司无法合理估计其公允价值减去处置费用后的净额,则以预计未来现金流量的现值作为其可收回金额。2019 年年末 C 机器的公允价值减去处置费用后的净额为 388 万元,A、B 机器都无法合理估计其公允价值减去处置费用后的净额以及未来现金流量的现值。整条生产线已使用 5 年,预计尚可使用 5 年。

要求:

(1) 确定 2019 年 12 月 31 日资产组账面价值。

(2) 计算资产减值损失,将计算结果填入表 7-1。

表 7-1　资产减值损失计算表　　　　　　　　　　金额单位:万元

项目	机器 A	机器 B	机器 C	整个生产线(资产组)
账面价值				
可收回金额				
减值损失				
减值损失分摊比例/%				
分摊减值损失				
分摊后账面价值				
尚未分摊的减值损失				
二次分摊比例/%				
二次分摊减值损失				
二次分摊后应确认减值损失总额				
二次分摊后账面价值				

(3) 编制计提资产减值损失的会计分录(金额单位用万元表示)。

3. 甲公司在 A、B、C 三地拥有三家分公司,其中,C 分公司是上年吸收合并的公司。这三家分公司的经营活动由一个总部负责运作。由于 A、B、C 三家分公司均能产生独立于其他分公司的现金流入,所以甲公司将这三家分公司确定为三个资产组。2019 年 12 月 1 日,甲公司经营所处的技术环境发生了重大不利变化,出现资产减值迹象,需要进行减值测试。

假设总部资产的账面价值为 150 万元,能够按照各资产组账面价值的比例进行合理分摊。A 分公司资产的使用寿命为 10 年,B、C 分公司资产和总部资产的使用寿命为 20 年。减值测试时,A、B、C 三个资产组的账面价值分别为 100 万元、150 万元和 200 万元(其中,合并商誉为 15 万元)。甲公司计算得出 A 分公司资产的可收回金额为 219 万元,B 分公司资产的可收回金额为 156 万元,C 分公司资产的可收回金额为 200 万元。

要求:进行甲公司的资产减值测试。

第八章　负　债

 **一、学习目的和要求**

通过本章学习,理解流动负债与长期负债的区别;掌握负债的分类及特点,短期借款、应付款项、应付职工薪酬、应交税费、应付股利等流动负债的账务处理,以及长期借款、应付债券等长期负债的账务处理;熟悉借款费用的账务处理;理解公司债券的发行及种类;熟悉公司债券价格的确定、溢折价的产生及摊销方法;明确负债在资产负债表中的列示。要求学生能够针对实务中可能发生的各种情况,依据负债的核算理论进行判断分析。

 **二、学习重点和难点**

重点:应交税费、应付职工薪酬、应付债券的核算;借款费用的账务处理。

难点:增值税业务的账务处理;借款费用资本化和费用化金额的计算;实际利率法下债券溢价或折价的摊销。

 **三、教材主要观点提示**

负债是指企业过去的交易或者事项形成的预期会导致经济利益流出企业的现时义务。负债按偿还期限的不同可分为流动负债和长期负债。

流动负债是指在1年或者超过1年的一个营业周期内偿还的债务。具体包括短期借款、应付账款、应付票据、预收账款、应交税费、应付职工薪酬、预计负债、应付利息、应付股利、其他应付款等。

长期负债是指偿还期在1年或者超过1年的一个营业周期以上的债务,具有偿还期长、偿还金额大的特点。举借长期负债主要是为了购置固定资产、扩建厂房或购入土地使用权等,以扩大生产经营规模,满足其长期占用大量资金的需要。长期负债主要包括长期借款、应付债券、长期应付款等。长期借款是用于满足固定资产购置、建造工程等长期资金需要,偿还期在1年以上的各种金融机构借款。应付债券是企业为筹措长期资金而对外发行的债券。应付债券因期限超过了1年,所以属于长期负债。应付债券的面值、溢价或折价应分别记录、反映,溢价或折价按实际利率法摊销。

借款费用是指企业因借款而发生的利息、折溢价摊销、因外币借款而发生的汇兑差额以及辅助费用等。企业发生的借款费用,可直接归属于符合资本化条件的资产的购建或生产的,予以资本化,计入相关资产成本;其他借款费用,在发生时根据其发生额确认为费用,计入当期损益。借款费用不仅包括专门借款,还可能包含一般借款。

四、案例导入设计

案例导入:通过教材中的案例引入,引导学生思考:负债作为企业资金来源的一个方面,会给企业带来怎样的风险?

提问抽答:流动负债的判断标准是什么?各种流动负债是如何形成的?采用长期负债方式筹集资金有哪些渠道?

归纳总结:流动负债和长期负债的含义及特征,各项流动负债和长期负债的账务处理。

五、自学内容和课外阅读

自学内容	具体内容	课外阅读资料
负债的性质与分类;应付职工薪酬、应交增值税以外的流动负债的核算	(1) 负债的性质 (2) 负债的分类 (3) 各项流动负债的核算(短期借款、应付款项、应交税费、应付股利等)	(1)《企业会计准则第9号——职工薪酬》 (2)《企业会计准则第11号——股份支付》 (3)《企业会计准则第17号——借款费用》 (4)《IAS19——雇员福利》 (5)《IAS23——借款费用》

六、自主测试

(一)单项选择题

1. 甲公司(增值税一般纳税人)于2019年4月23日购入一批生产用原材料,取得货物增值税专用发票(注明的价款为200万元,增值税税额为26万元),由销货方代垫各项杂费共计22万元。材料已验收入库,但货款及垫付款项尚未支付。同时,合同中规定了现金折扣条件为:2/10,1/20,$n/30$。甲公司于2019年5月1日付款,则甲公司应付账款的入账金额为(   )万元。

   A. 226　　　　　B. 200　　　　　C. 222　　　　　D. 248

2. 企业应将确实无法支付的应付账款转销,将其账面余额记入(   )科目。

   A. "公允价值变动损益"　　　　B. "营业外收入"
   C. "其他业务收入"　　　　　　D. "资本公积"

3. 甲公司为增值税一般纳税人,2019年4月8日外购工程物资一批,取得货物增值税专用发票(注明的价款为200万元,增值税税额为26万元)。甲公司开出一张银行承兑的商业汇票,面值为226万元,期限3个月,交纳银行承兑手续费1.17万元。则甲公司应付票据的入账金额为(   )万元。

   A. 200　　　　　B. 226　　　　　C. 201.17　　　　D. 227.17

4. 应付商业承兑汇票到期,如果企业无力支付票款,应将应付票据按账面余额转入(   )科目。

A. "短期借款"　　　B. "应付账款"　　　C. "其他应付款"　　　D. "营业外收入"

5. 下列各项中,应记入"应付利息"科目的是(　　)。
   A. 到期一次还本付息长期借款的利息
   B. 分期付息到期还本应付债券的利息
   C. 分期付息到期还本债券投资的利息
   D. 到期一次还本付息应付债券的利息

6. 企业预收货款业务不多的情况下,可以将预收的款项通过(　　)科目的贷方核算。
   A. "应收账款"　　　　　　　　B. "应付账款"
   C. "预付账款"　　　　　　　　D. "其他应收款"

7. 下列各项中,不应当在"应付职工薪酬"科目核算的是(　　)。
   A. 应付职工医疗保险费　　　　B. 应付职工差旅费
   C. 应付职工离职后福利　　　　D. 应付职工辞退福利

8. 生产车间工人的职工薪酬应记入(　　)科目。
   A. "制造费用"　　　　　　　　B. "管理费用"
   C. "生产成本"　　　　　　　　D. "销售费用"

9. 下列关于应付职工薪酬的表述不正确的是(　　)。
   A. 企业无形资产研发人员的职工薪酬应计入无形资产成本
   B. 企业工程人员的职工薪酬应计入工程成本
   C. 企业销售人员的职工薪酬应计入销售费用
   D. 企业外购存货入库前挑选整理人员的职工薪酬应计入存货采购成本

10. 甲公司(增值税一般纳税人)为手机生产企业,2019年5月将新研制的一款手机发放给公司的20位管理层员工作为福利(每位一台)。该批手机的生产成本为1 850元/台,因属于新产品,所以无同类市场售价,税务机关核定的计税价格为2 200元/台。此项业务中,应计入应付职工薪酬的金额为(　　)元。
    A. 37 000　　　B. 44 000　　　C. 42 720　　　D. 49 720

11. 下列各项税费中,不通过"应交税费"科目核算的是(　　)。
    A. 房产税　　　B. 车船税　　　C. 城镇土地使用税　　　D. 印花税

12. 下列关于消费税的表述不正确的是(　　)。
    A. 企业销售应税消费品时,因为消费税属于价内税,所以通过"税金及附加"科目核算
    B. 企业在建工程领用应税消费品时,应当将消费税计入在建工程成本
    C. 进口环节交纳的消费税需要计入进口货物的成本
    D. 委托加工物资收回后直接出售,受托方代收代交的消费税应记入"应交税费——应交消费税"科目

13. 某企业是小规模纳税人,外购原材料一批,取得的增值税普通发票上注明的价款为20万元,增值税税额为2.6万元,在购入过程中支付运费1万元。则该原材料的入账金额为(　　)万元。
    A. 22.6　　　B. 21　　　C. 23.6　　　D. 20

14. 甲公司为增值税一般纳税人。2019年8月,甲公司委托乙公司加工一批应税消费品(非金银首饰),发出原材料成本为22万元,支付乙公司加工费取得的增值税专用发票上注明

的价款为 3 万元,增值税税额为 0.39 万元。乙公司代收代交消费税 6.25 万元。甲公司支付往返运费,取得的运输增值税专用发票上注明运费 1 万元,增值税税额 0.09 万元。甲公司收回这批委托加工物资后将其用于连续生产应税消费品。则甲公司收回的这批委托加工物资的入账成本为( )万元。

  A. 26   B. 32.25   C. 26.09   D. 32.73

15. 某矿山开采企业当月对外销售应税矿产品 2 000 吨,将自产应税矿产品 200 吨用于其他产品的生产。已知资源税相关条例规定该矿产品的资源税税率为 12 元/吨,则关于资源税的下列说法中不正确的是( )。

  A. 当月该企业应当交纳资源税 26 400 元

  B. 记入"税金及附加"科目的金额为 24 000 元

  C. 记入"生产成本"科目的金额为 2 400 元

  D. 记入"应交税费——应交资源税"科目的金额为 24 000 元

16. 企业将自有办公楼对外出租时交纳的房产税应记入的会计科目是( )。

  A. "管理费用"   B. "其他业务成本"   C. "税金及附加"   D. "营业外支出"

17. 某企业保管不善,造成一批原材料毁损,该批原材料的取得成本为 20 万元,负担的增值税为 2.6 万元,该批原材料的计税价格为 22 万元。该企业取得保险公司的赔款 10 万元。则关于此项业务的下列表述正确的是( )。

  A. 应记入"应交税费——应交增值税(销项税额)"科目 2.86 万元

  B. 应记入"待处理财产损溢"科目 22.86 万元

  C. 应记入"营业外支出"科目 12.86 万元

  D. 应记入"应交税费——应交增值税(进项税额转出)"科目 2.6 万元

18. 下列各项中,应当在"其他应付款"科目核算的是( )。

  A. 应付外购工程物资款   B. 收取的包装物押金

  C. 应付股东的现金股利   D. 应收取的包装物租金

19. M 公司(增值税一般纳税人)2019 年 6 月 18 日从 A 公司(增值税一般纳税人)购入一批原材料,该批原材料的标价为 12 000 元/吨(不含税)。M 公司一次性购入 500 吨原材料,所以 A 公司给予 20% 的商业折扣,并按折后金额开具了增值税专用发票;同时,在合约中约定,现金折扣条件为:2/10,1/20,n/30。则 M 公司应付账款的入账金额为( )万元。

  A. 600   B. 542.4   C. 702   D. 480

20. 企业按照规定向住房公积金管理机构缴存住房公积金,应该借记的科目是( )。

  A. "其他应付款"   B. "管理费用"   C. "应付职工薪酬"   D. "其他应交款"

21. 企业在无形资产研究阶段发生的职工薪酬应当( )。

  A. 计入无形资产成本   B. 计入在建工程成本

  C. 计入长期待摊费用   D. 计入当期损益

22. 下列职工薪酬中,不应根据职工提供服务的受益对象计入成本费用的是( )。

  A. 因解除与职工的劳动关系给予的补偿

  B. 构成工资总额的各组成部分

  C. 工会经费和职工教育经费

  D. 医疗保险费、养老保险费、失业保险费、工伤保险费等社会保险费

23. 委托加工应纳消费税物资(非金银首饰)收回后直接出售的,属于应税消费品,其由受

托方代扣代交的消费税,应记入( )科目。

A."管理费用" B."委托加工物资"
C."税金及附加" D."应交税费——应交消费税"

24. X公司2019年7月1日按面值发行5年期债券100万元。该债券到期一次还本付息,票面年利率为5%。X公司当年12月31日应付债券的账面余额为( )万元。

A. 100　　　　B. 102.5　　　　C. 105　　　　D. 125

25. 企业以溢价方式发行债券时,每期实际负担的利息费用是( )。

A. 按实际利率计算的利息费用
B. 按票面利率计算的应计利息减去应摊销的溢价
C. 按实际利率计算的应计利息加上应摊销的溢价
D. 按票面利率计算的应计利息加上应摊销的溢价

26. 就发行债券的企业而言,其所获债券溢价收入实质是( )。

A. 为以后少付利息而付出的代价　　B. 为以后多付利息而得到的补偿
C. 本期利息收入　　D. 以后期间的利息收入

27. 企业以其自产产品作为非货币性福利发放给职工的,应当据受益原则,按该产品的( )和相关税费计入相关成本或损益。

A. 公允价值　　B. 重置成本
C. 该种产品平均售价　　D. 实际成本

28. 下列税金中,通常与企业计算损益无关的是( )。

A. 消费税　　B. 一般纳税人企业的增值税
C. 所得税　　D. 城市建设维护税

29. 小规模纳税人企业购入原材料取得的增值税专用发票上注明:货款20 000元,增值税税额2 600元。该企业在购入材料的过程中另支付运杂费600元。则该企业原材料的入账价值为( )元。

A. 23 200　　　　B. 20 600　　　　C. 20 540　　　　D. 22 600

30. 企业发生无法支付的应付账款时,应计入( )。

A. 营业外收入　　B. 管理费用　　C. 营业外支出　　D. 资本公积

31. A公司为建造厂房于2019年4月1日从银行借入2 000万元专门借款,借款期限为2年,年利率为6%,不考虑借款手续费。该项专门借款在银行的存款利率为年利率3%。2019年7月1日,A公司采取出包方式委托B公司为其建造该厂房,并预付了1 000万元工程款,厂房实体建造工作于当日开始。该工程因发生施工安全事故在2019年8月1日至11月30日中断施工,12月1日恢复正常施工,至2019年年末工程尚未完工。该项厂房建造工程在2019年度应予以资本化的利息金额为( )万元。

A. 20　　　　B. 45　　　　C. 60　　　　D. 15

32. 某企业于2019年1月1日开工建造一项固定资产,2019年12月31日该固定资产全部完工并投入使用,该企业为建造该固定资产于2018年12月1日借入一笔两年期专门借款,本金为1 000万元,借款年利率为9%。该企业另借入两笔一般借款:第一笔为2019年1月1日借入的800万元,借款年利率为8%,期限为2年;第二笔为2019年7月1日借入的500万元,借款年利率为6%,期限为3年;该企业2019年为建造固定资产而占用一般借款所使用的资本化率为( )(计算结果保留两位小数)。

A. 7.00%   B. 7.52%   C. 6.80%   D. 6.89%

33. 下列关于长期借款利息的表述不正确的是(　　)。
A. 到期一次还本付息的长期借款计提利息,应增加长期借款的账面金额
B. 分期付息的长期借款计提利息,应增加应付利息的账面金额
C. 支付的利息符合资本化条件的应计入相关资产成本
D. 支付的利息不符合资本化条件的应计入管理费用

34. 甲公司2018年7月1日从银行借入期限为3年的长期借款5 000万元,该笔借款到期一次还本付息,已知借款的年利率为6%,则2019年12月31日该项长期借款的账面余额为(　　)万元。
A. 5 000   B. 5 300   C. 5 600   D. 5 450

35. 甲公司2019年1月1日发行100 000份公司债券,债券的面值总额为1 000万元,期限为5年,票面年利率为6%(等于实际年利率)。筹集资金用于生产线建设,该生产线于2019年2月1日正式开工(符合资本化条件),工程在当年年末尚未结束。则当年债券的利息支出应计入财务费用的金额为(　　)万元。
A. 0   B. 60   C. 5   D. 55

36. 某工业企业当月应交纳增值税20万元、消费税30万元、土地增值税15万元。该企业适用的城市维护建设税税率为7%,教育费附加征收率为3%,则记入"税金及附加"科目的金额为(　　)万元。
A. 40.5   B. 55.5   C. 77   D. 35

37. 甲公司2019年7月1日通过证券公司公开发行公司债券1 000万份,取得发行价款100 000万元,债券的票面年利率为5.5%(等于实际年利率),期限为5年。甲公司于每年6月30日支付上年度利息,到期归还本金。则2019年12月31日应付债券的账面余额为(　　)万元。
A. 100 000   B. 105 500   C. 102 750   D. 111 000

38. 甲公司与乙公司签订购销合同,约定甲公司从乙公司购入一台机器设备,分5年等额支付购货款项,每年支付100万元,该笔购货款的现值为456万元,则甲公司在购入固定资产时记入"未确认融资费用"科目的金额为(　　)万元。
A. 456   B. 500   C. 0   D. 44

(二) 多项选择题

1. 下列关于短期借款的表述中,正确的有(　　)。
A. 短期借款利息如果不是按月支付并且数额不大的,可以采用预提方式
B. 企业生产经营期间取得短期借款所支付的利息费用计入财务费用
C. 短期借款可以按借款种类及贷款人进行明细账的设置
D. 短期借款是向银行等金融机构借入期限在1年以下(含1年)的各种款项

2. 企业为生产车间工人租赁宿舍楼,应编制的会计分录有(　　)。
A. 借:生产成本
　　贷:其他应付款
B. 借:生产成本
　　贷:应付职工薪酬
C. 借:应付职工薪酬
　　贷:银行存款
D. 借:生产成本
　　贷:银行存款

3. 下列关于应付账款的表述正确的有( )。
   A. 应付账款附有现金折扣条件的,应按扣除现金折扣前的应付账款总额入账
   B. 销货方代购货方垫付的运杂费等应计入购货方的应付账款入账金额
   C. 企业确实无法支付的应付账款应计入资本公积
   D. 企业采购存货,如果月末发票及账单尚未到达,应暂估应付账款入账
4. 下列关于应付票据的表述不正确的有( )。
   A. 企业开具的商业汇票的期限最长不得超过6个月
   B. 向银行申请承兑商业汇票时支付的承兑汇票手续费计入财务费用
   C. 应付票据到期无力支付的,应结转到应付账款
   D. 带息商业汇票的利息计入应付利息
5. 下列各项中,关于应付利息的表述正确的有( )。
   A. 短期借款的利息可以不通过"应付利息"科目核算,在支付时直接计入财务费用
   B. 分期付息到期还本的长期借款的利息通过"应付利息"科目核算
   C. 到期一次还本付息的应付债券的利息不通过"应付利息"科目核算
   D. 应付利息属于流动负债
6. 下列关于预收账款的表述正确的有( )。
   A. 预收账款所形成的负债不是以货币清偿,而是以货物清偿
   B. 预收账款核算的是销货业务
   C. 预收账款业务不多的企业可以不设置"预收账款"科目,将预收的款项记入"其他应付款"科目核算
   D. 预收账款出现借方余额代表企业应收债权
7. 根据受益对象进行分配,应付职工薪酬计提时可以记入的科目有( )。
   A. "生产成本"　　B. "研发支出"　　C. "在建工程"　　D. "财务费用"
8. 企业将拥有的小汽车无偿提供给本单位高级管理人员使用,下列会计分录正确的有( )。
   A. 借:管理费用
   　　贷:累计折旧
   B. 借:管理费用
   　　贷:应付职工薪酬
   C. 借:应付职工薪酬
   　　贷:累计折旧
   D. 借:管理费用
   　　贷:其他应收款
9. 下列各项中,应确认应付职工薪酬的有( )。
   A. 社会保险费　　　　　　　　　　B. 住房公积金
   C. 短期利润分享计划　　　　　　　D. 工会经费
10. 下列各项税金应计入资产成本的有( )。
    A. 收回后用于直接出售的委托加工物资由受托方代收代交的消费税
    B. 进口货物由海关征收的关税
    C. 收购未税矿产品代收代交的资源税
    D. 小规模纳税人外购存货支付的增值税
11. 下列各项中,应通过"应付职工薪酬"科目核算的有( )。
    A. 基本工资　　　　　　　　　　B. 经常性奖金
    C. 养老保险费　　　　　　　　　D. 非货币性福利

12. 下列属于职工薪酬中所说的职工的有(　　　　)。
   A. 全职、兼职职工　　　　　　　　B. 董事会成员
   C. 内部审计委员会成员　　　　　　D. 劳务用工合同人员
13. 下列项目中,属于职工薪酬的有(　　　　)。
   A. 业务招待费　　　　　　　　　　B. 非货币性福利
   C. 养老保险费　　　　　　　　　　D. 因解除与职工的劳动关系给予的补偿
14. 企业发行公司债券的方式有(　　　　)。
   A. 折价发行　　　　　　　　　　　B. 溢价发行
   C. 面值发行　　　　　　　　　　　D. 在我国不能折价发行
15. "预收账款"科目贷方登记(　　　　)。
   A. 预收货款金额
   B. 企业向购货方发货后冲销的预收货款的数额
   C. 退回对方多付的货款
   D. 购货方补付的货款
16. 下列税金中,不考虑特殊情况时,会涉及抵扣情形的有(　　　　)。
   A. 一般纳税人购入货物用于生产所负担的增值税
   B. 委托加工物资收回后用于连续生产应税消费品
   C. 取得运费发票的相关运费所负担的增值税
   D. 从小规模纳税人购入货物取得增值税普通发票的增值税
17. 对于分期计息、一次还本的债券,应于资产负债表日按摊余成本和实际利率计算确定的债券利息,可能借记的科目有(　　　　)。
   A. "在建工程"　　B. "制造费用"　　C. "财务费用"　　D. "研发支出"
18. 下列项目中,属于借款费用的有(　　　　)。
   A. 借款手续费　　　　　　　　　　B. 发行公司债券发生的利息
   C. 发行公司债券发生的溢价　　　　D. 发行公司债券折价的摊销
19. 下列关于长期借款利息费用的表述中正确的有(　　　　)。
   A. 企业取得长期借款的利息费用属于筹建期间的利息费用的,应计入管理费用
   B. 分期付息到期还本的长期借款每期计提的利息计入应付利息
   C. 取得长期借款用于不动产工程建设,其利息费用在满足资本化条件时应当计入工程成本
   D. 企业为生产产品借款而产生的的利息费用计入产品成本
20. 企业发行公司债券的利息费用可能记入的科目有(　　　　)。
   A. "管理费用"　　B. "销售费用"　　C. "财务费用"　　D. "在建工程"

(三) 判断题

1. 应付账款附有现金折扣的,应按照扣除现金折扣后的应付账款总额入账。(　　)
2. 如果企业短期借款利息是在借款到期时连同本金一起归还,利息数额不大的情况下可以不采用预提方式,在实际支付时直接计入当期损益。(　　)
3. 企业应将确实无法支付的应付账款予以转销,将其记入"资本公积"科目。(　　)
4. 应付银行承兑汇票到期,企业无力支付票款,应将应付票据按账面余额转作"短期借款"核算。(　　)

5. "预收账款"科目的借方登记发生的预收账款数额和购货单位补付账款的数额。（ ）

6. 财务部门人员的职工福利费应计入财务费用。（ ）

7. 企业在计量应付职工薪酬时，国家没有明确规定计提基础和比例的，企业不得自行提取各项职工薪酬。（ ）

8. 企业将自产的产品作为福利发放给本单位职工，应当根据产品的公允价值加增值税销项税额作为应付职工薪酬核算。（ ）

9. 企业预收账款不多的情况下，可以将预收账款在"应收账款"科目的贷方核算。（ ）

10. 企业将自产的应税消费品发放给本单位职工作为福利，应交纳的消费税计入当期损益。（ ）

11. 企业将自产的应税矿产品对外销售，按规定应交纳的资源税计入相关资产成本。（ ）

12. 企业按规定应交纳的土地增值税应记入"固定资产清理"科目。（ ）

13. 企业根据股东大会或类似机构审议批准的利润分配方案，确认应付给投资者的现金股利应记入"应付股利"科目。（ ）

14. 短期借款利息在预提或实际支付时均应通过"短期借款"科目核算。（ ）

15. 企业向股东宣告的现金股利，在尚未支付给股东之前，是企业股东权益的一个组成部分。（ ）

16. "长期借款"科目的月末余额，反映企业尚未支付的各种长期借款的本金。（ ）

17. 企业长期借款所发生的利息支出，应在实际支付时计入在建工程成本或当期损益。（ ）

18. 企业委托加工应税消费品在收回后，应将由受托方代扣代交的消费税计入相关成本。（ ）

19. 企业交纳的消费税属于价内税，因此，应将应交消费税记入"税金及附加"科目。（ ）

20. 企业生产工人的社会保险费应计入当期管理费用。（ ）

21. 企业自产或委托加工的货物用于非应税项目，由于不是用于销售，所以不必计算并交纳增值税。（ ）

22. 企业发行的公司债券，应区别是按面值发行，还是溢价或折价发行，分别记入"应付债券——公司债券（面值）""应付债券——公司债券（溢价）"或"应付债券——公司债券（折价）"科目。（ ）

23. 长期借款每期的利息费用为借款的本金乘以合同约定的利率。（ ）

24. 企业按面值发行公司债券，每期的利息应当以债券的面值乘以票面利率计算。（ ）

25. 通过应付债券筹集的资金如果用于研发无形资产，则相关利息费用应当资本化。（ ）

26. 企业购入资产超过正常信用条件延期付款实质上具有融资性质时，应按购买价款作为相关资产的入账成本。（ ）

（四）不定项选择题

1. 甲公司为增值税一般纳税人，2019年4月18日从乙公司购入生产用原材料一批，取得货物增值税专用发票（注明的价款为200万元，增值税税额为26万元）。按照购买协议，甲公司可以享受现金折扣的条件为：2/10，1/20，n/30（计算现金折扣时不考虑增值税）。甲公司以银行存款支付运费并取得运费增值税专用发票(注明的运费1万元,增值税税额0.09万元)。4月27日,甲公司将扣除现金折扣的货款支付给乙公司。

要求:根据上述资料,不考虑其他因素,回答下列问题(答案中金额单位用万元表示)。

(1) 甲公司在购入原材料时的账务处理正确的是(　　)。

A. 借:原材料　　　　　　　　　　　　　　　　　　　　200
　　　应交税费——应交增值税(进项税额)　　　　　　　26
　　　　贷:应付账款　　　　　　　　　　　　　　　　　　　226

B. 借:原材料　　　　　　　　　　　　　　　　　　　　200
　　　应交税费——应交增值税(进项税额)　　　　　　　26
　　　　贷:应付账款　　　　　　　　　　　　　　　　　　　222
　　　　　　财务费用　　　　　　　　　　　　　　　　　　　　4

C. 借:原材料　　　　　　　　　　　　　　　　　　　　226
　　　　贷:应付账款　　　　　　　　　　　　　　　　　　　226

D. 借:原材料　　　　　　　　　　　　　　　　　　　　201
　　　应交税费——应交增值税(进项税额)　　　　　　26.09
　　　　贷:应付账款　　　　　　　　　　　　　　　　　　　226
　　　　　　银行存款　　　　　　　　　　　　　　　　　　　1.09

(2) 下列关于甲公司3月27日支付乙公司购货款的账务处理表述正确的是(　　)。

A. 应付账款冲减226万元　　　　　　B. 实际支付222万元

C. 冲减财务费用4万元　　　　　　　D. 计入销售费用4万元

(3) 下列关于应付账款的表述中正确的是(　　)。

A. 应付账款是企业因购买材料、商品或接受劳务供应等经营活动而应付给供应单位的款项

B. 购买商品享受商业折扣的,应按扣除商业折扣后的金额作为应付账款的入账金额

C. 应付账款附有现金折扣条件的,确认应付账款时应不考虑将来可能会发生的现金折扣金额

D. 实务中,企业外购的电力、燃气等动力一般通过"应付账款"科目核算

2. A公司为增值税一般纳税人,2019年7月发生与应付款项有关的经济业务如下:

(1) 7月2日,预收甲公司购货定金100万元,并于当日送存银行。

(2) 7月6日,从乙公司处购入工程物资一批,当日工程物资款共计255万元,款项尚未支付。

(3) 7月19日,将甲公司的预定货物发出,开具增值税专用发票(注明的价款为200万元,增值税税额为26万元),余额尚未收回。

(4) 7月22日,向乙公司开具面值为255万元,期限为4个月的无息银行承兑汇票一张。因向银行申请承兑汇票而以银行存款支付的汇票手续费为2万元。

(5) 7月31日,计提一般经营用长期借款利息费用25万元(此笔借款的利息支付方式为分期付息)。

要求:根据上述资料,不考虑其他因素,回答下列问题(答案中金额单位用万元表示)。

(1) 下列关于A公司与甲公司的业务表述正确的是(　　)。

A. 预收甲公司的购货定金属于企业的资产

B. 预收账款的减少应当以货币进行清偿
C. 预收账款不多的企业可以将预收款项通过"应收账款"科目核算
D. A 公司 7 月 19 日"预收账款"科目借方余额为 126 万元

(2) 下列关于 A 公司与乙公司的业务表述不正确的是(　　)。

A. 购入工程物资不属于日常经营活动,所以应付款项应计入其他应付款
B. 购入工程物资应通过"应付账款"科目核算
C. 向乙公司开具银行承兑汇票支付的手续费应计入财务费用
D. 银行承兑汇票到期无力支付应按票面金额转入短期借款

(3) 下列各项中,A 公司的账务处理正确的是(　　)。

A. 7 月 2 日:
借:银行存款　　　　　　　　　　　　　　　　　　　　　　　100
　　贷:预收账款　　　　　　　　　　　　　　　　　　　　　　　　　100

B. 7 月 22 日:
借:应付账款　　　　　　　　　　　　　　　　　　　　　　　255
　　贷:应付票据　　　　　　　　　　　　　　　　　　　　　　　　　255

C. 7 月 22 日:
借:财务费用　　　　　　　　　　　　　　　　　　　　　　　　2
　　贷:银行存款　　　　　　　　　　　　　　　　　　　　　　　　　　2

D. 7 月 31 日:
借:财务费用　　　　　　　　　　　　　　　　　　　　　　　　25
　　贷:应付利息　　　　　　　　　　　　　　　　　　　　　　　　　25

3. 甲公司(增值税一般纳税人)为家电生产企业,2019 年 8 月发生的与职工薪酬有关的业务如下:

(1) 8 日,将自产的一批液晶电视机作为福利发放给企业管理人员。该批液晶电视机的成本为 80 万元,已计提存货跌价准备 5 万元,市场售价 78 万元。此项业务按税法规定应代扣职工个人所得税 1 万元。

(2) 10 日,支付上月工资共计 326 万元,其中包括代扣个人所得税 12.6 万元。

(3) 15 日,甲公司董事会作出决定,将为每一位中层以上管理人员配备一辆小汽车供其无偿使用。已知小汽车的月折旧额合计为 22.55 万元。

(4) 20 日,甲公司为新任总经理租赁一套公寓供免费使用,该公寓的月租金为 1 万元。甲公司以银行存款支付了当月租金。

(5) 22 日,向企业困难职工支付生活补助金 20 万元,当日以现金支付。

(6) 31 日,人力资源部向财务部门提交当月工资清单,注明的工资总额为 355.33 万元(其中,管理部门 82 万元,销售部门 55 万元,生产车间管理人员 28.33 万元,生产车间工人工资 190 万元)。甲公司财务人员按规定计提了工会经费(计提比例为 2%)和职工教育经费(计提比例为 8%)。同时,甲公司还根据历史经验和实际情况计提了 32 万元的福利费(其中,管理部门 12 万元,销售部门 5 万元,生产车间管理人员 5 万元,生产车间工人 10 万元)。

要求:根据上述资料,不考虑其他因素,回答下列问题(答案中金额单位用万元表示)。

(1) 根据资料(1),甲公司将液晶电视发放给企业职工应编制的会计分录为(　　)。

A. 借:应付职工薪酬　　　　　　　　　　　　　　　　　　　　　88.14
　　　贷:主营业务收入　　　　　　　　　　　　　　　　　　　　78
　　　　应交税费——应交增值税(销项税额)　　　　　　　　　10.14
B. 借:主营业务成本　　　　　　　　　　　　　　　　　　　　　80
　　　贷:库存商品　　　　　　　　　　　　　　　　　　　　　　80
C. 借:存货跌价准备　　　　　　　　　　　　　　　　　　　　　5
　　　贷:主营业务成本　　　　　　　　　　　　　　　　　　　　5
D. 借:应付职工薪酬　　　　　　　　　　　　　　　　　　　　　1
　　　贷:应交税费——应交个人所得税　　　　　　　　　　　　　1

(2) 根据资料(3)和(4),下列关于企业将自有小汽车配备给管理人员及为新任总经理租赁公寓的表述中正确的是(　　)。

A. 企业当期计入管理费用的金额为 22.55 万元
B. 企业当期计入应付职工薪酬的金额为 23.55 万元
C. 企业当期计入累计折扣的金额为 22.55 万元
D. 企业当期计入管理费用的金额为 23.55 万元

(3) 根据资料(2)和(5),下列关于企业支付工资及困难补助的账务处理正确的是(　　)。

A. 借:应付职工薪酬　　　　　　　　　　　　　　　　　　　　　326
　　　贷:银行存款　　　　　　　　　　　　　　　　　　　　　　326
B. 借:应付职工薪酬　　　　　　　　　　　　　　　　　　　　　326
　　　贷:银行存款　　　　　　　　　　　　　　　　　　　　　　313.4
　　　　应交税费——应交个人所得税　　　　　　　　　　　　　12.6
C. 借:管理费用　　　　　　　　　　　　　　　　　　　　　　　20
　　　贷:库存现金　　　　　　　　　　　　　　　　　　　　　　20
D. 借:应付职工薪酬　　　　　　　　　　　　　　　　　　　　　20
　　　贷:库存现金　　　　　　　　　　　　　　　　　　　　　　20

(4) 根据资料(6),下列关于甲公司8月31日的账务处理正确的是(　　)。

A. 借:生产成本　　　　　　　　　　　　　　　　　　　　　　　190
　　　制造费用　　　　　　　　　　　　　　　　　　　　　　　28.33
　　　管理费用　　　　　　　　　　　　　　　　　　　　　　　82
　　　销售费用　　　　　　　　　　　　　　　　　　　　　　　55
　　　贷:应付职工薪酬——工资　　　　　　　　　　　　　　　355.33
B. 借:生产成本　　　　　　　　　　　　　　　　　　　　　　　3.8
　　　制造费用　　　　　　　　　　　　　　　　　　　　　　　0.57
　　　管理费用　　　　　　　　　　　　　　　　　　　　　　　1.64
　　　销售费用　　　　　　　　　　　　　　　　　　　　　　　1.1
　　　贷:应付职工薪酬——工会经费　　　　　　　　　　　　　7.11
C. 借:生产成本　　　　　　　　　　　　　　　　　　　　　　　15.2
　　　制造费用　　　　　　　　　　　　　　　　　　　　　　　2.27
　　　管理费用　　　　　　　　　　　　　　　　　　　　　　　6.56
　　　销售费用　　　　　　　　　　　　　　　　　　　　　　　4.4
　　　贷:应付职工薪酬——职工教育经费　　　　　　　　　　　28.43

D. 借：生产成本　　　　　　　　　　　　　　　　　　10
　　　制造费用　　　　　　　　　　　　　　　　　　5
　　　管理费用　　　　　　　　　　　　　　　　　　12
　　　销售费用　　　　　　　　　　　　　　　　　　5
　　　　贷：应付职工薪酬——职工福利费　　　　　　　32

(5) 下列关于应付职工薪酬的表述不正确的是(　　)。

A. 甲公司将液晶电视发放给职工对当月损益的影响金额为3万元
B. 支付上月工资应减少应付职工薪酬金额为326万元
C. 企业向困难职工支付的补助金应根据受益对象计入相关成本或费用
D. 企业月末不应当计提职工福利费

(五) 业务题

1. 甲公司是一家生产洗衣机的企业，有职工200名，其中，一线生产工人为180名，总部管理人员为20名。2019年5月，甲公司决定将其生产的洗衣机作为福利发给职工。该洗衣机的单位成本为2 000元/台，单位计税价格为3 000元/台，适用的增值税税率为13%。

要求：进行甲公司相关的账务处理。

2. 甲企业委托乙企业加工用于连续生产的应税消费品。甲、乙两企业均为增值税一般纳税人，适用的增值税税率为13%，适用的消费税税率为5%。甲企业对材料采用计划成本核算。有关资料如下：甲企业发出材料一批，计划成本为70 000元，材料成本差异率为2%；按合同规定，甲企业用银行存款支付乙企业加工费用4 600元(不含增值税)，以及相应的增值税和消费税；甲企业用银行存款支付往返运杂费600元(不考虑增值税进项税额)；甲企业委托乙企业加工完成后的材料计划成本为80 000元，该批材料已验收入库。

要求：

(1) 计算甲企业应支付的增值税和消费税。

(2) 编制甲企业委托加工材料发出、支付相关税费和材料验收入库有关的会计分录(对于"应交税费"科目，需列出明细科目，涉及增值税的，还应列出专栏)。

3. 某企业2019年4月份发生如下经济业务：

(1) 根据供电部门通知，企业本月应付电费6万元。其中，生产车间电费5万元，企业行政管理部门电费1万元。

(2) 购入不需要安装的设备一台，价款及价外费用100 000元，增值税专用发票上注明的增值税税额为13 000元，款项尚未支付。

(3) 生产车间委托外单位修理机器设备，对方开具的增值税专用发票上注明修理费用2 000元，增值税税额260元，款项已用银行存款支付。

(4) 因意外火灾毁损库存材料8 000元，其购入时支付的增值税为1 040元。

(5) 建造厂房领用生产用原材料20 000元，其购入时支付的增值税为2 600元。

(6) 医务室维修领用原材料2 000元，其购入时支付的增值税为260元。

(7) 出售一栋办公楼，出售收入640 000元已存入银行。该办公楼的账面原价为800 000元，已提折旧200 000元；出售过程中用银行存款支付清理费用10 000元。销售该项固定资产适用的增值税税率为9%。

要求：编制上述业务的会计分录。

4. 某公司经批准于2019年1月1日发行债券10 000张，每张面值100元，票面利率10%，期限 3 年,每半年付息一次,发行时债券的市场利率为 8%,债券发行价格经计算为 1 052 400 元。采用实际利率法确认利息费用。假设该债券的利息全部费用化。

要求:编制该企业债券发行、按期计提并支付利息、到期还本的相关会计分录。

5. 某企业经批准于 2019 年 1 月 1 日起发行面值为 100 元的两年期债券 200 000 张,债券年利率为 3%,每年 7 月 1 日和 12 月 31 日付息,到期时归还本金并发放最后一次利息。该债券发行收入为 1 961.92 万元,债券实际利率为年利率 4%。该债券所筹资金全部用于新生产线的建设,该生产线于 2019 年 6 月底完工交付使用。债券溢折价采用实际利率法摊销,每年 6 月 30 日和 12 月 31 日计提利息。

要求:编制该企业从债券发行到债券到期的全部会计分录(金额单位用万元表示)。

第九章 所有者权益

一、学习目的和要求

通过本章学习,掌握所有者权益的构成及其相应的经济含义;掌握实收资本、其他权益工具、资本公积和其他综合收益的账务处理方法;掌握股票发行的账务处理方法;掌握留存收益的账务处理方法;明确所有者权益在财务报告中的列示。要求学生能够针对实务中可能发生的各种情况,依据所有者权益的核算理论进行判断分析。

二、学习重点和难点

重点:实收资本、其他权益工具、资本公积、其他综合收益、盈余公积、未分配利润的账务处理。

难点:回购股票、盈余公积弥补亏损的核算。

三、教材主要观点提示

所有者权益又称股东权益,是指企业所有者对企业净资产的要求权,是企业资产减去负债后的由股东所享有的剩余权益。

投资者可以用现金、实物资产、无形资产等形式投入资本。对于除股份有限公司以外的企业,投入资本通过"实收资本"科目核算;股份有限公司将企业资本划分为等额股份,并通过发行股票的方式来筹集资本,其发行股票的会计核算主要通过"股本"科目进行,核算公司发行股票的面值金额。

资本公积是指由投资者在投入资本过程中所发生的与投入资本有直接联系,但又不能构成实收资本的积存资金,以及从其他来源取得由所有者享有的资金。库存股指公司已经发行、又因各种原因回到公司手中,但尚未注销的本公司股票。

其他综合收益是指未在当期损益中确认的各项利得和损失。

盈余公积是指企业按照规定从净利润中提取的积累资金,包括法定盈余公积和任意盈余公积(非公司制企业可以不计提)。法定盈余公积和任意盈余公积可用于弥补亏损、转增资本(或股本)。符合规定条件的企业,也可以用盈余公积分派现金股利。

 **四、案例导入设计**

案例导入：通过教材中的案例引入，引导学生思考：我国对注册资本制度的维护是通过什么方式实现的？企业所有者权益的增加有哪些实现方式？

提问抽答：所有者权益与资产、负债要素的关系是什么？公司的组织形式有哪些？企业存在库存股票的原因是什么？

归纳总结：所有者权益及其特征；所有者权益的构成；不同组织形式企业投入资本的核算；资本公积、其他综合收益、盈余公积的构成内容及其账务处理特点；库存股票的账务处理。

 五、自学内容和课外阅读

自学内容	具体内容	课外阅读资料
库存股票的账务处理	(1) 股票的分类 (2) 发行股票的条件 (3) 库存股票的账务处理	(1)《中华人民共和国公司法》 (2)《企业会计准则——基本准则》 (3)《企业会计准则第11号——股份支付》 (4)《IFRS2——股份支付》

 六、自主测试

(一) 单项选择题

1. 下列各项中，能够引起企业所有者权益减少的是(　　)。
   A. 股东大会宣告派发现金股利　　　B. 以资本公积转增资本
   C. 提取法定盈余公积　　　　　　　D. 提取任意盈余公积

2. 某企业盈余公积年初余额为50万元，本年利润总额为600万元，所得税费用为150万元，按净利润的10%提取法定盈余公积，并将盈余公积10万元转增资本。该企业盈余公积年末余额为(　　)万元。
   A. 40　　　　　　B. 85　　　　　　C. 95　　　　　　D. 110

3. 下列各项中，会引起留存收益总额发生增减变动的是(　　)。
   A. 盈余公积转增资本　　　　　　　B. 盈余公积补亏
   C. 资本公积转增资本　　　　　　　D. 税后利润补亏

4. 在接受投资时，股份有限公司应通过(　　)科目核算。
   A."未分配利润"　B."盈余公积"　C."股本"　D."实收资本"

5. 对有限责任公司而言，如有新投资者介入，新介入的投资者交纳的出资额大于其按约定比例计算的其在注册资本中所占份额的部分，应记入(　　)科目。
   A."实收资本"　B."营业外收入"　C."资本公积"　D."盈余公积"

6. 某股份制公司委托证券公司代理发行普通股100 000股，每股面值1元，每股按1.2元的价格出售。按协议，证券公司从发行收入中收取3%的手续费，该费用从发行收入中扣除。则该公司计入资本公积的金额为(　　)元。
   A. 16 400　　　　B. 100 000　　　　C. 116 400　　　　D. 0

7. 某股份有限公司按法定程序报经批准后采用收购本公司股票的方式减资,回购股票支付价款低于股票面值总额的,所注销库存股账面余额与冲减股本的差额应计入(　　)。
   A. 盈余公积　　　　B. 营业外收入　　　C. 资本公积　　　　D. 未分配利润

8. 公司回购本公司股票时,回购价大于回购股份的面值时,应借记有关会计科目的依次顺序是(　　)。
   A. "股本""资本公积""盈余公积""未分配利润"
   B. "未分配利润""股本""盈余公积""资本公积"
   C. "未分配利润""盈余公积""资本公积""股本"
   D. "股本""盈余公积""未分配利润""资本公积"

9. 企业按规定增加实收资本时,除了接受所有者投入的资金外,还可以将(　　)。
   A. 资本公积和盈余公积转入实收资本　　B. 专项拨款转入实收资本
   C. 接受捐赠资产转入实收资本　　　　　D. 未分配利润转入实收资本

10. 下列各项中,不会引起企业所有者权益总额发生增减变动的是(　　)。
    A. 股东大会宣告分派现金股利　　　　B. 接受投资者以存货投资
    C. 盈余公积补亏　　　　　　　　　　D. 回购本公司股票

11. 下列各项中,不属于企业资本增加的主要途径的是(　　)。
    A. 接受投资者追加投资　　　　　　　B. 资本公积转增资本
    C. 盈余公积转增资本　　　　　　　　D. 未分配利润转增资本

12. 下列交易或事项能够增加企业所有者权益的是(　　)。
    A. 提取法定盈余公积　　　　　　　　B. 盈余公积补亏
    C. 向投资者分派利润　　　　　　　　D. 定向增发股票

13. 甲公司 2019 年 8 月 5 日委托某证券公司发行股票 10 000 万股,每股面值 1 元,每股发行价格为 9.8 元,向证券公司支付发行费 0.3 元/股。则甲公司应记入"资本公积——股本溢价"科目的金额为(　　)万元。
    A. 88 000　　　　　B. 30 000　　　　　C. 85 000　　　　　D. 0

14. 企业接受新投资者投资时,其实际交纳的出资额大于其在注册资本所占份额的部分应记入(　　)科目。
    A. "资本公积——其他资本公积"　　B. "其他综合收益"
    C. "实收资本"　　　　　　　　　　D. "资本公积——资本(股本)溢价"

15. 甲公司 2019 年 1 月 1 日未分配利润为 2 000 万元,当年实现的利润总额为 5 000 万元。适用的企业所得税税率为 25%,按净利润的 10% 提取法定盈余公积,则 2019 年 12 月 31 日甲公司的未分配利润为(　　)万元。
    A. 7 000　　　　　B. 5 750　　　　　C. 5 375　　　　　D. 6 500

16. 乙公司年初"未分配利润"科目借方余额为 100 万元,当年根据股东大会的决议以盈余公积对其年初亏损进行全额弥补。乙公司当年实现净利润 500 万元,提取盈余公积 50 万元。则年末乙公司的可供分配利润为(　　)万元。
    A. 500　　　　　　B. 550　　　　　　C. 450　　　　　　D. 400

17. 股份有限公司回购本公司股票时,其回购价格低于股票面值的差额应计入(　　)。
    A. 库存股　　　　　B. 股本　　　　　　C. 资本公积　　　　D. 盈余公积

18. 甲公司(上市公司)发行普通股 5 000 万股,每股面值 1 元,每股发行价格为 8 元,支付券商发行手续费120万元,支付法律咨询费30万元。则甲公司发行普通股计入股本的金额为( )万元。

  A. 40 000   B. 5 000   C. 39 850   D. 39 880

19. 下列各项中,应该计入其他综合收益的是( )。

  A. 投资性房地产出售净收益

  B. 出售固定资产取得的净收益

  C. 其他债权投资期末公允价值上升额

  D. 出售无形资产取得的净收益

20. 下列各项中,会导致企业留存收益发生增减变化的是( )。

  A. 盈余公积补亏   B. 盈余公积转增资本

  C. 资本公积转增资本   D. 税前利润补亏

21. 甲公司2019年年初所有者权益总额为2 000万,当年实现净利润500万元,提取法定盈余公积50万元,提取任意盈余公积100万元,向投资者分派现金股利200万元,资本公积转增资本500万元,则2019年12月31日甲公司所有者权益总额为( )万元。

  A. 2 300   B. 2 500   C. 3 000   D. 2 250

(二)多项选择题

1. 下列项目中,属于其他综合收益核算的内容有( )。

  A. 企业收到投资者出资额超出其在注册资本或股本中所占份额的部分

  B. 直接计入所有者权益的利得

  C. 直接计入所有者权益的损失

  D. 企业收到投资者的出资额

2. 企业资本增加的途径有( )。

  A. 将资本公积转为实收资本   B. 将盈余公积转为实收资本

  C. 所有者投入   D. 可转换公司债券持有人行使转换权利

3. 下列各项中,属于企业留存收益的有( )。

  A. 法定盈余公积   B. 任意盈余公积

  C. 资本公积   D. 未分配利润

4. 下列属于资本公积明细核算内容的有( )。

  A. 股本溢价   B. 资本溢价

  C. 其他资本公积   D. 接受捐赠资产

5. 下列各项中,仅影响所有者权益结构变动的有( )。

  A. 用盈余公积弥补亏损   B. 用盈余公积转增资本

  C. 宣告分配现金股利   D. 分配股票股利

6. 下列项目中,应通过"其他综合收益"科目核算的有( )。

  A. 被投资单位增发股票形成的股本溢价

  B. 自用房地产或存货转换为投资性房地产引起的直接计入所有者权益的利得或损失

  C. 其他债权投资公允价值的变动引起的直接计入所有者权益的利得或损失

  D. 金融资产的重分类引起的直接计入所有者权益的利得或损失

7. 股份有限公司回购股份时,会计核算中可能涉及的会计科目有( )。

A. "股本" B. "资本公积"
C. "利润分配——未分配利润" D. "盈余公积"

8. 在下列事项中,引起实收资本或股本发生增减变动的有(　　)。
A. 将资本公积转增资本 B. 将盈余公积转增资本
C. 投资者投入资本 D. 实际发放股票股利

9. 盈余公积可用于(　　)。
A. 分配股利　　B. 转增资本　　C. 弥补亏损　　D. 转为资本公积

10. 下列各项中,不会引起留存收益总额发生增减变动的有(　　)。
A. 提取任意盈余公积 B. 盈余公积弥补亏损
C. 用盈余公积分配现金股利 D. 用未分配利润分配股票股利

11. 下列各项中,关于所有者权益特征的表述中正确的有(　　)。
A. 除非发生减资、清算或者是分派现金股利,企业不需要偿还所有者权益
B. 所有者凭借所有者权益能够参与企业的利润分配
C. 企业清算时,只有在清偿所有的负债后才能将所有者权益返还给所有者
D. 与负债相比,所有者权益的风险小、收益大

12. 甲公司接受非现金资产投资,下列表述正确的有(　　)。
A. 接受固定资产投资的,应当以双方在合同或协议中约定的价值(不公允的除外)作为固定资产的入账成本
B. 接受存货投资的,应当以存货的公允价值确认实收资本(股本)
C. 接受无形资产投资的,应当以双方在合同或协议中约定的价值(不公允的除外)确认无形资产的入账成本
D. 接受存货投资的,应当以双方在合同或协议中约定的价值(不公允的除外)确认存货的入账成本

13. 下列各项中,属于实收资本增加主要途径的有(　　)。
A. 未分配利润转增资本 B. 资本公积转增资本
C. 盈余公积转增资本 D. 接受投资者投资

14. 股份有限公司通过回购本公司股票方式减资的,回购价格大于股本面值差额的核算可能涉及的会计科目有(　　)。
A. "资本公积"　　B. "盈余公积"　　C. "利润分配"　　D. "股本"

15. 下列各项中,应计入其他综合收益的有(　　)。
A. 新投资者进行投资时支付的投资金额大于在企业所享有实收资本份额的差额
B. 其他债权投资期末公允价值上升
C. 权益法下被投资单位其他综合收益变动
D. 企业报废固定资产发生的净损失

16. 下列关于资本公积的表述正确的有(　　)。
A. 资本公积是企业收到投资者出资额超出其在注册资本中所占份额的部分
B. 资本公积的来源包括直接计入资本公积的利得和损失
C. 企业可以使用资本公积弥补亏损
D. 企业可以用资本公积转增资本

17. 下列关于股份有限公司发行股票的表述中不正确的有(　　　)。
A. 在溢价发行股票的情况下,企业发行股票取得的收入应全部作为股本处理
B. 发行股票相关的手续费、佣金等交易费用计入管理费用
C. 我国目前不准折价发行股票
D. 股票按面值发行的,发行股票取得的收入应全部作为股本处理

18. 下列关于盈余公积用途的表述正确的有(　　　)。
A. 经批准可以用于弥补亏损　　　　B. 进行转增资本
C. 发放现金股利　　　　　　　　　D. 发放企业利润

19. 下列交易或事项中不会引起企业所有者权益总额发生增减变动的有(　　　)。
A. 提取法定盈余公积　　　　　　　B. 盈余公积补亏
C. 盈余公积转增资本　　　　　　　D. 派发股票股利

20. 下列各项中,会影响企业可供分配利润的有(　　　)。
A. 年初未弥补的亏损　　　　　　　B. 当年实现的净利润
C. 盈余公积补亏　　　　　　　　　D. 提取盈余公积

(三) 判断题

1. 由于所有者权益和负债都是对企业资产的要求权,因此它们的性质是一样的。(　)
2. 用法定盈余公积转增资本或弥补亏损时,不影响所有者权益总额的变化。(　)
3. 用盈余公积转增资本不影响所有者权益总额的变化,但会使企业净资产减少。(　)
4. 企业接受的原材料投资,其增值税进项税额不能计入实收资本。(　)
5. 收入能够导致企业所有者权益增加,但导致所有者权益增加的不一定都是收入。
(　)
6. 当企业投资者投入的资本高于其注册资本时,应当将高出部分计入营业外收入。(　)
7. 企业接受非现金注册投资时,应将非现金资产按投资各方确认的价值入账。对于投资各方确认的资产价值超过其在注册资本中所占份额的部分,计入营业外收入。(　)
8. 资本公积可以用于转增资本。(　)
9. 企业负债与所有者权益的区别在于负债需要企业还本还息,而所有者权益则不需要。
(　)
10. 企业实收资本的构成比例可以作为企业生产经营决策的基础,但不能作为企业清算时确定所有者对净资产要求的依据。(　)
11. 企业接受非现金资产投资时,应按投资合同或协议约定价值(不公允的除外)确定资产价值和在注册资本中应享有的份额。(　)
12. 股份有限公司回购本公司股票,回购价格大于股票面值的差额全部计入资本公积。
(　)
13. 在溢价发行股票的情况下,企业发行股票取得的收入,等于股票面值的部分作为股本处理,超出股票面值的溢价收入应作为股本溢价的处理。(　)
14. 未分配利润是企业实现的各年净利润的累计结存金额。(　)
15. 企业用当年实现利润弥补以前年度亏损,不需要单独进行账务处理,"利润分配——未分配利润"科目借贷方自动抵减即可完成。(　)
16. 企业当年实现的净利润(或净亏损)加上年初未分配利润(或减年初未弥补亏损)和其他转入后的余额,为可供分配的利润。(　)

17. 企业应当按当年实现的净利润的一定比例提取盈余公积。（   ）
18. 企业董事会或类似机构作出拟分配利润方案的,企业应当进行账务处理。（   ）
19. 盈余公积转增资本会使企业留存收益减少。（   ）
20. 资本公积转增资本和盈余公积转增资本,企业所有者权益总额不会发生变化。（   ）

（四）不定项选择题

1. 甲公司2019年1月1日所有者权益总额为5 000万元,其中,实收资本为3 000万元,资本公积1 000万元,其他综合收益500万元,盈余公积1 000万元,未分配利润－500万元。甲公司2019年的利润总额为800万元(假定不存在任何纳税调整事项),企业所得税税率为25%(以前年度亏损可以用税前利润弥补),按净利润的10%提取法定盈余公积。

要求:根据以上资料,不考虑其他因素,回答下列问题(答案中金额单位用万元表示)。

(1) 甲公司年末的可供分配利润为(   )万元。
　　A. 100　　　　　　B. 202.5　　　　　　C. 90　　　　　　D. 225

(2) 甲公司年末应当提取的盈余公积为(   )万元。
　　A. 20.5　　　　　　B. 22.5　　　　　　C. 10　　　　　　D. 0

(3) 甲公司年末未分配利润为(   )万元。
　　A. 202.5　　　　　　B. 225　　　　　　C. 90　　　　　　D. 100

(4) 甲公司2019年12月31日所有者权益总额为(   )万元。
　　A. 5 202.5　　　　　B. 5 225　　　　　C. 5 725　　　　　D. 2 652.5

(5) 下列关于甲公司所有者权益的表述正确的是(   )。
　　A. 甲公司当年实现的净利润为725万元
　　B. 甲公司年末的留存收益总额为1 225万元
　　C. 甲公司可以使用留存收益对年初的亏损额进行弥补
　　D. 甲公司可以使用资本公积对年初的亏损额进行弥补

2. M有限责任公司为增值税一般纳税人(以下简称M公司),2019年发生的与所有者权益有关的事项如下:

(1) 2月20日接受甲公司以5 000万元现金进行投资,占M公司实收资本为3 000万元。
(2) 4月9日接受乙公司(增值税一般纳税人)以存货进行投资,该批存货的成本为800万元,市场公允价值为1 000万元,投资后乙公司占M公司实收资本为1 000万元。
(3) 5月19日M公司股东大会宣告分配现金股利500万元。
(4) 9月3日经M公司股东大会批准,以盈余公积1 000万元转增资本。

要求:根据以上资料,不考虑其他因素,回答下列问题(答案中金额单位用万元表示)。

(1) M公司接受甲公司投资时的账务处理正确的是(   )。

　　A. 借:银行存款　　　　　　　　　　　　　5 000
　　　　　贷:实收资本　　　　　　　　　　　　　　　5 000
　　B. 借:银行存款　　　　　　　　　　　　　5 000
　　　　　贷:实收资本　　　　　　　　　　　　　　　3 000
　　　　　　　盈余公积　　　　　　　　　　　　　　　2 000
　　C. 借:银行存款　　　　　　　　　　　　　5 000
　　　　　贷:实收资本　　　　　　　　　　　　　　　3 000
　　　　　　　资本公积——资本溢价　　　　　　　　　2 000

D. 借:银行存款　　　　　　　　　　　　　　　　　5 000
　　贷:实收资本　　　　　　　　　　　　　　　　3 000
　　　利润分配　　　　　　　　　　　　　　　　　2 000

(2) M公司接受乙公司投资时的下列表述正确的是(　　)。
A. M公司应当以1 000万元作为存货的入账成本
B. M公司接受乙公司投资应增加实收资本1 000万元
C. M公司接受乙公司投资后所有者权益增加1 130万元
D. M公司接受乙公司投资会形成资本溢价130万元

(3) M公司宣告分配现金股利及盈余公积转增资本的账务处理正确的是(　　)。
A. 借:利润分配——应付现金股利　　　　　　　　500
　　贷:应付股利　　　　　　　　　　　　　　　　500
B. 借:盈余公积　　　　　　　　　　　　　　　　1 000
　　贷:实收资本　　　　　　　　　　　　　　　1 000
C. 借:利润分配——未分配利润　　　　　　　　　500
　　贷:利润分配——应付现金股利　　　　　　　500
D. 借:实收资本　　　　　　　　　　　　　　　　1 000
　　贷:盈余公积　　　　　　　　　　　　　　　1 000

(4) 下列有关M公司所有者权益的表述中不正确的是(　　)。
A. 当年M公司所有者权益净增加为6 170万元
B. M公司接受甲公司和乙公司投资时所产生的资本溢价不得转增资本
C. 当年实收资本增加金额为5 000万元
D. 宣告分派现金股利会使M公司的所有者权益减少

3. 鸿运股份有限公司(以下简称鸿运公司)2011年至2019年度有关所有者权益事项如下:

(1) 2011年1月1日,鸿运公司所有者权益总额为9 700万元(其中,股本为5 000万股,每股面值1元;资本公积2 000万元;其他综合收益200万元;盈余公积2 000万元;未分配利润500万元)。2011年当年实现净利润200万元,鸿运公司按净利润的10%提取了法定盈余公积,当年股本和资本公积项目未发生变化。

① 2012年3月18日,鸿运公司董事会提出如下股利分配预案:

分配现金股利100万元;以2011年12月31日的股本总额为基数,以资本公积(股本溢价)转增股本,每10股转增2股,共计1 000万股。

② 2012年4月28日,鸿运公司召开股东大会,审议并批准了董事会提出的利润分配及转增股本方案。

③ 2012年5月19日鸿运公司办妥了上述资本公积转增股本的相关手续。

(2) 2012年,鸿运公司发生净亏损1 890万元。

(3) 2013年至2018年,鸿运公司实现的利润总额分别为220万元、100万元、180万元、200万元、210万元、330万元。假定鸿运公司适用的企业所得税税率为25%,无其他纳税调整事项。

(4) 2019年4月23日,鸿运公司股东大会决定以法定盈余公积弥补2018年12月31日的账目累计未弥补亏损。

其他说明:根据税法规定,企业发生的亏损可以用以后连续5个纳税年度内实现的利润进行税前弥补。

要求:根据以上资料,不考虑其他因素,回答下列问题(答案中金额单位以万元表示)。

(1) 根据资料(1),下列账务处理正确的是(　　)。

A. 鸿运公司2012年3月18日应当确认应付股利100万元

B. 鸿运公司2012年3月18日应当增加股本1 000万元

C. 鸿运公司2012年4月28日应当确认应付股利100万元

D. 鸿运公司2012年4月28日应当确认增加股本1 000万元

(2) 根据资料(1),下列账务处理正确的是(　　)。

A. 提取法定盈余公积的账务处理:

借:利润分配——提取法定盈余公积　　　　　　　　　　　　20

　　贷:盈余公积——法定盈余公积　　　　　　　　　　　　　　20

B. 股东大会宣告分配现金股利的账务处理:

借:利润分配——应付现金股利　　　　　　　　　　　　　　100

　　贷:应付股利　　　　　　　　　　　　　　　　　　　　　　100

C. 资本公积转增股本的账务处理:

借:资本公积——股本溢价　　　　　　　　　　　　　　　1 000

　　贷:股本　　　　　　　　　　　　　　　　　　　　　　　1 000

D. 结转利润分配明细科目账务处理:

借:利润分配——未分配利润　　　　　　　　　　　　　　　120

　　贷:利润分配——提取法定盈余公积　　　　　　　　　　　　20

　　　　利润分配——应付现金股利　　　　　　　　　　　　　100

(3) 根据资料(1)和资料(2),下列各项表述中不正确的是(　　)。

A. 2012年12月31日鸿运公司股本为6 000万元

B. 2012年12月31日鸿运公司资本公积为2 000万元

C. 2012年12月31日鸿运公司盈余公积为2 020万元

D. 2012年12月31日鸿运公司未分配利润为-1 210万元

(4) 根据资料(1)至资料(3),下列各项账务处理不正确的是(　　)。

A. 鸿运公司2013年12月31日未分配利润为-1 090万元

B. 鸿运公司2013年至2018年均无需交纳企业所得税

C. 鸿运公司2017年12月31日可供分配利润为0万元

D. 鸿运公司2018年12月31日未分配利润为-152.5万元

(5) 根据资料(4),下列各项中表述正确的是(　　)。

A. 用盈余公积补亏不会影响留存收益总额

B. 用盈余公积补亏不会导致企业所有者权益总额发生变化

C. 盈余公积补亏后企业的盈余公积为1 867.5万元

D. 2019年4月23日鸿运公司所有者权益总额为9 067.5万元

(五) 业务题

1. 甲公司由投资者A和投资者B共同出资成立,投资者A、B每人出资200 000元,各占50%的股份。经营两年后,投资者A和投资者B决定增加公司资本,此时有一新的投资者C要求加入甲公司。经有关部门批准后,甲公司实施增资,将实收资本增加到900 000元。经三方协商,一致同意,完成下述投入后,三方投资者各拥有甲公司300 000元实收资本,并各占甲公司1/3的股份。各投资者的出资情况如下:

(1) 投资者A以一台设备投入甲公司作为增资,该设备原价180 000元,已提折旧95 000元,评估确认原价180 000元,评估确认净值126 000元。

(2) 投资者B以一批原材料投入甲公司作为增资,该批材料账面价值105 000元,评估确认价值110 000元,税务部门认定应交增值税为14 300元。投资者B已开具了增值税专用发票。

(3) 投资者C以银行存款投入甲公司390 000元。

要求:根据以上资料,分别编制甲公司接受投资者A、投资者B增资以及投资者C初次出资的会计分录("应交税费"科目要求写出二级和三级明细科目)。

2.(1) 东方公司2018年税后利润为1 800 000元,公司董事会决定按10%提取法定盈余公积,按25%提取任意盈余公积,分派现金股利500 000元(其盈余公积未达注册资本50%)。

(2) 东方公司现有股东情况如下:A公司占25%,B公司占30%,C公司占10%,D公司占5%,其他占30%。经公司股东大会决议,以盈余公积500 000元转增资本,并已办妥转增手续。

(3) 2019年股东公司亏损100 000元,决议以盈余公积补亏。

要求:根据以上资料,编制有关会计分录。

3. A公司2019年12月31日股东权益为:股本20 000万元(面值为1元),资本公积(股本溢价)6 000万元,盈余公积1 500万元,未分配利润4 000万元。经董事会批准回购本公司股票并注销。2019年发生业务如下:

(1) 以每股3元的价格回购本公司股票2 000万股。

(2) 以每股2元的价格回购本公司股票4 000万股。

(3) 注销股票。

要求:编制有关库存股的会计分录(金额单位以万元表示)。

第十章 收入、费用和利润

 **一、学习目的和要求**

通过本章学习,理解收入、收益等基本概念;掌握收入的确认条件,以及商品销售收入、提供劳务收入、让渡资产使用权收入和建造合同收入的账务处理方法;掌握费用构成及其账务处理方法;掌握利润的构成与分配及其账务处理方法;明确收入、费用和利润在财务报告中的列示。要求学生能够针对实务中可能发生的各种情况,依据收入确认的条件进行判断分析。

 **二、学习重点和难点**

重点:商品销售收入的确认和计量;利润的计算、结转和分配。

难点:商品销售收入确认条件的理解与运用;特殊商品销售业务的账务处理;建造合同收入的确认等。

 **三、教材主要观点提示**

收入,是指企业在日常活动中形成的、会导致所有者权益增加的、与所有者投入资本无关的经济利益的总流入。收入主要按交易性质分类和按在经营业务中所占比重分类。

当企业与客户之间的合同同时满足下列条件时,企业应当在客户取得相关商品控制权时确认收入:合同各方已批准该合同并承诺将履行各自义务;该合同明确了合同各方与所转让商品或提供劳务相关的权利和义务;该合同有明确的与所转让商品或提供劳务相关的支付条款;该合同具有商业实质,即履行该合同将改变企业未来现金流量的风险、时间分布或金额;企业因向客户转让商品而有权取得的对价很可能收回。

费用是指企业在日常活动中发生的、会导致所有者权益减少的、与向所有者分配利润无关的经济利益的总流出。费用最基本的分类方式是按照费用的经济内容分类和按照费用的经济用途分类。期间费用,指企业在生产经营过程中发生的销售费用、管理费用和财务费用。

利润是指企业在一定会计期间的经营成果,包括收入减去费用后的净额、直接计入当期利润的利得和损失等。利润分为营业利润、利润总额和净利润三个层次。利润的分配顺序是:提取法定盈余公积;提取任意盈余公积;应付现金股利或利润;转作股本的股票股利。

四、案例导入设计

案例导入：通过教材中的案例引入，引导学生思考：收入确认是否合理？可能存在什么问题？

提问抽答：企业必须同时满足哪些条件，才能确认收入？

归纳总结：收入确认的条件；利润的构成和分配。

五、自学内容和课外阅读

自学内容	具体内容	课外阅读资料
费用的分类及期间费用的账务处理；营业外收入和营业外支出的内容与账务处理	(1) 费用按经济内容、经济用途、同产量的关系的分类 (2) 期间费用的账务处理 (3) 营业外收入和营业外支出的内容 (4) 营业外收入和营业外支出的账务处理	(1)《企业会计准则第14号——收入》 (2)《企业会计准则第15号——建造合同》 (3)《企业会计准则第18号——所得税》 (4)《IAS12——所得税》 (5)《IFRS15——与客户之间的合同产生的收入》

六、自主测试

(一) 单项选择题

1. 企业销售商品发生的销售折让应(　　)。
   A. 增加销售费用　　　　　　　　B. 冲减主营业务收入
   C. 增加主营业务成本　　　　　　D. 增加营业外支出

2. 下列项目中，属于其他业务收入的是(　　)。
   A. 罚款收入　　　　　　　　　　B. 出售固定资产收入
   C. 材料销售收入　　　　　　　　D. 出售无形资产收入

3. 下列各项中，符合收入会计要素定义，可以确认为收入的是(　　)。
   A. 报废无形资产的净收益　　　　B. 报废固定资产的净收益
   C. 出售原材料收到的价款　　　　D. 出售长期股权投资收取的价款

4. J公司2019年3月1日与客户签订了一项工程劳务合同，合同期1年，合同总收入200 000元，预计合同总成本170 000元，至2019年12月31日，实际发生成本136 000元。J公司按实际发生成本占预计总成本的百分比确定劳务履约进度。据此计算，J公司2019年度应确认的劳务收入为(　　)元。
   A. 200 000　　　　B. 170 000　　　　C. 160 000　　　　D. 136 000

5. 企业发生的业务招待费应记入(　　)科目。
   A. "制造费用"　　B. "销售费用"　　C. "生产成本"　　D. "管理费用"

6. 某企业采用分期收款方式销售商品，2019年5月份发出商品100件，每件售价100元，成本75元，增值税税率13%，合同约定分7次付款，产品发出时付款40%，以后6个月每月1日各付10%，该企业5月份应结转的主营业务成本为(　　)元。

A. 7 500　　　　B. 8 775　　　　C. 10 000　　　　D. 3 000

7. 某工业企业销售产品每件220元,若客户购买100件(含100件)以上,每件可得到20元的商业折扣。某客户2019年12月10日购买该企业产品100件,按规定现金折扣条件为2/10,1/20,n/30。适用的增值税税率为13%。该企业于12月26日收到该笔款项时,应给予客户的现金折扣为(　　)元。假定计算现金折扣时不考虑增值税。

A. 0　　　　B. 200　　　　C. 234　　　　D. 220

8. 专设销售机构的办公费用应记入(　　)科目。

A. "管理费用"　　B. "销售费用"　　C. "主营业务成本"　　D. "其他业务成本"

9. 某企业2019年10月承接一项设备安装劳务,劳务合同总收入为200万元,预计合同总成本为140万元,合同价款在签订合同时已收取,采用投入法确认劳务收入。2019年已确认劳务收入80万元,截至2020年12月31日,该劳务的累积履约进度为60%。2020年该企业应确认的劳务收入为(　　)万元。

A. 36　　　　B. 40　　　　C. 72　　　　D. 120

10. A公司本年度委托B商店代销一批零配件,代销价款200万元。本年度收到B商店交来的代销清单,代销清单列明已销售代销零配件的60%,A公司收到代销清单时向B商店开具增值税发票。B商店按代销价款的5%收取手续费。该批零配件的实际成本为120万元。则A公司本年度应确认的销售收入为(　　)万元。

A. 120　　　　B. 114　　　　C. 200　　　　D. 68.40

11. 某企业于2013年成立,所得税税率为25%。当年发生亏损80万元,2014年至2019年每年实现利润总额为10万元。除弥补亏损外,假定不考虑其他纳税调整事项。则2019年年末该企业"利润分配——未分配利润"科目的借方余额为(　　)万元。

A. 20　　　　B. 20.20　　　　C. 22.50　　　　D. 40

12. 企业用当年实现的利润弥补亏损时,应作的账务处理是(　　)。

A. 借记"本年利润"科目,贷记"利润分配——未分配利润"科目

B. 借记"利润分配——未分配利润"科目,贷记"本年利润"科目

C. 借记"利润分配——未分配利润"科目,贷记"利润分配——未分配利润"科目

D. 无需专门作账务处理

13. 下列关于工业企业商品销售收入确认的表述中,不正确的是(　　)。

A. 企业应当在客户取得商品控制权时确认收入

B. 企业发生售后租回业务可能不会确认收入

C. 企业确认商品销售收入后得知购货方资金周转发生困难无法收回该货款时,应当冲减原确定的商品销售收入

D. 企业新商品销售价格未确定前通常不能确认商品销售收入

14. 委托方采用支付手续费的方式委托代销商品,受托方在商品销售后应按(　　)确认收入。

A. 销售价款和手续费之和　　　　B. 销售价款和增值税之和

C. 商品售价　　　　　　　　　　D. 收取的手续费

15. 企业2018年8月份售出的产品在2019年6月(不属于资产负债表日后期间)被退回时,其冲减的销售收入应在退回当期记入(　　)科目的借方。

A. "以前年度损益调整"　　　　B. "其他业务收入"

C."本年利润" D."主营业务收入"

16. 益兴公司于 2019 年 10 月 5 日接受一项安装劳务,合同期为 8 个月,合同总收入为 180 万元,已经预收 70 万元,余款在安装完成时收回。至 2019 年 12 月 31 日已发生的成本为 67.5 万元,预计完成劳务还将发生成本 45 万元。公司按照已经发生的成本占估计总成本的比例确定履约进度,则该公司 2019 年应确认的收入为( )万元。

A. 108　　　　　B. 180　　　　　C. 70　　　　　D. 72

17. 下列关于销售折让的表述中,不正确的是( )。

A. 销售折让是企业销售商品由于质量不符合合同规定等,给予购买方在价格上的减让

B. 企业发生销售折让时,如果企业尚未确认商品销售收入,则按折让后的金额确认商品销售收入

C. 企业发生销售折让要同时冲减所对应商品的销售成本

D. 企业发生销售折让时,如果企业已经确认收入且该折让不属于资产负债表日后事项的,应当在发生时冲减当期的销售商品收入

18. 甲企业 2019 年 4 月 14 日销售商品一批,该批商品的标价为 120 元/件(不含税)。购买方一次购入 100 000 件,由于是批量购买,所以甲企业给予购买方 20 元/件的商业折扣,并且按折扣后的金额开具了增值税专用发票。同时,双方在签订合同时还约定了现金折扣条件:2/10,1/20,n/30(计算现金折扣时不考虑增值税)。购买方于 2019 年 4 月 28 日支付了上述款项。则甲企业实际收到的金额为( )万元。

A. 1 130　　　　B. 1 404　　　　C. 1 120　　　　D. 1 392

19. 甲公司本年度委托乙商店代销零配件一批,代销价款 200 万元。本年度收到乙商店交来的代销清单,代销清单列明已销售代销零配件的 60%,甲公司收到代销清单时向乙商店开具增值税专用发票。乙商店按代销价款的 5% 收取手续费。该批零配件的实际成本为 120 万元。则甲公司本年度应确认的销售收入为( )万元。

A. 120　　　　B. 114　　　　C. 200　　　　D. 68.4

20. 甲公司 2019 年 5 月 13 日与客户签订了一项工程劳务合同,合同期 9 个月,合同总收入 500 万元,预计合同总成本 350 万元;至 2019 年 12 月 31 日,实际发生成本 160 万元。在年末确认劳务收入时,甲公司发现,客户已发生严重的财务危机,估计只能从工程款中收回成本 150 万元。则甲公司 2019 年度应确认的劳务收入为( )万元。

A. 228.55　　　B. 160　　　　C. 150　　　　D. 10

21. 某企业于 2019 年 9 月接受一项产品安装任务,安装期 5 个月,合同总收入 40 万元,本年度预收款项 12 万元,余款在安装完成时收回,预计总成本为 30 万元。2019 年年末经专业测量师测量,产品安装程度为 60%,该项劳务在 2019 年度应确认的劳务收入金额为( )万元。

A. 40　　　　B. 24　　　　C. 0　　　　D. 12

22. 工业企业的下列各项交易事项中,不应当确认为收入的是( )。

A. 让渡无形资产使用权收入　　　B. 投资性房地产取得的租金收入
C. 原材料销售收入　　　　　　　D. 报废厂房取得的处置净收益

23. 下列各项中不属于企业期间费用的是( )。

A. 报废固定资产发生的净损失　　B. 支付的业务招待费
C. 发生的外币汇兑损失　　　　　D. 销售商品发生的运费

24. 下列各项中不应通过"主营业务成本"科目核算的是( )。

A. 销售商品结转的成本　　　　　　B. 提供劳务发生的成本
C. 工业企业投资性房地产的摊销额　D. 租赁企业出租机器设备的折旧额

25. 下列各项中属于企业"营业成本"核算内容的是(　　)。
    A. 委托代销商品支付的手续费　　B. 销售固定资产支付的清理费
    C. 出售无形资产的账面成本　　　D. 让渡资产使用权发生的摊销额

26. 企业发生的下列各项税费中不应记入"税金及附加"科目的是(　　)。
    A. 与投资性房地产有关的房产税　B. 处置固定资产交纳的增值税
    C. 销售应税消费品交纳的消费税　D. 销售商品交纳的教育费附加

27. 企业在销售商品时发生的应由本企业负担的运费应记入(　　)科目。
    A. "主营业务成本"　　　　　　　B. "管理费用"
    C. "制造费用"　　　　　　　　　D. "销售费用"

28. 甲公司2019年6月13日销售一批商品给乙公司,甲公司开具的增值税专用发票注明的价款为100万元,增值税税额为13万元。同时销售合同中规定现金折扣条件为:2/10,1/20,n/30(假定计算现金折扣时不考虑增值税),乙公司在6月20日支付了上述货款。下列各项的表述中不正确的是(　　)。
    A. 甲公司发生现金折扣时计入财务费用　B. 甲公司发生现金折扣时冲减财务费用
    C. 甲公司在确认收入时不应考虑现金折扣　D. 甲公司实际发生的现金折扣为2万元

29. 下列关于企业管理费用的表述不正确的是(　　)。
    A. 管理费用是企业为组织和管理企业生产经营发生的费用
    B. 企业发生的诉讼费用不计入管理费用
    C. 商品流通企业可以不设置"管理费用"科目,相关内容的核算记入"销售费用"科目
    D. 企业生产车间的修理费计入管理费用

30. 企业预计产品质量保证损失应计入(　　)。
    A. 销售费用　　　　　　　　　　B. 管理费用
    C. 资产减值损失　　　　　　　　D. 营业外支出

31. 下列直接计入期间费用的是(　　)。
    A. 工程人员工资　　　　　　　　B. 提供劳务发生的工资
    C. 生产车间管理人员的工资　　　D. 销售人员的工资

32. 企业发生的广告费应计入(　　)。
    A. 管理费用　　B. 销售费用　　C. 营业外支出　　D. 所得税费用

33. 下列关于费用的表述不正确的是(　　)。
    A. 费用的增加会减少企业的负债
    B. 费用是企业日常活动中发生的
    C. 费用的增加会导致企业所有者权益的减少
    D. 费用会导致经济利益流出企业

34. 下列各项中,属于企业发生的损失的是(　　)。
    A. 企业外币的汇兑损失　　　　　B. 企业存货管理不善引起的盘亏损失
    C. 企业支付的税收滞纳金　　　　D. 企业预计产品质量保证损失

35. 甲公司2019年度发生主营业务收入5 000万元,其他业务收入100万元,营业外收入200万元,主营业务成本3 500万元,其他业务成本60万元,税金及附加50万元,管理费用120

万元,资产减值损失 20 万元,则甲公司 2019 年度的营业利润为( )万元。

A. 1 350　　　　B. 1 550　　　　C. 1 370　　　　D. 1 570

36. 下列经济事项中,会影响营业利润的是( )。

A. 企业报废固定资产的净损失　　　B. 按规定应交纳的增值税
C. 结转销售存货跌价准备　　　　　D. 捐赠利得

37. 企业发生的下列交易或事项不会影响利润总额项目的是( )。

A. 出售存货结转的成本　　　　　　B. 捐赠利得
C. 固定资产盘盈　　　　　　　　　D. 计提无形资产减值准备

38. 甲公司 2019 年 8 月 13 日取得 7 月即征即退的增值税 20 万元,下列各项中甲公司正确的会计分录为( )。

A. 借:银行存款　　　　　　　　　　　　　　　　　　　　　　20
　　贷:主营业务收入　　　　　　　　　　　　　　　　　　　　　　20
B. 借:银行存款　　　　　　　　　　　　　　　　　　　　　　20
　　贷:营业外收入　　　　　　　　　　　　　　　　　　　　　　　20
C. 借:银行存款　　　　　　　　　　　　　　　　　　　　　　20
　　贷:递延收益　　　　　　　　　　　　　　　　　　　　　　　　20
D. 借:银行存款　　　　　　　　　　　　　　　　　　　　　　20
　　贷:应交税费——应交增值税(已交税金)　　　　　　　　　　　20

39. 下列关于政府补助的说法中不正确的是( )。

A. 根据配比原则,企业取得与资产相关的政府补助不能全额确认为当期收益
B. 企业取得政府补助属于弥补以前发生事项的应直接计入营业外收入
C. 无法区分是与资产相关的政府补助还是与收益相关的政府补助一律作为与收益相关的政府补助
D. 企业取得政府补助一定会影响当期损益

40. 下列各项中不应记入"营业外收入"科目的是( )。

A. 存货盘盈　　　　　　　　　　　　B. 捐赠利得
C. 与企业日常活动无关的政府补助　　D. 报废无形资产净收益

41. 下列各项中不应记入"营业外支出"科目的是( )。

A. 固定资产盘亏损失　　　　　　　　B. 行政罚款损失
C. 现金盘亏损失　　　　　　　　　　D. 公益性捐赠支出

42. 甲公司 2019 年度营业收入 5 020 万元,营业成本 3 500 万元,税金及附加 120 万元,期间费用合计 320 万元,资产减值损失 50 万元,营业外收入 100 万元,营业外支出 10 万元(其中,税务罚款 2 万元),适用的企业所得税税率为 25%,则甲公司应当确认的所得税费用为( )万元。

A. 280.5　　　　B. 281　　　　C. 257.5　　　　D. 258

43. 甲公司本期营业利润 200 万元,资产减值损失 20 万元,营业外收入 15 万元,营业外支出 5 万元,所得税费用 52.5 万元,则甲公司本期的净利润为( )万元。

A. 147.5　　　　B. 142.5　　　　C. 150.5　　　　D. 157.5

44. 企业当期利润总额为 100 万元,所得税费用 25 万元,年初未分配利润 50 万元,则当年企业应计提的法定盈余公积(计提比例为 10%)为( )万元。

A. 10　　　　　B. 7.5　　　　　C. 12.5　　　　D. 15

(二) 多项选择题

1. 下列项目中,应当作为营业外收入核算的有( )。
A. 报废固定资产净收益
B. 报废无形资产净收益
C. 出租无形资产净收益
D. 罚款收入

2. 影响企业营业利润的因素有( )。
A. 投资收益　　B. 主营业务成本　　C. 销售费用　　D. 财务费用

3. 一般工业企业交纳的下列各种税金中,可能通过"税金及附加"科目核算的有( )。
A. 增值税销项税额　B. 消费税　　C. 城市维护建设税　D. 印花税

4. 企业确定合同履约进度时可以选用的方法有( )。
A. 累计实际发生的合同成本占合同预计总成本的比例
B. 已经完成的合同工作量占合同预计总工作量的比例
C. 实际测定的履约进度
D. 计划履约进度

5. 下列项目中,应计入营业外支出的有( )。
A. 固定资产盘亏损失
B. 罚款支出
C. 公益救济性捐赠支出
D. 业务招待费

6. 企业下列会计科目中,期末余额应结转到"本年利润"科目的有( )。
A. "所得税费用"
B. "资产减值损失"
C. "投资收益"
D. "公允价值变动损益"

7. 下列各项中,工业企业应确认为其他业务收入的有( )。
A. 对外销售材料收入
B. 出售专利所有权收入
C. 处置营业用房净收益
D. 转让商标使用权收入

8. 关于销售商品收入的确认和计量,下列说法中正确的有( )。
A. 采用以旧换新方式销售商品的,销售的商品应当按照收入确认条件确认收入,回收的商品作为购进商品处理
B. 对于订货销售,应在收到款项时确认为收入
C. 对视同买断代销方式,委托方一定在收到代销清单时确认收入
D. 对收取手续费代销方式,委托方于收到代销清单时确认收入

9. 下列有关收入的表述中,正确的有( )。
A. 以前年度销售并确认收入的商品,在上年度财务会计报告批准报出后,本报告年度终了前退回的,应冲减上年度的收入与成本
B. 工业企业销售材料取得的收入应列入其他业务收入
C. 对于提供劳务,若资产负债表日不能对交易的结果做出可靠地估计,已经发生的劳务成本预计部分能够得到补偿的,应按已经发生并预计能够得到部分补偿的劳务成本确认收入,并结转已经发生的成本
D. 在预售款的销售方式下,企业应当在发出商品时确认收入

10. 下列有关收入确认的表述中,正确的有( )。
A. 在同一会计年度内开始并完成的劳务,公司应按产出法或投入法确认各月收入
B. 劳务的开始和完成分属不同的会计期间,在资产负债表日,如果提供劳务交易的结果不

能可靠的计量,已发生的劳务成本预计全部不能收回时,公司应将已发生的成本确认为当期损益,不确认收入

C. 劳务的开始和完成分属不同的会计期间,在资产负债表日,提供劳务交易的结果不能可靠估计的情况下,已经发生的劳务成本预计能够得到部分补偿时,公司应在资产负债表日按能够得到部分补偿的劳务成本确认收入

D. 劳务的开始和完成分属不同的会计年度,在提供劳务的结果能够可靠地计量的情况下,公司应在资产负债表日按产出法或投入法确认收入

11. 在产出法或投入法中,确定履约进度的方法有(   )。
A. 按专业测量师测量的结果确定
B. 按提供的劳务量占应提供劳务总量的比例确定
C. 按劳务各期耗时长短来确定
D. 按已发生成本占估计总成本的比例来确定

12. 下列关于让渡资产使用权的表述中,正确的有(   )。
A. 如果合同或协议规定使用费一次支付,且不提供后续服务的,视同销售该资产一次性确认收入
B. 如果合同或协议规定使用费一次支付,但需要提供后续服务的,在合同协议规定的有效期内分期确认收入
C. 如果合同或协议规定分期收取使用费的,按合同或协议规定的收款时间和金额或合同协议规定的收费方法计算确定的金额分期确认收入
D. 让渡资产使用权的使用费收入金额,应当按照合同或协议约定的收费时间和方法计算确定

13. 下列关于商品销售收入确认的时间表述中,正确的有(   )。
A. 采用支付手续费委托代销方式销售商品,在收到代销清单时确认收入
B. 采用预售款方式销售商品的,在收到全部货款时确认收入
C. 采用托收承付方式销售商品的,在办妥托收手续时确认收入
D. 采用交款提货方式销售商品,在开出发票账单收到货款时确认收入

14. 下列各项中不满足收入确认条件,一般不应当确认企业收入的有(   )。
A. 寄存本单位的已售商品   B. 售后回购的商品
C. 售出商品后得知对方公司已破产清算   D. 已售商品成本无法可靠取得

15. 下列各项中应当在企业"财务费用"科目核算的有(   )。
A. 贴现手续费   B. 现金折扣   C. 汇兑收益   D. 利息支出

16. 下列关于甲公司发生的各项支出表述正确的有(   )。
A. 聘请中介机构发生的咨询费计入管理费用
B. 企业的研究开发费计入管理费用
C. 企业财务部门人员工资计入财务费用
D. 企业销售部门固定资产折旧费计入销售费用

17. 下列各项中属于工业企业"其他业务成本"科目核算内容的有(   )。
A. 随同商品出售单独计价的包装物成本   B. 出租固定资产的摊销额
C. 销售原材料的成本   D. 销售产品的成本

18. 下列关于费用特征的表述正确的有( )。
A. 会导致经济利益流出企业
B. 费用包括销售产品的成本
C. 所有者权益的减少一定伴随费用的增加
D. 费用是企业日常活动中发生的

19. 下列各项中应作为企业期间费用核算的有( )。
A. 公益性捐赠支出
B. 产品质量保证损失
C. 汇兑损失
D. 固定资产报废损失

20. 下列各项中应通过"销售费用"科目核算的有( )。
A. 商品维修费
B. 销售部门固定资产维修费
C. 代销手续费
D. 发生的商品宣传费

21. 下列各项中不属于企业"财务费用"科目核算内容的有( )。
A. 满足资本化条件的利息支出
B. 筹建期间的利息支出
C. 支付银行承兑汇票的手续费
D. 购买商品享受的现金折扣

22. 下列资产的折旧费用应直接计入当期损益的有( )。
A. 生产车间固定资产折旧
B. 销售部门固定资产折旧
C. 研究阶段研发部门固定资产折旧
D. 管理总部固定资产折旧

23. 下列关于利润的表述中,正确的有( )。
A. 利润是指企业一定会计期间的经营成果
B. 利润包括收入减费用后的净额以及直接计入当期利润的利得和损失
C. 企业的利得一定会增加企业当期利润
D. 利润的增加一般会导致企业所有者权益的增加

24. 下列交易或事项中,会影响企业营业利润的有( )。
A. 库存现金盘亏损失
B. 计提存货跌价准备
C. 支付税收滞纳金
D. 其他债权投资期末公允价值上升

25. 某企业当期取得1000万元政府扶持基金,根据规定企业应用此项资金购入某项科研设备,购入设备价款为1000万元,预计使用5年。则下列说法中正确的有( )。
A. 企业取得1000万元政府扶持基金属于资产相关的政府补助
B. 取得政府补助时应确认递延收益的增加
C. 1000万元政府补助应按资产的预计使用寿命平均分摊到各期营业外收入中
D. 如果设备提前处置应将剩余的递延收益一次性转结到营业外收入中

26. 下列各项中,应记入"营业外收入"科目有( )。
A. 非流动资产报废利得
B. 现金盘盈利得
D. 与企业日常活动无关的政府补助
D. 捐赠利得

27. 下列各项中,能够增加企业营业利润的项目有( )。
A. 报废无形资产净收益
B. 工业企业出售原材料净收益
C. 处置投资性房地产净收益
D. 存货盘盈净收益

(三) 判断题

1. 我国会计准则所界定的收入概念与利得的概念是相同的。 ( )
2. A公司将一批商品销售给B公司,但合同规定A公司仍保留通常与所有权相联系的继续管理权或对已售出的商品实施控制。因此,A公司不能确认收入。 ( )
3. A公司接受B公司订货合同,已收取合同价款的40%,但库存没有符合合同标准的现

货,需要新设计制造。A公司应在完成合同并将商品移交给B公司后,才能确认收入。（   ）

4. 在资产负债表日,跨年度劳务的结果不能可靠地估计,且已发生的成本预期不能补偿时,一般只确认成本,不确认收入。（   ）

5. 采用预收货款方式销售产品,应于收到货款时确认收入。（   ）

6. 企业税金及附加的核算内容包括应由产品和提供劳务负担的消费税、城建税、资源税和教育费附加等。（   ）

7. 销售退回属于本年度的,应冲减退回月份的主营业务收入,以及相关的成本。（   ）

8. 企业发生的销售折让应作为财务费用处理。（   ）

9. 存货、固定资产发生的盘亏损失,均应作为营业外支出处理。（   ）

10. 投资收益属于利润总额的构成内容,但不属于营业利润的构成内容。（   ）

11. 销售商品相关的已发生或将发生的成本不能合理估计,企业不应确认收入,若已收到价款,应将已收到的价款确认为负债。（   ）

12. 企业销售商品时如果不满足收入确认条件,不应确认收入。企业商品已发出,需要在备查簿中进行登记以反映此项业务。（   ）

13. 企业只要有经济利益流入就应当确认企业的收入。（   ）

14. 企业在跨年度提供劳务确认收入过程中,如果提供的劳务交易结果不能可靠估计,在年末则不能确认收入。（   ）

15. 企业在确认让渡资产使用权收入时,如果估计使用费收入金额收回的可能性不大,就不应确认收入。（   ）

16. 企业提供劳务交易的开始与完成分属于不同年度,则企业应当采用投入法或产出法确认当年劳务收入。（   ）

17. 企业发生的商业折扣和现金折扣均属于销售产品付出的代价,在发生时计入当期销售费用。（   ）

18. 企业发生销售退回时,如果该项销售退回已发生现金折扣,应同时调整相关财务费用的金额。（   ）

19. 采用支付手续费方式的委托代销,委托方支付给受托方的代销手续费应当在发生时冲减当期代销收入。（   ）

20. 企业确实无法支付的应付账款属于企业的收入。（   ）

21. 已完成销售手续,但购买方在当月尚未提货的商品,销售方仍应当作为本企业库存商品核算。（   ）

22. 企业在确定商品销售收入时,应当考虑各种可能发生的现金折扣和销售折让。（   ）

23. 费用包括企业日常活动中所产生的经济利益的总流出。（   ）

24. 企业为生产产品、提供劳务等发生的可归属于产品成本、劳务成本等的费用属于营业成本。（   ）

25. 企业费用的增加会导致企业所有者权益的减少,所以所有者权益的减少一定会使费用增加。（   ）

26. 企业发生的商业折扣和现金折扣均属于企业的期间费用。（   ）

27. 随同商品出售不单独计价包装物的成本应记入"其他业务成本"科目。（   ）

28. 投资性房地产出售时结转的成本属于企业营业成本的核算范围。（   ）

29. 费用包括成本费用和期间费用,成本费用计入有关核算对象的成本,而期间费用直接计入当期损益。   (   )
30. 企业发生的交易或事项导致其承担一项负债,而又不确认为一项资产的,应当发生时确认为一项费用。   (   )
31. 企业交纳的消费税一定通过"税金及附加"科目核算。   (   )
32. 企业发生的借款利息费用均计入财务费用。   (   )
33. 在表结法下,各损益类科目的余额只有在年末时才将全年累计余额结转入"本年利润"科目。   (   )
34. 企业需在每月月末将本年利润的余额结转至利润分配。   (   )
35. 企业根据会计准则规定,计算确定的当期所得税和递延所得税之和,即为应当从当期利润总额中扣除的所得税费用。   (   )
36. 企业在计算当期应交所得税时可以直接根据企业的利润总额进行计算。(   )
37. 营业外支出是指企业发生的与其日常活动无直接关系的各项损失。   (   )
38. 企业出售长期股权投资发生的净损益不会影响营业利润。   (   )
39. 企业取得的与收益相关的政府补助,在取得时直接记入"营业外收入"科目。(   )
40. 企业的利得或损失是在非日常活动中形成的。   (   )
41. 月份终了时,"本年利润"科目无余额。   (   )

(四)不定项选择题

1. 运达股份有限公司(以下简称运达公司)为增值税一般纳税人,适用的增值税税率为13%。2020年度发生的部分业务的相关资料如下:

(1) 4月1日,运达公司与A公司签订协议,采用预售款方式向A公司销售一批商品,该批商品的总成本为400 000元,协议约定,该批商品销售价格为600 000元,增值税税额为78 000元,A公司应在协议签订时预付60%的货款(不含增值税),在两个月后收到商品时,再将剩余款项支付。6月1日,运达公司发出商品并收到剩余款项。

(2) 5月26日,运达公司将其生产的甲商品销售给B公司100件,每件售价为800元,每件成本为600元,相关款项未收到。

(3) 运达公司所销售的乙商品每件售价为1 000元,每件成本为800元,若客户购买100件以上(含100件)可享有10%的商业折扣。6月10日,运达公司向C公司销售乙商品150件,当日尚未收取相关款项,双方约定的现金折扣条件为:2/10,1/20,n/30(假定计算现金折扣时不考虑增值税)。6月26日,运达公司收到全部款项。

(4) 8月1日,运达公司委托D公司销售甲商品300件,协议价格为每件800元,成本为每件600元。同时代销协议约定,D公司在取得代销商品后,无论是否能够卖出、是否获利,均与运达公司无关,运达公司开出的增值税专用发票上注明的增值税税额为31 200元。款项尚未收到。

(5) 9月2日,运达公司收到2019年12月销售给E公司的货物一批,并且收到E公司主管税务机关开具的销货退回证明单(该退回不属于资产负债表日后事项)。经检查此批货物存在质量问题,销货退回符合合同约定。运达公司根据销货退回证明单开具了红字增值税专用发票,注明价款120 000元,增值税税额15 600元,相关款项通过转账方式已支付。已知该批货物的成本为80 000元。

要求:根据上述资料,假定不考虑其他相关因素,回答下列问题(答案中金额单位用元表示)。

(1) 根据资料(1),应当编制的会计分录为(   )。

A. 借:银行存款　　　　　　　　　　　　　　　　　　　360 000
　　　贷:预收账款　　　　　　　　　　　　　　　　　　　360 000
B. 借:预收账款　　　　　　　　　　　　　　　　　　　360 000
　　　银行存款　　　　　　　　　　　　　　　　　　　318 000
　　　贷:主营业务收入　　　　　　　　　　　　　　　　600 000
　　　　　应交税费——应交增值税(销项税额)　　　　　　 78 000
C. 借:主营业务成本　　　　　　　　　　　　　　　　　400 000
　　　贷:库存商品　　　　　　　　　　　　　　　　　　400 000
D. 借:发出商品　　　　　　　　　　　　　　　　　　　400 000
　　　贷:库存商品　　　　　　　　　　　　　　　　　　400 000

(2)根据资料(2),运达公司确认的损益为(　　)元。
A. 0　　　　　　B. 33 600　　　　　C. 20 000　　　　　D. 10 000

(3)根据资料(3),运达公司应当计入财务费用的金额为(　　)元。
A. 1 500　　　　B. 1 350　　　　　C. 3 000　　　　　D. 2 700

(4)根据资料(4),下列说法不正确的是(　　)。
A. 运达公司发出商品时通过"发出商品"科目核算
B. 运达公司应在收到代销清单时确认收入
C. 运达公司应当确认损益 60 000 元
D. 运达公司开具增值税专用发票应当满足增值税纳税义务,记入"应交税费"科目贷方

(5)根据资料(5),下列各项中,关于运达公司账务处理正确的是(　　)。
A. 运达公司应当进行追溯调整,调整 2019 年度的收入及成本
B. 运达公司直接冲减退货当期的销售收入
C. 运达公司此项业务会使当月库存商品增加 80 000 元
D. 运达公司直接冲减退货当期的销售成本

2. 甲公司与乙公司 2019 年 10 月 3 日签订一项工程安装合同,工期为 8 个月。合同约定总安装费为 1 000 万元。根据合同约定,乙公司需分三次支付甲公司安装费。第一次为签订合同时,预付合同总金额的 20%,第二次为 2019 年 12 月 31 日,预付合同总金额的 60%,第三次为安装结束验收合格时,支付剩余安装费。截至 2019 年 12 月 31 日,发生的安装成本为 210 万元,估计还需发生安装费 390 万元。甲公司提供的劳务交易结果能够可靠估计,采用投入法确认收入,按已发生成本占估计总成本的比例确认履约进度。

要求:根据上述资料,不考虑其他因素,回答下列问题(答案中金额单位用万元表示)。

(1)甲公司与乙公司签订安装合同时预收 20%安装费应当编制的会计分录为(　　)。
A. 借:银行存款　　　　　　　　　　　　　　　　　　　200
　　　贷:主营业务收入　　　　　　　　　　　　　　　　　200
B. 借:银行存款　　　　　　　　　　　　　　　　　　　200
　　　贷:其他业务收入　　　　　　　　　　　　　　　　　200
C. 借:银行存款　　　　　　　　　　　　　　　　　　　200
　　　贷:预收账款　　　　　　　　　　　　　　　　　　　200
D. 借:银行存款　　　　　　　　　　　　　　　　　　　200
　　　贷:其他应付款　　　　　　　　　　　　　　　　　　200

(2) 甲公司截至 2019 年 12 月 31 日应编制的会计分录为（　　）。

A. 借：银行存款　　　　　　　　　　　　　　　　　　600
　　　贷：预收账款　　　　　　　　　　　　　　　　　　　600

B. 借：预收账款　　　　　　　　　　　　　　　　　　350
　　　贷：主营业务收入　　　　　　　　　　　　　　　　　350

C. 借：主营业务成本　　　　　　　　　　　　　　　　210
　　　贷：劳务成本　　　　　　　　　　　　　　　　　　　210

D. 借：银行存款　　　　　　　　　　　　　　　　　　350
　　　贷：主营业务收入　　　　　　　　　　　　　　　　　350

(3) 下列关于提供劳务收入的表述中，正确的是（　　）。

A. 如果提供的劳务交易未跨年，提供劳务的交易结果如果能够可靠估计，应当采用投入法确认收入

B. 甲公司 2019 年 12 月 31 日的履约进度为 35％

C. 甲公司随着劳务的不断提供或外部情况的不断变化，需要随时对将要发生的成本进行修订

D. 如果 2019 年 12 月 31 日乙公司未按合同约定支付工程款，有证据表明剩余款项难以收回且提供劳务交易结果不能可靠估计，则甲公司不应确认收入

3. 甲股份有限公司（以下简称甲公司）为增值税一般纳税人，主营业务为销售 A 产品，同时还提供运输劳务，已知适用的销售货物增值税税率为 13％，交通运输业增值税税率为 9％，提供增值税应税服务的增值税税率为 6％。商品在销售实现时结转成本，无特殊说明则所售商品及提供运输劳务均为不含税金额。销售货物及提供运输劳务均为甲公司主营业务。2019 年 9 月发生如下业务：

(1) 1 日，将自有的一栋写字楼整体对外出租给 Q 公司，约定的年租金为 120 万元，于租赁期开始日一次性收取，租期为 3 年（2019 年 9 月 1 日—2022 年 9 月 1 日）。

(2) 5 日，将 A 产品销售给 M 公司，增值税专用发票注明的价款为 530 万元，增值税税额为 68.9 万元。A 产品的成本为 400 万元。M 公司尚未付款。甲公司在销售合同中约定的现金折扣条件：2/10，1/20，n/30（计算现金折扣不考虑增值税）。M 公司于 2019 年 9 月 12 日支付了扣除现金折扣后的款项。

(3) 18 日，为乙公司提供运输劳务，合同约定劳务总收入为 20 万元，为运输劳务发生的劳务成本为 12 万元（其中，10 万元为职工薪酬，2 万元为卡车的折旧费）。甲公司于 20 日完成此项运输劳务，并向乙公司开具了增值税专用发票。运输完成时乙公司尚未支付此笔运费。

(4) 22 日，收到 E 公司来函，要求对当年 7 月销售的 A 产品在价格上给予 10％的销售折让（销售当时尚未确认收入）。经核查，销售的 A 产品在质量上存在问题，随即甲公司同意 E 公司的要求。当日甲公司收到 E 公司寄来的税务机关开具的折让证明单，并且向 E 公司开具了红字增值税专用发票，注明折让金额为 10 万元，增值税税额为 1.3 万元。

(5) 30 日，甲公司将其一项非专利技术的使用权出租给 P 公司，租期为 1 年。合同约定一次性收取使用费 100 万元，且不提供后续服务。

其他资料：甲公司所在地不存在活跃的房地产交易市场。

根据以上资料，不考虑其他因素，回答下列问题（答案中金额单位用万元表示）。

(1) 根据资料(1)下列说法中正确的是（　　）。

A. 甲公司应当将写字楼作为投资性房地产核算
B. 甲公司取得的租金收入应当属于企业"其他业务收入"科目核算的范围
C. 甲公司对该投资性房地产应当采用成本模式进行后续计量
D. 甲公司当月应当确认的其他业务收入为10万元

(2) 根据资料(2),甲公司应当编制的会计分录中正确的是(   )。

A. 借:应收账款　　　　　　　　　　　　　　　　　　　598.9
　　　贷:主营业务收入　　　　　　　　　　　　　　　　　530
　　　　　应交税费——应交增值税(销项税额)　　　　　68.9

B. 借:主营业务成本　　　　　　　　　　　　　　　　　400
　　　贷:库存商品　　　　　　　　　　　　　　　　　　400

C. 借:银行存款　　　　　　　　　　　　　　　　　　　588.3
　　　财务费用　　　　　　　　　　　　　　　　　　　10.6
　　　贷:应收账款　　　　　　　　　　　　　　　　　　598.9

D. 借:银行存款　　　　　　　　　　　　　　　　　　　588.3
　　　销售费用　　　　　　　　　　　　　　　　　　　10.6
　　　贷:应收账款　　　　　　　　　　　　　　　　　　598.9

(3) 根据资料(3),甲公司应当编制的会计分录中正确的是(   )。

A. 借:应收账款　　　　　　　　　　　　　　　　　　　21.8
　　　贷:主营业务收入　　　　　　　　　　　　　　　　20
　　　　　应交税费——应交增值税(销项税额)　　　　　1.8

B. 借:主营业务成本　　　　　　　　　　　　　　　　　12
　　　贷:应付职工薪酬　　　　　　　　　　　　　　　　10
　　　　　累计折旧　　　　　　　　　　　　　　　　　2

C. 借:劳务成本　　　　　　　　　　　　　　　　　　　12
　　　贷:应付职工薪酬　　　　　　　　　　　　　　　　10
　　　　　累计折旧　　　　　　　　　　　　　　　　　2

D. 借:主营业务成本　　　　　　　　　　　　　　　　　12
　　　贷:劳务成本　　　　　　　　　　　　　　　　　　12

(4) 根据资料(4)下列说法中正确的是(   )。

A. 甲公司应当冲减当月主营业务收入10万元
B. 甲公司应当冲减对应的主营业务成本
C. 甲公司应当按折让后的金额确认收入
D. 甲公司应当进行追溯调整,调整7月的收入及成本

(5) 根据资料(5),下列说法中正确的是(   )。

A. 甲公司将非专利技术的使用权对外出租应当记入"营业外收入"科目
B. 甲公司应当一次性确认收入100万元
C. 甲公司应当按租赁期分期确认收入
D. 甲公司此项业务属于"营业收入"的核算范围

4. 甲公司(工业企业)为增值税一般纳税人,2019年12月发生如下交易或事项:

(1) 销售A商品一批,开具的增值税专用发票注明的价款为220万元,增值税税额为28.6

万元,货款已收取。该批商品的成本为 160 万元。

(2) 销售原材料一批,开具的增值税普通发票注明的价款为 2 万元,增值税税额为 0.26 万元,销售款已收取。该批原材料的成本为 1.8 万元。

(3) 收取厂房租金 10 万元,已知该投资性房地产的月折扣额为 3.5 万元。

(4) 报废闲置机器设备一台,该设备原值 850 万元,已提折旧 760 万元,清理过程中以银行存款支付清理费用 10 万元,取得变价收入 90 万元(不考虑增值税)。

(5) 当月发生管理费用 12 万元,销售费用 5 万元,财务费用 1 万元。

不考虑相关税费对损益的影响。

要求:根据上述资料,分析回答下列问题(答案中金额单位用万元表示)。

(1) 下列关于甲公司账务处理的表述中,正确的是( )。
A. 甲公司销售原材料取得的收入应计入其他业务收入
B. 甲公司取得租金收入应计入其他业务收入
C. 甲公司取得固定资产的变价收入应计入其他业务收入
D. 甲公司取得 A 产品的销售收入应计入其他业务收入

(2) 甲公司 2019 年 12 月的营业收入为( )万元。
A. 220   B. 232   C. 222   D. 230

(3) 甲公司 2019 年 12 月营业利润为( )万元。
A. 48.7   B. 38.7   C. 42.2   D. 66.7

(4) 甲公司处置固定资产时应当编制的会计分录为( )。
A. 结转固定资产账面价值:
借:固定资产清理   90
    累计折旧   760
    贷:固定资产   850
B. 支付清理费用:
借:固定资产清理   10
    贷:银行存款   10
C. 收到变价收入:
借:银行存款   90
    贷:固定资产清理   90
D. 结转清理净损益:
借:营业外支出   10
    贷:固定资产清理   10

(5) 甲公司 2019 年 12 月的利润总额为( )万元。
A. 48.7   B. 66.7   C. 32.2   D. 38.7

(五) 业务题

1. 甲公司为增值税一般纳税人,适用的增值税税率为 13%,商品销售价格不含增值税;确认销售收入时逐笔结转销售成本。销售商品和提供劳务均为甲公司主营业务。2019 年 12 月份,甲公司发生如下经济业务:

(1) 2 日,向乙公司销售 A 产品,销售价格为 600 万元,实际成本为 540 万元。产品已发出,款项存入银行。销售前,该产品已计提跌价准备 5 万元。

(2) 8日,收到丙公司退回B产品并验收入库,当日支付退货款并收到经税务机关出具的"开具红字增值税专用发票通知单"。该批产品于当年8月份售出并已确认销售收入,销售价格为200万元,实际成本为120万元。

(3) 10日,与丁公司签订为期6个月的设备修理劳务合同,合同总价款为400万元,待完工时收取。至12月31日,实际发生劳务成本50万元(均为职工薪酬),估计为完成该合同还将发生劳务成本150万元。假定该项劳务交易的结果能够可靠估计,甲公司按实际发生的成本占估计总成本的比例确定劳务的履约进度。

(4) 31日,将本公司生产的C产品作为福利发放给生产工人,市场销售价格为80万元,实际成本为50万元。

假定除上述资料外,不考虑其他相关因素。

要求:根据上述资料,编制甲公司相关经济业务的会计分录(答案中的金额单位用万元表示)。

2. 甲、乙公司均为一般纳税人,增值税税率为13%。2019年3月6日,甲公司委托乙公司销售商品,合同规定,如果乙公司没有将商品售出,可将商品退回甲公司,商品成本800万元,协议价为1 000万元(不含增值税),商品已发出。2019年6月8日,乙公司实际销售时开具的增值税专用发票上注明售价240万元,增值税税额为31.2万元,同日甲公司收到乙公司开来的代销清单,注明已销售代销商品的20%,甲公司给乙公司开具增值税专用发票。2019年6月28日,甲公司收到货款。

要求(金额单位用万元表示):

(1) 编制甲公司委托代销的会计分录。

(2) 编制乙公司受托代销的会计分录。

3. 2019年4月1日,甲公司采用分期收款方式向乙公司销售一套大型设备,合同约定的销售价格为2 000万元,分5次于每年12月31日等额收取。该大型设备成本为1 560万元。在现销方式下,该大型设备的销售价格为1 600万元。假定甲公司发出商品时开出增值税专用发票,注明的增值税税额为260万元,并于当天收到增值税税额260万元。折现率为7.93%。

要求:根据题意编制相关的会计分录(金额单位用万元表示)。

4. 甲公司为综合性百货公司,全部采用现金结算方式销售商品。2019年1月1日,甲公司开始推行一项奖励积分计划。计划具体内容:客户在甲公司每消费1元可获得1个积分,每个积分从次月开始在购物时可抵减0.1元。2019年1月31日,客户共消费1 000 000元,授予客户奖励积分共计1 000 000分,甲公司估计奖励积分的使用率为90%。假定上述金额不包括增值税等的影响。客户2019年使用奖励积分共计400 000分。

要求:计算甲公司2019年应确认的收入,并编制相关会计分录。

5. 甲公司2019年度的有关资料如下:

(1) 2019年年初,未分配利润为200万元,本年利润总额为500万元,适用的企业所得税税率为25%。按税法规定本年度准予扣除的业务招待费为20万元,实际发生业务招待费30万元;国债利息收入为20万元;企业债券利息收入25万元。除此之外,不存在其他纳税调整因素。

(2) 2020年2月6日,董事会提请股东大会2019年利润分配议案:按2019年税后利润的10%提取法定盈余公积;向投资者宣告分配现金股利40万元。

(3) 2020年3月6日,股东大会批准董事会提请股东大会的2019年利润分配方案:按2019年税后利润的10%提取法定盈余公积;向投资者宣告分配现金股利50万元。

要求(金额单位用万元表示):

(1) 计算甲公司本期所得税费用,并编制相应的会计分录。

(2) 根据 2020 年 2 月 6 日董事会提请股东大会 2019 年利润分配议案,编制甲公司提取法定盈余公积的会计分录。

(3) 根据 2020 年 3 月 6 日股东大会批准董事会提请股东大会 2019 年利润分配方案,编制甲公司向投资者宣告分配现金股利的会计分录。

(4) 计算 2019 年年末未分配利润(除"所得税费用"和"应付股利"科目外,其他科目均需要写出二级明细科目)。

第十一章 特殊交易和事项

 一、学习目的和要求

通过本章学习,掌握非货币性资产交换的含义、非货币性资产交换的认定;理解确定换入资产成本的两种计量基础和交换所产生损益的确认原则;掌握以公允价值计量和以换出资产账面价值计量的非货币性资产交换的账务处理;掌握债务重组的含义、债务重组的方式以及各种方式下债务人和债权人的账务处理;掌握或有事项、或有负债和或有资产的含义;掌握预计负债的确认和计量。要求学生对特殊交易和事项能够进行基本的判断和处理。

 **二、学习重点和难点**

重点:非货币性资产交换的认定和账务处理;债务重组的判断以及债权人、债务人的账务处理;或有事项的确认与计量。

难点:商业实质的判断;涉及补价情况下非货币性资产交换的账务处理;以非现金资产清偿债务的账务处理;预计负债的账务处理。

 **三、教材主要观点提示**

非货币性资产交换是交易双方主要以固定资产、无形资产、投资性房地产和长期股权投资等非货币性资产进行的交换。非货币性资产交换不涉及或只涉及少量货币性资产(即补价)。

非货币性资产交换同时满足交换具有商业实质和换入资产或换出资产的公允价值能够可靠地计量两个条件的,应当以公允价值和应支付的相关税费作为换入资产的成本,公允价值与换出资产账面价值的差额计入当期损益;不具有商业实质或交换涉及资产的公允价值均不能可靠计量的非货币性资产交换,应当按照换出资产的账面价值和应支付的相关税费,作为换入资产的成本,无论是否支付补价,均不确认损益。

以公允价值计量和以换出资产账面价值计量的非货币性资产交换的账务处理均包括不涉及补价和涉及补价情形。

债务重组，是指在不改变交易对手方的情况下，经债权人和债务人协定或法院裁定，就清偿债务的时间、金额或方式等重新达成协议的交易。债务重组一般包括下列方式，或下列一种以上方式的组合：

（1）债务人以资产清偿债务。

（2）债务人将债务转为权益工具。

（3）除（1）和（2）以外，采用调整债务本金、改变债务利息、变更还款期限等方式修改债权和债务的其他条款，形成重组债权和重组债务。

债权人将放弃债权的公允价值与账面价值之间的差额，计入当期损益；债务人将清偿债务的账面价值与转让资产的账面价值或权益工具的确认金额之间的差额，计入当期损益。

或有事项，是指过去的交易或者事项形成的，其结果须由某些未来事项的发生或不发生才能决定的不确定事项。或有负债，是指过去的交易或事项形成的潜在义务，其存在须通过未来不确定事项的发生或不发生予以证实；或是指过去的交易或事项形成的现时义务，履行该义务不是很可能导致经济利益流出企业或该义务的金额不能可靠计量。或有资产，是指过去的交易或者事项形成的潜在资产，其存在须通过未来不确定事项的发生或不发生予以证实。

与或有事项有关的义务应当同时符合三个条件，才能确认为负债，作为预计负债进行确认和计量：①该义务是企业承担的现时义务；②履行该义务很可能导致经济利益流出企业；③该义务的金额能够可靠地计量。预计负债应当按照履行相关现时义务所需支出的最佳估计数进行初始计量。此外，企业清偿预计负债所需支出还可能从第三方或其他方获得补偿。

四、案例导入设计

案例导入：通过教材中的案例引入，引导学生思考：特殊交易和事项对企业的财务状况和经营成果会有怎样的影响？

提问抽答：非货币性资产交换的判断标准是什么？债务重组有哪些方式？或有事项涉及的或有负债、或有资产及预计负债如何认定？

归纳总结：非货币性资产交换、债务重组以及或有事项等特殊交易和事项都会对上市公司财务状况和经营业绩产生重要影响。上市公司必须按照会计准则要求正确处理和如实披露。

五、自学内容和课外阅读

自学内容	具体内容	课外阅读资料
非货币性资产交换的概念及认定；债务重组的认定；或有事项的判断	（1）非货币性资产交换产的概念与认定 （2）债务重组的认定 （3）或有事项的判断	（1）《企业会计准则第7号——非货币性资产交换》 （2）《企业会计准则第12号——债务重组》 （3）《企业会计准则第13号——或有事项》

六、自主测试

第一部分　非货币性资产交换

（一）单项选择题

1. 甲公司以一栋厂房和一项土地使用权换入乙公司持有的对丙公司的长期股权投资。换出厂房的账面原价为 2 000 万元，已计提折旧 600 万元，已计提减值准备 200 万元，公允价值为 1 400 万元；土地使用权的账面余额为 1 800 万元，未计提减值准备，公允价值为 1 400 万元。该交换具有商业实质，且假定不考虑相关税费，甲公司换入的对丙公司的长期股权投资的入账价值为（　　）万元。

　　A. 2 800　　　　　B. 3 000　　　　　C. 4 000　　　　　D. 4 200

2. 甲公司以一台固定资产换入乙公司的一项长期股权投资。换出固定资产的账面原价为 1 200 万元，已计提折旧 50 万元，未计提减值准备，公允价值为 1 250 万元；长期股权投资的账面价值为 1 320 万元，未计提减值准备，公允价值为 1 200 万元；乙公司另外向甲公司支付现金 50 万元。假定该交换不具有商业实质且不考虑相关税费，甲公司应就此项非货币性资产交换确认的非货币性资产交换收益（损失以负数表示）为（　　）万元。

　　A. −5　　　　　B. −2.8　　　　　C. 2.08　　　　　D. 0

3. 大地公司 2019 年 12 月 1 日以一栋建筑物换入一台设备和一辆汽车。换出建筑物的账面原价为 600 万元，已计提折旧为 360 万元，未计提减值准备，公允价值为 300 万元。换入生产设备和汽车的账面价值分别为 180 万元和 120 万元，其公允价值分别为 200 万元和 100 万元。该交换不具有商业实质，且假定不考虑相关税费。该公司换入设备的入账价值为（　　）万元。

　　A. 144　　　　　B. 100　　　　　C. 80　　　　　D. 112

4. 钱江公司用一台已使用 2 年的甲设备从海河公司换入一台乙设备，支付置换相关税费 10 000 元，并支付补价款 30 000 元。甲设备的账面原价为 500 000 元，预计使用寿命为 5 年，预计净残值率为 5%，并采用双倍余额递减法计提折旧，未计提减值准备；乙设备的账面原价为 300 000 元，已计提折旧 30 000 元。置换时，甲、乙设备的公允价值分别为 250 000 元和 280 000 元，该交换具有商业实质，且假定不考虑相关税费。钱江公司换入的乙设备的入账价值为（　　）元。

　　A. 220 000　　　　　B. 236 000　　　　　C. 290 000　　　　　D. 320 000

5. 天山公司用一台已使用 2 年的甲设备从海洋公司换入一台乙设备，支付清理费 10 000 元，从海洋公司收取补价 30 000 元。甲设备的原账面原价为 500 000 元，原预计使用寿命为 5 年，原预计净残值为 5%，并采用双倍余额递减法计提折旧，未计提减值准备；乙设备的原账面原价为 240 000 元，已计提折旧 30 000 元。置换时，甲、乙设备的公允价值分别为 250 000 元和 220 000 元。该交换不具有商业实质，且假定不考虑其他税费。天山公司换入乙设备的入账价值为（　　）元。

　　A. 168 400　　　　　B. 160 000　　　　　C. 182 400　　　　　D. 200 000

6. 某公司以一栋办公楼换入一台生产设备和一辆汽车。换出办公楼的账面原价为 300 万元，已计提折旧为 180 万元，未计提减值准备，公允价值为 150 万元。换入生产设备和汽车的账面价值分别为 90 万元和 60 万元,公允价值分别为 100 万元和 50 万元。该交换具有商业实质,且假定不考虑相关税费。该公司换入汽车的入账价值为( )万元。

  A. 30   B. 50   C. 40   D. 56

7. 甲股份有限公司发生的下列非关联交易中,属于非货币性资产交换的是( )。

  A. 以公允价值为 260 万元的固定资产换入乙公司账面价值为 320 万元的无形资产,并支付补价 80 万元

  B. 以账面价值为 280 万元的固定资产换入丙公司公允价值为 200 万元的一项专利权,并收到补价 80 万元

  C. 以公允价值为 320 万元的长期股权投资换入丁公司账面价值为 460 万元的短期股票投资,并支付补价 140 万元

  D. 以账面价值为 420 万元、准备持有至到期的长期债权投资换入戊公司公允价值为 390 万元的一台设备,并收到补价 30 万元

8. 根据《企业会计准则——非货币性资产交换》的规定,下列项目中属于货币性资产的是( )。

  A. 对没有市价的股票进行的投资   B. 对有市价的股票进行的投资
  C. 不准备持有至到期的债券投资   D. 准备持有至到期的债券投资

(二)多项选择题

1. 下列各项非货币性资产交换中,其账务处理有可能影响企业损益的项目有( )。

  A. 该交换具有商业实质,换出资产公允价值大于账面价值且支付补价
  B. 该交换具有商业实质,换出资产公允价值小于账面价值且支付补价
  C. 该交换不具有商业实质,换出资产公允价值大于账面价值且收到补价
  D. 该交换不具有商业实质,换出资产公允价值小于账面价值且支付补价

2. 在不涉及补价的情况下,下列关于不具有商业实质的非货性资产交换说法正确的有( )。

  A. 不确认非货币性资产交换损益
  B. 增值税不会影响换入存货入账价值的确定
  C. 对于换入存货实际成本的确定,通常按换出资产的公允价值减去可抵扣的增值税进项税额,加上应支付的相关税费作为实际成本
  D. 对于换入存货实际成本的确定,通常按换出资产的账面价值减去可抵扣的增值税进项税额,加上应支付的相关税费作为实际成本

3. 非货币性资产交换具有商业实质且公允价值能够可靠计量的,关于换出资产公允价值与其账面价值的差额处理正确的有( )。

  A. 换出资产为存货的,应当视同销售处理,根据《企业会计准则第 14 号——收入》按其公允价值确认商品销售收入,同时结转商品销售成本

  B. 换出资产为固定资产、无形资产的,换出资产公允价值和换出资产账面价值的差额,计入资产处置损益

  C. 换出资产为长期股权投资、其他权益工具投资的,换出资产公允价值和换出资产账面价值的差额,计入资本公积

  D. 换出资产为长期股权投资、其他权益工具投资的,换出资产公允价值和换出资产账面价值的差额,计入投资收益

4. 在收到补价的具有商业实质并且公允价值能够可靠计量的非货币性资产交换业务中,如果换入单项固定资产,影响固定资产入账价值的因素有(　　　)。
   A. 收到的补价　　　　　　　　B. 换入资产的公允价值
   C. 换出资产的公允价值　　　　D. 换出资产应交的税金

5. 关于不具有商业实质的非货性资产交换,下列项目会影响支付补价企业计算换入资产入账价值的有(　　　)。
   A. 支付的补价　　　　　　　　B. 可以抵扣的进项税额
   C. 换出资产已计提的减值准备　D. 换出资产的增值税销项税额

6. 下列经济业务中,属于非货币性资产交换的有(　　　)。
   A. 以公允价值 20 万元的小汽车一辆换取生产设备一台,另支付补价 10 万元
   B. 以公允价值 20 万元的小汽车一辆换取生产设备一台,另支付补价 5 万元
   C. 以公允价值 50 万元机械设备一台换取电子设备一台,另收到补价 25 万元
   D. 以公允价值 30 万元机械设备一台和持有的公允价值为 20 万元股票,换取电子设备一台

7. 下列项目中,属于货币性资产的是(　　　)。
   A. 银行存款　　　　　　　　　B. 长期股权投资
   C. 交易性金融资产　　　　　　D. 应收账款

8. 甲企业以固定资产(不动产)换入乙企业的库存商品 A 和 B。已知固定资产的账面余额为 300 000 元,已提固定资减值准备 5 000 元,其公允价值为 330 000 元,库存商品 A 的账面成本为 40 000 元,公允价值为 50 000 元,库存商品 B 的账面成本为 200 000 元,公允价值为 180 000元。甲企业适用的增值税税率为 13%,计税价格等于公允价值;假设未计提存货跌价准备,甲企业换入的库存商品作存货管理。在交换中甲企业支付给乙企业现金 8 000 元,交换具有商业实质且不考虑其他税费。下列表述正确的有(　　　)。
   A. 库存商品的入账价值 308 100 元　　B. 库存商品 A 的入账价值 66 978.26 元
   C. 库存商品 B 的入账价值 241 121.74 元　D. 确认资产处置收益 30 000 元

(三) 判断题

1. 应收账款可能发生坏账,将来收取的货币是不确定的,因此,应收账款属于非货币性资产。（　　）

2. 在非货币性资产交换中,当换出资产公允价值大于换入资产账面价值时,应确认交易收益。（　　）

3. 判断某项交易是否为非货币性资产交换,通常依据交易中是否涉及补价,若涉及补价,则不属于非货币性资产交换。（　　）

4. 对于具有商业实质的非货币性资产交换,应以换出资产的公允价值与换入资产的公允价值孰低作为换入资产的入账价值。（　　）

5. 非货币性资产交换中,收到补价的企业应按一定方法计算确认收益。（　　）

6. 在确定非货币性资产交换是否具有商业实质时,企业应当关注交易各方之间是否存在关联方关系。关联方关系的存在导致发生的非货币性资产交换不具有商业实质。（　　）

7. 货币性资产是指持有的现金及将以固定或可确定金额的货币收取的资产,包括现金、应收账款和应收票据以及不准备持有至到期的债券投资等。（　　）

8. 对于具有商业实质的非货币性资产交换应当以公允价值和应支付的相关税费作为换入

资产的成本,公允价值与换出资产账面价值的差额计入当期损益。   ( )

9. A 公司以一台设备交换 B 公司的一项无形资产,该设备账面原价为 30 万元,累计折旧为 7.50 万元,公允价值为 18 万元;无形资产的账面价值和公允价值均为 23.25 万元。A 公司另行向 B 公司支付现金 5.25 万元,则该交易不能确认为非货币性资产交换。   ( )

(四)业务题

甲公司和乙公司经协商,甲公司以其拥有的全部用于经营出租的一幢公寓楼与乙公司持有的用于交易的股票投资交换。甲公司的公寓楼符合投资性房地产定义,甲公司未采用公允价值模式计量。在交换日,该幢公寓楼的账面原价为 800 万元,已提折旧 160 万元,未计提资产减值准备,在交换日的公允价值和计税价格均为 900 万元;乙公司持有的用于交易的股票投资账面价值为 600 万元,乙公司对该股票投资采用公允价值模式计量;该股票投资在交换日的公允价值为 800 万元;乙公司支付了 100 万元给甲公司。乙公司换入公寓楼后继续用于经营出租,并拟采用公允价值计量模式,甲公司换入股票投资后仍然用于交易。假定非货币性资产交换具有商业实质。

要求:编制甲公司和乙公司的会计分录。

第二部分 债 务 重 组

(一)单项选择题

1. 2019 年 2 月 10 日,深广公司销售一批材料给红星公司(股份有限公司),同时收到红星公司签发并承兑的一张面值 100 000 元、年利率 7%、6 个月期限、到期还本付息的票据。8 月 10 日,红星公司由于发生财务困难无法承兑到期票据,与深广公司协商,以其普通股抵偿该票据。红星公司用于抵债的普通股为 10 000 股,股票市场为每股 9.6 元。假定印花税税率为 0.4%,不考虑其他税费。红星公司应确认的债务重组收益为(   )元。
   A. 93 500   B. 93 884   C. 7 500   D. 103 500

2. 深广公司销售一批商品给红星公司,价款 5 200 000 元(含增值税)。按双方协议规定,款项应于 2019 年 3 月 20 日之前付清。由于连年亏损,资金周转发生困难,红星公司不能在规定的时间内偿付深广公司。经协商,双方于 2019 年 3 月 20 日进行债务重组。重组协议如下:深广公司同意豁免红星公司债务 200 000 元,其余款项于重组日起一年后付清;债务延长期间,深广公司按年加收余款 2%的利息,利息与债务本金一同支付。假定深广公司为债权计提的坏账准备为 520 000 元。红星公司应确认的债务重组收益为(   )元。
   A. 100 000   B. 200 000   C. -104 000   D. 0

3. 2019 年 4 月 3 日,深广公司销售一批材料给红星公司,不含税价格为 100 000 元,增值税税率为 13%。当年 5 月 20 日,红星公司财务发生困难,无法按合同规定偿还债务,经双方协议,深广公司同意减免红星公司 20 000 元债务,余额用现金立即偿清。深广公司对该项债权计提坏账准备 5 000 元。红星公司应确认的债务重组收益为(   )元。
   A. 20 000   B. 0   C. 92 000   D. 113 000

4. 2019 年 1 月 1 日,深广公司销售一批材料给红星公司,含税价为 105 000 元。2019 年 7 月 1 日,红星公司发生财务困难,无法按合同规定偿还债务,经双方协议,深广公司同意红星公司用产品抵偿该应收账款。该产品市价为 80 000 元,增值税税率为 13%,产品成本为 70 000 元。红星公司为转让的材料计提了存货跌价准备 500 元,深广公司为债权计提了坏账准备 500

元。假定增值税不单独结算,不考虑其他税费。红星公司应确认的债务重组收益为( )元。

A. 22 400　　　　　B. 21 900　　　　　C. 25 000　　　　　D. 34 500

5. 2019年1月1日,深广公司销售一批材料给红星公司,含税价为105 000元。2019年7月1日,红星公司发生财务困难,无法按合同规定偿还债务,经双方协议,深广公司同意红星公司用产品抵偿该应收账款。该产品市价为80 000元,增值税税率为13%,产品成本为70 000元。红星公司为转让的材料计提了存货跌价准备500元,深广公司为债权计提了坏账准备500元。假定不考虑其他税费。深广公司接受的存货的入账价值为( )元。

A. 91 400　　　　　B. 80 000　　　　　C. 90 900　　　　　D. 70 000

6. 广源公司于2019年7月10日从深大公司购得一批产品,价值200 000元(含应付的增值税),至2020年1月尚未支付货款。经与深大公司协商,深大公司同意广源公司以一项专利技术偿还债务。该项专利技术的账面价值为195 000元。广源公司未对转让的专利技术计提减值准备,深大公司未对债权计提坏账准备,放弃债权的公允价值为150 000元。假定不考虑其他相关税费。深大公司无形资产的入账价值为( )元。

A. 200 000　　　　　B. 195 000　　　　　C. 150 000　　　　　D. 140 250

7. 甲公司应收乙公司货款800万元。经磋商,双方同意按600万元结清该笔货款。甲公司已经为该笔应收账款计提了100万元坏账准备。在债务重组日,该事项对甲公司和乙公司的影响分别为( )。

A. 甲公司资本公积减少200万元,乙公司资本公积增加200万元

B. 甲公司营业外支出增加100万元,乙公司资本公积增加200万元

C. 甲公司当期损失增加200万元,乙公司当期收益增加200万元

D. 甲公司当期损失增加100万元,乙公司当期收益增加200万元

8. 2019年1月1日,深广公司销售一批材料给红星公司,含税价为130万元。2019年7月1日,红星公司发生财务困难,无法按合同规定偿还债务,经双方协议,深广公司同意红星公司用产品抵偿该应收账款。该产品市价为100万元,增值税税率为13%,产品成本为90万元。红星公司为转让的材料计提了存货跌价准备2万元,深广公司为债权计提了坏账准备5万元,放弃债权的公允价值为100万元。假定不考虑其他税费。深广公司应确认的债务重组损失为( )万元。

A. 18　　　　　B. 25　　　　　C. 0　　　　　D. 15

(二)多项选择题

1. 债务重组准则规范的内容包括( )。

A. 债务重组的确认

B. 债务重组的计量

C. 债务重组相关信息的披露

D. 债务重组中涉及的会计科目在资产负债表中的列示

2. 债务重组的方式主要包括( )。

A. 以资产清偿债务

B. 将债务转为权益工具

C. 修改其他债务条件,如减少债务本金、减少债务利息等

D. 以上三种方式的组合

3. 下列关于债务重组准则中以现金清偿债务的说法中正确的有(　　)。
A. 债务人应当将重组债务的账面价值与实际支付现金之间的差额,计入当期损益
B. 若债权人未对应收债权计提减值准备,债权人应当将重组债权的账面余额与收到的现金之间的差额,计入当期损益
C. 若债权人已对债权计提减值准备的,应当先将该差额冲减减值准备,减值准备不足以冲减的部分,计入当期损益
D. 若债权人已对债权计提减值准备的,债权人实际收到的款项大于应收债权账面价值的差额,计入当期损益

4. 下列关于债务重组准则中将债务转为权益工具的说法中正确的有(　　)。
A. 债务人应当将债权人放弃债权而享有股份的面值总额确认为股本(或者实收资本),股份的公允价值总额与股本(或者实收资本)之间的差额确认为债务重组利得
B. 债务人应当将债权人放弃债权而享有股份的面值总额确认为股本(或者实收资本),股份的公允价值总额与股本(或者实收资本)之间的差额确认为资本公积
C. 重组债务的账面价值与股份的公允价值总额之间的差额,计入当期损益
D. 重组债务的账面价值与股份的面值总额之间的差额,计入当期损益

(三)判断题

1. 以现金清偿债务的,若债权人已对债权计提减值准备的,债权人应当将重组债权的账面余额与收到的现金之间的差额,计入当期损益。(　　)

2. 以非现金资产清偿债务的,债务人应当将重组债务的账面价值与转让的非现金资产账面价值之间的差额,计入当期损益。(　　)

3. 以非现金资产清偿债务的,债权人应当对接受的非现金资产按放弃债权的公允价值入账,放弃债权的公允价值与账面价值之间的差额,计入资本公积。(　　)

4. 将债务转为权益工具的,债务人应当将债权人放弃债权而享有股份的面值总额确认为股本(或者实收资本),股份的公允价值总额与股本(或者实收资本)之间的差额计入当期损益。重组债务的账面价值与股份的公允价值总额之间的差额,计入当期损益。(　　)

5. 债务重组采用债务转为权益工具方式的,债权人应当将享有股份的公允价值确认为对债务人的投资,放弃债权的公允价值与账面价值之间的差额,计入当期损益。(　　)

(四)业务题

A股份有限公司(以下简称A公司)和B股份有限公司(以下简称B公司)均为增值税一般纳税人,适用的增值税税率均为13%。

2019年4月5日,A公司向B公司销售材料一批,开具的增值税专用发票上注明的价款为500万元,增值税税额为65万元。至2020年9月30日尚未收到上述货款,A公司对此项债权已计提5万元坏账准备。2020年9月30日,B公司鉴于财务困难,提出以其生产的产品一批和设备一台抵偿上述债务。经双方协商,A公司同意B公司的上述偿债方案。B公司放弃债权的公允价值为500万元。用于抵偿债务的产品和设备的有关资料如下:

(1) B公司为该批产品开出的增值税专用发票上注明的价款为300万元,增值税税额为39万元。该批产品的成本为200万元。

(2) 该设备的公允价值为200万元,账面原价为434万元,至2020年9月30日的累计折

旧为200万元。B公司清理设备过程中以银行存款支付清理费用2万元(假定B公司用该设备抵偿上述债务不需要交纳增值税及其他流转税费)。A公司已于2020年10月收到B公司用于偿还债务的上述产品和设备。A公司将收到的上述产品作为存货处理,将收到的设备作为固定资产处理。假设不考虑所作分录对所得税、税金及附加、期末结转损益类科目的影响。

要求(答案中的金额单位用万元表示):
(1) 编制A公司2020年上述业务相关的会计分录。
(2) 编制B公司2020年上述业务相关的会计分录。

第三部分 或 有 事 项

(一)单项选择题

1. 关于或有事项,下列说法中正确的是(　　)。
   A. 待执行合同变成亏损合同且该亏损合同产生的义务满足或有事项确认预计负债规定的,应当确认为预计负债
   B. 待执行合同变成亏损合同的,应当确认为预计负债
   C. 企业应当就未来经营亏损确认预计负债
   D. 企业在一定条件下应当将未来经营亏损确认预计负债

2. 甲公司为2019年新成立的企业。2019年该公司分别销售了A、B产品1万件和2万件,销售单价分别为100元和50元。公司向购买者承诺提供产品售后2年内免费保修服务,预计保修期内将发生的保修费在销售额的2%～8%之间。2019年实际发生保修费1万元。假定无其他或有事项,则甲公司2019年年末资产负债表"预计负债"项目的金额为(　　)万元。
   A. 3　　　　　B. 9　　　　　C. 10　　　　　D. 15

3. 甲公司2019年9月与乙公司签订合同,在2020年4月销售20件商品,单位成本估计为1 500元,合同价格2 500元;如2020年4月未交货,商品价格降为1 200元。2019年12月,甲公司因生产线损坏,20件商品尚未投入生产,则2019年12月31日甲公司应确认的预计负债为(　　)元。
   A. 6 000　　　　B. 26 000　　　　C. 20 000　　　　D. 30 000

4. 2019年12月10日,甲公司因合同违约而涉及一桩诉讼案。根据企业的法律顾问判断,最终的判决很可能对甲公司不利。2019年12月31日,甲公司尚未接到法院的判决,因诉讼须承担的赔偿的金额也无法准确地确定。不过,据专业人士估计,赔偿金额可能在90万元至100万元之间的某一金额(不含甲公司将承担的诉讼费2万元)。根据《企业会计准则第13号——或有事项》的规定,甲公司应在2019年12月31日资产负债表中确认负债的金额为(　　)万元。
   A. 92　　　　　B. 90　　　　　C. 95　　　　　D. 97

5. A公司为了结因或有事项而确认的负债40万元,估计有95%的可能性由C公司补偿40万元。则A公司应确认资产的金额为(　　)万元。
   A. 0　　　　　B. 40　　　　　C. 10　　　　　D. 50

6. 2019年12月10日,甲公司因合同违约而涉及一桩诉讼案。根据企业的法律顾问判断,最终的判决可能对甲公司不利。2019年12月31日,甲公司尚未接到法院的判决,因诉讼须承

担的赔偿的金额也无法准确地确定。不过,据专业人士估计,赔偿金额可能在100万元至120万元之间的某一金额。根据《企业会计准则第13号——或有事项》的规定,甲公司应在2019年12月31日资产负债表中确认负债的金额为( )万元。

A. 100　　　　　B. 110　　　　　C. 12　　　　　D. 0

7. 甲公司涉及一起诉讼。根据类似的经验以及公司所聘请律师的意见判断,甲公司在该起诉中胜诉的可能性有60%,败诉的可能性有40%。如果败诉,将要赔偿60万元。在这种情况下,甲公司应确认的负债金额应为( )万元。

A. 60　　　　　B. 24　　　　　C. 0　　　　　D. 36

8. A公司于2019年10月受到B公司的起诉,B公司声称A公司侵犯了B公司的软件版权,要求A公司予以赔偿,赔偿金额为30万元。在应诉过程中,A公司发现诉讼所涉及的软件主体部分是有偿委托C公司开发的。如果这套软件确有侵权问题,C公司应当承担连带责任,对A公司予以赔偿。A公司在年末编制会计报表时,根据法律诉讼的进展情况以及律师的意见,认为对B公司予以赔偿的可能性为50%,最有可能发生的赔偿金额为20万元;从C公司得到补偿基本上可以确定,最有可能获得的赔偿金额为22万元。在上述情况下,A公司在年末应确认的负债和资产分别是( )。

A. 20万元和20万元　　　　　B. 0和0
C. 30万元和22万元　　　　　D. 30万元和20万元

9. 下列各种说法中,正确的是( )。

A. 或有资产不符合资产确认条件　　　　　B. 或有负债符合负债确认条件
C. 或有资产应在会计报表附注中披露　　　　　D. 只要是或有负债,就必须在附注中披露

10. 甲公司2019年销售收入为1 000万元。甲公司的产品质量保证条款规定:产品售出后一年内,如发生正常质量问题,甲公司将免费负责修理。根据以往的经验,如果出现较小的质量问题,发生的修理费为销售收入的1%;而如果出现较大的质量问题,发生的修理费为销售收入的2%。据预测,本年度已售产品中,有80%可能不会发生质量问题,有15%可能将发生较小质量问题,有5%可能将发生较大质量问题。据此,2019年年末甲公司应确认的或有负债金额为( )万元。

A. 1.5　　　　　B. 1　　　　　C. 2.5　　　　　D. 30

(二)多项选择题

1. 根据企业会计准则规定,下列各项中,属于或有事项的有( )。

A. 某公司为其子公司的贷款提供担保　　　　　B. 某单位为其他企业的贷款提供担保
C. 某企业以财产作抵押向银行借款　　　　　D. 某公司被国外企业提起诉讼

2. 如果清偿因或有事项而确认的负债所需支出全部或部分预期由第三方补偿,下列说法中正确的有( )。

A. 补偿金额只能在基本确定收到时,作为资产单独确认,且确认的补偿金额不应超过所确认负债的账面价值
B. 补偿金额只能在很可能收到时,作为资产单独确认,且确认的补偿金额不应超过所确认负债的账面价值
C. 补偿金额在基本确定收到时,企业应按所需支出扣除补偿金额确认负债
D. 补偿金额在基本确定收到时,企业应按所需支出确认预计负债,而不能扣除补偿金额

3. 已知将或有事项确认为负债,其金额应是清偿该负债所需支出的最佳估计数。下列说

法中正确的有( )。

A. 如果所需支出存在一个连续范围,且该范围内各种结果发生的可能性相同的,最佳估计数应当按照该范围内的中间值确定
B. 如果所需支出不存在一个金额范围,或有事项涉及单个项目时,最佳估计数按最可能发生金额确定
C. 如果所需支出不存在一个金额范围,或有事项涉及多个项目时,最佳估计数按各种可能发生额及其发生概率计算确定
D. 如果所需支出不存在一个金额范围,或有事项涉及多个项目时,最佳估计数按各种可能发生额的算术平均数确定

4. 以下事项中属于或有事项的有( )。

A. 正在进行当中的诉讼案
B. 对售出产品提供质量担保
C. 将商业承兑汇票到银行贴现
D. 应收账款计提坏账准备

5. 企业应在会计报表附注中披露的或有负债有( )。

A. 已贴现商业承兑汇票形成的可能发生的或有负债
B. 未决仲裁形成的可能发生的或有负债
C. 为其他单位提供债务担保形成的极小可能发生的或有负债
D. 因污染河水受到环保公司的调查,企业极小可能发生的1万元赔偿款

6. 关于或有事项,下列说法中正确的有( )。

A. 将或有事项确认为预计负债的事项应在会计报表附注中披露
B. 企业不应确认或有资产和或有负债
C. 极小可能导致为其他单位提供债务担保产生的经济利益流出企业的或有负债也应在会计报表附注中披露
D. 与或有事项有关的义务的履行很可能导致经济利益流出企业,就应将其确认为一项预计负债

7. 下列关于或有事项的内容,正确的有( )。

A. 可能导致经济利益流出企业的或有负债应当披露其形成的原因
B. 与或有事项有关的义务确认为预计负债时,既然已经在资产负债表中单列项目反映,就无需在报表附注中说明
C. 或有资产若收到的可能性为96%,则可以确认入账
D. 对于应予披露的或有负债,企业应披露或有负债预计产生的财务影响

8. 关于或有负债的披露,下列说法中正确的有( )。

A. 对可能导致经济利益流出企业的或有负债,应披露或有负债种类及其形成原因
B. 对可能导致经济利益流出企业的或有负债,应披露经济利益流出不确定性说明
C. 对极小可能导致经济利益流出企业的或有负债,应披露或有负债的种类及其形成原因
D. 对极小可能导致经济利益流出企业的或有负债,应披露经济利益流出不确定性说明

(三)判断题

1. 或有事项是指未来的交易或者事项形成的,其结果须由某些未来事项的发生或不发生才能决定的不确定事项。 ( )
2. 待执行合同是指合同各方尚未履行任何合同义务,或部分地履行了同等义务的合同。 ( )

3. 或有事项准则所指的亏损合同是指履行合同义务后发生的成本超过经济利益的合同。（　）

4. 或有负债是指过去的交易或者事项形成的潜在义务，不会涉及现时义务。（　）

5. 或有资产是指过去的交易或者事项形成的潜在资产，其存在须通过未来不确定事项的发生或不发生予以证实。（　）

6. 当或有负债满足一定条件时，企业应将或有负债确认为负债。（　）

7. 如或有事项产生的经济利益基本确定流入企业时，企业就应将或有事项确认为资产。（　）

8. 预计负债应当按照履行相关现时义务所需支出的最佳估计数进行初始计量。（　）

9. 企业在确定最佳估计数时，应当综合考虑与或有事项有关的风险、不确定性和货币时间价值等因素。货币时间价值影响重大的，应当通过对相关未来现金流出进行折现后确定最佳估计数。（　）

10. 或有事项确认负债只有初始计量，没有后续计量。（　）

11. 待执行合同变成亏损合同的，该亏损合同产生的义务满足或有事项确认预计负债规定的，应当确认为预计负债。（　）

12. 企业可以就未来经营亏损确认预计负债。（　）

（四）业务题

1. 甲企业为工业生产企业，从 2015 年 1 月起为售出产品提供"三包"服务，如果规定产品出售后一定期限内出现质量问题，负责退换或免费提供修理。假定甲企业只生产和销售 A、B 两种产品：

（1）甲企业为 A 产品"三包"确认的预计负债在 2019 年年初账面余额为 30 万元，A 产品的"三包"期限为 3 年。该企业对售出的 A 产品可能发生的"三包"费用，在年末按照当年 A 产品销售收入的 2% 预计。

甲企业 2019 年 A 产品销售收入及发生的"三包"费用资料如表 11-1 所示：

表 11-1　A 产品销售收入及发生的"三包"费用资料　　　　　　单位：万元

项　　目	第一季度	第二季度	第三季度	第四季度
A 产品销售收入	1 000	800	1 200	600
发生的"三包"费用	15	10	30	20
其中：原材料成本	10	8	10	15
人工成本	5	2	5	5
用银行存款支付的其他支出			15	

（2）甲企业为 B 产品"三包"确认的预计负债在 2019 年年初账面余额为 8 万元，B 产品已于 2015 年 7 月 31 日停止生产，B 产品的"三包"截止日期为 2019 年 12 月 31 日。甲企业库存的 B 产品已于 2019 年年底以前全部售出。

2019 年第四季度发生的 B 产品"三包"费用为 5 万元（均为人工成本），其他各季度均未发生"三包"费用。

要求（答案中的金额单位用万元表示）：

（1）计算对 A 产品 2019 年年末应确认的预计负债。

(2)编制对 A 产品 2019 年年末确认预计负债相关的会计分录(假定按年编制会计分录)。

(3)编制 A 产品 2019 年发生的售出产品"三包"费用相关的会计分录(假定按年编制会计分录)。

(4)编制 B 产品 2019 年与预计负债相关的会计分录(假定按年编制会计分录)。

(5)计算甲企业 2019 年 12 月 31 日预计负债的账面余额(注明借方或贷方)。

2. 甲公司 2019 年和 2020 年发生与或有事项有关的经济业务:

(1)甲公司 2019 年 9 月与乙公司签订合同,在 2020 年 4 月销售 10 件 A 商品,单位成本估计为 800 元,单位合同价格 1 200 元;如 2020 年 4 月未交货,延迟交货的商品价格降为 750 元。2019 年 12 月,甲公司因生产线损坏,10 件商品尚未投入生产,估计在 2020 年 5 月交货。

(2)甲公司 2019 年 10 月与丙公司签订合同,在 2020 年 4 月销售 100 件 B 商品,合同价格为每件 1 000 元,单位成本为 1 020 元。2019 年 12 月月末,已库存 B 商品 100 件。

(3)甲公司 2019 年 1 月采用经营租赁方式租入生产线,租期 3 年,每年租金 100 万元,产品获利。2020 年 12 月,市政规划要求公司迁址,决定停产该产品。原经营租赁合同不可撤销,还要持续 1 年,生产线无法转租。

(4)甲公司与丁公司签订合同,购买 10 件 C 商品,合同价格为每件 1 000 元。市场上同类商品每件 800 元。甲公司购买的 C 商品卖给乙公司,单价为 800 元。甲公司如单方面撤销合同,应支付违约金 3 000 元。商品尚未购入。

(5)甲公司与丁公司签订合同,购买 10 件 D 商品,合同价格为每件 1 000 元。市场上同类商品每件 700 元。甲公司将购买的 D 商品卖给乙公司,单价为 800 元。甲公司如单方面撤销合同,应支付违约金 1 000 元。商品尚未购入。

要求:编制甲公司经济业务的会计分录。

第十二章 财务报表

一、学习目的和要求

通过本章学习,明确企业财务报表的构成;理解资产负债表、利润表、现金流量表和所有者权益变动表的功能;理解附注的功能;掌握资产负债表、利润表、现金流量表和所有者权益变动表的编制方法;理解财务报表数据的用途。要求学生能够结合企业经济业务编制财务报表。

二、学习重点和难点

重点:资产负债表、利润表、现金流量表和所有者权益变动表的编制原理和方法。
难点:经营活动产生的现金流量净额的计算,现金流量表间接法的应用。

三、教材主要观点提示

资产负债表是反映企业某一特定日期财务状况的会计报表,它表明企业在某一特定日期拥有或控制的经济资源、所承担的现有义务和所有者对净资产的要求权。在我国,资产负债表采用账户式结构,报表分为左右两方。编报资产负债表最根本的目标是如实反映企业在资产负债表日所拥有的资源、所承担的债务以及所有者所拥有的权益。资产负债表应当按照资产、负债和所有者权益三大类别分类列报。其中,资产应当按流动资产和非流动资产项目列示,负债按流动负债和非流动负债项目列示,所有者权益按实收资本(或股本)、其他权益工具、资本公积、盈余公积和未分配利润等项目列示。资产负债表可以作为计算投资报酬率,评价资本结构以及企业资产的流动性和财务弹性的基础。

利润表是反映企业一定期间经营成果的报表。在我国,利润表采用多步式结构,按利润形成的主要环节列示一些中间性利润指标,分步计算当期损益。企业应当在利润表中分别列示营业收入、营业利润、利润总额、净利润、每股收益等内容。利润表可据以解释、评价和预测企业的经营成果和获利能力、偿债能力,考核管理人员的业绩,是进行利润分配的主要依据。

现金流量表是反映企业一定时期现金流入流出情况的报表,它反映企业一定会计期间内有关现金和现金等价物的流入和流出信息。现金流量表由正表和补充资料两部分组成。其中,正表部分按照现金流量的性质分为经营活动的现金流量、投资活动的现金流量、筹资活动的现金流量。各部分又分别按收入项目和支出项目列示,以反映各类活动所产生的现金流入量和现金流出量,来展示各现金流入和流出的原因。现金流量表应当采用直接法列示经营活动产生的现金流量,并在报表补充资料中采用间接法列示经营活动产生的现金流量。补充资料包括三部分内容:一是将净利润调节为经营活动现金流量,二是不涉及现金收支的重大投资和筹资活动,三是现金及现金等价物净变动等信息。现金流量表的编制方法主要有工作底稿法、T形账户法和分析填列法。

所有者权益变动表是反映构成所有者权益各组成部分当期增减变动情况的报表。所有者权益变动表应当全面反映一定时期所有者权益变动的情况,不仅包括所有者权益总量的增减变动,还包括所有者权益增减变动的重要结构性信息,特别是要反映直接计入所有者权益的利得和损失,让报表使用者准确理解所有者权益增减变动的根源。

附注是财务报表不可或缺的组成部分,是对在资产负债表、利润表、现金流量表和所有者权益变动表等报表中列示项目的文字描述或相关明细资料,以及对未能在这些报表中列示项目的说明等。

四、案例导入设计

案例导入: 通过教材中的案例引入,引导学生思考:如何掌握财务报表的正确编制方法?如何识别财务报表造假行为?

提问抽答: 资产负债表反映什么信息?资产、负债和所有者权益项目如何排列?利润表反映什么信息?利润表为什么要采用分步法?现金流量表反映什么信息?现金流量表与资产负债表和利润表的关系如何?为什么要对现金流量进行分类?间接法的原理是什么?

归纳总结: 资产负债表与利润表是按照权责发生制为基础编制的。现金流量表是以现金收付制为基础编制的。现金流量表可以提供额外的信息。间接法反映了权责发生制的利润与当期经营活动净现金流量的关系。

五、自学内容和课外阅读

自学内容	具体内容	课外阅读资料
企业财务报表的构成;附注的功能及编制原理	(1) 企业财务报表的构成 (2) 附注的功能及编制原理	(1)《企业会计准则第30号——财务报表列报表》 (2)《企业会计准则第31号——现金流量表》 (3)《IAS1——财务报表列报》 (4)《IAS7——现金流量表》 (5)《关于修订印发2019年度一般企业财务报表格式的通知》

六、自主测试

(一) 单项选择题

1. 期末资产负债表中的"未分配利润"项目,应根据(　　)填列。

A. "利润分配"科目余额

B. "本年利润"科目余额

C. "本年利润"和"利润分配"科目的余额计算后

D. "盈余公积"科目余额

2. "预付账款"科目明细账中若有贷方余额,应将其计入资产负债表中的( )项目。

　　A. "应收账款"　　B. "预收账款"　　C. "应付账款"　　D. "其他应付款"

3. 某企业 2019 年 12 月 31 日"固定资产"科目余额为 2 000 万元,"累计折旧"科目余额为 800 万元,"固定资产减值准备"科目余额为 100 万元,"在建工程"科目余额为 200 万元。该企业 2019 年 12 月 31 日资产负债表中"固定资产"项目的金额为( )万元。

　　A. 1 200　　　　B. 90　　　　　C. 1 100　　　　D. 2 200

4. 下列不影响营业利润的项目是( )。

　　A. 财务费用　　B. 投资收益　　C. 资产减值损失　　D. 营业外支出

5. 下列经济事项中,能使企业经营活动的现金流量发生变化的是( )。

　　A. 交纳增值税　　　　　　　　B. 购买工程物资

　　C. 赊销商品　　　　　　　　　D. 发放股票股利

6. 甲公司为增值税一般纳税人。2019 年度,甲公司主营业务收入为 1 000 万元,增值税销项税额为 130 万元;应收账款期初余额为 100 万元,期末余额为 150 万元;预收账款期初余额为 50 万元,期末余额为 10 万元。假定不考虑其他因素,甲公司 2019 年度现金流量表中"销售商品、提供劳务收到的现金"项目的金额为( )万元。

　　A. 1 040　　　　B. 1 160　　　C. 1 140　　　　D. 1 260

7. 下列经济业务所产生的现金流量中,属于"投资活动产生的现金流量"的是( )。

　　A. 收到的现金股利　　　　　　B. 支付的各种税费

　　C. 吸收投资所收到的现金　　　D. 支付货款

8. 企业偿还的长期借款利息,在编制现金流量表时,应作为( )项目填列。

　　A. "偿还债务支付的现金"　　　B. "分配股利、利润和偿付利息支付的现金"

　　C. "付的其他与筹资活动有关的现金"　　D. "支付的利息费用"

9. 下列各项中,不属于筹资活动产生的现金流量的是( )。

　　A. 吸收权益性投资所收到的现金　　B. 收回债券投资所收到的现金

　　C. 分配现金股利　　　　　　　　　D. 借入资金所收到的现金

10. 以下项目中,属于资产负债表中"流动负债"项目的是( )。

　　A. 长期借款　　　　　　　　　B. 递延所得税负债

　　C. 应付股利　　　　　　　　　D. 应付债券

11. 下列关于企业财务报告的表述中不正确的是( )。

　　A. 财务报告包括财务报表和其他应当在财务报告中披露的相关信息和资料

　　B. 财务报告的目标是向报告使用者提供与企业财务状况、经营成果和现金流量等有关的会计信息

　　C. 财务报告的使用者包括投资人、债权人、债务人及社会公众

　　D. 财务报告是反映企业管理层受托责任履行情况的相关资料

12. 甲公司 2019 年 12 月 1 日"银行存款"科目余额为 100 万元,"库存现金"科目余额为 0.2 万元,"其他货币资金"科目余额为 500 万元。甲公司 12 月提取现金 5 万元,赊销商品 117 万元,收到银行承兑汇票 100 万元。则 2019 年 12 月 31 日甲公司资产负债表中"货币资金"项目

填列的金额为( )万元。

  A. 600.2   B. 717.2   C. 817.2   D. 722.2

13. 下列各项中,可以在资产负债表中直接按总账余额填列的项目是( )。

  A. "其他应收款"   B. "短期借款"   C. "应付账款"   D. "预收款项"

14. 甲公司12月月末结账后相关会计科目余额为:原材料1 200万元(借方)、库存商品500万元(借方)、委托加工物资20万元(借方)、发出商品500万元(借方)、周转材料5万元(借方)、工程物资130万元(借方)、存货跌价准备160万元(贷方)。则12月31日甲公司资产负债表中"存货"项目应填列的金额为( )万元。

  A. 2 225   B. 2 355   C. 2 195   D. 2 065

15. 如果企业预收账款明细账目中出现借方余额,下列账务处理中正确的是( )。

  A. 将其与预收账款贷方余额合并填列在资产负债表的"预收款项"项目中

  B. 将其与应付账款贷方余额合并填列在资产负债表的"预收款项"项目中

  C. 将其与应收账款借方余额合并填列在资产负债表的"应收账款"项目中

  D. 将其与预付账款借方余额合并填列在资产负债表的"应收账款"项目中

16. 甲公司2019年12月31日"固定资产"科目余额1 200万元,"累计折旧"科目余额220万元,"在建工程"科目余额589万元,"工程物资"科目余额234万元,"固定资产减值准备"科目余额89万元。则2019年12月31日甲公司资产负债表中"固定资产"项目填列的金额为( )万元。

  A. 891   B. 1 480   C. 1 714   D. 980

17. 某公司2019年6月30日编制资产负债表时,长期借款明细账情况如下:向A银行借款2 000万元(借款期3年,借款日2017年1月1日);向B银行借款5 000万元(借款期5年,借款日2015年1月1日);向C银行借款200万元(借款期2年,借款日2018年1月1日);假定不考虑其他因素,则2019年6月30日资产负债表中"长期借款"项目应填列的金额为( )万元。

  A. 200   B. 7 200   C. 7 000   D. 0

18. A公司2019年1月1日实收资本为5 000万元,资本公积为500万元,其他综合收益为300万元,盈余公积为200万元,当年实现净利润2 000万元,按净利润10%提取法定盈余公积,当年经股东大会批准以资本公积300万元和盈余公积200万元转增资本。假设A公司年初未分配利润余额为200万元,则2019年12月31日资产负债表"所有者权益"项目合计金额为( )万元。

  A. 7 500   B. 7 700   C. 8 000   D. 8 200

19. 下列各项中,不应当在资产负债表"存货"项目反映的是( )。

  A. 委托加工物资   B. 发出商品   C. 生产成本   D. 工程物资

20. 企业预付账款明细账的借方余额应在资产负债表( )项目中列示。

  A. 应付款项   B. 应收账款   C. 预付账款   D. 预收款项

21. 下列各项中不应列入利润表"营业收入"项目的是( )。

  A. 工业企业销售材料收入   B. 房地产开发企业销售商品房收入

  C. 信息服务企业咨询费收入   D. 商业企业政府科技奖励收入

22. 甲公司2019年9月取得主营业务收入1 000万元,其他业务收入100万元,发生主营业务成本550万元,其他业务成本25万元,税金及附加200万元,管理费用500万元,资产减值损失 50 万元,投资收益 500 万元,公允价值变动损失 200 万元,营业外收入 100 万元,营业外支出 50 万元。甲公司适用的企业所得税税率为 25%。假定没有纳税调整事项,则甲公司当月利润表中的"净利润"项目金额为( )万元。

  A. 125   B. 93.75   C. 525   D. 393.75

23. 某企业 2016 年 7 月 1 日从银行借入期限为 4 年的长期借款 600 万元,2019 年 12 月 31 日编制资产负债表时,此项借款应填入的报表项目是( )。

  A. "短期借款"   B. "长期借款"
  C. "其他长期负债"   D. "一年内到期的非流动负债"

24. 下列各项中,企业可以作为现金等价物核算的是( )。

  A. 银行承兑汇票   B. 权益性投资
  C. 债务性投资   D. 2 个月到期的国债投资

25. 下列关于分期付款方式购买固定资产方式的说法中正确的是( )。

  A. 分期支付的购买价款属于筹资活动产生的现金流出
  B. 首次支付的购买价款属于筹资活动产生的现金流出
  C. 分期支付的购买价款属于投资活动产生的现金流出
  D. 首次支付的购买价款属于经营活动产生的现金流出

26. A 公司 2019 年度实现营业收入 5 000 万元,其中,现销收入 2 600 万元,赊销收入 2 400 万元;当年预收货款 1 000 万元,预付货款 1 200 万元,因质量不合格销售退回支付现金 300 万元,收回前期坏账 50 万元,则 A 公司当年"销售商品、提供劳务收到的现金"项目的金额为( )万元。

  A. 2 350   B. 2 300   C. 3 350   D. 3 300

27. 某企业 2019 年度发生如下业务:以银行存款购买将于 2 个月内到期的国债 800 万元,偿还应付账款 200 万元,支付生产人员工资 150 万元,购买固定资产 300 万元。假定不考虑其他因素,该企业 2019 年度现金流量表中"购买商品、接受劳务支付的现金"项目的金额为( )万元。

  A. 200   B. 350   C. 650   D. 1 150

28. 下列各项中,属于现金流量表中"投资活动产生的现金流量"的是( )。

  A. 支付购买固定资产应交纳的契税   B. 支付股东现金股利
  C. 购买 2 个月内到期国债投资   D. 接受新的投资者投资

29. 下列各项中,不属于现金流量表中"筹资活动产生的现金流量"的是( )。

  A. 向银行支付贷款利息   B. 发行公司债券收到的现金
  C. 向所有者分红   D. 以存货抵偿债务

30. 下列各项中,不属于所有者权益变动表中应单独列示的是( )。

  A. 提取盈余公积   B. 库存股
  C. 综合收益总额   D. 盈余公积补亏

31. 下列关于企业财务报告附注的表述中不正确的是( )。

  A. 附注是对财务报表的文字描述和说明
  B. 附注主要作用是对报表中未能列示项目进行说明
  C. 企业未能在财务报告中说明的内容必须在附注中加以披露
  D. 附注是企业财务报告的组成部分

（二）多项选择题

1. 资产负债表中的"应付账款"项目应根据(　　　　)填列。
   A. 应付账款所属明细账贷方余额合计　　B. 预付账款所属明细账贷方余额合计
   C. 应付账款所属明细账借方余额合计　　D. 预付账款所属明细账借方余额合计

2. 下列资产中,属于流动资产的有(　　　　)。
   A. 一年内到期的非流动资产　　B. 交易性金融资产
   C. 货币资金　　D. 开发支出

3. 财务报表包括(　　　　)。
   A. 资产负债表　　B. 利润表
   C. 现金流量表　　D. 所有者权益变动表

4. 利润表中的"营业收入"项目,包含(　　　　)科目的金额。
   A. "营业外收入"　　B. "投资收益"　　C. "主营业务收入"　　D. "其他业务收入"

5. 下列项目中,影响现金流量表中"购买商品、接受劳务支付的现金"项目的有(　　　　)。
   A. 偿还应付账款　　B. 支付的进项税额
   C. 预付购货款　　D. 购买材料支付货款

6. 现金流量表中的"支付给职工以及为职工支付的现金"项目包括(　　　　)。
   A. 支付给职工的工资和奖金　　B. 支付给退休人员的福利费
   C. 支付给职工的津贴　　D. 支付给在建工程人员的工资

7. 在下列事项中,影响投资活动现金流量的有(　　　　)。
   A. 以存款购买设备　　B. 购买三个月内到期的短期债券
   C. 购买一项可供出售金融资产　　D. 取得债券利息和现金股利

8. 甲公司当期发生的交易或事项中,会引起现金流量表中筹资活动产生的现金流量发生增减变动的有(　　　　)。
   A. 接受现金捐赠　　B. 向投资者分派现金股利300万元
   C. 收到投资单位分来的现金股利500万元　　D. 发行股票时由证券商支付的股票印刷费用

9. 在采用间接法将净利润调节为经营活动的现金流量时,下列各调整项目中,属于调增项目的有(　　　　)。
   A. 存货的减少　　B. 递延所得税资产减少额
   C. 计提的坏账准备　　D. 经营性应付项目的减少

10. 下列交易或事项产生的现金流量中,属于投资活动产生的现金流量的有(　　　　)。
    A. 向投资者派发现金股利60万元
    B. 为购建固定资产支付的已资本化的利息费用
    C. 因火灾造成的固定资产损失而收到的保险赔款
    D. 分期付款购买固定资产第一次支付的款项

11. 下列各项中,可以按总账科目余额直接填列的有(　　　　)。
    A. 货币资金　　B. 短期借款　　C. 应付票据　　D. 应交税费

12. 企业在编制资产负债表时,"预收款项"项目应当根据(　　　　)填列。
    A. 应收账款明细账的借方余额　　B. 应收账款明细账的贷方余额
    C. 预收账款明细账的借方余额　　D. 预收账款明细账的贷方余额

13. 下列各项中,应当在企业资产负债表中"存货"项目反映的有(　　　　)。
    A. 库存商品　　B. 发出商品　　C. 周转材料　　D. 原材料

14. 下列各项中,属于企业"非流动资产"项目的有(　　)。
   A. 以公允价值计量且其变动计入当期损益的金融资产
   B. 债权投资
   C. 其他权益工具投资
   D. 长期股权投资

15. 下列各项中,在填列资产负债表时应当减去其备抵科目的有(　　)。
   A. 长期股权投资　　B. 无形资产　　C. 存货　　D. 应收账款

16. 下列各项中在填列资产负债表时应根据总账科目余额和明细账科目余额分析填列的项目有(　　)。
   A. 应付债券　　B. 应付账款　　C. 预付款项　　D. 长期待摊费用

17. 下列各项中,会影响利润表"营业利润"项目的有(　　)。
   A. 计提存货跌价准备
   B. 计提所得税费用
   C. 其他权益工具投资公允价值上升
   D. 成本法下核算长期股权投资时被投资单位宣告分派现金股利

18. 企业在编制资产负债表时,"未分配利润"项目应当根据(　　)科目余额计算填列。
   A. "本年利润"　　B. "利润分配"　　C. "盈余公积"　　D. "资本公积"

19. 下列交易或事项中,会影响利润表"投资收益"项目的有(　　)。
   A. 权益法核算长期股权投资时被投资单位发生亏损
   B. 报废无形资产取得的净收益
   C. 处置交易性金融资产时处置价款与其账面价值的差额
   D. 出售投资性房地产取得的净收益

20. 下列交易或事项中,会影响企业综合收益总额的有(　　)。
   A. 销售商品收入　　　　　　　B. 出售固定资产净收益
   C. 其他债权投资期末公允价值上升　　D. 税收罚款

21. 下列各项中,属于现金等价物的有(　　)。
   A. 银行存款　　　　　　　　B. 1个月到期的国债投资
   C. 库存现金　　　　　　　　D. 2个月到期的风险很小的债券投资

22. 下列各项交易或事项不会引起企业现金流量变动的有(　　)。
   A. 以银行汇票存款购买存货　　B. 以固定资产抵偿债务
   C. 提取备用金　　　　　　　D. 向投资者分派股票股利

23. 下列各项中,属于现金流量表中"经营活动产生的现金流量"的有(　　)。
   A. 以银行存款支付购买房屋的契税　　B. 以银行存款为职工交纳的商业保险
   C. 以现金为离退休人员支付的医疗费　　D. 收回以前确认的坏账

24. 下列各项中,属于现金流量表中"投资活动产生的现金流量"的有(　　)。
   A. 收到现金股利　　　　　　B. 分配现金股利
   C. 构建固定资产　　　　　　D. 购买3个月内到期的国债

25. 下列各项中,属于现金流量表中"筹资活动产生的现金流量"的有(　　)。
   A. 公开发行股票　　　　　　B. 支付贷款利息

C. 支付购买存货欠款　　　　　　　　D. 发行债券支付的手续费

26. 下列各项中,关于资产负债表填列方法的说法正确的有(　　　　)。
A. "盈余公积"项目可以根据总账余额填列　B. "资本公积"项目可以根据总账余额填列
C. "其他应付款"项目可以根总账余额填列　D. "应交税费"项目可以根据总账余额填列

27. 下列属于企业所有者权益变动表中应单独列示的项目有(　　　　)。
A. 资本公积转增资本　　　　　　　　B. 盈余公积补亏
C. 股本　　　　　　　　　　　　　　D. 会计政策变更

28. 下列属于企业财务报告附注中应披露的内容有(　　　　)。
A. 企业基本情况　　　　　　　　　　B. 财务报表的编制基础
C. 会计估计变更的说明　　　　　　　D. 遵循企业会计准则的声明

29. 下列对于附注中"其他综合收益"项目应当披露的内容有(　　　　)。
A. 其他综合收益各项目及其所得税影响
B. 所得税费用与会计利润关系的说明
C. 其他综合收益各项目原计入其他综合收益
D. 其他综合收益各项目的期初和期末余额及其调节情况

（三）判断题

1. 附注是财务报表不可或缺的组成部分,是对会计报表未能说明事项的具体描述。（　）
2. 资产负债表是反映企业某一特定时期的财务成果的报表。（　）
3. 我国资产负债表采用账户式结构,按其资产与负债的流动性大小排列,流动性大的在前面,流动性小的在后面。（　）
4. 资产负债表中"预付款项"项目应当根据预付账款的总账余额减对应的"坏账准备"科目期末余额后的净额填列。（　）
5. "固定资产清理"科目的期末余额应反映在资产负债表的"固定资产"项目中。（　）
6. 企业交纳的印花税、耕地占用税等不通过应交税费科目核算,所以资产负债表中"应交税费"项目不包括印花税和耕地占用税。（　）
7. 利润表是反映企业一定会计期间经营成果的报表,有助于保证财务报表使用者分析企业的获利能力及盈利增长趋势,但无法以此作出经济决策。（　）
8. 利润表"其他综合收益的税后净额"项目,反映企业根据企业会计准则规定未在损益中确认的各项利得和损失扣除所得税影响后的净额。（　）
9. "开发支出"项目应当根据"研发支出"科目中所属的"资本化支出"明细科目期末余额填列。（　）
10. "应收利息"科目的期末余额应合计在"其他应收款"项目填列。（　）
11. "销售商品、提供劳务收到的现金"项目,反映企业本期销售商品、提供劳务实际收到的现金,但不包括以前确认的坏账又重新收回的现金。（　）
12. 企业应当根据具体情况确定现金等价物的范围,一经确定不得随意变更。（　）
13. "支付给职工以及为职工支付的现金"项目,反映企业实际支付给职工的现金以及为职工支付的现金,包括在职人员及离退休人员的工资薪金。（　）
14. "长期股权投资"项目应根据"长期股权投资"科目的期末余额,减去"长期股权投资减值准备"科目的期末余额后的净额填列。（　）
15. 所有者权益变动表应当全面反映一定会计期间所有者权益变动的情况,不仅包括所有

者权益总量的增减变动,还包括所有者权益增减变动的重要结构信息,特别是要反映直接计入所有者其权益的利得和损失。 ( )

16. "长期借款"项目,反映企业向银行或其他金融机构借入的期限在1年以上(不含1年)的各项借款。 ( )

17. "应付账款"项目应根据"应付账款"和"预收账款"科目所属各明细科目的期末贷方余额合计数填列。 ( )

18. "固定资产"项目应根据"固定资产"科目的期末余额,减去"累计折旧"和"固定资产减值准备"科目期末余额以及"固定资产清理"科目期末余额后的净额填列。 ( )

19. "营业收入"项目应根据"主营业务收入""其他业务收入"和"营业外收入"科目的发生额分析填列。 ( )

20. 资产负债表和现金流量表属于静态会计报表,利润表属于动态会计报表。 ( )

21. 资产负债表中确认的资产都是企业拥有的。 ( )

22. 资产负债表中的"固定资产"项目应包括租入的使用权资产。 ( )

23. 企业必须对外提供资产负债表、利润表和现金流量表,会计报表附注不属于企业必须对外提供的资料。 ( )

24. 资产负债表中"应付账款""预付账款""预收账款"项目应直接根据相应科目的总账余额填列。 ( )

25. 资产负债表中"无形资产"项目反映各项无形资产的原价。 ( )

26. 发行债券收到的现金属于筹资活动产生的现金流量。 ( )

27. 营业外支出应反映在利润表的营业利润中。 ( )

(四) 不定项选择题

1. M公司为增值税一般纳税人,适用的增值税税率为13%。2019年1月1日,部分会计科目余额如表12-1所示。2019年发生如下交易事项:

(1) 4月,购入需要安装的生产线设备一台,取得的增值税专用发票注明的价款为2 630万元,增值税税额为341.9万元,发生运费,取得的运费增值税专用发票注明的运费为20万元,增值税税额为1.8万元,以上款项均通过银行转账方式支付。当日生产线设备被工程领用开始进行安装。

(2) 5月初,将一处闲置的厂房对外出租,该厂房原值为500万元,已提折旧200万元。厂房月租金为20万元(不考虑相关税费,假定全年租金均以银行转账方式收取)。M公司所在地有活跃的房地产交易市场,能够持续可靠地取得与该厂房有关的房地产公允价值,转换日当天厂房的公允价值为450万元。

(3) 6月,生产线安装工程领用本公司自产甲产品一批,该批产品成本为200万元,市场售价为350万元。

(4) 8月,以银行存款5 000万元对Q公司进行股权投资,占Q公司有表决权股份的30%(达到重大影响),投资当日Q公司可辨认净资产为18 000万元(与公允价值相同),M公司将该项投资作为长期股权投资核算。

(5) 9月,生产线工程达到预定可使用状态,M公司预计该生产线可以使用10年,预计净残值率为5%,采用年限平均法计提折旧。

(6) 10月,M公司得知P公司发生严重财务困难,应收取P公司的300万元货款很可能无法全额收回,M公司当月计提坏账准备200万元。

(7) 12月31日,M公司出租厂房的公允价值为550万元。

表 12-1 M 公司的部分会计科目余额

2019 年 1 月 1 日   单位：万元

会计科目	余　　额	会计科目	余　　额
货币资金	15 230	投资性房地产	0
应收账款	3 200	资本公积	500

假设不考虑除上述交易事项以外的其他事项。
要求：根据上述资料，分析回答下列问题（答案中金额单位用万元表示）。
(1) 下列各项中，关于 M 公司购入生产线设备的相关账务处理正确的是(　　)。
A. 4 月外购时：
借：工程物资   2 650
　　应交税费——应交增值税(进项税额)   343.7
　　贷：银行存款   2 993.7
B. 4 月工程领用时：
借：在建工程   2 650
　　贷：工程物资   2 650
C. 6 月领用本公司自产产品时：
借：在建工程   245.5
　　贷：库存商品   200
　　　　应交税费——应交增值税(销项税额)   45.5
D. 计提 2019 年折旧时：
借：制造费用   67.69
　　贷：累计折旧   67.69
(2) 下列各项中，关于 M 公司将厂房转为投资性房地产的表述中不正确的是(　　)。
A. M 公司取得的租金收入应计入其他业务收入
B. M 公司在转换日不会对当期损益造成影响
C. M 公司对该投资性房地产应继续计提折旧
D. M 公司对该投资性房地产应当采用公允价值模式计量
(3) 下列各项中，M 公司对 Q 公司的股权投资账务处理正确的是(　　)。
A. 借：长期股权投资——投资成本   5 000
　　　贷：银行存款   5 000
B. 借：长期股权投资——投资成本   5 400
　　　贷：银行存款   5 400
C. 借：长期股权投资——投资成本   400
　　　贷：营业外收入   400
D. 借：长期股权投资——投资成本   5 400
　　　贷：银行存款   5 000
　　　　　投资收益   400
(4) 下列关于 M 公司计提坏账准备的表述正确的是(　　)。
A. 计提坏账准备会减少应收账款的账面价值

B. 计提坏账准备会影响当期损益

C. 实际发生坏账时应冲减坏账准备

D. 实际发生坏账时不会影响应收账款的账面价值

(5) M公司2019年度资产负债表中下列项目填列正确的是(　　)。

A. 货币资金7 436.3万元　　　　　　B. 应收账款3 000万元

C. 投资性房地产550万元　　　　　　D. 资本公积650万元

2. 东方有限责任公司(以下简称东方公司)为增值税一般纳税人,2019年11月30日会计科目余额如表12-2所示:

表12-2　东方公司的会计科目余额

2019年11月30日　　　　　　　　　　　　　　　　　　　　　　单位:元

科目名称	借方余额	贷方余额	科目名称	借方余额	贷方余额
银行存款	54 000		短期借款		35 000
应收账款	40 000		应付账款		20 000
坏账准备——应收账款		160	预收账款		51 200
预付账款	7 000		应交税费		2 500
原材料	20 000		应付利息		7 840
库存商品	90 000		实收资本		240 000
交易性金融资产	55 000		资本公积		15 000
长期待摊费用	600		其他综合收益		3 000
固定资产	128 000		盈余公积		11 000
累计折旧		26 000	利润分配		9 900
在建工程	42 000		本年利润		20 000
合　计	436 600	26 160	合　计	25 00	412 940

注:"应付利息"科目余额7 840元为预提的短期借款利息。

东方公司12月份有关资料如下:

(1) 本月销售商品收入50 000元,增值税税额6 500元,款项尚未收到。商品成本为42 000元。

(2) 收回以前年度已核销的坏账140元。

(3) 向承包商支付工程款13 000元。

(4) 计提本月固定资产折旧2 500元,摊销长期摊销费用300元,均计入管理费用。另用银行存款支付其他管理费用4 000元。

(5) 本月支付已预提的短期借款利息7 840元。

(6) 用银行存款偿还短期借款11 000元。

(7) 发生财务费用566元,均以银行存款支付。

(8) 年末按应收账款余额的4‰计提坏账准备。

(9) 出售一项交易性金融资产,出售时其账面价值为15 000元(其中,成本14 000元,公允价值变动1 000元),售价16 000元,款项已收到。其他交易性金融资产年末公允价值未发生变动。

要求:根据上述资料,不考虑其他因素,分析回答下列小题(金额单位用元表示)。

(1) 根据资料(1)至资料(3),下列说法或账务处理中正确的是(　　)。

A. 收回以前年度已核销的坏账不影响应收账款账面价值

B. 资料(1)的会计分录：

借：应收账款　　　　　　　　　　　　　　　　　　　　　　　　56 500
　　贷：主营业务收入　　　　　　　　　　　　　　　　　　　　　50 000
　　　　应交税费——应交增值税(销项税额)　　　　　　　　　　　6 500
借：主营业务成本　　　　　　　　　　　　　　　　　　　　　　420 000
　　贷：库存商品　　　　　　　　　　　　　　　　　　　　　　　42 000

C. 资料(2)的会计分录：

借：应收账款　　　　　　　　　　　　　　　　　　　　　　　　　　140
　　贷：坏账准备　　　　　　　　　　　　　　　　　　　　　　　　140
借：银行存款　　　　　　　　　　　　　　　　　　　　　　　　　　140
　　贷：应收账款　　　　　　　　　　　　　　　　　　　　　　　　140

D. 资料(3)的会计分录：

借：在建工程　　　　　　　　　　　　　　　　　　　　　　　　13 000
　　贷：银行存款　　　　　　　　　　　　　　　　　　　　　　　13 000

(2) 根据资料(4)，下列说法或账务处理中正确的是(　　)。

A. 计提固定资产折旧会减少固定资产账面价值
B. 累计折旧在资产负债表中单列项目反映
C. "长期待摊费用"项目根据"长期待摊费用"总账科目余额填列
D. 资料(4)的会计分录：

借：管理费用　　　　　　　　　　　　　　　　　　　　　　　　　6 800
　　贷：累计折旧　　　　　　　　　　　　　　　　　　　　　　　2 500
　　　　长期待摊费用　　　　　　　　　　　　　　　　　　　　　　300
　　　　银行存款　　　　　　　　　　　　　　　　　　　　　　　4 000

(3) 根据资料(5)至资料(7)，下列说法或账务处理中正确的是(　　)。

A. "短期借款"科目核算短期借款本金和利息
B. 资料(5)的会计分录：

借：应付利息　　　　　　　　　　　　　　　　　　　　　　　　　7 840
　　贷：银行存款　　　　　　　　　　　　　　　　　　　　　　　7 840

C. 资料(6)的会计分录：

借：短期借款　　　　　　　　　　　　　　　　　　　　　　　　11 000
　　贷：银行存款　　　　　　　　　　　　　　　　　　　　　　　11 000

D. 资料(7)的会计分录：

借：财务费用　　　　　　　　　　　　　　　　　　　　　　　　　　566
　　贷：银行存款　　　　　　　　　　　　　　　　　　　　　　　　566

(4) 关于应收账款和坏账准备，下列选项中说法正确的是(　　)。

A. 2019 年 12 月 31 日，"应收账款"科目余额为 98 500 元
B. 2019 年 12 月 31 日，"坏账准备"科目期末余额为 394 元
C. 2019 年 12 月份，计提坏账准备 394 元
D. 2019 年 12 月 31 日，"应收账款"项目列示金额为 98 106 元

(5) 根据资料(9),下列说法或账务处理中正确的是( )。

A. 出售交易性金融资产时,确认的投资收益只是售价与账面价值的差额

B. 交易性金融资产期末应按公允价值计量

C. 交易性金融资产属于流动资产

D. 资料(9)的会计分录:

借:其他货币资金		16 000
公允价值变动损益		1 000
贷:交易性金融资产——成本		14 000
——公允价值变动		1 000
投资收益		2 000

(6) 2019年12月31日资产负债表下列项目中,金额正确的是( )。

A. 货币资金为33 734元

B. 以公允价值计量且其变动计入当期损益的金融资产为40 000元

C. 存货为68 000元

D. 在建工程为55 000元

3. 宏兴公司为增值税一般纳税人,适用的增值税税率为13%,2019年12月1日,有关会计科目余额如表12-3所示:

表12-3 宏兴公司的会计科目余额

2019年12月1日   单位:万元

会计科目	余 额	会计科目	余 额
货币资金	9 530(借方)	累计折旧	1 221(借方)
应收账款	1 200(借方)	应付账款	500(贷方)
存 货	3 522(借方)	预收账款	100(贷方)
固定资产	6 230(借方)		

12月发生的交易或事项如下:

(1) 外购A材料一批,取得的增值税专用发票注明的价款120万元,增值税税额为15.6万元,发生保险费0.6万元,材料已验收入库。以上款项通过转账方式支付。

(2) 销售甲产品一批,开具的增值税专用发票注明的价款为500万元,增值税税额为65万元,该批甲产品的实际成本为350万元。该产品已经发出,款项尚未收取。

(3) 销售B材料一批,取得价款0.22万元,增值税税额为0.028 6万元,该批材料成本为0.2万元。款项已送存银行。

(4) 当月某项工程完工,达到预定可使用状态,"在建工程"科目借方归集金额为2 532万元,该固定资产预计使用5年,预计净残值32万元,采用年限平均法计提折旧。

(5) 外购一项非专利技术,取得的增值税专用发票注明的价款20万元,增值税税额1.2万元,以上款项尚未支付。宏兴公司无法可靠估计该非专利技术的使用寿命。

(6) 当月与N公司签订一项期限5个月的劳务工程合同,合同金额为200万元。根据合同约定应在签订合同时收取合同金额30%的工程款。劳务工程于次月起开工。当日款项收到并存入银行。

(7) 出售一项固定资产,该固定资产原值为200万元,已提折旧180万元。取得处置价款50万元,发生清理费用20万元。以上款项通过银行转账方式结算。

要求:根据上述资料,不考虑其他因素,分析回答下列问题。

(1) 宏兴公司 12 月 31 日资产负债表中"存货"项目应填列(　　)万元。
A. 3 642　　　　B. 350.2　　　　C. 3 292.4　　　　D. 3 292

(2) 宏兴公司 12 月利润表中"营业成本"应填列(　　)万元。
A. 470　　　　B. 350.2　　　　C. 470.2　　　　D. 350

(3) 下列关于宏兴公司 12 月固定资产的相关表述中正确的是(　　)。
A. 当月工程完工,使固定资产账面余额当月增加 2 532 万元
B. 当月出售固定资产,使固定资产账面余额当月减少 200 万元
C. 当月工程转结固定资产不计提折旧
D. 当月出售固定资产对当月损益的影响为 −10 万元

(4) 下列关于企业外购非专利技术的表述中正确的是(　　)。
A. 应作为无形资产核算　　　　B. 当月应计提摊销
C. 增值税进项税额可以抵扣　　D. 此项业务不会对当期损益有影响

(5) 宏兴公司 12 月资产负债表的下列各项中填列正确的是(　　)。
A. 货币资金 9 484.048 6 万元　　B. 应收账款 1 700 万元
C. 应付账款 521.2 万元　　　　D. 预收款项 160 万元

(五)业务题

1. 甲企业和乙企业均为增值税一般纳税人工业企业,其有关资料如下:

(1) 甲企业销售的产品、材料均为应纳增值税货物,增值税税率 13%,产品、材料销售价格中均不含增值税。

(2) 甲企业材料和产品均按实际成本核算,其销售成本随着销售同时结转。

(3) 乙企业为甲企业的联营企业,甲企业对乙企业的投资占乙企业有表决权资本的 25%,甲企业对乙企业的投资按权益法核算。

(4) 甲企业 2019 年 1 月 1 日有关科目余额如表 12-4 所示:

表 12-4　甲企业的会计科目余额

2019 年 1 月 1 日　　　　　　　　　　　　　　　　　单位:元

科目名称	借方余额	科目名称	贷方余额
库存现金	500	短期借款	300 000
银行存款	400 000	应付票据	50 000
应收票据	30 000	应付账款	180 000
应收账款	200 000	应付职工薪酬	5 000
坏账准备	−1 000	应交税费	12 000
其他应收款	200	长期借款	1 260 000
原材料	350 000	实收资本	2 000 000
周转材料	30 000	资本公积	560 000
库存商品	80 000	盈余公积	120 000
长期股权投资——乙企业	600 000	利润分配(未分配利润)	7 700
固定资产	2 800 000		
无形资产	5 000		
合　　计	4 494 700	合　　计	4 494 700

(5) 甲企业 2019 年度发生如下经济业务：

① 购入原材料一批，增值税专用发票上注明的增值税税额为 39 000 元，原材料实际成本 300 000 元。材料已经到达，并验收入库。企业开出商业承兑汇票。

② 销售给乙企业一批产品，销售价格 40 000 元，产品成本 32 000 元。产品已经发出，开出增值税专用发票，款项尚未收到(除增值税以外，不考虑其他税费)。

③ 对外销售一批原材料，销售价格 26 000 元，材料实际成本 18 000 元。销售材料已经发出，开出增值税专用发票。款项已经收到，并存入银行(除增值税以外，不考虑其他税费)。

④ 出售一台不需要的设备给乙企业，设备账面原价 150 000 元，已提折旧 24 000 元，出售价格 180 000 元。出售设备价款已经收到，并存入银行(假设出售该项设备不需交纳增值税等有关税费)。乙公司购入该项设备用于管理部门，本年度提取该项设备的折旧 18 000 元。

⑤ 按应收账款年末余额的 5‰ 计提坏账准备。

⑥ 用银行存款偿还到期应付票据 20 000 元，交纳所得税 2 300 元。

⑦ 乙企业本年实现净利润 280 000 元，甲企业按投资比例确认其投资收益。

⑧ 摊销无形资产价值 1 000 元；计提管理用固定资产折旧 8 774 元。

⑨ 本年度所得税费用和应交所得税为 42 900 元；实现净利润 87 100 元；计提盈余公积 8 710 元。

要求：

(1) 编制甲企业的有关经济业务会计分录(各损益类科目结转本年利润以及与利润分配有关的会计分录除外；除"应交税费"科目外，其余科目可不写明细科目)。

(2) 填列甲企业 2019 年 12 月 31 日资产负债表的年末数(填入表 12-5)。

表 12-5 资产负债表

编制单位：甲企业　　　　　　　　　2019 年 12 月 31 日　　　　　　　　　单位：元

资　产	期末余额	负债及所有者权益	期末余额
流动资产：		流动负债：	
货币资金		短期借款	
应收票据		应付票据	
应收账款		应付账款	
其他应收款		应付职工薪酬	
存货		应交税费	
流动资产合计		流动负债合计	
非流动资产：		非流动负债：	
长期股权投资——乙企业		长期借款	
固定资产		非流动负债合计	
无形资产		负债合计	
非流动资产合计		所有者权益：	
		实收资本	
		盈余公积	
		未分配利润	
		所有者权益合计	
资产总计		负债及所有者权益总计	

2. 广南股份有限公司(以下简称广南公司)为增值税一般纳税人,适用的增值税税率为13%,适用的所得税税率为25%,不考虑其他相关税费,商品销售价格中均不含增值税税额,商品销售成本按发生的经济业务逐项结转。销售商品及提供劳务均为主营业务,资产销售(出售)均为正常的商业交易,采用公允的交易价格结算,除特别指明外,所售资产均未计提减值准备。

广南公司2019年12月发生的经济业务及相关资料如下:

(1) 12月1日,向A公司销售商品一批,增值税专用发票上注明销售价格为100万元,增值税税额为13万元。提货单和增值税专用发票已交A公司,款项尚未收取。为及时收回货款,给予A公司的现金折扣条件如下:2/10,1/20,$n/30$(假定现金折扣按销售价格计算)。该批商品的实际成本为75万元。

(2) 12月3日,收到B公司来函,要求对当年11月5日所购商品在销售价格上给予5%的折让(广南公司在该批商品售出时,已确认销售收入200万元,但款项尚未收取)经查核,该批商品存在外观质量问题。广南公司同意了B公司提出的折让要求。当日,收到B公司交来的税务机关开具的索取折让证明单,并开具红字增值税专用发票。

(3) 12月10日,收到A公司支付的货款,并存入银行。

(4) 12月15日,与C公司签订一项专利技术使用权转让合同。合同规定,C公司有偿使用广南公司的该项专利技术,使用期为2年,一次性支付使用费100万元,广南公司在合同签订日提供该专利技术资料,不提供后续服务。与该项交易有关的手续已办妥,从C公司收取的使用费已存入银行。

(5) 12月16日,与D公司签订一份为其安装设备的合同。合同规定,该设备安装期限为2个月,合同总价款为33.9万元(含增值税),合同签订日预收价款25万元。至12月31日,已实际发生安装费用14万元(均为安装人员工资),预计还将发生安装费用6万元。广南公司按实际发生的成本占总成本的比例确定安装劳务的完工程度。假定该合同的结果能够可靠地估计。

(6) 12月20日,收到E公司退回的商品一批,该批商品系当年11月10日售出,销售价格为50万元,实际成本为45万元,售出时开具了增值税专用发票并交付E公司,但未确认该批商品的销售收入,货款也尚未收取。经查核,该批商品的性能不稳定,广南公司同意了E公司的退货要求,当日,广南公司办妥了退货手续,并将开具的红字增值税专用发票交给了E公司。

(7) 12月20日,与F公司签订协议销售商品一批,销售价格为800万元,根据协议,协议签订日预收价款400万元,余款于2020年1月31日交货时付清。当日,收到F公司预付的款项,并存入银行。

(8) 12月21日,收到先征后返的增值税34万元,并存入银行。

(9) 12月31日,财产清查时发现一批原材料盘亏和一台固定资产报废,盘亏的原材料实际成本为10万元,报废的固定资产原价为100万元,累计折旧为70万元,已计提的减值准备为10万元,原材料盘亏系计量不准所致。

除上述经济业务外,登记本月发生的其他经济业务形成的有关科目发生额如表12-6所示:

表 12-6　广南公司 12 月发生的其他经济业务形成的科目发生额　　　单位:万元

科目名称	借方发生额	贷方发生额
其他业务成本	20	
销售费用	15	
管理费用(其中,研发费用为 0)	12.2	
财务费用	10.3	
税金及附加	6.5	
投资收益		14.2
营业外收入		8
营业外支出	12.2	

(11) 12 月 31 日,计算本月应交所得税(假定本月无纳税调整事项)。

要求:

(1) 编制广南公司上述(1)至(9)和(11)项经济业务相关的会计分录("应交税费"科目要求写出明细科目及专栏名称)。

(2) 编制广南公司 2019 年 12 月份的利润表(表 12-7)。

表 12-7　利润表

编制单位:广南公司　　　　　　　2019 年度 12 月　　　　　　　　单位:万元

项　　目	本期金额
一、营业收入	
减:营业成本	
税金及附加	
销售费用	
管理费用	
研发费用	
财务费用	
加:投资收益(损失以"－"号填列)	
其中:对联营企业和合营企业的投资收益	
公允价值变动收益(损失以"－"号填列)	
信用减值损失(损失以"－"号填列)	
资产减值损失(损失以"－"号填列)	
资产处置收益(损失以"－"号填列)	
二、营业利润(亏损以"－"号填列)	
加:营业外收入	
减:营业外支出	
三、利润总额(亏损总额以"－"号填列)	
减:所得税费用	
四、净利润(净亏损以"－"号填列)	

3. 某商业企业为增值税一般纳税人,适用的增值税税率为13%。2019年有关资料如下:
(1) 资产负债表有关科目年初、年末余额和部分科目发生额如表12-8所示:

表12-8　资产负债表有关科目发生额　　　　　　　　　　　单位:万元

科目名称	年初余额	本年增加	本年减少	年末余额
应收账款	2 340			4 680
应收票据	585			351
交易性金融资产	300		100(出售)	200
应收股利	20	30		10
存货	2 500			2 400
长期股权投资	500	200(以固定资产投资)		700
应付账款	1 755			2 340
应交税费:				
应交增值税	250		302(已交) 408(进项税额)	180
应交所得税	30	100		40
短期借款	600	400		700

(2) 利润表有关科目本年发生额如表12-9所示:

表12-9　利润表有关科目发生额　　　　　　　　　　　单位:万元

科目名称	借方发生额	贷方发生额
主营业务收入		4 000
主营业务成本	2 500	
投资收益:		
现金股利		10
出售交易性金融资产		20

(3) 其他有关资料如下:

交易性金融资产均为非现金等价物;出售交易性金融资产已收到现金;应收、应付款项均以现金结算;应收账款变动数中含有本期计提的坏账准备100万元。不考虑该企业本年度发生的其他交易和事项。

要求:计算以下项目的现金流入和流出(要求列出计算过程)。

(1) 销售商品、提供劳务收到的现金(含收到的增值税销项税额)。
(2) 购买商品、接受劳务支付的现金(含支付的增值税进项税额)。
(3) 支付的各项税费。
(4) 收回投资收到的现金。
(5) 分得股利或利润收到的现金。
(6) 借款收到的现金。
(7) 偿还债务支付的现金。

自主测试参考答案及解析

第一章 总 论

(一) 单项选择题

1.【答案】B 【解析】负债的特征之一是企业承担现时义务,选项 A 不正确;资产的特征之一是预期能给企业带来经济利益,选项 B 正确;利润是企业一定期间内收入减去费用后的净额以及直接计入损益的利得或损失,选项 C 不正确;收入是日常活动中形成的、会导致所有者权益增加的、与所有者投入资本无关的经济利益的总流入,选项 D 不正确。

2.【答案】B 【解析】这是重置成本的概念。

3.【答案】A 【解析】企业短期租入的固定资产由出租方控制,所以属于出租方的资产;租入的使用权资产实质上由企业控制,所以属于企业的资产。

4.【答案】B 【解析】费用是指企业在日常活动中发生的支出,处置报废固定资产不属于企业的日常活动,所以固定资产报废净损失不属于费用。

5.【答案】B 【解析】会计主体即会计信息所反映的特定单位。会计主体界定了会计工作的范围,将本企业的经济活动与其他企业的经济活动相区分。会计主体不同于法律主体(法人);一般来讲,法律主体必然是一个会计主体,但会计主体不一定是法律主体。现实生活中,行政事业单位、企业、企业的分支机构以及由若干家企业通过控股关系组成的集团公司均可作为一个会计主体。故选项 ACD 的表述均正确。而当某一会计主体不能独立对外时,如独立核算的销售部门等,则无须对外报送独立的财务报告。

6.【答案】D 【解析】收入是指企业在日常活动中形成的、会导致所有者权益增加的、与所有者投入资本无关的经济利益的总流入。日常活动是指企业为完成其经营目标而从事的经常性活动以及与之相关的活动。经常性活动所形成的经济利益的流入被称为主营业务收入;与之相关的活动所形成的经济利益的流入被称为其他业务收入。主营业务收入和其他业务收入被统称为营业收入。不能将企业非日常活动所形成的经济利益的流入确认为收入,而应当将其计入利得,即营业外收入。

7.【答案】C 【解析】企业应当按照交易或事项的经济实质进行会计核算,而不应当仅仅将它们按照法律形式作为会计核算的依据。实质是指交易或事项的经济实质,形式是指交易或事项的法律形式。因此,将租入的使用权资产作为自有资产入账、售后回购的账务处理和应收债权的出售和融资都体现了实质重于形式要求。

8.【答案】B 【解析】企业应当按照交易或事项的经济实质进行会计核算。因此,本题中确认 A 公司对 B 公司有重大影响体现实质重于形式要求。

9.【答案】A 【解析】选项 B,对有的资产、负债采用公允价值计量体现了相关性要求;选项 C,将租入使用权资产视同自有资产核算体现了实质重于形式的要求;选项 D,期末对存货采用成本与可变现净值孰低法计量体现了谨慎性要求。

10.【答案】D 【解析】重要性是指在选择会计方法和程序时,要考虑经济业务本身的性质和规模,根据特定的经济业务对经济决策影响的大小,来选择合适的会计方法和程序。因此,企业将劳动资料划分为固定资产和低值易耗品,是基于重要性要求。

11.【答案】B 【解析】由于会计分期,才产生了当期与以前期间、以后期间的差别,出现了权责发生制和收付实现制的区别。当实际发出商品时,企业才取得了收取款项的权利。

12.【答案】A 【解析】相关性是指会计信息与决策相关,是服务于投资者经济决策、面向未来的质量要求。相关性要求企业提供的会计信息应当与财务会计报告使用者的经济决策需要相关,有助于财务会计报告使用者对企业过去、现在或者未来的情况作出评价或者预测。

13.【答案】D 【解析】本题考核的是实质重于形式的运用。企业租入的使用权资产的所有权在法律形式上不属于租入方,而是属于出租方,但从实质上看是租入方长期使用并取得经济利益,所以企业应根据实质重于形式按照自有固定资产的折旧方法计提折旧。

(二)多项选择题

1.【答案】ACD 【解析】会计主体是指会计信息所反映的特定单位。会计主体为日常的账务处理提供了依据。会计主体应能够进行独立核算。

2.【答案】ABD 【解析】本题的考核点是资产的定义,资产是指企业过去的交易或者事项形成的,由企业拥有或控制的,预期会给企业带来经济利益的资源。选项A,计划购买的原材料不属于资产;选项B属于一种损失,不能为企业带来未来经济利益;选项D属于负债。

3.【答案】AD 【解析】选项A,收购本企业发行的股票实现减资可导致资产和所有者权益同时减少;选项D,资产负债表日,其他债权投资的公允价值高于其账面余额的差额,借记"其他债权投资"科目,贷记"其他综合收益"科目;公允价值低于其账面余额的差额,做相反的会计分录。

4.【答案】BCD 【解析】选项A,计提无形资产减值准备的分录为:
借:资产减值损失
　　贷:无形资产减值准备
因此,不影响企业的负债。选项C,计提长期借款利息,其中可以资本化的部分会引起负债和资产同时增加。

5.【答案】ABD 【解析】收入是指企业在日常活动中形成的、会导致所有者权益增加的、与所有者投入资本无关的经济利益的总流入。销售商品、提供劳务和出租固定资产(如机器设备)业务属于企业的日常活动,其经济利益流入属于企业收入。对于企业从偶发的交易或事项中获得的经济利益,如工业企业报废无形资产净收益,不属于收入,而属于企业的利得,应计入营业外收入。

6.【答案】BCD 【解析】企业短期租入的固定资产由出租方控制,所以属于出租方的资产;租入的使用权资产实质上由企业控制,所以属于企业的资产。

7.【答案】AC 【解析】利得是指企业非日常活动所形成的、会导致所有者权益增加的、与所有者投入资本无关的经济利益的流入。选项B和D属于日常活动所形成的收入。

8.【答案】BC 【解析】选项A和D属于日常活动形成的收入或收益。

9.【答案】ACD 【解析】选项A,尚未批准处理的盘亏设备应该通过"待处理财产损溢"科目来核算,期末要处理完毕,该科目期末无余额,所以不在资产负债表中反映。选项C,已全额计提减值准备的无形资产,账面价值为0,所以不在资产负债表中反映。选项D,相应的负债已经确认同时基本确定可以收到的赔款,才能作为资产确认,所以很可能获得的赔款不能在资产负债表中反映。选项B,债务重组过程中的应收账款还是企业的资产,所以要反映在资产负债表中。

10.【答案】AC 【解析】谨慎性是指企业对交易或者事项进行会计确认、计量和报告时应当保持应有的谨慎,不应高估资产或者收益、低估负债或者费用。谨慎性要求合理估计可能发生的损失及费用。

11.【答案】ABD 【解析】本题考核的是实质重于形式的运用,选项C依据的是重要性。

自主测试参考答案及解析 | 159

12.【答案】AC 【解析】固定资产采用双倍余额递减法计提折旧和无形资产期末按照其账面价值与可收回金额孰低计价,即当无形资产期末出现账面价值低于可收回金额时,需计提减值准备,这都是出于尽可能避免高估资产或收益、低估负债或费用的考虑,是遵循了谨慎性要求;选项B遵循的是实质重于形式要求;选项D体现的是按历史成本计价。

(三) 判断题

1.【答案】√ 【解析】一般情况下,对于会计要素的计量,应当采用历史成本计量属性,例如,企业购入存货、建造厂房、生产产品等,应当以事项发生的实际成本作为资产计量的金额。

2.【答案】× 【解析】企业向所有者分配利润也会导致经济利益的流出,而该经济利益的流出属于所有者权益的抵减项目,因而不应确认为费用。

3.【答案】√ 【解析】与收入相关的经济利益的流入最终会导致所有者权益的增加,不会导致所有者权益增加的经济利益的流入不符合收入的定义,不应确认为收入。

4.【答案】× 【解析】谨慎性要求企业对交易或者事项进行会计确认、计量和报告时应当保持应有的谨慎,不应高估资产或者收益、低估负债或者费用。

5.【答案】× 【解析】如果可以判断企业不能持续经营,就应当改变会计核算的原则和方法,并在企业财务报告中作相应披露。如果一个企业在不能持续经营时还假定企业能够持续经营,并仍按持续经营的基本假设选择会计核算的原则和方法,就不能客观地反映企业的财务状况、经营成果和现金流量,会误导财务报告使用者进行经济决策。

6.【答案】√

7.【答案】√

8.【答案】√

9.【答案】× 【解析】负债必须是企业承担的现时义务。

10.【答案】× 【解析】收入应当是企业在日常活动中形成的。而报废固定资产并不是企业的日常活动,所以报废固定资产取得的收益不构成企业的收入,应当确认为营业外收入。

11.【答案】√

12.【答案】× 【解析】重要性的应用需要依赖职业判断,企业应当根据所处环境和实际情况,从项目的性质和金额两方面来判断其重要性。

第二章 货币资金与应收及预付款项

(一) 单项选择题

1.【答案】C 【解析】其他货币资金是企业库存现金和银行存款以外的货币资金,包括外埠存款、银行汇票存款、银行本票存款、信用证保证金存款、信用卡存款、存出投资款等。

2.【答案】C 【解析】备用金是向企业各有关部门或个人拨出的备用资金,具有应收款项的性质,实际使用后依据有关凭证进行报销。

3.【答案】B 【解析】财务费用是指企业为筹集生产经营所需资金而发生的各项费用,具体包括利息净支出(减利息收入后的支出)、汇兑净损失(减汇兑收益后的损失)、金融机构手续费、企业发生的现金折扣或收到的现金折扣,以及筹集生产经营资金发生的其他费用。

4.【答案】B 【解析】"待处理财产损溢"科目核算企业在财产清查过程中查明的各项财产的盘盈、盘亏和毁损的金额。

5.【答案】A 【解析】银行存款账户分为基本存款账户、一般存款账户、临时存款账户和专用存款账户。基本存款账户是企业办理日常结算和现金收付的账户。

6.【答案】C 【解析】"银行存款余额调节表"调整的是未达账项。对于未达账项,虽然企业或银行一方没有取得凭证,没有入账,但企业确实已经发生了该项业务,所以经过"银行存款余额调节表"调整后的银行存款余额为企业可动用的银行存款数额。

7.【答案】A 【解析】商业承兑汇票是由银行以外的付款人承兑。商业承兑汇票按交易双方约定,由销货企业或购货企业签发,但由购货企业承兑。

8.【答案】C 【解析】《现金管理暂行条例》规定允许企业使用现金结算的范围是:①职工工资、津贴;②个人劳务报酬;③根据国家规定颁发给个人的科学技术、文化艺术、体育等各种奖金;④各种劳保、福利费用以及国家规定的对个人的其他支出;⑤向个人收购农副产品和其他物资的价款;⑥出差人员必须随身携带的差旅费;⑦结算起点以下的零星支出;⑧中国人民银行确定需要支付现金的其他支出。

9.【答案】D 【解析】确实无法查明原因的长款作为企业的利得。

10.【答案】D 【解析】办理托收承付结算的款项,必须是商品交易产生的,以及因商品交易而产生的劳务供应的款项。代销、寄销、赊销商品的款项,不得办理托收承付结算。

11.【答案】D 【解析】企业向银行申请取得汇票时,借记"其他货币资金"科目,贷记"银行存款"科目;采购人员根据有关凭证账单报销时,应借记有关科目,贷记"其他货币资金"科目。

12.【答案】B 【解析】备用金是其他应收款包括的内容之一。

13.【答案】D 【解析】票据期限按月表示时,票据的期限不考虑各月份实际天数,统一按次月对日为整月计算。当承兑汇票的签发日期为某月月末时,统一以当月的最后一日为到期日。

14.【答案】C 【解析】制造费用是企业内部各生产单位为组织和管理生产而发生的各项费用。

15.【答案】D 【解析】经管现金的出纳人员不得兼管收入、费用、债权、债务等账簿的登记工作以及会计稽核和会计档案保管工作;填写银行结算凭证的有关印鉴,不能集中由出纳人员保管,应实行印鉴分管制度。

16.【答案】B 【解析】该笔应收账款应计提的坏账准备=1 200-150-950=100(万元)

17.【答案】A 【解析】该项为不附追索权的应收债权出售,所以应注销应收账款;应收债权出售不属于日常活动,所以出售所得与应收债权的差额作为营业外支出。

18.【答案】D 【解析】该企业的应收账款=100×(1+13%)+2=115(万元)

19.【答案】C 【解析】对企事业单位在结算起点(1 000元)以下的零星支出可以使用现金,在结算起点以上的要以转账方式支付,所以选项A、B、D应当以转账方式支付。对支付给个人的劳务报酬没有金额起点限制,所以选项C正确。

20.【答案】B 【解析】企业应当定期进行现金清查,当发生现金短缺时,属于无法查明原因的现金短缺应记入"管理费用"科目中。

21.【答案】D 【解析】选项D属于"应付票据"或"应收票据"科目核算的内容。

22.【答案】C 【解析】应收账款的入账金额=扣除商业折扣后的售价+增值税+包装费+保险费=200×(1-10%)×1.13+1+0.5=204.9(万元)。

23.【答案】B 【解析】应收账款明细账的贷方余额反映的是预收账款。

24.【答案】B 【解析】企业实际收到的金额=109-100×1%=108(万元)

25.【答案】C 【解析】该企业应计提的坏账准备金额=(1 500+1 000-500-20)×2%-(1 500×2%-20)=29.6(万元)。

(二)多项选择题

1.【答案】ABC 【解析】商业汇票是由收款人、付款人或承兑申请人签发,由承兑人承兑,并于到期日向收款人或被背书人支付票款的一种票据。

2.【答案】ACD 【解析】《现金管理暂行条例》规定允许企业使用现金结算的范围是:①职工工资、津贴;②个人劳务报酬;③根据国家规定颁发给个人的科学技术、文化艺术、体育等各种奖金;④各种劳保、福利费用以及国家规定的对个人的其他支出;⑤向个人收购农副产品和其他物资的价款;⑥出差人员必须随身携带的差旅费;⑦结算起点以下的零星支出;⑧中国人民银行确定需要支付现金的其他支出。

3.【答案】ABCD 【解析】其他货币资金是库存现金和银行存款以外的货币资金,包括外埠存款、银行汇票存款、银行本票存款、信用证保证金存款、信用卡存款、存出投资款等。

4.【答案】ABC 【解析】应收账款的入账价值包括:销售货物或提供劳务的价款、增值税,以及代购货方垫付的包装费、运杂费等。

5.【答案】ABCD 【解析】这是未达账项的四种情况。

6.【答案】BC 【解析】银行承兑汇票通过"应收票据"或"应付票据"科目核算;备用金通过"其他应收款"或"备用金"科目核算。

7.【答案】ABCD 【解析】应收账款的账面价值等于应收账款的账面余额减去坏账准备后的余额。收回应收账款,使应收账款的账面余额减少;收回已转销的坏账,使坏账准备金额增加;计提应收账款坏账准备,使坏账准备金额增加;将应收票据转入应收账款,使应收账款的账面余额增加。

8.【答案】AB 【解析】"坏账准备"科目是"应收账款"等债权的备抵科目。当按期估计坏账损失,形成坏账准备时,即计提坏账准备,坏账准备增加,增加额记入"坏账准备"科目的贷方;确认为坏账时,记入"坏账准备"科目的借方,收回前期已确认为坏账的,作相反的账务处理。

9.【答案】AD 【解析】企业现金清查中发现现金溢余,属于应支付给有关人员或单位的,计入其他应付款;属于无法查明原因的,计入营业外收入。

10.【答案】CD 【解析】"企业已收、银行未收""银行已付、企业未付"均会导致企业银行存款日记账的余额大于银行对账单的余额。选项A、B均会导致企业银行存款日记账的余额小于银行对账单余额。

11.【答案】ABC 【解析】销售商品的检验费属于销售方费用,应计入销售费用。

12.【答案】ABD 【解析】应收账款的入账金额应当包括销售商品或提供劳务应向有关债务人收取的价款、增值税税额及代购货单位垫付的款项,扣除商业折扣。销售商品发生的现金折扣不会影响应收账款入账金额。

13.【答案】ABD 【解析】预付账款不多的企业可以不设置"预付账款"科目,应将预付款项记入"应付账款"科目的借方核算。

14.【答案】AB 【解析】选项C应在"其他应付款"科目核算;选项D应在"应收账款"科目核算。

15.【答案】ABD 【解析】应收账款账面价值=应收账款账面余额-坏账准备;选项A和B会增加坏账准备,从而减少应收账款账面价值;选项D会增加应收账款账面余额,从而增加应收账款账面价值;选项C会同时增加应收账款账面余额和坏账准备金额,所以不会使应收账款账面价值发生变化。

(三)判断题

1.【答案】× 【解析】使用托收承付结算方式的收款单位和付款单位,必须是国有企业、供销合作社,以及经营管理较好并经开户银行审查同意的城乡集体所有制工业企业。

2.【答案】√

3.【答案】× 【解析】现金的定义有狭义和广义之分。狭义的现金是指企业的库存现金,库存现金包括人民币现金和外币现金。

4.【答案】× 【解析】银行存款余额调节表不是原始凭证,所以不能根据其进行相应的账务处理。

5.【答案】√

6.【答案】× 【解析】企业取得的银行汇票通过"其他货币资金"科目核算。

7.【答案】√

8.【答案】× 【解析】托收承付是根据购销合同由收款人发货后委托银行向异地付款人收取款项,由付款人向银行承认付款的结算方式。

9.【答案】× 【解析】商业汇票是由收款人、付款人或承兑申请人签发,由承兑人承兑,并于到期日向收款人或被背书人支付票款的一种票据。

10.【答案】√

11.【答案】× 【解析】企业应在取得现金折扣时冲减财务费用。

12.【答案】× 【解析】企业将应收债权出售给银行,且不承担相应的坏账风险,企业应将所售应收债权予以转销,结转计提的相关坏账准备。

13.【答案】× 【解析】银行存款余额调节表只是为了核对账目,不能作为调整银行存款账面余额的记账依据。

14.【答案】× 【解析】企业取得的商业承兑汇票到期,承兑人无力支付款项时,企业应当将应收票据转入到"应收账款"科目。

15.【答案】√

16.【答案】× 【解析】企业计提的坏账准备可以在原计提金额内进行转回。

(四)不定项选择题

【答案】(1) B;(2) C;(3) ACD;(4) B

【解析】(1) 坏账准备期初余额=2 480×6‰=148.8(万元),应收账款的账面价值=2 480-148.8=2 331.2(万元)。

(2) 甲公司收到C公司款项=160+226-200×1‰=384(万元)。

(3) 在确认应收账款时不考虑将来可能会发生的现金折扣。

(4) 坏账准备期初余额=2 480×6‰=148.8(万元),应收账款期末余额=2 480+226-300-(160+226)-20-100=1 900(万元),坏账准备期末余额=1 900×6‰=114(万元),当期应转回的坏账准备=114+20-148.8=-14.8(万元)。

会计分录为:

借:坏账准备　　　　　　　　　　　　　　　　　　　　　　　　14.8
　　贷:信用减值损失　　　　　　　　　　　　　　　　　　　　　　14.8

(五)业务题

1.【答案】

银行存款余额调节表

2019年6月　　　　　　　　　　　　　　　　　　　　　　　　单位:元

项　目	余　额	项　目	余　额
企业银行存款日记账余额	409 500	银行对账单余额	400 430
加:银行已收,企业未入账	18 330	加:企业已收,银行未入账	15 000
减:银行已付,企业未付款	19 800	减:企业已付,银行未付款	4 600
减:企业少计支出	1 000	减:银行多计收入	8 000
减:企业多计收入	4 200		
调节后企业账存款余额	402 830	调节后银行账存款余额	402 830

2.【答案】

(1) 2016年应计提坏账准备=180 000×4‰-600=120(元)。

2016年年末"坏账准备"科目贷方余额=120+600=720(元)。

借:信用减值损失　　　　　　　　　　　　　　　　　　　　　　120
　　贷:坏账准备　　　　　　　　　　　　　　　　　　　　　　　　120

(2) 2017年发生坏账损失。

借:坏账准备　　　　　　　　　　　　　　　　　　　　　　　　900
　　贷:应收账款　　　　　　　　　　　　　　　　　　　　　　　　900

(3) 2017年应计提坏账准备=220 000×4‰-720+900=1 060(元)。

2017年年末"坏账准备"科目贷方余额=720-900+1 060=880(元)。

借:信用减值损失　　　　　　　　　　　　　　　　　　　　　　　　1 060
　　　　贷:坏账准备　　　　　　　　　　　　　　　　　　　　　　　　　　　1 060
(4) 2018年收回上年核销的坏账损失500元。
　　借:应收账款　　　　　　　　　　　　　　　　　　　　　　　　　　 500
　　　　贷:坏账准备　　　　　　　　　　　　　　　　　　　　　　　　　　　500
　　借:银行存款　　　　　　　　　　　　　　　　　　　　　　　　　　 500
　　　　贷:应收账款　　　　　　　　　　　　　　　　　　　　　　　　　　　500
(5) 2018年应计提坏账准备＝250 000×4‰－880－500＝－380(元)。
2018年年末"坏账准备"科目贷方余额＝880＋500－380＝1 000(元)。
　　借:坏账准备　　　　　　　　　　　　　　　　　　　　　　　　　　 380
　　　　贷:信用减值损失　　　　　　　　　　　　　　　　　　　　　　　　　380
(6) 2019年应计提坏账准备＝230 000×4‰－1 000＝－80(元)。
　　借:坏账准备　　　　　　　　　　　　　　　　　　　　　　　　　　　80
　　　　贷:信用减值损失　　　　　　　　　　　　　　　　　　　　　　　　　 80
3.【答案】
(1) 贴现金额＝200 000－200 000×8％÷360×(180－75)＝195 333.33(元)
(2) 借:银行存款　　　　　　　　　　　　　　　　　　　　　　　　195 333.33
　　　 财务费用　　　　　　　　　　　　　　　　　　　　　　　　　4 666.67
　　　　贷:应收票据　　　　　　　　　　　　　　　　　　　　　　　　　200 000
4.【答案】
(1) 确认坏账损失。
　　借:坏账准备　　　　　　　　　　　　　　　　　　　　　　　　　10 000
　　　　贷:应收账款　　　　　　　　　　　　　　　　　　　　　　　　　10 000
(2) 收到上年度已转销的坏账损失,先恢复应收款项,再冲销。
　　借:应收账款　　　　　　　　　　　　　　　　　　　　　　　　　 8 000
　　　　贷:坏账准备　　　　　　　　　　　　　　　　　　　　　　　　　　8 000
　　借:银行存款　　　　　　　　　　　　　　　　　　　　　　　　　 8 000
　　　　贷:应收账款　　　　　　　　　　　　　　　　　　　　　　　　　　8 000
(3) 计算"坏账准备"科目的余额。
坏账准备采用应收账款期末余额百分比法,期末坏账准备科目的余额为应收账款余额的一定比例。因此,当期期末坏账准备数额为期末应收账款余额乘以5％。
　　(3 000 000＋5 000 000＋650 000－10 000＋8 000－8 000－4 000 000)×5％
＝4 640 000×5％＝232 000(元)
其中:(5 000 000＋650 000)是业务(1)中发生的应收账款;4 000 000是业务(4)中收回的应收款项。
(4) 计提的坏账准备,其数额根据期初、期末余额倒挤如下:
232 000－(150 000－10 000＋8 000)＝84 000(元)。
　　借:信用减值损失　　　　　　　　　　　　　　　　　　　　　　　　84 000
　　　　贷:坏账准备　　　　　　　　　　　　　　　　　　　　　　　　　 84 000

第三章　存　　货

(一) 单项选择题

　　1.【答案】D　【解析】该批毁损原材料造成的净损失＝30 000×(1＋13％)－2 000－1 000－8 000＝

22 900(元),所涉及的分录:
(1) 批准处理前:

借:待处理财产损溢　　　　　　　　　　　　　　　　　　　　　　　33 900
　　贷:原材料　　　　　　　　　　　　　　　　　　　　　　　　　　　　30 000
　　　　应交税费——应交增值税(进项税额转出)　　　　　　　　　　　　3 900

(2) 批准处理后:

借:原材料　　　　　　　　　　　　　　　　　　　　　　　　　　　　2 000
　　其他应收款　　　　　　　　　　　　　　　　　　　　　　　　　　9 000
　　管理费用　　　　　　　　　　　　　　　　　　　　　　　　　　　22 900
　　贷:待处理财产损溢　　　　　　　　　　　　　　　　　　　　　　　33 900

2.【答案】B 【解析】B 材料是祁红公司为生产乙产品而持有的,所以应先看乙产品是否发生了减值。乙产品的可变现净值=135-5=130(万元),小于其成本 140 万元,所以 B 材料应按可变现净值与成本孰低计量。B 材料的可变现净值=135-80-5=50(万元),小于 B 材料的成本 60 万元,应计提存货跌价准备 10 万元,所以 B 材料期末账面价值为 50 万元。

3.【答案】C 【解析】自然灾害造成的存货毁损净损失应该计入营业外支出。

4.【答案】D 【解析】M 产品的成本=100×30=3 000(万元),可变现净值=100×35=3 500(万元)。成本小于可变现净值,所以 M 产品没有发生减值。因甲材料是为生产 M 产品而持有的,M 产品的可变现净值高于其成本,所以甲材料应该按照其成本来计量,不需计提存货跌价准备。结合以上两点,2019 年 12 月 31 日,公司不用计提任何存货跌价准备,答案是 0。

5.【答案】B 【解析】对于盘亏的材料应根据盘亏的原因,分情况进行处理:属于定额内损耗以及存货日常收发计量上的差错,经批准后转作管理费用;对于应由过失人赔偿的损失,应作其他应收款处理;对于自然灾害等不可抗拒的原因引起的存货损失,应作营业外支出处理;对于无法收回的其他损失,经批准后记入"管理费用"科目借方。

6.【答案】C 【解析】N 公司是小规模纳税人,不能开具增值税专用发票。
M 公司收回完工材料后继续用于加工应税消费品,应将消费税记入"应交税费——应交消费税"科目的借方,在以后销售环节中进行抵扣,而不应该将其计入产品的成本。因此,该委托加工材料收回后的入账价值是 1 000+200=1 200(万元)。

7.【答案】B 【解析】加权平均单价=(100×5+320×3)÷(100+320)=3.476 2(元/件)
期末存货数量=100+320-20-100=300(件)
期末存货成本=3.476 2×300=1 042.86(元)。

8.【答案】A 【解析】专门因销售合同而持有的存货,应按照产成品或商品的合同价格作为其可变现净值的计量基础。所以该原材料的可变现净值=110×50-510-50×0.2=4 980(元)。原材料成本 5 000 元大于其可变现净值 4 980 元,所以应计提减值准备 5 000-4 980=20(元)。

9.【答案】A 【解析】增值税计税依据应当按照现行市价确定,故增值税税额=20 000×13%=2 600 元;甲企业接受投资获得的原材料与外购的原材料在性质上没有差别,因此,其实际成本与计划成本的差异也是记入"材料成本差异"科目,而非"资本公积"科目。

10.【答案】B 【解析】账务处理为:

借:营业外支出　　　　　　　　　　　　　　　　　　　　　　　　　46.5
　　贷:库存商品　　　　　　　　　　　　　　　　　　　　　　　　　　40
　　　　应交税费——应交增值税(销项税额)　　　[50×13%(售价×税率)]6.5

11.【答案】B 【解析】农产品的采购成本=12 000×(1-9%)+1 000+400=12 320(元)。

12.【答案】D 【解析】在物价持续下跌的情况下,先购入的存货成本会高于后购入的存货成本,因此,采用先进先出法,发出的存货的单位成本会高于留存的存货的单位成本,从而产生多计费用,少计资产的效果,更体现了谨慎性。

13.【答案】C 【解析】用于生产有销售合同产品的材料,可变现净值的计量应以该材料生产的产品的合同价格为基础。

14.【答案】D 【解析】企业在存货采购过程中发生的仓储费、包装费、运输途中的合理损耗、入库前的挑选整理费用等,应直接计入存货的采购成本。
原材料的入账价值=100×5 000+1 860+1 000+800=503 660(元)

15.【答案】D 【解析】企业在存货采购过程中发生的仓储费、包装费、运输途中的合理损耗、入库前的挑选整理费用等,应直接计入存货的采购成本。
原材料的总入账价值=100×5 000+1 860+1 000+800=503 660(元)。
采购过程中所发生的合理损失应计入材料的实际成本,尚待查明原因的15%的部分应先计入待处理财产损溢,所以应计入存货的实际成本=503 660×(1-15%)=428 111(元)。

16.【答案】B 【解析】存货是企业在日常活动中持有以备出售或消耗的物资。选项B是为构建固定资产购入的物资,不属于企业的存货。

17.【答案】B 【解析】增值税一般纳税人外购存货成本包括:买价;相关流转环节的税金;运杂费;运输途中的合理损耗等采购费用。增值税属于价外税,所以进口环节交纳的增值税不构成存货采购成本。

18.【答案】A 【解析】企业外购存货入账价值=买价+相关税金+运杂费、保险费、入库前的挑选整理费等采购费用=120+10+2+0.5=132.5(万元)。

19.【答案】D 【解析】原材料入账的单位成本=总成本/入库原材料数量=(300 000+10 000+10 000)/99.5=3 216.08(元)。

20.【答案】C 【解析】先进先出法可以随时结转发出存货成本。

21.【答案】B 【解析】9月份发出甲材料成本=100×200+350×210+50×230=105 000(元)。

22.【答案】B 【解析】选项B是企业采用计划成本法核算存货时会涉及的会计科目。

23.【答案】A 【解析】3日购入后的平均单价=(13×8 290+5×8 800)/18=8 431.67(元)。
17日购入后的平均单价=[(18-10)×8 431.67+12×7 900]/20=8 112.67(元)。
月末结存甲材料=13+5+12-10-10=10(吨)。
结存甲材料成本=10×8 112.67=81 126.70(元)。

24.【答案】C 【解析】M公司甲材料成本差异率=(-200+44 000-46 000)/(23 000+46 000)×100%=-3.19%。
M公司期末结存甲材料实际成本=(23 000+46 000-34 500)×(1-3.19%)=33 399.45(元)。

25.【答案】A 【解析】企业出借给购买单位使用的包装物的摊销额应当记入"销售费用"科目中。

26.【答案】A 【解析】随同商品出售单独计价的包装物成本应计入其他业务成本中,计入其他业务成本的金额=30 000×(1-2%)=29 400(元)。

27.【答案】C 【解析】收回该批商品后用于连续加工生产应税消费品,受托方代收代交的消费税记入"应交税费——应交消费税"科目的借方,所以委托加工物资的成本=材料成本+加工费+运杂费=280 000+2 000+20 000=302 000(元)。

28.【答案】D 【解析】委托加工应税消费品,委托方收回后直接对外出售,受托方代收代交的消费税计入委托加工物质成本中。甲公司收回该批产品的入账价值=320+12+36=368(万元)。

29.【答案】D 【解析】应当交纳消费税的委托加工物资收回后用于连续生产应税消费品,按规定受托方代收代交的消费税应记入"应交税费——应交消费税"科目中。

30.【答案】B 【解析】月末结存库存商品的成本=200+300-220×(1-20%)=324(万元)。

31.【答案】D 【解析】本月不含税销售收入=1 130/(1+13%)=1 000(万元),商品进销差价率=(300+250)/(1 500+1 250)×100%=20%,月末结存库存商品的实际成本=1 200+1 000-1 000×(1-20%)=1 400(万元)。

32.【答案】B 【解析】企业发生存货盘盈时,在按管理权限报经批准后,应贷记"管理费用"科目。

33.【答案】B 【解析】企业存货发生盘亏,在按管理权限报经批准后,属于一般经营损失的部分应借记"管理费用"科目。

34.【答案】A 【解析】一般纳税人因管理不善造成存货的盘亏,增值税的进项税额不得抵扣,所以处理后的净损失=1 000×300×1.13-3 000=336 000(元)。

35.【答案】B 【解析】因自然灾害原因造成原材料的损毁,其进项税额可以抵扣,所以处理后应计入营业外支出的金额=150-50=100(万元)。

36.【答案】D 【解析】以前计提存货跌价准备的影响因素已经消失时,跌价准备应在原计提减值准备的金额内转回,所以选项A不正确;存货账面价值=存货账面余额-存货跌价准备,转回存货跌价准备会增加存货账面价值,所以选项B不正确;存货的成本高于其可变现净值的差额为当期需要提足的存货跌价准备,如果期初有余额,则本期计提金额应当将期初余额因素考虑在其中,所以选项C不正确。

37.【答案】D 【解析】库存商品期末余额=1 200-400+500=1 300(万元),期末存货的可变现净值为1 290万元,需提足的存货跌价准备=1 300-1 290=10(万元)。存货跌价准备在未计提(转回)时的余额=30-30×400/1 200=20(万元),所以12月31日存货跌价准备需计提的金额=10-20=-10(万元)。

38.【答案】D 【解析】乙存货的可变现净值=120-3-25=92(万元);乙存货的账面余额100万元,当前需提足的存货跌价准备=100-92=8(万元)。因为存货跌价准备科目期初有贷方余额12万元,所以应计提存货跌价准备=8-12=-4(万元)。

(二)多项选择题

1.【答案】CD 【解析】选项A,委托加工应税消费品收回时支付的消费税,在收回后用于连续生产应税消费品情况下应记入"应交税费——应交消费税"科目借方,不计入存货成本;选项B,一般纳税人委托加工物资收回时所支付的增值税进项税额可以抵扣,不应计入存货成本。

2.【答案】ABD 【解析】对于因债务重组、非货币性交易转出的存货,应同时结转已计提的存货跌价准备,但不冲减当期的资产减值损失,应按债务重组和非货币性交易的原则进行账务处理。所以C选项是不正确的。

3.【答案】CD 【解析】选项A应计入营业外支出;对于企业来讲,选项B入库后的挑选整理费应计入管理费用,入库前的挑选整理费才应计入存货成本。

4.【答案】ABD 【解析】用于生产产品的材料的可变现净值=用该材料生产的产品的估计售价-至完工估计将要发生的加工成本-估计销售产品费用及相关税费。存货的账面成本不影响可变现净值,材料的售价和估计发生的销售材料的费用及相关税费只影响直接用于出售的材料的可变现净值。

5.【答案】AB 【解析】代销商品在售出之前应作为委托方的存货处理;周转材料属于存货;选项D,约定未来购入的商品,不符合资产的定义;选项C,工程物资是为建造工程所储备的,不属于存货。

6.【答案】ACD 【解析】选项A、D均为在途存货,选项C,在期末购货方应作为库存存货暂估入账。

7.【答案】BD 【解析】一般纳税人购入存货时支付的增值税符合抵扣规定的,应作为增值税进项税列示;印花税则应计入税金及附加。

8.【答案】BC 【解析】入库材料成本超支差异和发出材料负担的节约差异在"材料成本差异"科目借方核算。

9.【答案】ACD 【解析】已过期且无转让价值的存货的可变现净值为零。

10.【答案】ABCD

11.【答案】ACD 【解析】存货采购时支付的可归属于存货采购成本的费用计入存货采购成本,不能直接归属于存货采购成本的费用计入当期损益。

12.【答案】ABCD 【解析】个别计价法假设实物流转与成本流转一致。按照各种存货逐一辨认发出存货和期末存货所属的购进批别或生产批别,分别按其购入或生产时确定的单位成本计算各批发出存货和期末存货成本,所以成本计算准确。但是存货收发频繁的情况下不适宜采用此方法。

13.【答案】CD 【解析】存货账面价值=存货账面余额-存货跌价准备,选项A、B属于存货内部此增彼减;选项C会减少存货账面价值;选项D会增加存货账面价值。

14.【答案】BCD 【解析】随同商品出售而不单独计价的包装物成本应当计入销售费用;随同商品出售单独计价的包装物成本应当计入其他业务成本;出租给购买单位使用的包装物成本应当计入其他业务成本。

15.【答案】AB 【解析】收回委托加工物资后连续生产应税消费品,受托方代收代交的消费税应计入应交税费——应交消费税;小规模纳税人支付加工费所匹配的增值税构成委托加工物资的成本。

16.【答案】ABD 【解析】"材料成本差异"科目借方核算的是购入存货成本的超支差以及发出存货成本结转的节约差;贷方核算购入存货成本的节约差以及发出存货结转成本的超支差。

17.【答案】ABC 【解析】这种方法既能减轻工作量,也能满足对存货管理的需要。

18.【答案】ABCD 【解析】盘盈的存货按管理权限报经批准后应冲减管理费用;盘亏的存货属于一般经营损失部分计入管理费用,属于非常损失部分计入营业外支出;自然灾害造成的存货盘亏进项税额无需转出。

19.【答案】BCD 【解析】企业盘亏存货时,对于应由保险公司和过失人支付的赔款,记入"其他应收款"科目;扣除残料价值和应由保险公司、过失人赔款后的净损失,属于一般经营损失的部分,记入"管理费用"科目;属于非常损失的部分,记入"营业外支出"科目。如果为一般纳税人原购进时支付的增值税进项税额需做转出处理(自然灾害原因除外)。

20.【答案】ABC 【解析】资产负债表日,存货应当按照成本与可变现净值孰低计量;存货成本高于其可变现净值的,应当计提存货跌价准备,计入资产减值损失。以前减记存货价值的影响因素已经消失的,减记的金额应当予以恢复,并在原已计提的存货跌价准备金额内转回,转回的金额计入资产减值损失。

21.【答案】AB 【解析】资产负债表日,存货应当按照成本与可变现净值孰低计量;生产车间领用存货用于机物料耗用时,应当将其成本计入制造费用中。

22.【答案】ABD 【解析】盘盈存货按管理权限报经批准后计入管理费用,所以选项C错误。

(三)判断题

1.【答案】× 【解析】只有合理损耗应作为存货的"其他归属于存货成本采购成本的费用"计入采购成本。因遭受意外灾害发生的损失和尚待查明原因的途中损耗,不得计入物资的采购成本,其中尚待查明原因的途中损耗应暂作为"待处理财产损溢"进行核算,在查明原因后再处理。

2.【答案】× 【解析】随同商品出售但不单独计价的包装物,应将其成本计入当期销售费用;随同商品出售并单独计价的包装物,应将其成本计入当期其他业务成本。

3.【答案】√

4.【答案】× 【解析】我国会计准则取消了后进先出法的核算方法,保留先进先出法。企业应当采用先进先出法、加权平均法或者个别计价法确定发出存货的实际成本。

5.【答案】√ 【解析】对于数量繁多、单价较低的存货,可按存货类别计提存货跌价准备。

6.【答案】× 【解析】如果材料发生减值,但是生产的产品没有发生减值,该材料不需要计提减值。

7.【答案】√

8.【答案】√

9.【答案】× 【解析】自然灾害导致非正常消耗的直接材料、直接人工和制造费用,应在发生时计入营业外支出。

10.【答案】√

11.【答案】× 【解析】采用先进先出法核算发出存货成本的,在物价持续上涨时,期末存货成本接近市价,而发出成本偏低,利润偏高。

12.【答案】× 【解析】企业外购原材料采用实际成本计价,月末如果货物已收到但发票账单未到,应当暂估入账以保证账实相符。

13.【答案】√

14.【答案】√

15.【答案】√

16.【答案】× 【解析】购入材料在运输途中发生的合理损耗应计入存货的采购成本。

17.【答案】× 【解析】采购商品过程中发生的进货费用一般应计入存货成本。如果进货费用金额较小,可以在发生时直接计入当期损益。

18.【答案】√

19.【答案】× 【解析】自然灾害导致的存货毁损或盘亏,无需对其进行进项税额转出处理。

20.【答案】√

21.【答案】× 【解析】可变现净值的基本特征包括:可变现净值为存货的预计未来现金流量,而不是存货的售价或合同价。

(四)不定项选择题

1.【答案】(1) BC;(2) B;(3) B;(4) C;(5) AB

【解析】(1) 9月3日应当编制的会计分录为:

借:材料采购　　　　　　　　　　　　　　　　　　　　　(实际成本)202
　　应交税费——应交增值税(进项税额)　　　　　　　　　　26.18
　　贷:银行存款　　　　　　　　　　　　　　　　　　　　　228.18
借:原材料　　　　　　　　　　　　　　　　　　　　　　　(计划成本)210
　　贷:材料采购　　　　　　　　　　　　　　　　　　　　　202
　　　　材料成本差异　　　　　　　　　　　　　　　　　　(节约差)8

(2) 甲公司2019年9月12日购入A材料的实际成本=500(买价)+5(运费)+2(保险费、包装费)+1(入库前挑选整理费)=508(万元)。

(3) 材料尚未收到则不能进行入库处理,所以应当根据发票及账单编制如下会计分录:

借:材料采购　　　　　　　　　　　　　　　　　　　　　　600
　　应交税费——应交增值税(进项税额)　　　　　　　　　　78
　　贷:银行存款　　　　　　　　　　　　　　　　　　　　　678

(4) 甲公司2019年9月的材料成本差异率=(期初材料成本差异+本期购入材料的成本差异)/(期初材料的计划成本+本期购入材料的计划成本)×100%=(-300-8+88.21-30)/(2 500+210+419.79+630)×100%=-6.64%。

(5) 基本生产车间领用A材料的实际成本=2 500×0.21×(1-6.64%)=490.14(万元),记入"基本生产成本"科目。

辅助生产车间领用A材料的实际成本=100×0.21×(1-6.64%)=19.61(万元),记入"辅助生产成本"科目。

车间管理部门领用A材料的实际成本=50×0.21×(1-6.64%)=9.80(万元),记入"制造费用"科目。

厂部管理部门领用A材料的实际成本=10×0.21×(1-6.64%)=1.96(万元),记入"管理费用"科目。

2.【答案】(1) B;(2) ACD;(3) C;(4) ACD;(5) A

【解析】(1) 取得的运费增值税专用发票的进项税额可以抵扣,会计分录为:

借:原材料　　　　　　　　　　　　　　　　　　　　　　　613 000
　　应交税费——应交增值税(进项税额)　　　　　　　　　　79 570
　　贷:应付账款　　　　　　　　　　　　　　　　　　　　　692 570

(2) 购入存货采用实际成本法计价、材料收到但未收到发票及账单,平时不需进行账务处理;到月末仍未收到发票及账单需按暂估金额入账;次月初需要将上月进行暂估入账的账务处理冲回。

(3) 当月发出 A 材料的实际单位成本=(320 000+613 000+500×3 200)/(100+200+500)=3 166.25(元)。

(4) 委托加工物资发出 A 材料的实际成本=150×3 166.25=474 937.5(元);将委托加工的应税消费品收回直接对外出售,受托方代收代交的消费税计入委托加工物资成本中;收回的委托加工物资成本=474 937.5+52 000+59 000=585 937.5(元)。

(5) 乙公司月末结存 A 材料的实际成本=(100+200+500-150-500)×3 166.25=474 937.5(元)。

(五) 业务题

1.【答案】
佳瑞企业(受托方)会计账务处理为:
应交纳增值税=5 000×13%=650(元)。
应税消费税计税价格=(35 950+5 000)÷(1-10%)=45 500(元)。
代收代交的消费税=45 500×10%=4 550(元)。

借:应收账款	10 200
贷:主营业务收入	5 000
应交税费——应交增值税(销项税额)	650
——应交消费税	4 550

励志股份有限公司(委托方)会计账务处理为:
(1) 发出原材料时:

借:委托加工物资	35 950
贷:原材料	35 950

(2) 应付加工费、代收代交的消费税尚未结算:

借:委托加工物资	5 000
应交税费——应交增值税(进项税额)	650
——应交消费税	4 550
贷:应付账款	10 200

(3) 支付往返运杂费:

借:委托加工物资	100
贷:银行存款	100

(4) 收回加工物资验收入库:

借:原材料	41 050
贷:委托加工物资	41 050

(5) 为生产甲产品领用收回的加工物资:

借:生产成本	41 050
贷:原材料	41 050

(6) 生产甲产品产生其他费用:

借:生产成本	33 600
贷:应付职工薪酬	11 400
制造费用	22 200

(7) 甲产品完工验收入库:

借:库存商品	74 650
贷:生产成本	74 650

(8)销售甲产品:
借:应收票据   339 000
    贷:主营业务收入   300 000
        应交税费——应交增值税(销项税额)   39 000
借:税金及附加   (300 000×10%)30 000
    贷:应交税费——应交消费税   30 000
注:题目中说12月5日销售甲产品一批,而没有说明所销售产品的成本,所以不用编制结转成本的分录。
(9)计算应交消费税:
借:应交税费——应交消费税   (30 000-4 550)25 450
    贷:银行存款   25 450

2.【答案】
甲产品的可变现净值=280×(13-0.5)=3 500(万元),小于成本4 200万元,则甲产品应计提跌价准备700万元,本期应计提存货跌价准备=700-(800-200)=100(万元)。

乙产品有合同部分的可变现净值=300×(3.2-0.2)=900(万元),其成本=300×3=900(万元),则有合同部分不用计提存货跌价准备;无合同部分的可变现净值=200×(3-0.2)=560(万元),其成本=200×(1 500÷500)=600(万元),应计提存货跌价准备=600-560=40(万元)。

丙产品的可变现净值=1 000×(2-0.15)=1 850(万元),其成本是1 700万元,则丙产品不用计提存货跌价准备,同时要把存货跌价准备原有余额50万元(150-100)转回。

丁配件对应的产品丙的成本=600+400×(1.75-600÷400)=700(万元),可变现净值=400×(2-0.15)=740(万元),丙产品未减值,则丁配件不用计提存货跌价准备。

因此,2019年12月31日,长江公司应计提的存货跌价准备=100+40-50=90(万元)。
相关会计分录:
借:资产减值损失   100
    贷:存货跌价准备——甲产品   100
借:资产减值损失   40
    贷:存货跌价准备——乙产品   40
借:存货跌价准备——丙产品   50
    贷:资产减值损失   50

3.【答案】
(1) A材料的实际采购成本=300 000+1 500+340=301 840(万元)。
    A材料材料成本差异=301 840-(305×980)=2 940(万元)。
(2) 会计分录:
2019年4月30日:
借:材料采购——A材料   301 840
    应交税费——应交增值税(进项税额)   39 000
    贷:银行存款   340 840
2019年5月10日:
借:原材料——A材料   298 900
    材料成本差异   2 940
    贷:材料采购——A材料   301 840
2019年6月30日,A材料的账面成本为301 840元,可变现净值为295 000元。
可变现净值低于成本的差额=301 840-295 000=6 840(元),所以中期期末应计提存货跌价准备

6 840元。

  借:资产减值损失   6 840
    贷:存货跌价准备——A材料   6 840

在2019年6月30日的资产负债表中,A材料应按可变现净值295 000元列示其价值。

2019年12月31日,A材料的账面成本为301 840元,可变现净值为299 000元。

可变现净值低于成本的差额=301 840-299 000=2 840(元)。

年末应计提存货跌价准备=2 840-6 840=-4 000(元)。

  借:存货跌价准备——A材料   4 000
    贷:资产减值损失   4 000

年末计提存货跌价准备之后,"存货跌价准备"科目贷方余额为2 840元;在2019年12月31日的资产负债表中,A材料应按可变现净值299 000元列示其价值。

第四章　金　融　资　产

(一)单项选择题

1.【答案】C　【解析】在活跃市场中没有报价、公允价值不能可靠计量的权益工具投资,不得指定为以公允价值计量且其变动计入当期损益的金融资产。

2.【答案】B　【解析】根据我国企业会计准则的规定,出售交易性金融资产时,应按实际收到的金额,借记"银行存款"科目,按该金融资产的成本,贷记"交易性金融资产——成本"科目,按该项交易性金融资产的公允价值变动,贷记或借记"交易性金融资产——公允价值变动"科目,按其差额,贷记或借记"投资收益"科目。

3.【答案】B　【解析】持有交易性金融资产期间被投资单位宣告发放现金股利或在资产负债表日按债券票面利率计算利息时,借记"应收股利"或"应收利息"科目,贷记"投资收益"科目。

4.【答案】C　【解析】交易性金融资产的入账价值=100-1=99(万元),编制的会计分录为:

  借:交易性金融资产   99
    投资收益   2
    应收股利   1
    贷:银行存款   102

5.【答案】A　【解析】交易性金融资产的期末余额应该等于交易性金融资产的公允价值。本题中,2019年12月31日交易性金融资产的账面价值11×50=550(万元)。

6.【答案】D　【解析】交易性金融资产的入账价值=100×(8.8-0.3)=850(万元)。

7.【答案】C　【解析】被投资单位宣告分派股票股利,投资单位无需进行账务处理,但需在备查簿中进行登记。

8.【答案】A　【解析】A公司购入该项金融资产对当期损益的影响金额=-交易费用+公允价值变动=-5+(4.3-4)×1 000=295(万元)。

9.【答案】A　【解析】处置时应当确认的投资收益=1 210-1 080-120=10(万元)。

10.【答案】C　【解析】选项A、B属于交易费用应当计入投资收益中,选项D应计入应收利息中,选项C构成交易性金融资产的入账价值。

11.【答案】A　【解析】交易对当月损益的影响金额=处置价款-处置时交易性金融资产的账面价值=3 500-3 200=300(万元)。

12.【答案】D　【解析】出售时甲公司应当确认的投资收益=1 180-(1 298-98)=-20(万元)。

13.【答案】B　【解析】累积应确认的与该投资有关的收益=-取得时支付的交易费用+持有期间的

利息收入＋期末公允价值变动损益＋出售时确认的投资收益＝－5＋40＋(95－20)＋(1 030－1 005－95＋20)＝60(万元)。

14.【答案】D 【解析】金融资产主要包括库存现金、应收账款、应收票据、贷款、垫款、其他应收款、应收利息、债权投资、股权投资、基金投资、衍生金融资产等。存货不属于金融资产。

15.【答案】A 【解析】债权投资、其他债权投资和其他权益工具投资按公允价值进行初始计量,交易费用计入初始确认金额。交易性金融资产按公允价值进行初始计量,且交易费用计入当期损益。

16.【答案】A 【解析】处置其他债权投资时,应按实际收到的金额,借记"银行存款"科目,按其账面余额,贷记"其他债权投资——成本""其他债权投资——应计利息"科目,贷记或借记"其他债权投资——利息调整""其他债权投资——公允价值变动"科目,按应从所有者权益中转出的公允价值累计变动额,借记或贷记"其他综合收益"科目,按其差额,贷记或借记"投资收益"科目。

17.【答案】D 【解析】其他债权投资在持有期间应当按期初摊余成本和实际利率计算当期投资收益。

18.【答案】A 【解析】将债权投资重分类为其他债权投资的,应在重分类日按其公允价值,借记"其他债权投资"科目,按其账面余额,贷记"债权投资"科目,按其差额,贷记或借记"其他综合收益"科目。

19.【答案】C 【解析】企业持有期间获得的现金股利或收到的债券利息均应确认为投资收益;资产负债表日,持有的股票市价大于其账面价值的差额应贷记"公允价值变动损益";企业转让交易性金融资产收到的价款大于其账面价值的差额应确认为投资收益。

20.【答案】A 【解析】根据相关会计准则的规定,未发生减值的债权投资如为分期付息、一次还本债券投资,应于资产负债表日按票面利率计算确定的应收未收利息,借记"应收利息"科目,按债权投资期初摊余成本和实际利率计算确定的利息收入,贷记"投资收益"科目,按其差额,借记或贷记"债权投资(利息调整)"科目。

21.【答案】A 【解析】企业取得的债权投资,应按该债券的面值,借记"债权投资(成本)"科目,按支付的价款中包含的已到付息期但尚未领取的利息,借记"应收利息"科目,按实际支付的金额,贷记"银行存款"科目,按其差额,借记或贷记"债权投资(利息调整)"科目。

22.【答案】D 【解析】债权投资入账价值＝支付价款＋交易费用－已到期尚未领取的利息＝2 030＋5－80＝1 955(万元)。

23.【答案】D 【解析】甲公司购入债券时编制的会计分录为:
借:债权投资——成本 1 000 000
　贷:银行存款 988 000
　　债权投资——利息调整 12 000

12月31日,甲公司应当编制的会计分录为:
借:应收利息 30 000
　债权投资——利息调整 9 520
　贷:投资收益 39 520

2019年年末债权投资的账面价值＝1 000 000－12 000＋9 520＝997 520(元)。

24.【答案】A 【解析】2019年12月31日该债券的摊余成本＝950×(1＋5.16%)－1 000×4%＝959.02(万元)。

会计分录为:
借:应收利息 40
　其他债权投资——利息调整 9.02
　贷:投资收益 49.02

25.【答案】C 【解析】其他权益工具投资期末按照公允价值计量,其他权益工具投资的账面价值＝

5.6×100＝560(万元)。

26.【答案】B 【解析】企业取得的其他权益工具投资,在持有期间被投资单位宣告的现金股利,应记入"投资收益"科目。

27.【答案】C 【解析】其他权益工具投资入账价值＝支付价款＋交易费用＝2 000＋20＝2 020(万元),所以选项A正确;公允价值下降到1 500万元,公允价值变动520元应计入其他综合收益,所以选项B正确,选项C不正确;公允价值变动不会影响当期损益,所以选项D正确。

28.【答案】C 【解析】其他权益工具投资入账价值＝支付价款＋交易费用－已宣告但尚未发放的现金股利＝3 000＋20－30＝2 990(万元)。

29.【答案】B 【解析】其他权益工具投资出售时要将原公允价值变动计入其他综合收益的金额结转到留存收益中,所以出售时应当确认的留存收益＝2 980－2 800＋800＝980(万元)。

30.【答案】B 【解析】甲公司应当编制的会计分录为:

借:其他债权投资——成本　　　　　　　　　　　　　　2 000
　　应收利息　　　　　　　　　　　　　　　　　　　　　50
　贷:银行存款　　　　　　　　　　　　　　　　　　　　2 012
　　其他债权投资——利息调整　　　　　　　　　　　　　38

(二)多项选择题

1.【答案】BCD 【解析】选项A的账务处理为借记"应收利息"科目,贷记"投资收益"科目。
选项B的账务处理为借记"交易性金融资产"科目,贷记"公允价值变动损益"科目。
选项C的账务处理为借记"公允价值变动损益"科目,贷记"交易性金融资产"科目。
选项D的账务处理为借记"银行存款"科目,借记或贷记"投资收益"科目,贷记"交易性金融资产——成本"科目,借记或贷记"交易性金融资产——公允价值变动"科目。

2.【答案】BCD 【解析】取得交易性金融资产支付的佣金、手续费等交易费用计入当期的投资收益,支付的价款中包含的利息计入应收利息。

3.【答案】ABCD 【解析】企业取得交易性金融资产时,应当按照该金融资产的公允价值作为其初始入账价值。支付价款中包含已宣告但尚未发放的现金股利或已到期尚未领取的债券利息,应单独确认为应收项目。购入时支付的交易费用计入投资收益。

4.【答案】AD 【解析】企业持有交易性金融资产时对于持有分期付息到期还本的债券投资,在计息日企业进行的相关账务处理为借记"应收利息"科目,贷记"投资收益"科目。

5.【答案】BC 【解析】支付价款中包含已宣告但尚未发放的现金股利,应单独确认为应收股利,所以选项A不正确;交易性金融资产后续期间应当按照公允价值计量,公允价值与账面余额之间的差额计入公允价值变动损益,所以选项B正确,选项D不正确;持有期间取得被投资单位宣告分派的现金股利应计入投资收益,所以选项C正确。

6.【答案】ACD 【解析】交易性金融资产在持有期间收到的购入时支付价款中包含的已宣告但尚未发放的现金股利,应借记"银行存款"科目,贷记"应收股利"科目。

7.【答案】ACD 【解析】债权投资的账面价值＝债权投资账面余额－债权投资减值准备。计提减值准备时,借记"资产减值损失",贷记"债权投资减值准备";确认分期付息债券的投资利息时,借记"应收利息",贷记"投资收益";确认到期一次付息债券的投资利息时,借记"债权投资——应计利息",贷记"投资收益";出售债权投资时,借记"银行存款"科目,贷记"债权投资",借记或贷记"投资收益"。

8.【答案】ABC 【解析】根据会计准则的规定,企业取得的债权投资,应按其公允价值(不含支付的价款中所包括的、已到付息期但尚未领取的利息)与交易费用之和,借记"债权投资"科目,按已到付息期但尚未领取的利息,借记"应收利息"科目,贷记"银行存款"等科目。

9.【答案】ACD 【解析】其他债权投资的公允价值变动应计入其他综合收益。

10.【答案】ABD 【解析】企业购入的以公允价值计量且其变动计入其他综合收益的金融资产价款中包括已宣告但尚未发放的股票股利无需单独处理,需在备查簿中登记。

(三) 判断题

1.【答案】× 【解析】"交易性金融资产"科目的期末借方余额,反映企业持有的交易性金融资产的公允价值。

2.【答案】× 【解析】购入交易性金融资产支付的交易费用应该记入投资收益。

3.【答案】× 【解析】企业应当根据其管理金融资产的业务模式和金融资产的合同现金流量特征,将取得的金融资产在初始确认时分为以下几类:①以摊余成本计量的金融资产;②以公允价值计量且其变动计入其他综合收益的金融资产;③以公允价值计量且其变动计入当期损益的金融资产。

4.【答案】× 【解析】企业取得某项投资,并将其划分为交易性金融资产,初始取得时支付的相关交易费用计入投资收益。

5.【答案】× 【解析】企业出售交易性金融资产时,不需要将原计入公允价值变动损益的金额转出。

6.【答案】√

7.【答案】× 【解析】企业取得债权投资时支付的交易费用应计入债权投资的成本。购买交易性金融资产时支付的交易费用才计入投资收益。

8.【答案】× 【解析】资产负债表日,对于分期付息、到期一次还本的债权投资,应按票面利率计算确定的应收未收利息,借记"应收利息"科目。

9.【答案】√

10.【答案】× 【解析】该类金融资产的入账成本为公允价值与交易费用之和。

(四) 不定项选择题

1.【答案】(1) C;(2) A;(3) BC;(4) C

【解析】(1)购买价款中包括已宣告但尚未发放的现金股利,应单独作为应收股利处理;支付的交易费用作为投资收益处理;款项以存出投资款支付。会计分录为:

借:交易性金融资产——成本	650 000
应收股利	30 000
投资收益	3 400
贷:其他货币资金	683 400

(2) 公允价值每股下降 0.2 元(6.5-6.3),所以应当编制的会计分录为:

借:公允价值变动损益	20 000
贷:交易性金融资产——公允价值变动	20 000

(3) 甲公司宣告分派现金股利时,A 公司应当编制的会计分录为:

借:应收股利	50 000
贷:投资收益	50 000

(4) 将交易性金融资产出售时,应当将取得价款和交易性金融资产账面价值的差额计入投资收益。在持有期间累计公允价值上升(6.8-6.5)×100 000=30 000(元),所以应当编制的会计分录为:

借:其他货币资金	696 000
贷:交易性金融资产——成本	650 000
——公允价值变动	30 000
投资收益	16 000

2.【答案】(1) ABCD;(2) A;(3) C;(4) BC

【解析】(1) M 公司取得甲公司债券时应当编制的会计分录为:

借:交易性金融资产——成本	2 000
应收利息	(2000×5%)100
投资收益	2
贷:银行存款	2 102

(2) 1月20日应当编制的会计分录为:

借:银行存款	100
贷:应收利息	100

(3) 出售时应当确认的投资收益=1 920－(2 000－100)=20(万元)。

(4) 出售时应当编制的会计分录为:

借:银行存款	1 920
交易性金融资产——公允价值变动	100
贷:交易性金融资产——成本	2 000
投资收益	20

所以选项A、D不正确。

3.【答案】(1) B;(2) D;(3) ABCD;(4) B;(5) ACD

【解析】(1)取得债权投资时支付的价款中包括已到期但尚未领取的债券利息应单独作为应收利息处理。实际支付的价款与债权面值的差额作为利息调整处理。所以编制的会计分录为:

借:债权投资——成本	1 000
——利息调整	20
应收利息	40
贷:银行存款	1 060

(2) 2019年12月31日债券的摊余成本=1 020×(1+3.4%)－1 000×4%=1 014.68(万元)。

(3) 摊余成本是金融资产的初始确认金额经下列调整后的结果:扣除已偿还的本金;加上或减去采用实际利率法将该初始确认金额与到期日金额之间的差额进行摊销形成的累计摊销额;扣除已发生的减值损失。

(4) 2020年甲公司因持有该债权应当确认的实际利息收益=1 014.68×3.4%=34.5(万元)。

(5) 企业应当以预期信用损失为基础,对以摊余成本计量的金融资产进行减值处理并确认损失准备,选项B错误。

4.【答案】(1) ABCD;(2) A;(3) C;(4) A;(5) AB

【解析】(1) 甲公司取得其他债权投资时应当编制的会计分录为:

借:其他债权投资——成本	3 000
——利息调整	50
应收利息	180
贷:银行存款	3 230

(2) 甲公司2019年12月31日其他债权投资的摊余成本=3 050×(1+5.6%)－3 000×6%=3 040.8(万元)。

(3) 其他债权投资后续期间应当按公允价值进行计量。2019年12月31日,该债券的公允价值为3 100万元,所以应当将其他债权投资的账面价值调整到3 100万元。

(4) 甲公司2019年12月31日应确认的投资收益=3 050×5.6%=170.8(万元)。

(5) 其他债权投资可以随时出售,并且在资产负债表日应当按公允价值进行计量。甲公司2019年12月31日应当确认的其他综合收益=3 100－3 040.8=59.2(万元)。

(五) 业务题

1.【答案】

(1) 借:交易性金融资产——A公司股票(成本)   800 000
  投资收益   4 000
  贷:银行存款   804 000

(2) 借:应收股利   20 000
  贷:投资收益   20 000

(3) 借:交易性金融资产——A公司股票(成本)   900 000
  应收股利   20 000
  投资收益   6 000
  贷:银行存款   926 000

(4) 借:银行存款   20 000
  贷:应收股利   20 000

(5) 公允价值变动损益＝(800 000＋900 000)－16.4×100 000＝－60 000(元)。

借:公允价值变动损益   60 000
  贷:交易性金融资产——A公司股票(公允价值变动)   60 000

(6) 借:银行存款   1 040 000
  交易性金融资产——A公司股票(公允价值变动)   36 000
  贷:交易性金融资产——A公司股票(成本)   1 020 000
   投资收益   56 000

(7) 公允价值变动损益＝18×40 000－[(800 000＋900 000－1 020 000)－(60 000－36 000)]＝64 000(元)。

借:交易性金融资产——A公司股票(公允价值变动)   64 000
  贷:公允价值变动损益   64 000

2.【答案】

(1) 编制上述经济业务的会计分录:

① 2019年5月10日,购入股票:

借:交易性金融资产——成本   600
  应收股利   20
  投资收益   6
  贷:银行存款   626

② 2019年5月30日,收到股利:

借:银行存款   20
  贷:应收股利   20

③ 2019年6月30日:

借:交易性金融资产——公允价值变动   (200×3.2－600)40
  贷:公允价值变动损益   40

④ 2019年8月10日,宣告分派:

借:应收股利   (0.20×200)40
  贷:投资收益   40

⑤ 2019年8月20日,收到股利:

借：银行存款 40
　　贷：应收股利 40
⑥ 2019年12月31日：
借：交易性金融资产——公允价值变动　　(200×3.6-200×3.2)80
　　贷：公允价值变动损益 80
⑦ 2020年1月3日，出售交易性金融资产：
借：银行存款 630
　　投资收益 90
　　贷：交易性金融资产——成本 600
　　　　交易性金融资产——公允价值变动 120
(2) 计算该交易性金融资产的累计损益：
该交易性金融资产的累计损益＝-6+40+40+80-90＝64(万元)。

3.【答案】
(1) 2019年1月2日：
借：债权投资——成本 1 000
　　应收利息 (1 000×4％)40
　　贷：银行存款 1 012.77
　　　　债权投资——利息调整 27.23
(2) 2019年1月5日：
借：银行存款 40
　　贷：应收利息 40
(3) 2019年12月31日：
应确认的投资收益＝972.77×5％＝48.64(万元)。
应确认的债权投资的利息调整额＝48.64-1 000×4％＝8.64(万元)。
借：应收利息 40
　　债权投资——利息调整 8.64
　　贷：投资收益 48.64
(4) 2020年1月5日：
借：银行存款 40
　　贷：应收利息 40
(5) 2020年12月31日：
应确认的投资收益＝(972.77+8.64)×5％＝49.07(万元)。
应确认的债权投资的利息调整额＝49.07-1 000×4％＝9.07(万元)。
借：应收利息 40
　　债权投资——利息调整 9.07
　　贷：投资收益 49.07
(6) 2021年1月5日：
借：银行存款 40
　　贷：应收利息 40
(7) 2021年12月31日：
应确认的债权投资的利息调整额＝27.23-8.64-9.07＝9.52(万元)。
应确认的投资收益＝(972.77+8.64+9.07)×5％＝49.52(万元)。

借:应收利息	40
债权投资——利息调整	9.52
贷:投资收益	49.52

(8) 2022 年 1 月 1 日:

借:银行存款	1 040
贷:债权投资——成本	1 000
应收利息	40

4.【答案】

(1) 2019 年 5 月 6 日,购入股票:

借:其他权益工具投资——成本	10 020 000
应收股利	140 000
贷:银行存款	10 160 000

(2) 2019 年 5 月 10 日,收到现金股利:

借:银行存款	140 000
贷:应收股利	140 000

(3) 2019 年 6 月 30 日,确认股票的价格变动:

借:其他权益工具投资——公允价值变动	380 000
贷:其他综合收益	380 000

(4) 2019 年 12 月 31 日,确认股票价格变动:

借:其他综合收益	400 000
贷:其他权益工具投资——公允价值变动	400 000

(5) 2020 年 5 月 9 日,确认应收现金股利:

借:应收股利	200 000
贷:投资收益	200 000

(6) 2020 年 5 月 13 日,收到现金股利:

借:银行存款	200 000
贷:应收股利	200 000

(7) 2020 年 5 月 20 日,出售股票:

借:银行存款	9 800 000
盈余公积	22 000
利润分配——未分配利润	198 000
其他权益工具投资——公允价值变动	20 000
贷:其他权益工具投资——成本	10 020 000
其他综合收益	20 000

5.【答案】

(1) 2019 年 5 月,购入股票:

借:其他权益工具投资——成本	490
贷:银行存款	490

(2) 2019 年 6 月 30 日:

借:其他综合收益	(490－60×7.5)40
贷:其他权益工具投资——公允价值变动	40

(3) 2019 年 8 月 10 日,宣告分派股利:

借:应收股利　　　　　　　　　　　　　　　　　　　　　　　(0.20×60)12
　　贷:投资收益　　　　　　　　　　　　　　　　　　　　　　　　　　　12
(4) 2019 年 8 月 20 日,收到股利:
借:银行存款　　　　　　　　　　　　　　　　　　　　　　　　　　　12
　　贷:应收股利　　　　　　　　　　　　　　　　　　　　　　　　　　12
(5) 2019 年 12 月 31 日:
借:其他权益工具投资——公允价值变动　　　　　　　(60×8.5－450)60
　　贷:其他综合收益　　　　　　　　　　　　　　　　　　　　　　　　60
(6) 2020 年 1 月 3 日,出售金融资产:
借:银行存款　　　　　　　　　　　　　　　　　　　　　　　　　　　515
　　其他综合收益　　　　　　　　　　　　　　　　　　　　　　　　　20
　　贷:其他权益工具投资——成本　　　　　　　　　　　　　　　　490
　　　　　　　　　　　　　——公允价值变动　　　　　　　　　　　　20
　　　　盈余公积　　　　　　　　　　　　　　　　　　　　　　　　　2.5
　　　　利润分配——未分配利润　　　　　　　　　　　　　　　　　　22.5

第五章　长期股权投资

(一) 单项选择题

1.【答案】C　【解析】如果长期股权投资的初始投资成本小于投资时应享有被投资单位可辨认净资产公允价值的份额,则其差额应当计入当期损益(营业外收入),同时调整长期股权投资的初始投资成本。

2.【答案】D　【解析】投资单位对于被投资单位除净损益以外所有者权益的其他变动,在持股比例不变的情况下,根据按照持股比例计算的应享有或承担的部分,调整长期股权投资的账面价值,同时增加或减少资本公积(其他资本公积)。

3.【答案】B　【解析】2019 年年末 A 公司"长期股权投资"的账面余额＝600－100×50％＋3 000×50％＝2 050(元)

4.【答案】A　【解析】2019 年年末 S 公司长期股权投资的账面价值＝165＋150×30％－750×30％＋300×30％＝75(元)

5.【答案】A　【解析】在确认应分担被投资单位发生的亏损时,应当按照以下顺序进行处理:首先,冲减长期股权投资的账面价值。其次,长期股权投资的账面价值不足以冲减的,应当以其他实质上构成对被投资单位净投资的长期权益账面价值为限继续确认投资损失,冲减长期应收项目等的账面价值。

6.【答案】C　【解析】采用权益法核算的长期股权投资,处置时还应将原计入资本公积项目的相关金额,转为当期投资收益。

7.【答案】D　【解析】选项 D 可以作为交易性金融资产(短期持有)或其他权益工具投资(长期持有)核算。

8.【答案】B　【解析】对被投资单位具有重大影响的权益性投资应当作为长期股权投资核算。甲公司应当编制的会计分录为:
借:长期股权投资——投资成本　　　　　[10 000×(8.8－0.3)＋26]85 026
　　应收股利　　　　　　　　　　　　　　　　　　　　　　　　　　3 000
　　贷:银行存款　　　　　　　　　　　　　　　　　　　　　　　　88 026

9.【答案】B　【解析】长期股权投资采用成本法进行核算的,其在持有期间取得的被投资单位宣告发放的现金股利应计入投资收益。会计分录为：

借：应收股利
　　贷：投资收益

10.【答案】C　【解析】对被投资单位投资作为长期股权投资核算，被投资单位宣告分派股票股利，投资单位无需进行账务处理，但应在备查簿中登记。

11.【答案】C　【解析】长期股权投资采用权益法核算，初始投资小于应享有被投资单位可辨认净资产公允价值份额的，应调整长期股权投资的账面价值。甲公司付出资产2 000+20=2 020(万元)，占乙公司40%的表决权，同日享有乙公司可辨认净资产公允价值为5 500×40%=2 200(万元)，所以甲公司长期股权投资账面价值为2 200万元。甲公司会计分录为：

借：长期股权投资——投资成本　　　　　　　　　　　　　　　　　2 200
　　贷：银行存款　　　　　　　　　　　　　　　　　　　　　　　　2 020
　　　　营业外收入　　　　　　　　　　　　　　　　　　　　　　　　180

12.【答案】B　【解析】对于具有重大影响的长期股权投资应当采用权益法核算。被投资单位宣告分派现金股利，投资方应按持股比例减少长期股权投资。东方公司的会计分录为：

借：应收股利　　　　　　　　　　　　　　　　　　　　　　　　　　　275
　　贷：长期股权投资——损益调整　　　　　　　　　　　　　　　　　275

13.【答案】C　【解析】2019年12月31日甲公司长期股权投资的账面价值=500×22+200+(2 000－5 000)×25%=10 450(万元)。

14.【答案】D　【解析】2019年12月31日该企业的长期股权投资账面价值=2 000+600×30%－200×30%+20×30%=2 126(万元)。

15.【答案】C　【解析】甲公司因出售该项投资应当确认的投资收益=3 000－2 800+300=500(万元)。会计分录为：

借：银行存款　　　　　　　　　　　　　　　　　　　　　　　　　　3 000
　　长期股权投资——损益调整　　　　　　　　　　　　　　　　　　　500
　　贷：长期股权投资——投资成本　　　　　　　　　　　　　　　　3 000
　　　　　　　　　　——其他综合收益　　　　　　　　　　　　　　　300
　　　　投资收益　　　　　　　　　　　　　　　　　　　　　　　　　200
同时：
借：其他综合收益　　　　　　　　　　　　　　　　　　　　　　　　　300
　　贷：投资收益　　　　　　　　　　　　　　　　　　　　　　　　　300

16.【答案】A　【解析】企业对采用成本法核算的长期股权投资应当确认投资收益的事项是被投资方宣告分派现金股利。选项B，收到价款中包含的现金股利，借记"其他货币资金"科目，贷记"应收股利"科目。选项C、D，投资单位均不进行账务处理。

（二）多项选择题

1.【答案】AC　【解析】企业在取得长期股权投资时，按照确定的初始投资成本入账。如果长期股权投资的初始投资成本大于投资时应享有被投资单位可辨认净资产公允价值的份额，不调整已确认的初始投资成本，在编制合并资产负债表时，其差额应当在商誉项目中列示；如果长期股权投资的初始投资成本小于投资时应享有被投资单位可辨认净资产公允价值的份额，则其差额应当计入当期损益(营业外收入)，同时调整长期股权投资的初始投资成本。

2.【答案】ACD　【解析】被投资单位实际发放股票股利和被投资单位股东会宣告分派股票股利，投资单位不进行账务处理，但应在备查簿中登记增加的股份。实际收到已宣告的现金股利，借记"银行存款"科目，贷记"应收股利"科目。计提长期投资减值准备，借记"资产减值损失"科目，贷记"长期股权投资减值准备"科目。

3.【答案】ACD 【解析】投资方收到股票股利时,会导致持有股票数量的增加,并不导致在被投资单位中应享有的权益增加,从而不引起长期股权投资账面价值的增减变动。

4.【答案】ABD 【解析】成本法核算下,被投资单位实现净利润,投资单位不需进行账务处理;权益法核算下,被投资单位所有者权益变动,投资单位增加长期股权投资的账面价值,同时增加其他综合收益或资本公积;权益法核算下,被投资单位宣告发放现金股利,投资单位减少长期股权投资的账面价值。

5.【答案】BC 【解析】企业对长期股权投资采用权益法核算的包括:企业对被投资单位具有共同控制的长期股权投资,即企业对其合营企业的长期股权投资;企业对被投资单位具有重大影响的长期股权投资,即企业对其联营企业的长期股权投资。

6.【答案】ABC 【解析】长期股权投资账面价值=长期股权投资账面余额-长期股权投资减值准备。选项A不需进行账务处理;选项B会增加应收股利和投资收益;选项C不需进行账务处理;选项D会减少长期股权投资账面价值。

7.【答案】BC 【解析】选项A中,投资单位应当编制的会计分录为:
借:应收股利
　　贷:长期股权投资——损益调整
选项D中,被投资单位以资本公积转增资本,属于所有者权益内部的此增彼减,投资单位无需进行账务处理。

8.【答案】ACD 【解析】企业对被投资单位具有共同控制的长期股权投资,即企业对其合营企业的长期股权投资应当采用权益法核算。

9.【答案】ABD 【解析】被投资单位的所有者权益变动,成本法下均无需进行账务处理。

10.【答案】BCD 【解析】选项A,投资单位不需要进行账务处理。选项B、C、D,投资单位均应减少长期股权投资账面价值。

11.【答案】BD 【解析】采用成本法核算的长期股权投资,处置时应当将其账面价值与实际收到价款的差额计入投资收益;采用权益法核算的长期股权投资,部分处置时应当将其对应的账面价值与实际收到的价款差额计入投资收益,同时,按处置比例将原计入其他综合收益的金额转入投资收益。

12.【答案】ABC 【解析】选项A计入营业外收入;选项B、C计入投资收益;选项D中,投资单位应当编制的会计分录为:
借:应收股利
　　贷:长期股权投资——损益调整

(三)判断题

1.【答案】× 【解析】企业无论以何种方式取得长期股权投资,实际支付的价款或对价中包含的已宣告但尚未领取的现金股利或利润,借记"应收股利"科目。

2.【答案】× 【解析】采用成本法核算长期股权投资,被投资单位宣告分派现金股利或利润时,投资单位按应享有的部分确认为当期投资收益。采用权益法核算长期股权投资,被投资单位宣告分派现金股利或利润时,投资单位按应得的部分,相应减少长期股权投资的账面价值,借记"应收股利"科目,贷记"长期股权投资——损益调整"科目。

3.【答案】√

4.【答案】× 【解析】如果长期股权投资的初始投资成本小于投资时应享有被投资单位可辨认净资产公允价值的份额,则其差额应当计入当期损益(营业外收入),同时调整长期股权投资的初始投资成本。

5.【答案】√

6.【答案】× 【解析】已计提减值准备的长期股权投资,处置时应同时结转已计提的长期股权投资减值准备。

7.【答案】× 【解析】除企业合并形成的长期股权投资,以非现金资产支付对价的,应当以非现金资产的公允价值作为取得长期股权投资的初始投资成本。

8.【答案】× 【解析】企业采用成本法核算长期股权投资,投资后被投资单位宣告分派以前年度的现金股利,投资单位应当计入当期投资收益。

9.【答案】× 【解析】长期股权投资减值损失一经确认,在以后会计期间不得转回。

10.【答案】√

11.【答案】× 【解析】企业对联营企业的长期股权投资,被投资单位宣告分派现金股利,投资单位应按持股比例确认应收股利,同时,冲减长期股权投资账面价值。

12.【答案】√

13.【答案】× 【解析】成本法无需冲减初始投资成本。

14.【答案】× 【答案】被投资单位以资本公积转增资本,不会导致被投资单位所有者权益总额发生变化,所以投资单位不需进行账务处理。

15.【答案】√

(四)不定项选择题

1.【答案】(1) BC;(2) C;(3) BD;(4) BCD;(5) ACD

【解析】(1)对被投资单位能够实施重大影响,应以权益法核算长期股权投资;权益法核算长期股权投资的初始投资成本应当以付出资产的公允价值作为其初始投资成本。同时,还需将付出资产的公允价值与应享有的投资时被投资单位可辨认净资产的公允价值进行比较,如果付出资产的公允价值小于享有的可辨认净资产的公允价值的部分应增加长期股权投资的账面价值,同时确认为营业外收入。相反则无需处理。

(2)长期股权投资采用权益法核算,被投资单位实现盈利,投资单位应按持股比例进行账务处理:

借:长期股权投资——损益调整　　　　　　　　　　　　(3 000×30%)900
　　贷:投资收益　　　　　　　　　　　　　　　　　　　　　　　　900

(3)长期股权投资采用权益法核算,被投资单位宣告分派现金股利,投资单位应当按持股比例进行账务处理:

借:应收股利　　　　　　　　　　　　　　　　　　　　(2 000×30%)600
　　贷:长期股权投资——损益调整　　　　　　　　　　　　　　　　600

实际收到时(题目中说明存入投资款专户):

借:其他货币资金　　　　　　　　　　　　　　　　　　　　　　　600
　　贷:应收股利　　　　　　　　　　　　　　　　　　　　　　　　600

(4)长期股权投资采用权益法核算,被投资单位其他综合收益发生变动,投资单位应按持股比例进行账务处理:

借:其他综合收益　　　　　　　　　　　　　　　　　　(800×30%)240
　　贷:长期股权投资——其他综合收益　　　　　　　　　　　　　　240

被投资单位发生亏损时,投资单位应当编制的会计分录为:

借:投资收益　　　　　　　　　　　　　　　　　　　　(2 000×30%)600
　　贷:长期股权投资——损益调整　　　　　　　　　　　　　　　　600

(5)甲公司将乙公司股份部分转让仍能对乙公司实施重大影响,所以应当继续采用权益法核算;转让时长期股权投资的账面价值=5 220+900-600-240-600=4 680(万元),转让40%后剩余长期股权投资的账面价值=4 680×(1-40%)=2 808(万元)。转让时应当编制的会计分录为:

借:银行存款　　　　　　　　　　　　　　　　　　　　　　　　2 000
　　长期股权投资——损益调整　　　　　　　　　　　　　　　　　　120
　　　　　　　　——其他综合收益　　　　　　　　　　　　　　　　96
　　贷:长期股权投资——成本　　　　　　　　　　　　　　　　　2 088
　　　　投资收益　　　　　　　　　　　　　　　　　　　　　　　　128

同时：
  借：投资收益 96
    贷：其他综合收益 96

2.【答案】(1) BD；(2) AD；(3) BC；(4) C；(5) B

【解析】(1)取得其他权益工具投资支付的手续费需计入其他权益工具投资的初始入账价值；对被投资单位能够实施重大影响，应以权益法核算长期股权投资；权益法核算长期股权投资的初始投资成本应当以付出资产的公允价值作为其初始投资成本。同时，还需要将付出资产的公允价值与享有的投资时被投资单位可辨认净资产的公允价值进行比较，如果付出资产的公允价值小于其享有的可辨认净资产的公允价值，其差额部分应增加长期股权投资的账面价值，同时确认为营业外收入。相反则无需处理。

(2)在持有其他权益工具投资期间，被投资单位宣告分派现金股利，投资单位应编制的会计分录：
  借：应收股利 150
    贷：投资收益 150

长期股权投资采用权益法核算，被投资单位宣告分派现金股利，投资单位应按持股比例编制的会计分录：
  借：应收股利 400
    贷：长期股权投资——损益调整 400

(3)其他权益工具投资期末应当采用公允价值计量，被投资单位发生亏损无需对其他权益工具投资的账面价值进行调整，所以选项A不正确；长期股权投资采用权益法核算，资产负债表日无需按公允价值调整其账面价值，所以选项D不正确。

(4) 2019年12月31日，其他权益工具投资的账面价值等于当日的公允价值，即1 250万元；2019年12月31日，长期股权投资的账面价值＝3 600－400＋3 000×20％＝3 800(万元)。

(5)转让甲公司股票时应当编制的会计分录为：
  借：银行存款 1 320
    其他权益工具投资——公允价值变动 70
    贷：其他权益工具投资——成本 1 320
      盈余公积 7
      利润分配——未分配利润 63
  借：盈余公积 7
    利润分配——未分配利润 63
    贷：其他综合收益 70

（五）业务题

【答案】
(1)编制会计分录：
① 借：长期股权投资——乙公司(成本) 1 950
    应收股利 60
    贷：银行存款 2 010
 借：长期股权投资——乙公司(成本) (6 600×30％－1 950)30
    贷：营业外收入 30
② 借：银行存款 60
    贷：应收股利 60
③ 借：长期股权投资——乙公司(其他综合收益) 60
    贷：其他综合收益 60
④ 乙公司按固定资产公允价值调整后的净利润＝510－100－(520－400)÷10×10/12＝400(万元)。
 借：长期股权投资——乙公司(损益调整) (400×30％)120
    贷：投资收益 120

⑤借:应收股利   30
    贷:长期股权投资——乙公司(损益调整)   30
⑥借:银行存款   30
    贷:应收股利   30
⑦乙公司按固定资产公允价值调整后的净利润=612-(520-400)÷10=600(万元)。
借:长期股权投资——乙公司(损益调整)   (600×30%)180
    贷:投资收益   180
⑧ 长期股权投资的账面余额=1 950+30+60+120-30+180=2 310(万元)。
借:银行存款   390
    贷:长期股权投资——乙公司(成本)   [(1 950+30)÷30%×5%]330
          ——乙公司(损益调整)   [(120-30+180)÷30%×5%]45
          ——乙公司(其他权益变动)   (60÷30%×5%)10
        投资收益   5
借:其他综合收益   (60÷30%×5%)10
    贷:投资收益   10
(2) 长期股权投资的账面价值=2 310-385=1 925(万元)。

第六章　长期非货币性资产

第一部分　固　定　资　产

(一)单项选择题

1.【答案】D 【解析】工程在达到预定可使用状态前进行试运转时发生的支出计入工程成本,发生的试运转收入冲减工程成本。

2.【答案】D 【解析】选项 A,固定资产达到预定可使用状态之前发生的专门借款利息应该资本化,达到预定可使用状态后发生的专门借款利息则应费用化;选项 B,属于非正常原因而产生的损失,应计入营业外支出;选项 C,固定资产的日常修理费用应该费用化,计入管理费用。

3.【答案】C 【解析】年折旧额=(44 000-4 000)/5=8 000(元)。
2016 年折旧额=8 000×3/12=2 000(元)。
至 2018 年年末,固定资产的账面净值=44 000-(2 000+8 000×2)=26 000(元),高于估计可收回金额 23 000 元,则应计提减值准备 3 000 元,并重新按原折旧方法将估计可收回金额在剩余 2 年零 9 个月的时间内折旧,因此,2019 年的折旧额=(23 000-4 000)/(2×12+9)×12=6 909.09(元)。

4.【答案】D 【解析】根据会计准则的规定,接受投资者投入的固定资产,入账价值按投资合同或协议约定确定(但合同或协议约定的价值不公允的除外)。因此,该设备的入账价值为 66 万元。

5.【答案】D 【解析】本题属于会计年度和折旧年度不一致的情况,第一个折旧年度应是 2019 年 11 月份到 2020 年 10 月月末,所以 2019 年应计提的折旧=600×2/5×2/12=40(万元)。
2020 年的前 10 个月应计提的折旧=600×2/5×10/12=200(万元)。
2020 年的后两个月属于第二个折旧年度的前两个月,应计提的折旧=(600-600×2/5)×2/5×2/12=24(万元)。
所以,该设备 2020 年应计提折旧=200+24=224(万元)。

6.【答案】D 【解析】短期租入的设备不计提折旧;已提足折旧继续使用的固定资产不再计提折旧;租入的使用权资产同自有资产一样,当月增加的使用权资产当月不提折旧,当月减少的使用权资产当月要照提折旧;大修理停用的设备仍需计提折旧。

7.【答案】A 【解析】固定资产达到预定可使用状态前试运转所发生的净支出,计入工程成本。试运转形成的对外销售的产品,其发生的成本计入在建工程成本,销售时按实际销售收入冲减在建工程成本。

8.【答案】D 【解析】2019年的折旧额=(2 000-50)×5/15÷2=325(万元)。

2020年的折旧额=(2 000-50)×5/15÷2+(2 000-50)×4/15÷2=585(万元)。

9.【答案】B 【解析】2018年9月1日购入,从2018年10月份开始计提折旧(当月增加的固定资产当月不计提折旧),2018年按照年数总和法应计提的折旧额=(996-60)×5/15×3/12=78(万元)。

2019年前9个月和2018年后3个月是第一个折旧年度,2019年前9个月应计提的折旧额=(996-60)×5/15×9/12=234(万元),2019年的后3个月属于第二个折旧年度中的前3个月,应计提的折旧额=(996-60)×4/15×3/12=62.4(万元),所以,2019年应计提的折旧额=234+62.4=296.4(万元)。

10.【答案】D 【解析】本题中,该固定资产采用双倍余额递减法的折旧率为20%(2÷10×100%)。

第一年计提折旧:200×20%=40(万元)。

第二年计提折旧:(200-40)×20%=32(万元)。

第三年计提折旧:(200-40-32)×20%=25.60(万元)。

11.【答案】A 【解析】第一年计提折旧:30×2/5=12(万元)。

第二年计提折旧:(30-12)×2/5=7.2(万元)。

第三年计提折旧:(30-12-7.2)×2/5=4.32(万元)。

第四年计提折旧:(30-12-7.2-4.32-2.5)÷2=1.99(万元)。

12.【答案】A 【解析】工程领用外购产品,产品进项税额可以抵扣,厂房的入账价值=250+140+190+40=620(万元)。

13.【答案】A 【解析】接受投资者投入的固定资产,按投资合同或协议约定的价值作为入账价值(但合同或协议约定的价值不公允的除外)。该设备的入账成本为:22.5+0.2+1+2.4×10%=23.94(万元)。

14.【答案】C 【解析】按现行规定,固定资产的更新改造等后续支出,符合固定资产确认条件的,应当计入固定资产成本,如有被替换的部分,应扣除其账面价值;所以改良后的固定资产的入账价值=500-200+50-20=330(万元)。

15.【答案】D 【解析】该设备第一年计提折旧=40×40%=16(万元)。

第二年计提折旧=(40-16)×40%=9.6(万元)。

第三年计提折旧=(40-16-9.6)×40%=5.76(万元)。

第四年前6个月应计提折旧=(40-16-9.6-5.76-40×10%)÷2×6/12=1.16(万元)。

该设备报废时已提折旧=16+9.6+5.76+1.16=32.52(万元)。

该设备报废使企业当期税前利润减少=40-32.52+0.4-1=6.88(万元)。

16.【答案】B 【解析】盘亏的固定资产通过"待处理财产损溢"科目核算。

17.【答案】B 【解析】选项A,在建工程试运营过程中所取得的收入,冲减在建工程成本,与当期损益无关;选项B,在建工程项目全部报废所发生的损失,计入当期营业外支出,如果是筹建期间的,计入管理费用;选项C,在建工程领用本企业生产的产品,计入工程成本中,不影响当期损益;选项D,购买固定资产所支付的耕地占用税,计入固定资产成本,不影响当期损益。

18.【答案】D 【解析】出售该设备影响当期损益的金额=14-(15-2.5)=1.5(万元)。

19.【答案】D 【解析】选项A、B、C均属于企业的存货。

20.【答案】C 【解析】固定资产入账金额=购买价款+运费+保险费=120+6+1=127(万元)。

21.【答案】B 【解析】固定资产入账金额=100+5=105(万元)。生产用动产设备的安装领用本企业自产产品不需确认增值税销项税。

22.【答案】B 【解析】企业以一笔款项购入多项没有单独标价的固定资产,按各固定资产公允价值的比例对总成本进行分配,分别确定各项固定资产的成本。C设备入账金额=(1 800+12)×800÷(1 000+200+800)+20.2=745(万元)。

23.【答案】A 【解析】生产总量法属于无形资产摊销的方法。

24.【答案】A 【解析】2019年应计提折旧的金额＝(234＋22＋2)×(1－5%)÷5÷12×11＝44.94(万元)。

25.【答案】B 【解析】本月应当计提的折旧＝(40－4)÷50×3000÷10 000＝0.22(万元)。

26.【答案】C 【解析】2019年应当计提的折旧＝100×40%÷12×11＋(100－100×40%)×40%÷12×1＝38.67(万元)。

27.【答案】B 【解析】生产车间闲置固定资产计提折旧计入管理费用。

28.【答案】D 【解析】2019年1—8月应当计提的折旧＝(600＋80)×(1－5%)×5/15÷12×8＝143.56(万元)。2019年9—12月应当计提的折旧＝(600＋80)×(1－5%)×4/15÷12×4＝57.42(万元)。2019年1—12月应当计提的折旧＝143.56＋57.42＝200.98(万元)。

29.【答案】B 【解析】改造后的入账价值＝(120－60)＋30－15＝75(万元)。

30.【答案】B 【解析】企业固定资产被盗引起的盘亏净损失应计入营业外支出。企业清查后应计入营业外支出的金额＝120－12－20＝88(万元)。

31.【答案】A 【解析】2019年8月31日改良后固定资产的账面价值＝1 800－1 800÷5×3＋48＝768(万元);2019年9月份到12月份应该计提折旧＝768÷4×4÷12＝64(万元);2019年1月份到3月份应计提的折旧＝1 800÷5÷12×3＝90(万元)。所以2019年应计提折旧＝90＋64＝154(万元)。

32.【答案】D 【解析】企业短期租入固定资产的改良支出记入"长期待摊费用"科目。

（二）多项选择题

1.【答案】ABD 【解析】选项A,大修理停用的固定资产仍需计提折旧;选项B,当月增加的固定资产当月不提折旧,当月减少的固定资产当月要照提折旧;选项C,以短期租赁方式租入的固定资产不能计提折旧;选项D,租入的使用权资产同自有资产一样计提折旧。

2.【答案】ABC 【解析】工程物资的入账价值不包括增值税。

3.【答案】ABCD 【解析】影响折旧的主要因素有:原始价值、预计净残值、预计使用寿命、资产减值准备。资产减值损失确认后,减值资产的折旧应当在未来期间作相应调整,以使该资产在剩余使用寿命内,系统地分摊调整后的资产账面价值(扣除预计净残值)。

4.【答案】ABD 【解析】双倍余额递减法是在固定资产使用寿命到期前,将固定资产净值扣除预计净残值后的净额在最后两年内平均摊销。

5.【答案】ABD 【解析】固定资产发生的日常修理费用不符合固定资产的确认条件,所以不能计入固定资产的入账价值。

6.【答案】ABC 【解析】选项D中,计提的折旧应计入在建工程。

7.【答案】ABCD 【解析】进口固定资产的关税应计入进口固定资产的成本;支付的耕地占用税和契税应计入在建工程,最终形成固定资产成本;支付的车辆购置税计入固定资产的入账价值。

8.【答案】ABCD 【解析】出售、转让、报废等减少固定资产的业务属于固定资产清理范畴,出售固定资产取得的价款、报废固定资产的原价和累计折旧额、毁损固定资产取得的赔款均影响固定资产清理的净损益。

9.【答案】ABC 【解析】选项A,自行建造的固定资产应该是达到预定可使用状态的下一个月开始计提折旧;选项B,因改良而停用的生产设备应该停止计提折旧;选项C,租入的使用权资产需要在达到预定可使用状态后的下一个月开始计提折旧,而不是在租赁开始日。

10.【答案】ACD 【解析】正常原因下,在建工程发生单项或单位工程报废或毁损,减去残料价值和过失人或保险公司等赔款后的净损失,工程项目尚未达到预定可使用状态的,计入继续施工的工程成本;如果工程项目已达到预定可使用状态的,属于筹建期间,计入管理费用,不属于筹建期间的,计入营业外支出。非正常原因下,在建工程发生单项或单位工程报废或毁损,或者在建工程项目全部报废或毁损,应将其净损失直接计入当期营业外支出。

11.【答案】BCD 【解析】与固定资产有关的后续支出,如果使可能流入企业的经济利益超过了原先的估计,如延长了固定资产的使用寿命,或者使产品质量实质性提高,或者使产品成本实质性降低,则应当计入固定资产账面价值,属于固定资产的资本性支出。

12.【答案】BCD 【解析】正常原因下,单项或单位工程发生报废或毁损,工程项目尚未达到预定可使用状态的,其净损失应计入继续施工的工程成本,如果工程项目已达到预定可使用状态的,属于筹建期间的,计入管理费用,不属于筹建期间的,计入营业外支出;非正常原因下发生的,则应计入营业外支出。

13.【答案】AC 【解析】固定资产改扩建,应将固定资产账面价值转入在建工程,会使固定资产账面价值减少;固定资产大修理,直接将修理费用计入当期损益,不会引起固定资产账面价值发生变化;计提固定资产减值准备和计提固定资产折旧将使固定资产账面价值减少;租入的使用权资产应该按照自有资产来处理,也要计提折旧的,但不计入"固定资产"科目,所以不影响固定资产的账面价值。

14.【答案】ABCD 【解析】固定资产清理首先要将账面价值转入"固定资产清理"科目的借方,清理过程中发生的各项费用(包括清理固定资产耗用的材料成本)记入"固定资产清理"科目的借方,变价收入记入"固定资产清理"科目的贷方,清理后将"固定资产清理"科目的借方和贷方金额相抵后就得到固定资产清理净损益。

15.【答案】BCD 【解析】选项 A,在建工程项目全部报废所发生的损失,计入当期营业外支出;选项 B,在建工程试运营过程中所取得的收入,冲减在建工程成本,与当期损益无关;选项 C,购买固定资产所支付的车辆购置税,计入固定资产成本,不影响当期损益;选项 D,在建工程领用的原材料,计入在建工程,不影响当期损益。

16.【答案】BC 【解析】因自然灾害而损失的固定资产账面净值和支付给清理固定资产人员的工资应记入"固定资产清理"科目的借方。

17.【答案】ABCD

18.【答案】ABD 【解析】如果采用出包方式建造固定资产,在未开工之前支付的工程款应记入"预付账款"科目。

19.【答案】ABCD

20.【答案】BCD 【解析】闲置固定资产需计提折旧,折旧金额计入管理费用。

21.【答案】ABCD

22.【答案】AD 【解析】生产车间固定资产的日常维修费用计入管理费用;固定资产的更新改造等后续支出,满足固定资产确认条件的,应当计入固定资产成本,如有被替换的部分,应同时将被替换部分的账面价值从该固定资产原账面价值中扣除。

23.【答案】ABC 【解析】盘亏的固定资产通过"待处理财产损溢"科目核算。

24.【答案】ABCD

25.【答案】ABC 【解析】日常维修固定资产的支出计入当期损益。

26.【答案】AC 【解析】选项 B 不需要通过"固定资产清理"科目核算;选项 D 应记入"固定资产清理"科目的贷方。

27.【答案】ABCD

28.【答案】AD 【解析】选项 B 在满足资本化条件时计入在建工程;选项 C 企业发生的开办费计入管理费用。

(三) 判断题

1.【答案】√

2.【答案】× 【解析】筹建期间发生相关支出,符合资本化条件的,计入工程成本,不符合资本化条件的直接计入管理费用。

3.【答案】√ 【解析】按规定预付的工程价款通过"预付账款"科目核算,借记"预付账款"科目,贷记

"银行存款"等科目;按工程进度结算的工程价款,借记"在建工程"科目,贷记"预付账款"等科目。

4.【答案】× 【解析】企业只有对已提足折旧仍继续使用的固定资产和单独计价入账的土地不用计提折旧,其他的固定资产都要计提折旧。所以对于季节性停用的固定资产要继续计提折旧。

5.【答案】√

6.【答案】× 【解析】以一笔款项购入多项没有单独标价的固定资产,应当按照各项固定资产公允价值比例对总成本进行分配,分别确定各项固定资产的成本。

7.【答案】√

8.【答案】× 【解析】按照会计准则的规定,固定资产减值损失一经确认,在以后会计期间不得转回(注意:计提的存货跌价准备和坏账准备可以转回)。

9.【答案】× 【解析】现行制度规定:已达到预定可使用状态的固定资产,如果在年度内尚未办理竣工决算的,应当按照估计价值暂估入账,并计提折旧;待办理了竣工决算手续后,再按照实际成本调整原来的暂估价值,但是对已计提的折旧额不再进行调整。

10.【答案】× 【解析】双倍余额递减法和年数总和法都属于加速折旧法,年数总和法每期的折旧额是递减的,双倍余额递减法前期折旧额是递减的,但是在其折旧年限到期前两年内,将采用直线法计提折旧。

11.【答案】× 【解析】因购买固定资产发生的借款利息支出,在资产达到预定可使用状态前发生的,若符合资本化条件,应将其资本化,将其计入固定资产的建造成本;在资产达到预定可使用状态后发生的,则应作为当期费用处理。

12.【答案】√ 【解析】按照会计准则的规定,接受投资者投入的固定资产,应按投资合同或协议约定的价值确定入账价值(但合同或协议约定的价值不公允的除外)。

13.【答案】× 【解析】弃置费用仅适用于特定行业的特定固定资产,比如,石油天然气企业油气水井及相关设施的弃置、核电站核废料的处置等。一般企业固定资产成本不应预计弃置费用,弃置费用不同于清理费用。

14.【答案】× 【解析】固定资产装修费用只有符合资本化原则的,才能够在两次装修期间以及固定资产尚可使用寿命两者中较短的时间内采用合理方法单独计提折旧,若不符合资本化条件的,则应直接计入当期损益。

15.【答案】× 【解析】会计准则规定,对于准备处置的固定资产,不仅要披露预计处置费用(即弃置费用),还应该披露预计处置时间。

16.【答案】× 【解析】按照实质重于形式原则,短期租入的固定资产的所有权不属于承租方,所以不用对其计提折旧;租入的使用权资产应该作为承租人的自有资产处理,并采用与自有资产一致的折旧政策计提折旧,计入使用权资产累计折旧。

17.【答案】√

18.【答案】√

19.【答案】× 【解析】企业外购需安装的固定资产应先通过"在建工程"科目归集安装项目的支出,待达到预定可使用状态时将"在建工程"科目借方归集的金额转入"固定资产"科目的借方。

20.【答案】√

21.【答案】× 【解析】提前报废的固定资产也不再补提折旧。

22.【答案】× 【解析】已达到预定可使用状态但尚未办理竣工决算的固定资产,应当按照估计价值确定其成本,并计提折旧;待办理竣工决算后,再按实际成本调整原来的暂估价值,但不需要调整原已计提的折旧额。

23.【答案】√

24.【答案】√

25.【答案】× 【解析】增值税一般纳税人外购生产用动产设备的增值税可以抵扣;将外购设备改变

自主测试参考答案及解析 | 189

用途(如用于职工福利等),其进项税需要转出,不得抵扣。

26.【答案】√

27.【答案】× 【解析】固定资产预计使用寿命、预计净残值一经确定,不得随意变更。

28.【答案】√

29.【答案】× 【解析】除以下情况外,企业应当对所有固定资产计提折旧:第一,已提足折旧仍继续使用的固定资产;第二,单独计价入账的土地。

30.【答案】× 【解析】固定资产预计使用寿命、预计净残值和折旧方法的改变应当作为会计估计变更。

31.【答案】√

32.【答案】√

33.【答案】√

34.【答案】× 【解析】企业取得固定资产,发生与之有关的专业人员服务费应计入固定资产取得成本,员工培训费在发生时计入当期损益。

35.【答案】× 【解析】盘盈的固定资产按前期差错更正进行账务处理,通过"以前年度损益调整"科目进行核算,并按重置成本入账。

36.【答案】√

37.【答案】× 【解析】企业以短期租出方式将固定资产对外出租,应当将固定资产的折旧金额记入"其他业务成本"科目。

38.【答案】√ 【解析】增值税属于价外税,不会影响损益。

(四)不定项选择题

1.【答案】(1) BD;(2) B;(3) ABCD;(4) C;(5) ABCD

【解析】(1) 甲公司支付乙公司工程备料款应计入预付账款,所以选项 A 不正确;固定资产的入账价值=200+2 000+800=3 000(万元),所以选项 B 正确;甲公司应在工程达到预定可使用状态时将在建工程转入固定资产,所以选项 C 不正确,选项 D 正确。

(2) 甲公司 2015 年计提折旧的金额=3 000×(1−5%)÷20÷12×11=130.63(万元)。

(3) 截至 2019 年 1 月甲公司对厂房计提的折旧金额=3 000×(1−5%)÷20×4=570(万元)。

(4) 更新改造后厂房的入账价值=2 430+40+60+300=2 830(万元)。甲公司 2019 年对厂房计提的折旧金额=3 000×(1−5%)÷20÷12×1+2 830×2÷10÷12×6=294.88(万元)。

(5) 出售时厂房已计提的折旧=2 830×20%+(2 830−566)×20%÷12×1=603.73(万元)。

所以应当编制的会计分录为:

借:固定资产清理	2 226.27
累计折旧	603.73
贷:固定资产	2 830
借:固定资产清理	20
贷:银行存款	20
借:银行存款	3 000
贷:固定资产清理	3 000
借:固定资产清理	753.73
贷:资产处置损益	753.73

(五)业务题

1.【答案】

(1) 计算该设备的原始价值:110 000+2 300+7 700=120 000(元)。

(2) 年限平均法:2019 年 6 月份月折旧额=120 000×(1−4%)÷5÷12=1 920(元)。

(3) 年数总和法:2019年6月份折旧额=120 000×(1-4%)×5/15÷12=3 200(元)。
(4) 会计分录:
① 购买并安装:

借:在建工程		120 000
应交税费——应交增值税(进项税额)		14 300
贷:银行存款		134 300

② 交付使用:

借:固定资产		120 000
贷:在建工程		120 000

③ 年限平均法或年数总和法计提折旧:

借:制造费用		1 920 或 3 200
贷:累计折旧		1 920 或 3 200

2.【答案】
(1)

借:固定资产		(478+2)480
应交税费——应交增值税(进项税额)		62.14
贷:银行存款		542.14

(2) 2019年5月A设备的折旧额=480×2/10÷12=8(万元)。

借:管理费用		8
贷:累计折旧		8

(3)

借:在建工程		(600+10)610
应交税费——应交增值税(进项税额)		78
贷:银行存款		688

(4)

借:在建工程		10
贷:银行存款		10
借:固定资产		620
贷:在建工程		620

(5) 2019年9月B设备的折旧额=(620-20)÷20 000×200=6(万元)。

借:制造费用		6
贷:累计折旧		6

3.【答案】
(1) 会计分录:

借:在建工程		650
累计折旧		300
固定资产减值准备		50
贷:固定资产		1 000
借:在建工程		300
贷:工程物资		300
借:在建工程		50
贷:原材料		50
借:在建工程		100
贷:应付职工薪酬		100
借:在建工程		50
贷:银行存款		50

改扩建后在建工程账户的金额=650+300+50+100+50=1 150(万元)。
借:固定资产　　　　　　　　　　　　　　　　　　　　　　1 150
　　贷:在建工程　　　　　　　　　　　　　　　　　　　　　　　1 150
(2) 2019年12月31日固定资产的账面价值=1 150－(1 150－50)÷10×2=930(万元),可收回金额为690万元,应计提减值准备240万元(930－690)。相关会计分录:
借:资产减值损失　　　　　　　　　　　　　　　　　　　　240
　　贷:固定资产减值准备　　　　　　　　　　　　　　　　　　　240

4.【答案】
(1) 借:固定资产　　　　　　　　　　　　　　　　　　　　52 000
　　　贷:银行存款　　　　　　　　　　　　　　　　　　　　　52 000
(2) 借:固定资产　　　　　　　　　　　　　　　　　　　　75 000
　　　贷:实收资本　　　　　　　　　　　　　　　　　　　　　75 000
(3) 盘盈设备的账面价值=40 000×50%=20 000(元)。
① 借:固定资产　　　　　　　　　　　　　　　　　　　　20 000
　　贷:以前年度损益调整　　　　　　　　　　　　　　　　　　20 000
② 借:以前年度损益调整　　　　　　　　　　　　　　　　　20 000
　　贷:利润分配——未分配利润　　　　　　　　　　　　　　　　20 000
(4) 重新确定的设备预计净残值=25 000－2 500=22 500(元)。
设备的账面价值=60 000－30 000=30 000(元)。
借:资产减值损失　　　　　　　　　　　　　　(30 000－22 500)7 500
　　贷:固定资产减值准备　　　　　　　　　　　　　　　　　　7 500

5.【答案】
(1) 会计分录:
① 设备购入:
借:在建工程　　　　　　　　　　　　　　　　　　　　　102
　　应交税费——应交增值税(进行税额)　　　　　　　　　　　13
　　贷:银行存款　　　　　　　　　　　　　　　　　　　　　　115
② 设备安装:
借:在建工程　　　　　　　　　　　　　　　　　　　　　38
　　贷:原材料　　　　　　　　　　　　　　　　　　　　　　　10
　　　　应付职工薪酬　　　　　　　　　　　　　　　　　　　　2
　　　　银行存款　　　　　　　　　　　　　　　　　　　　　26
③ 设备达到预定可使用状态:
借:固定资产　　　　　　　　　　　　　　　　　　　　　140
　　贷:在建工程　　　　　　　　　　　　　　　　　　　　　　140
(2) 2019年度计提折旧额=(140－5)×5/15÷2=22.5(万元)。
借:制造费用　　　　　　　　　　　　　　　　　　　　　22.5
　　贷:累计折旧　　　　　　　　　　　　　　　　　　　　　　22.5
(3) 2020年年末计提折旧额=22.5+(140－5)×4/15÷2=40.5(万元)。
2021年年末计提折旧额=(140－5)×4/15÷2+(140－5)×3/15÷2=31.5(万元)。
会计分录:

借:固定资产清理　　　　　　　　　　　　　　　　　　　　　　　　　　45.5
　　累计折旧　　　　　　　　　　　　　　　　　　　(22.5+40.5+31.5)94.5
　　贷:固定资产　　　　　　　　　　　　　　　　　　　　　　　　　　140
借:固定资产清理　　　　　　　　　　　　　　　　　　　　　　　　　　1
　　贷:银行存款　　　　　　　　　　　　　　　　　　　　　　　　　　1
借:银行存款　　　　　　　　　　　　　　　　　　　　　　　　　　　　79.1
　　贷:固定资产清理　　　　　　　　　　　　　　　　　　　　　　　　70
　　　　应交税费——应交增值税(销项税额)　　　　　　　　　　　　　9.1
借:固定资产清理　　　　　　　　　　　　　　　　　　　　(70-45.5-1)23.5
　　贷:资产处置损益　　　　　　　　　　　　　　　　　　　　　　　　23.5

6.【答案】

(1) 2019年12月12日取得该设备的会计分录:

借:固定资产　　　　　　　　　　　　　　　　　　　　　　　　　　　401
　　应交税费——应交增值税(进项税额)　　　　　　　　　　　　　　52
　　贷:银行存款　　　　　　　　　　　　　　　　　　　　　　　　　453

(2) 2020年度该设备计提的折旧额=(401-5)÷10=39.6(万元)。

(3) 2020年12月31日该设备计提的固定资产减值准备=(401-39.6)-311=50.4(万元)。

会计分录:

借:资产减值损失　　　　　　　　　　　　　　　　　　　　　　　　　50.4
　　贷:固定资产减值准备　　　　　　　　　　　　　　　　　　　　　50.4

(4) 2021年度该设备计提的折旧额=(311-5)÷9=34(万元)。

(5) 2021年12月31日该设备转入改良工程时的会计分录:

借:在建工程　　　　　　　　　　　　　　　　　　　　　　　　　　　277
　　累计折旧　　　　　　　　　　　　　　　　　　　　　　(39.6+34)73.6
　　固定资产减值准备　　　　　　　　　　　　　　　　　　　　　　　50.4
　　贷:固定资产　　　　　　　　　　　　　　　　　　　　　　　　　401

(6) 2022年3月12日支付该设备改良价款、结转改良后设备成本的会计分录:

借:在建工程　　　　　　　　　　　　　　　　　　　　　　　　　　　35
　　贷:银行存款　　　　　　　　　　　　　　　　　　　　　　　　　35
借:固定资产　　　　　　　　　　　　　　　　　　　　　　　　　　　312
　　贷:在建工程　　　　　　　　　　　　　　　　　　　　　　　　　312

(7) 2023年度该设备计提的折旧额=(312-16)÷8=37(万元)。

(8) 2023年度该设备计提的折旧额=(312-16)÷8×9/12=27.75(万元)。

处置时设备的账面价值=312-27.75-37=247.25(万元)。

处置净损失=247.25-10-30+3=210.25(万元)。

(9) 2023年12月31日处置该设备的会计分录:

借:固定资产清理　　　　　　　　　　　　　　　　　　　　　　　　　247.25
　　累计折旧　　　　　　　　　　　　　　　　　　　　　　　　　　　64.75
　　贷:固定资产　　　　　　　　　　　　　　　　　　　　　　　　　312
借:银行存款　　　　　　　　　　　　　　　　　　　　　　　　　　　11.3
　　贷:固定资产清理　　　　　　　　　　　　　　　　　　　　　　　10
　　　　应交税费——应交增值税(销项税额)　　　　　　　　　　　　1.3

借:银行存款　　　　　　　　　　　　　　　　　　　　　　　　　　30
　　贷:固定资产清理　　　　　　　　　　　　　　　　　　　　　　　　30
借:固定资产清理　　　　　　　　　　　　　　　　　　　　　　　　3
　　贷:银行存款　　　　　　　　　　　　　　　　　　　　　　　　　3
借:营业外支出　　　　　　　　　　　　　　　　　　　　　　　　　210.25
　　贷:固定资产清理　　　　　　　　　　　　　　　　　　　　　　　210.25

第二部分　无 形 资 产

(一) 单项选择题

1.【答案】B　【解析】外购的无形资产,应按其取得成本进行初始计量;如果购入的无形资产超过正常信用条件延期支付款项,实质上具有融资性质的,应该按所取得无形资产购买价款的现值计量其成本,现值与应付价款的差额作为未确认的融资费用。

2.【答案】A　【解析】投资者投入的无形资产的成本,应当按照投资合同或协议约定的价值确定,在投资合同或协议约定价值不公允的情况下,应按无形资产的公允价值入账。

3.【答案】A　【解析】企业收到投资者的超出其在企业注册资本(或股本)中所占的份额的投资,形成企业的资本溢价(或股本溢价)。

4.【答案】C　【解析】研究阶段是探索性的,在这一阶段不会形成阶段性成果,因此,企业研究阶段的有关支出,在发生时应当费用化,计入当期损益。相对于研究阶段而言,在开发阶段应当是已完成研究阶段的工作,在很大程度上具备了形成一项新产品或新技术的基本条件。此时,如果企业能够证明开发支出符合无形资产的定义及相关确认条件,则可将其确认为无形资产。因此,A公司无形资产入账价值＝100＋20＋30＋1＋2.5＝153.5(万元)。

5.【答案】C　【解析】为了正确地计算企业的利润以及合理地对无形资产进行确认,需要设置"研发支出"科目,以反映企业内部在研发过程中发生的支出。"研发支出"科目应当按照研究开发项目,分为"费用化支出"与"资本化支出"进行明细核算。

6.【答案】C　【解析】企业取得的土地使用权通常应确认为无形资产,在"无形资产"科目中反映。

7.【答案】C　【解析】投资者投入无形资产的成本,应当按照投资合同或协议约定的价值确定,但合同或协议约定价值不公允的除外。

8.【答案】D　【解析】该无形资产的累计摊销年数为5年,2017年和2018年每年的摊销额为225÷5＝45(万元);2018年年末该无形资产的可收回金额为90万元,则2019年起该无形资产的摊销额计提基数为90万元,还有3年尚未摊销,每年摊销额为90÷3＝30(万元)。至2019年年末,无形资产累计摊销额＝45＋45＋30＝120(万元)。

9.【答案】B　【解析】企业摊销无形资产时,单独设置"累计摊销"科目,反映因摊销而减少的无形资产价值。现行会计准则借鉴了国际会计准则的做法,规定无形资产的摊销金额一般应确认为当期损益,计入管理费用。企业按月计提无形资产摊销额时,借记"管理费用"科目,贷记"累计摊销"科目。

10.【答案】B　【解析】企业在对资产进行减值测试并计算了资产可收回金额后,如果资产的可收回金额低于其账面价值,应当将资产的账面价值减记至可收回金额,减记的金额确认为资产减值损失,计入当期损益,同时计提相应的资产减值准备。

11.【答案】C　【解析】其他业务收入＝10(万元),其他业务成本＝10÷5＝2(万元),其他业务利润＝10－2＝8(万元)。

12.【答案】D　【解析】300＋120＋50－400＝70(万元)。

13.【答案】D　【解析】200＋20＋360÷10×5－360＝40(万元)。

14.【答案】D　【解析】20 000＋40 000＋6 000＝66 000(万元)。

15.【答案】C 【解析】商誉因不具有可辨认性,所以不能认定为无形资产。

16.【答案】C 【解析】选项C应当记入"销售费用"科目。

17.【答案】C 【解析】甲公司无形资产的入账成本＝200＋12＋18＝230(万元);发生的宣传费属于当期费用,需记入"销售费用"科目。

18.【答案】B 【解析】A公司2019年应计提的摊销金额＝(2 000＋80＋2)÷30÷12×6＝34.70(万元)。

19.【答案】B 【解析】自行研发的无形资产在研究阶段的支出一律费用化。开发阶段符合资本化条件的支出计入无形资产成本。2019年应计提的摊销金额＝1 500÷8÷12×2＝31.25(万元)。

20.【答案】A 【解析】2019年甲公司应计提的摊销金额＝(200＋2＋1)÷8÷12×5＝10.57(万元)。

21.【答案】A 【解析】企业财务部门使用的无形资产的摊销额应计入管理费用。

22.【答案】A 【解析】甲公司应当编制的会计分录为:

借:银行存款　　　　　　　　　　　　　　　　　　　　　　300
　　累计摊销　　　　　　　　　　　　　　　　　　　　　　 30
　　贷:无形资产　　　　　　　　　　　　　　　　　　　　　300
　　　　资产处置损益　　　　　　　　　　　　　　　　　　 30

23.【答案】C 【解析】企业出租无形资产使用权取得的收入应记入"其他业务收入"科目。

24.【答案】B 【解析】2016年至2019年9月,该无形资产累计摊销额＝2 000÷8÷12×(12＋12＋12＋8)＝916.67(万元)。甲公司应当编制的会计分录为:

借:银行存款　　　　　　　　　　　　　　　　　　　　　1 300
　　累计摊销　　　　　　　　　　　　　　　　　　　　　916.67
　　贷:无形资产　　　　　　　　　　　　　　　　　　　　2 000
　　　　资产处置损益　　　　　　　　　　　　　　　　　216.67

(二)多项选择题

1.【答案】ACD 【解析】选项B无法用货币计量,不符合资产定义。

2.【答案】ABCD 【解析】外购的无形资产,其成本包括购买价款、相关税费以及直接归属于使该项资产达到预定用途所发生的其他支出。

3.【答案】AD 【解析】投资者投入的无形资产成本,应当按照投资合同或协议约定的价值确定,在投资合同或协议约定价值不公允的情况下,应按无形资产的公允价值入账。

4.【答案】ABCD 【解析】对于企业自行进行的研究开发项目,企业会计准则要求区分研究阶段与开发阶段,并分别进行核算。其中,研究是指为获取新的科学或技术知识而进行的独创性的有计划调查,研究活动的例子包括:材料、设备、产品、工序、系统或服务替代品的研究;以及新的或经改进的材料、设备、产品、工序、系统或服务替代品的配置、设计、评价和最终选择。

5.【答案】ABCD 【解析】这四种有关土地使用权的账务处理都是正确的。

6.【答案】AD 【解析】如果无形资产不能为企业带来经济利益,应该将无形资产的账面价值全部转入当期营业外支出;企业自用的无形资产如果用于产品生产,那么无形资产的摊销额最终计入产品的成本。

7.【答案】ACD 【解析】选项A,转让无形资产使用权所取得的收入应计入其他业务收入;选项C,转让无形资产所有权所发生的支出应计入资产处置损益;选项D,购入但尚未投入使用的、使用寿命确定的无形资产的价值应进行摊销。

8.【答案】ABC 【解析】特定产品生产用的无形资产摊销额计入制造费用;一般管理用无形资产摊销额计入管理费用;对外出租无形资产的摊销额计入其他业务成本。

9.【答案】ABCD

10.【答案】AB 【解析】商誉不具有可辨认性,所以不能认定为企业的无形资产;已出租的土地使用权属于企业的投资性房地产。

11.【答案】ABD 【解析】开发阶段的支出满足资本化条件的才能资本化,不满足资本化条件的计入当期损益。

12.【答案】ABCD 【解析】企业取得的使用寿命不确定的无形资产不需摊销,所以选项 A 不正确;无形资产的合同有效期大于法律规定使用期限的应按照法律规定进行摊销(孰低原则),所以选项 B 不正确;无形资产的摊销方法包括直线法、生产总量法等,所以选项 C 不正确;无形资产摊销时需要考虑预计净残值,所以选项 D 不正确。

13.【答案】ABC 【解析】出售价款大于无形资产账面价值与出售相关税费之和的差额记入"资产处置损益"科目贷方;出售价款小于无形资产账面价值与出售相关税费之和的差额记入"资产处置损益"科目借方。

14.【答案】ABC 【解析】无形资产的摊销期限应当自无形资产可供使用时起至不再作为无形资产确认时止。

15.【答案】BCD 【解析】无形资产账面价值=无形资产原值-累计摊销-无形资产减值准备,企业内部研发的无形资产在研究阶段的支出一律计入当期损益。

（三）判断题

1.【答案】× 【解析】无形资产是指企业拥有或控制的没有实物形态的可辨认非货币性资产。

2.【答案】√

3.【答案】√

4.【答案】× 【解析】已计入各期费用的研究费用,在以后会计期间均不再转入无形资产的成本。

5.【答案】× 【解析】企业取得的土地使用权,通常应当按照取得时所支付的价款及相关税费确认为无形资产。土地使用权用于自行开发建造厂房等地上建筑物时,土地使用权的账面价值不与地上建筑物合并计算其成本,而仍作为无形资产进行核算。但是,如果房地产开发企业取得的土地使用权用于建造对外出售的房屋建筑物,其相关的土地使用权的价值应当计入所建造的房屋建筑物成本。

6.【答案】× 【解析】无形资产的后续支出应在发生时计入当期损益。

7.【答案】× 【解析】我国会计准则借鉴了国际会计准则的做法,规定无形资产的摊销金额一般应确认为当期损益,计入管理费用。如果某项无形资产包含的经济利益是通过企业所生产的产品或其他资产实现的,无形资产的摊销金额可以计入产品或其他资产的成本。

8.【答案】× 【解析】企业摊销无形资产时,单独设置"累计摊销"科目,反映因摊销而减少的无形资产价值。

9.【答案】× 【解析】"无形资产"科目的期末借方余额,反映企业无形资产的成本。

10.【答案】× 【解析】无形资产预期不能为企业带来经济利益的,不再符合无形资产的定义,应将其转销。转销时,应按已计提的累计摊销,借记"累计摊销"科目;原已计提减值准备的,借记"无形资产减值准备"科目;按其账面余额,贷记"无形资产"科目;按其差额,借记"营业外支出"科目。

11.【答案】× 【解析】相关会计准则规定,企业出售无形资产时,应将所取得的价款与该无形资产价值的差额计入资产处置损益。

12.【答案】× 【解析】企业取得的土地使用权通常应确认为无形资产。若企业改变土地使用权的用途,将其用于出租或准备增值后转让的,应将其转为投资性房地产。

13.【答案】× 【解析】无法区分无形资产研究阶段支出和开发阶段支出的,应当将其所发生的研发支出全部费用化,不计入无形资产成本。

14.【答案】× 【解析】可供企业选择的无形资产摊销方法有很多,如直线法、递减余额法和生产总量法等。目前,国际上普遍采用的主要是直线法。企业选择什么样的摊销方法,主要取决于企业预期消耗该项无形资产所产生的未来经济利益的方式。如果企业难以可靠确定这种消耗方式,则应当采用直线法对无形资产的应摊销金额进行系统合理的摊销。

15.【答案】× 【解析】残值确定以后,在持有无形资产的期间内,至少应于每年年末进行复核,预计其残值与原估计金额不同的,应按照会计估计变更进行处理。

16.【答案】√

17.【答案】× 【解析】无形资产是指企业拥有或者控制的没有实物形态的可辨认的非货币性资产。因商誉不具有可辨认性,所以不能认定为企业无形资产。

18.【答案】√

19.【答案】× 【解析】使用寿命有限的无形资产应进行摊销;使用寿命不确定的无形资产不应摊销。

20.【答案】√

21.【答案】√

22.【答案】√

23.【答案】× 【解析】满足资本化条件的无形资产的摊销额,计入相关资产成本。例如,工程用无形资产的摊销额计入在建工程。

(四)业务题

1.【答案】
该公司可以确定 2018 年 10 月 1 日是该项无形资产的确认标准满足日。
2018 年 10 月 1 日以前发生研发支出时:
借:研发支出——费用化支出 100
 贷:应付职工薪酬等 100
期末,应将费用化的研发支出予以结转:
借:管理费用 100
 贷:研发支出——费用化支出 100
2018 年 10 月 1 日以后发生研发支出时:
借:研发支出——资本化支出 60
 贷:应付职工薪酬等 60
2019 年 1 月至 6 月又发生材料费用、直接参与开发人员的工资、场地设备租金和注册费等支出 240 万元:
借:研发支出——资本化支出 240
 贷:应付职工薪酬等 240
2019 年 6 月月末该项新工艺完成,达到预定可使用状态时:
借:无形资产 300
 贷:研发支出——资本化支出 300

2.【答案】
2019 年:
(1)截至 2019 年该专利权的账面价值 = 300 - 300 ÷ 10 × 4 = 180(万元),可收回金额为 100 万元,则应计提减值准备 80 万元。会计分录:
借:资产减值损失——计提的无形资产减值准备 800 000
 贷:无形资产减值准备 800 000
(2)内部研发非专利技术(账面价值 150 万元),属于使用寿命不确定的无形资产,不进行摊销,可收回金额为 130 万元,则应计提减值准备 20 万元。会计分录:
借:资产减值损失——计提的无形资产减值准备 200 000
 贷:无形资产减值准备 200 000

2020年：

(1) 计提减值准备以后,购入的专利权在 2020 年继续摊销,摊销金额=100÷5=20(万元)。会计分录：

  借:管理费用   200 000

    贷:累计摊销   200 000

(2) 内部研发非专利技术确定了可使用寿命后需要摊销,摊销金额=130÷4=32.5(万元)。会计分录：

  借:管理费用   325 000

    贷:累计摊销   325 000

3.【答案】

(1) 编制购入该无形资产的会计分录：

  借:无形资产   300

    贷:银行存款   300

(2) 计算 2016 年 12 月 31 日无形资产的摊销金额：

300÷10×1÷12=2.5(万元)。

(3) 编制 2016 年 12 月 31 日摊销无形资产的会计分录：

  借:管理费用   2.5

    贷:累计摊销   2.5

(4) 计算 2017 年 12 月 31 日该无形资产的账面价值：

无形资产的账面价值=无形资产的账面余额-累计摊销-无形资产减值准备的余额=300-32.5=267.5(万元)。

(5) 2018 年 12 月 31 日该无形资产的账面价值为 300-2.5-30-30=237.5(万元)。

该无形资产的预计未来现金流量现值高于其公允价值减去处置费用后的金额,所以其可收回金额是预计未来现金流量现值,即 190 万元,所以应该计提的无形资产减值准备=237.5-190=47.5(万元)。

会计分录：

  借:资产减值损失   47.5

    贷:无形资产减值准备   47.5

(6) 计算该无形资产出售形成的净损益：

2019 年前 3 个月该无形资产的摊销金额=190÷(120-25)×3=6(万元)。至 2019 年 4 月 1 日,该无形资产累计摊销额=2.5+30+30+6=68.5(万元)。所以,出售净损益=260-(300-68.5-47.5)=76(万元)。

(7) 编制出售无形资产的会计分录：

  借:银行存款   260

    累计摊销   68.5

    无形资产减值准备   47.5

    贷:无形资产   300

      资产处置损益   76

4.【答案】

(1) 2015 年 1 月 1 日购入：

  借:无形资产   100

    贷:银行存款   100

(2) 2015 年摊销:

借：管理费用 20
　　贷：累计摊销 20
(3) 2016年摊销：
借：管理费用 20
　　贷：累计摊销 20
(4) 2016年计提减值准备：
2016年12月31日,无形资产的摊余价值为60万元,甲企业估计其可收回金额为18万元,该无形资产应计提减值准备42万元。
借：资产减值损失 42
　　贷：无形资产减值准备 42
(5) 2017年摊销：
2017年1月1日,无形资产的账面价值为18万元,在剩余3年内每年摊销6万元。
借：管理费用 6
　　贷：累计摊销 6
(6) 2018年摊销：
借：管理费用 6
　　贷：累计摊销 6
(7) 2018年12月31日,无形资产的账面价值为6万元,其可收回金额为22万元,不用计提减值准备,但也不能转回无形资产减值准备。
(8) 2019年摊销：
借：管理费用 6
　　贷：累计摊销 6
(9) 2019年12月31日,转销无形资产和相关减值准备的余额：
借：无形资产减值准备 42
　　累计摊销 58
　　贷：无形资产 100

5.【答案】

(1) 2015年1月1日：
无形资产现值＝1 000 000÷(1＋5%)＋1 000 000÷(1＋5%)^2＋1 000 000÷(1＋5%)^3＝2 723 248(元)。
未确认融资费用＝3 000 000－2 723 248＝276 752(元)。
借：无形资产——商标权 2 723 248
　　未确认融资费用 276 752
　　贷：长期应付款 3 000 000
(2) 2015年12月31日：
借：长期应付款 1 000 000
　　贷：银行存款 1 000 000
第一年应确认的融资费用＝2 723 248×5%＝136 162.40(元)。
借：财务费用 136 162.40
　　贷：未确认融资费用 136 162.40
借：管理费用 (2 723 248÷5)544 649.6
　　贷：累计摊销 544 649.6
(3) 2016年12月31日：

借:长期应付款　　　　　　　　　　　　　　　　　　　　　1 000 000
　　贷:银行存款　　　　　　　　　　　　　　　　　　　　　　　1 000 000
第二年应确认的融资费用=[(3 000 000-1 000 000)-(276 752-136 162.40)]×5%=92 970.52(元)。
借:财务费用　　　　　　　　　　　　　　　　　　　　　　　92 970.52
　　贷:未确认融资费用　　　　　　　　　　　　　　　　　　　　92 970.52
借:管理费用　　　　　　　　　　　　　　　　　　　(2 723 248÷5)544 649.6
　　贷:累计摊销　　　　　　　　　　　　　　　　　　　　　　544 649.6
(4) 2017年12月31日:
借:长期应付款　　　　　　　　　　　　　　　　　　　　　1 000 000
　　贷:银行存款　　　　　　　　　　　　　　　　　　　　　　　1 000 000
第三年应确认的融资费用=276 752-136 162.40-92 970.52=47 619.08(元)。
借:财务费用　　　　　　　　　　　　　　　　　　　　　　　47 619.08
　　贷:未确认融资费用　　　　　　　　　　　　　　　　　　　　47 619.08
借:管理费用　　　　　　　　　　　　　　　　　　　(2 723 248÷5)544 649.6
　　贷:累计摊销　　　　　　　　　　　　　　　　　　　　　　544 649.6
(5) 2018年12月31日:
借:管理费用　　　　　　　　　　　　　　　　　　　(2 723 248÷5)544 649.6
　　贷:累计摊销　　　　　　　　　　　　　　　　　　　　　　544 649.6
(6) 2019年1月1日:
借:银行存款　　　　　　　　　　　　　　　　　　　　　　　600 000
　　累计摊销　　　　　　　　　　　　　　　　　　　　　　2 178 598.4
　　贷:无形资产　　　　　　　　　　　　　　　　　　　　　　2 723 248
　　　　资产处置损益　　　　　　　　　　　　　　　　　　　　55 350.4

第三部分　投资性房地产

(一) 单项选择题

1.【答案】D　【解析】采用成本模式计量的投资性房地产发生减值时,需要确认减值损失;已采用公允价值模式计量的投资性房地产,计量模式不得从公允价值模式转为成本模式;采用公允价值模式计量的投资性房地产,公允价值的变动金额应计入公允价值变动损益。

2.【答案】D　【解析】投资性房地产业务是企业的经营活动,因此,租金收入应贷记"其他业务收入"科目。

3.【答案】A　【解析】按照《企业会计准则第3号——投资性房地产》的规定,投资性房地产,首先应当符合投资性房地产的定义;其次要同时满足投资性房地产的两个确认条件:其一,与该资产相关的经济利益很可能流入企业;其二,该资产的成本能够可靠地计量。

4.【答案】B　【解析】为保证会计信息的可比性,企业对投资性房地产的计量模式一经确定,不得随意变更。只有在房地产市场比较成熟、能够满足采用公允价值模式条件的情况下,才允许企业对投资性房地产从成本模式计量变更为公允价值模式计量。已采用公允价值模式计量的投资性房地产,不得从公允价值模式转为成本模式计量。

5.【答案】B　【解析】按照《企业会计准则第3号——投资性房地产》的规定,投资性房地产的范围限定为已出租的土地使用权、持有并准备增值后转让的土地使用权、已出租的建筑物。

6.【答案】A　【解析】投资性房地产采用公允价值模式进行后续计量的,不对投资性房地产计提折旧或进行摊销,所以2019年该项交易影响当期损益的金额=租金+资产负债表日投资性房地产的公允价值高于其账面余额的差额＝30＋(510－500)＝40(万元)。

7.【答案】B 【解析】2019年应该计提的折旧额＝(540－60)÷20÷12×10＝20(万元)。

8.【答案】B 【解析】企业将自用房地产转换为采用公允价值模式计量的投资性房地产时,投资性房地产按照转换当日的公允价值计价。

9.【答案】C 【解析】选项A属于企业的固定资产;选项B属于企业的存货;选项D,企业已经将资产出售,不属于投资性房地产。

10.【答案】B 【解析】乙公司不拥有该办公楼的所有权,该办公楼不属于乙公司的资产,所以选项B错误。

11.【答案】C 【解析】全年取得租金收入＝10×12＝120(万元),全年投资性房地产应计提的折旧＝(1 200－120)÷20＝54(万元),该交易对全年损益的影响金额＝120－54＝66(万元)。

12.【答案】A 【解析】采用公允价值模式进行后续计量的投资性房地产不需要进行减值测试,不计提减值准备。

13.【答案】D 【解析】已采用公允价值模式进行后续计量的投资性房地产不得转为采用成本模式计量。

14.【答案】D 【解析】自有固定资产转换为采用成本模式进行后续计量的投资性房地产,应当将转换日固定资产的原值转入"投资性房地产"科目。

15.【答案】C 【解析】将自有资产转换为采用公允价值模式进行后续计量的投资性房地产,转换日自有资产账面价值大于转换日自有资产公允价值的差额计入公允价值变动损益。计入公允价值变动损益的金额＝1 890－189－18.9－1 500＝182.1(万元)。

16.【答案】D 【解析】企业将自有资产转换为采用公允价值模式进行后续计量的投资性房地产时,转换日自有资产公允价值大于转换日自有资产账面价值的差额记入"其他综合收益"科目的贷方。

17.【答案】B 【解析】企业将以公允价值模式进行后续计量的投资性房地产转换为自用固定资产时,转换日投资性房地产公允价值大于转换日投资性房地产账面价值的差额记入"公允价值变动损益"科目的贷方。

18.【答案】C 【解析】甲公司应当编制的会计分录为:
借:银行存款　　　　　　　　　　　　　　　　　　　　　　　　　3 800
　　贷:其他业务收入　　　　　　　　　　　　　　　　　　　　　　　　3 800
借:其他业务成本　　　　　　　　　　　　　　　　　　　　　　　3 550
　　贷:投资性房地产——成本　　　　　　　　　　　　　　　　　　　　3 500
　　　　　　——公允价值变动　　　　　　　　　　　　　　　　　　　　　50
借:公允价值变动损益　　　　　　　　　　　　　　　　　　　　　　50
　　其他综合收益　　　　　　　　　　　　　　　　　　　　　　　500
　　贷:其他业务成本　　　　　　　　　　　　　　　　　　　　　　　　550
甲公司应当记入"其他业务成本"科目的金额＝3 550－550＝3 000(万元)。

(二)多项选择题

1.【答案】ABD 【解析】选项C,采用公允价值模式计量的投资性房地产转换为自用房地产时,应当以其转换当日的公允价值作为自用房地产的账面价值。

2.【答案】BCD 【解析】企业通常应当采用成本模式对投资性房地产进行后续计量,只有在满足特定条件的情况下,即有确凿证据表明其所有投资性房地产的公允价值能够持续可靠取得的,也可以采用公允价值模式进行后续计量。也就是说,投资性房地产相关的会计准则适当引入公允价值模式,在满足特定条件的情况下,可以对投资性房地产采用公允价值模式进行后续计量,但是,同一企业只能采用一种模式对所有投资性房地产进行后续计量,不能同时采用两种计量模式。

3.【答案】AC 【解析】在成本模式下,应当按照固定资产或无形资产的有关规定,对投资性房地产进行后续计量,计提折旧或摊销。企业采用公允价值模式进行后续计量的,不对投资性房地产计提折旧或进行摊销,应当以资产负债表日投资性房地产的公允价值为基础调整其账面价值,公允价值与原账面价值之间的差额计入当期损益(公允价值变动损益)。

4.【答案】AC 【解析】企业按期(月)对投资性房地产计提折旧或进行摊销,借记"其他业务成本"科目,贷记"投资性房地产累计折旧(摊销)"科目。

5.【答案】BD 【解析】按《企业会计准则第3号——投资性房地产》的规定,投资性房地产的范围限定为已出租的土地使用权、持有并准备增值后转让的土地使用权、已出租的建筑物。

6.【答案】AC 【解析】按照《企业会计准则第3号——投资性房地产》的规定,企业采用公允价值模式进行后续计量的,不对投资性房地产计提折旧或进行摊销,应当以资产负债表日投资性房地产的公允价值为基础调整其账面价值,公允价值与原账面价值之间的差额计入当期损益(公允价值变动损益)。已采用公允价值模式计量的投资性房地产,不得从公允价值模式转为成本模式。

7.【答案】ABCD

8.【答案】ABD 【解析】企业将固定资产转为以公允价值模式进行后续计量的投资性房地产,应当按转换日固定资产的公允价值计量。所以选项C不正确。

9.【答案】ACD 【解析】企业处置投资性房地产,应将取得的处置收入计入其他业务收入,将其账面价值结转到其他业务成本;如果是采用公允价值模式进行后续计量的投资性房地产,处置时,还需将原计入公允价值变动损益的金额结转到其他业务成本中。如果存在原转换日计入其他综合收益的金额,也一并结转。

(三)判断题

1.【答案】√

2.【答案】√

3.【答案】× 【解析】按照《企业会计准则第3号——投资性房地产》的规定,与投资性房地产有关的后续支出,满足投资性房地产确认条件的应当计入投资性房地产成本,不满足投资性房地产确认条件的应当在发生时计入当期损益。

4.【答案】× 【解析】按照《企业会计准则第3号——投资性房地产》的规定,有确凿证据表明投资性房地产的公允价值能够持续可靠取得的,可以对投资性房地产采用公允价值模式进行后续计量。

5.【答案】√

6.【答案】√

7.【答案】√

8.【答案】× 【解析】按照《企业会计准则第3号——投资性房地产》的规定,企业对投资性房地产的计量模式一经确定,不得随意变更。成本模式转为公允价值模式的,应当作为会计政策变更。

9.【答案】√

10.【答案】× 【解析】按照《企业会计准则第3号——投资性房地产》的规定,采用公允价值模式计量的投资性房地产转换为自用房地产时,应当以其转换当日的公允价值作为自用房地产的账面价值,公允价值与原账面价值的差额计入当期损益。

11.【答案】× 【解析】企业将某项房地产部分自用或作为存货出售,部分用于赚取租金或资本增值,能够单独计量和出售的,应当分别确认为固定资产(或无形资产、存货)和投资性房地产。

12.【答案】√

13.【答案】√

14.【答案】√

15.【答案】√

16.【答案】× 【解析】企业将投资性房地产从以成本模式进行后续计量转为以公允价值模式进行

后续计量,应当作为会计政策变更处理。

17.【答案】×　【解析】企业处置投资性房地产时,将实际收到的处置收入计入其他业务收入,将所处置投资性房地产的账面价值计入其他业务成本。

18.【答案】×　【解析】处置采用公允价值模式计量的投资性房地产时,应当将原记入"公允价值变动损益"科目的金额结转到"其他业务成本"科目。

19.【答案】√

20.【答案】×　【解析】已采用公允价值模式计量的投资性房地产不得转为以成本模式计量。

21.【答案】√

22.【答案】√

(四) 业务题

1.【答案】

甲企业的账务处理如下:

(1) 出租办公楼:

借:投资性房地产　　　　　　　　　　　　　　　　　　　　　　　1 800
　　贷:固定资产　　　　　　　　　　　　　　　　　　　　　　　　　　　1 800

(2) 计提折旧:

每月计提的折旧＝1 800÷20÷12＝7.5(万元)。

借:其他业务成本　　　　　　　　　　　　　　　　　　　　　　　　7.5
　　贷:投资性房地产累计折旧　　　　　　　　　　　　　　　　　　　　　7.5

(3) 确认租金:

借:银行存款　　　　　　　　　　　　　　　　　　　　　　　　　　8
　　贷:其他业务收入　　　　　　　　　　　　　　　　　　　　　　　　　8

(4) 计提减值准备:

借:资产减值损失　　　　　　　　　　　　　　　　　　　　　　　　300
　　贷:投资性房地产减值准备　　　　　　　　　　　　　　　　　　　　　300

2.【答案】

该厂房转换前的账面价值＝1 500－400－100＝1 000(万元)。

(1) 转换当日该厂房的公允价值为480万元,小于账面价值,520万元的差额计入公允价值变动损益。其账务处理为:

借:投资性房地产——成本　　　　　　　　　　　　　　　　　　　480
　　累计折旧　　　　　　　　　　　　　　　　　　　　　　　　　　400
　　固定资产减值准备　　　　　　　　　　　　　　　　　　　　　　100
　　公允价值变动损益　　　　　　　　　　　　　　　　　　　　　　520
　　贷:固定资产　　　　　　　　　　　　　　　　　　　　　　　　　　　1 500

(2) 转换当日该厂房的公允价值为1 030万元,则其公允价值大于账面价值的差额计入其他综合收益。其账务处理为:

借:投资性房地产——成本　　　　　　　　　　　　　　　　　　　1 030
　　累计折旧　　　　　　　　　　　　　　　　　　　　　　　　　　400
　　固定资产减值准备　　　　　　　　　　　　　　　　　　　　　　100
　　贷:固定资产　　　　　　　　　　　　　　　　　　　　　　　　　　　1 500
　　　　其他综合收益　　　　　　　　　　　　　　　　　　　　　　　　　30

3.【答案】

(1) 2019年1月30日,投资性房地产转为自用。会计分录:

借:固定资产　　　　　　　　　　　　　　　　　　　　　　　　　　2 070
　　贷:投资性房地产——成本　　　　　　　　　　　　　　　　　　　　1 900
　　　　　　　　　　——公允价值变动　　　　　　　　　　　　　　　　100
　　　　公允价值变动损益　　　　　　　　　　　　　　　　　　　　　　70

(2) 2019年计提折旧＝2 070÷15÷12×11＝126.5(万元)。会计分录:

借:管理费用　　　　　　　　　　　　　　　　　　　　　　　　　　126.5
　　贷:累计折旧　　　　　　　　　　　　　　　　　　　　　　　　　126.5

4.【答案】

(1) 转换日会计分录:

借:投资性房地产——土地使用权　　　　　　　　　　　　　　　　　3 000
　　累计摊销　　　　　　　　　　　　　　　　　　　　　　　　　　　900
　　贷:无形资产——土地使用权　　　　　　　　　　　　　　　　　　3 000
　　　　投资性房地产累计摊销　　　　　　　　　　　　　　　　　　　900

(2) 2018年计提摊销额＝(3 00－900)÷40＝52.5(万元)。会计分录:

借:其他业务成本　　　　　　　　　　　　　　　　　　　　　　　　52.5
　　贷:投资性房地产累计摊销　　　　　　　　　　　　　　　　　　　52.5

(3) 出售原厂区的会计分录

借:银行存款　　　　　　　　　　　　　　　　　　　　　　　　　4 000
　　贷:其他业务收入　　　　　　　　　　　　　　　　　　　　　　4 000
借:其他业务成本　　　　　　　　　　　　　　　　　　　　　　　1 995
　　投资性房地产累计摊销　　　　　　　　　　　　　　　　　　　1 005
　　贷:投资性房地产——已出租土地使用权　　　　　　　　　　　　3 000

5.【答案】

(1) 2016年1月1日:

借:投资性房地产——成本　　　　　　　　　　　　　　　　　　　2 200
　　贷:开发成本　　　　　　　　　　　　　　　　　　　　　　　　2 000
　　　　其他综合收益　　　　　　　　　　　　　　　　　　　　　　200

(2) 2016年12月31日:

借:银行存款　　　　　　　　　　　　　　　　　　　　　　　　　100
　　贷:其他业务收入　　　　　　　　　　　　　　　　　　　　　　100
借:公允价值变动损益　　　　　　　　　　　　　　　　　　　　　　50
　　贷:投资性房地产——公允价值变动　　　　　　　　　　　　　　　50

(3) 2017年12月31日:

借:银行存款　　　　　　　　　　　　　　　　　　　　　　　　　100
　　贷:其他业务收入　　　　　　　　　　　　　　　　　　　　　　100
借:公允价值变动损益　　　　　　　　　　　　　　　　　　　　　　30
　　贷:投资性房地产——公允价值变动　　　　　　　　　　　　　　　30

(4) 2018年12月31日:

借:银行存款　　　　　　　　　　　　　　　　　　　　　　　　　100
　　贷:其他业务收入　　　　　　　　　　　　　　　　　　　　　　100
借:公允价值变动损益　　　　　　　　　　　　　　　　　　　　　　70
　　贷:投资性房地产——公允价值变动　　　　　　　　　　　　　　　70

(5) 2019 年 1 月 5 日：

借：银行存款		2 080
贷：其他业务收入		2 080
借：其他业务成本		2 050
投资性房地产——公允价值变动		150
贷：投资性房地产——成本		2 200
借：其他综合收益		200
贷：其他业务收入		200
借：其他业务收入		150
贷：公允价值变动损益		150

6.【答案】

(1) 厂房改扩建后的入账价值＝2 000－200－100＋400＋200＋50＋100＝2 450(万元)。会计分录：

借：在建工程		1 700
累计折旧		200
固定资产减值准备		100
贷：固定资产		2 000
借：在建工程		750
贷：工程物资		400
原材料		200
应付职工薪酬		50
银行存款		100
借：固定资产		2 450
贷：在建工程		2 450

(2) 2017 年厂房计提的折旧额＝(2 450－50)÷20＝120(万元)。会计分录：

借：制造费用		120
贷：累计折旧		120

(3) 2018 年 12 月 31 日厂房的账面价值＝2 450－120×2＝2 210(万元)。会计分录：

借：投资性房地产		2 450
累计折旧		240
贷：固定资产		2 450
投资性房地产累计折旧		240

(4) 2019 年 12 月 31 日收到租金和计提折旧的会计分录：

借：银行存款		180
贷：其他业务收入		180
借：其他业务成本		120
贷：投资性房地产累计折旧		120

第七章　资　产　减　值

(一) 单项选择题

1.【答案】B　【解析】《企业会计准则第 8 号——资产减值》第二条规定,资产减值是指资产的可收回金额低于其账面价值。

2.【答案】C　【解析】《企业会计准则第 8 号——资产减值》规定,资产减值对象主要包括以下资产：

对子公司、联营企业和合营企业的长期股权投资;采用成本模式进行后续计量的投资性房地产;固定资产;生产性生物资产;无形资产;商誉;以及探明石油天然气矿区权益和井及相关设施。

3.【答案】D 【解析】"资产减值损失"科目核算企业计提各项资产减值准备所形成的损失。

4.【答案】C 【解析】资产组的认定,应当以资产组产生的主要现金流入独立于其他资产或者资产组的现金流入为依据。

5.【答案】A 【解析】《企业会计准则第8号——资产减值》第十三条规定,折现率是反映当前市场货币时间价值和资产特定风险的税前利率。

6.【答案】A 【解析】折现率的确定,应当首先以该资产的市场利率为依据。如果该资产的市场利率无法从市场上获得的,可以使用替代利率估计折现率。

7.【答案】A 【解析】企业在估计资产的公允价值减去处置费用后的净额时,首先应当根据公平交易中资产的销售协议价格减去可直接归属于该资产处置费用的金额确定资产的公允价值减去处置费用后的净额。这是估计资产的公允价值减去处置费用后的净额的最佳方法。

8.【答案】A 【解析】《企业会计准则第8号——资产减值》第六条规定,资产存在减值迹象的,应当估计其可收回金额。可收回金额应当根据资产的公允价值减去处置费用后的净额与资产预计未来现金流量的现值两者之间较高者确定。如资产的可收回金额低于其账面价值,应当将资产的账面价值减记至可收回金额,减记的金额确认为资产减值损失,计入当期损益,同时计提相应的资产减值准备。计提的减值准备=1 000-900=100(万元)。

9.【答案】D 【解析】从煤矿引出的运煤专用铁路线,不能单独创造现金流入,应与煤矿的其他资产认定一个资产组,一并考虑减值问题。所以,选项D不正确。

10.【答案】A
【解析】(1) 2018年年末的账面价值=100-(100-8)÷10×1.5=86.2(万元)。
(2) 2018年年末的可收回金额=55-13=42(万元),2018年年末应计提减值准备=86.2-42=44.2(万元)。
(3) 2019年的折旧额=(42-8)÷(10-1.5)=4(万元)。

11.【答案】C 【解析】企业持有的无形资产账面价值高于其可收回金额的差额计入资产减值损失。

12.【答案】D 【解析】2018年年末该设备的账面价值=50-10=40(万元),应计提减值准备=40-36=4(万元)。2019年起每年应计提的折旧额=36÷4=9(万元),2019年年末该设备的账面价值=36-9=27(万元),低于设备的可收回金额30万元,但是按照相关会计准则的规定,对于固定资产已经计提的资产减值准备,在以后期间不允许再转回,所以2019年无需调整资产减值损失。

(二)多项选择题

1.【答案】BC 【解析】因企业合并所形成的商誉和使用寿命不确定的无形资产,无论是否存在减值迹象,每年都应当进行减值测试。这两类资产的价值往往较大,一旦减值,产生的影响也较大,同时价值的不确定性也比较大。

2.【答案】ABCD 【解析】四个选项均为《企业会计准则第8号——资产减值》第五条列示的资产可能发生减值的迹象。

3.【答案】ABC 【解析】根据《企业会计准则第8号——资产减值》第六条,处置费用包括与资产处置有关的法律费用、相关税费、搬运费以及为使资产达到可销售状态所发生的直接费用等。但是财务费用和所得税费用等不包括在内。

4.【答案】ABCD 【解析】如果企业无法可靠估计资产的公允价值减去处置费用后的净额,应当以该资产预计未来现金流量的现值作为其可收回金额。

5.【答案】ABC 【解析】预计资产未来现金流量的现值,主要应当综合考虑以下三个因素:①资产的预计未来现金流量;②资产的使用寿命;③折现率。

6.【答案】ABCD 【解析】《企业会计准则第8号——资产减值》规范的资产减值对象主要是长期资产,包括:①投资性房地产(采用成本模式进行后续计量);②长期股权投资(对子公司、联营、合营的投资);③固定资产;④生产性生物资产;⑤油气资产(探明矿区权益和井及相关设施);⑥无形资产(包括资本化的开发支出);⑦商誉。

7.【答案】BD 【解析】可收回金额是按照长期资产的公允价值减去处置费用后的净额与未来现金流量现值两者中较高者确定的。

8.【答案】ABC 【解析】减值损失金额应当按照下列顺序进行分摊:首先,抵减分摊至资产组中的商誉的账面价值;然后,根据资产组中除商誉之外的其他各项资产的账面价值所占比重,按比例抵减其他各项资产的账面价值。以上资产账面价值的抵减,应当作为各单项资产(包括商誉)的减值损失处理,计入当期损益。抵减后的各资产的账面价值不得低于以下三者之中最高者:该资产的公允价值减去处置费用后的净额(如可确定的)、该资产预计未来现金流量的现值(如可确定的)和零。因此而未能分摊的减值损失金额,应当按照相关资产组中其他各项资产的账面价值所占比重进行分摊。

9.【答案】AB 【解析】选项C、D在计提减值准备后,如果减值迹象消失,可以在原计提的范围内转回。

(三)判断题

1.【答案】× 【解析】资产的可收回金额应当根据资产的公允价值减去处置费用后的净额与资产预计未来现金流量的现值两者之间较高者确定。

2.【答案】× 【解析】资产减值损失确认后,减值资产的折旧或者摊销费用应当在未来期间作相应调整,以使该资产在剩余使用寿命内,系统地分摊调整后的资产账面价值。

3.【答案】× 【解析】这里的资产包括单项资产和资产组,特别规定的除外。

4.【答案】× 【解析】长期资产的资产减值损失一经确认,在以后会计期间不得转回。但是在资产处置、出售、对外投资、以非货币性资产交换方式换出、在债务重组中抵偿债务等时,符合资产终止确认条件的,企业应当将相关资产减值准备予以转销。

5.【答案】× 【解析】企业在估计资产未来现金流量现值时,通常应当使用单一的折现率。但是,如果资产未来现金流量的现值对未来不同期间的风险差异或者利率的期限结构反应敏感,企业应当在未来各不同期间采用不同的折现率。

6.【答案】× 【解析】资产市场价格确定应该选用买方出价,是考虑到其稳健性,因为卖方如果出价高则往往不易成交,而买方出价较高一般是可以成交的,所以买方出价更接近于最终的成交价格。

7.【答案】√ 【解析】因为企业管理层最为了解企业和被测试的资产的情况,所以该项批准责任应当由管理层承担。

8.【答案】√ 【解析】折现率若为不考虑通货膨胀因素的名义折现率,则现金流确定时也不考虑通货膨胀因素;反之则现金流应当作出对应的考虑。

9.【答案】× 【解析】由于该公司无权缩减任何一条公交线路,因此,从持续使用中产生的、基本上独立于其他资产或资产组产生的现金流入的可认定的最小现金流入是五条线路合并产生的现金流入。因此,该公司应将五条公交线路认定为一个资产组。

10.【答案】× 【解析】如果影响资产未来现金流量的因素较多,不确定性较大,使用单一的现金流量可能并不能如实反映资产创造现金流量的实际情况。在这种情况下,企业应当采用期望现金流量法预计资产未来现金流量。在期望现金流量法下,资产未来每期现金流量应当根据每期可能发生情况的概率及其相应的现金流量综合计算求得。

11.【答案】× 【解析】对于使用寿命确定的无形资产,在资产负债表日存在可能发生减值的迹象时,才需要进行减值测试;但是对于使用寿命不确定的无形资产,在资产负债日应当进行减值测试。

12.【答案】× 【解析】按照无形资产相关会计准则规定,对于使用寿命不确定的无形资产,在持有期间内不需要摊销,如果期末重新复核后仍不确定,应当在每个会计期间继续对其进行减值测试。

(四)不定项选择题

【答案】(1) B;(2) AD;(3) B;(4) D;(5) ABCD

【解析】(1)企业外购机器设备用于动产工程建设,其增值税的进项税额可以抵扣,支付的运费和保险费需要计入在建工程成本中。所以甲公司应当编制的会计分录为:

借:在建工程　　　　　　　　　　　　　　　　　　　　　　　　　3 110
　　应交税费——应交增值税(进项税额)　　　　　　　　　　　　　399
　　贷:银行存款　　　　　　　　　　　　　　　　　　　　　　　　3 509

(2)安装过程中领用本企业外购原材料,其增值税的进项税额准予抵扣,所以选项 A 不正确;固定资产的入账成本=3 110+60+100+180+50=3 500(万元),所以选项 D 不正确。

(3)甲公司对该机器设备 2020 年应计提的折旧金额=(3 500-175)÷5=665(万元)。

(4) 2020 年 12 月 31 日,机器设备的可收回金额为 2 800 万元(按公允价值减处置费用的净额与预计未来现金流量现值孰高原则认定),所以应在 2020 年计提固定资产减值准备=3 500-665-2 800=35(万元),所以甲公司对该机器设备 2021 年应计提的折旧金额=(2 800-175)÷4=656.25(万元)。

(5)四个选项均正确。

(五)业务题

1.【答案】

(1)计算固定资产的账面价值:

该资产的账面价值=原值-累计折旧-计提的减值准备=3 000-800-200=2 000(万元)。

(2)计算资产的可收回金额:

公允价值减去处置费用后的净额为 1 800 万元。

预计未来现金流量现值=$600/(1+5\%)+550/(1+5\%)^2+400/(1+5\%)^3+320/(1+5\%)^4+180/(1+5\%)^5$=1 820.13(万元)。

所以该资产的可收回金额为 1 820.13 万元,低于该资产的账面价值 2 000 万元,即甲设备发生了减值。

(3)应该计提的资产减值准备=2 000-1 820.13=179.87(万元)。

(4)会计分录:

借:资产减值损失　　　　　　　　　　　　　　　　　　　　　　179.87
　　贷:固定资产减值准备　　　　　　　　　　　　　　　　　　　179.87

2.【答案】

(1)资产组账面价值=(600+600+800)-(600÷10×5+600÷10×5+800÷10×5)=1 000(万元)。

(2)资产减值损失计算表:

资产减值损失计算表　　　　　　　　　　　　　　　　　　金额单位:万元

项　　目	机器 A	机器 B	机器 C	整个生产线(资产组)
账面价值	300	300	400	1 000
可收回金额				820
减值损失				180
减值损失分摊比例/%	30	30	40	

续 表

项　　目	机器A	机器B	机器C	整个生产线（资产组）
分摊减值损失	54	54	12	120
分摊后账面价值	246	246	388	
尚未分摊的减值损失				60
二次分摊比例/%	50	50		
二次分摊减值损失	30	30		60
二次分摊后应确认减值损失总额	84	84	12	
二次分摊后账面价值	216	216	388	820

 *注:抵减后的各资产的账面价值不得低于以下三者之中最高者:该资产的公允价值减去处置费用后的净额(如可确定的)、该资产预计未来现金流量的现值(如可确定的)和零。因此而未能分摊的减值损失,应当按照相关资产组或者资产组组合中其他各项资产的账面价值所占比重进行分摊。因为C机器的公允价值减去处置费用后的净额为388万元,所以分摊的减值损失为12万元,而不是72万元。

(3)会计分录:
　　借:资产减值损失——机器A　　　　　　　　　　　　　　　　84
　　　　　　　　　　——机器B　　　　　　　　　　　　　　　　84
　　　　　　　　　　——机器C　　　　　　　　　　　　　　　　12
　　　贷:固定资产减值准备——机器A　　　　　　　　　　　　　　　84
　　　　　　　　　　　　——机器B　　　　　　　　　　　　　　　84
　　　　　　　　　　　　——机器C　　　　　　　　　　　　　　　12

3.【答案】进行资产减值测试,首先要将总部资产采用合理的方法分配至各资产组,然后比较各资产组的可收回金额与账面价值,最后将各资产组的资产减值额在总部资产和各资产组之间分配。

(1)将总部资产分配至各资产组:

由于各资产组的使用寿命不同,不能直接按其账面价值分配总部资产,而应根据各资产组使用寿命对各资产组的账面价值进行调整,按各资产组调整后的账面价值来分配总部资产。B、C资产组的使用寿命是A资产组使用寿命的两倍,换言之,B、C分公司1元钱资产的账面价值相当于A分公司2元钱资产的账面价值。

分配的总部资产的账面价值=100+2×150+2×200=800(万元)。
总部资产应分配给A资产组的数额=150×100÷800=18.75(万元)。
总部资产应分配给B资产组的数额=150×300÷800=56.25(万元)。
总部资产应分配给C资产组的数额=150×400÷800=75(万元)。
分配后各资产组的账面价值为:
A资产组的账面价值=100+18.75=118.75(万元)。
B资产组的账面价值=150+56.25=206.25(万元)。
C资产组的账面价值=200+75=275(万元)。

(2)进行减值测试:
A资产组的账面价值118.75万元,可收回金额219万元,没有发生资产减值。
B资产组的账面价值206.25万元,可收回金额156万元,发生资产减值50.25万元。
C资产组的账面价值275万元,可收回金额200万元,发生资产减值75万元。

(3)将各资产组的减值额在总部资产和各资产组之间分配:

B资产组减值额分配给总部资产的数额＝50.25×56.25÷206.25＝13.70(万元)，分配给B资产组本身的数额＝50.25×150÷206.25＝36.55(万元)。

C资产组中的资产减值额先冲减商誉15万元，余下的分配给总部和C资产组。分配给总部的资产减值数额＝60×75÷275＝16.36(万元)，分配给C资产组本身的数额＝60×200÷275＝43.64(万元)。

第八章 负 债

(一)单项选择题

1.【答案】D 【解析】甲公司应付账款的入账金额＝200＋26＋22＝248(万元)，现金折扣不影响应付账款的入账金额，在实际发生时冲减财务费用。

2.【答案】B 【解析】企业应将确实无法支付的应付账款转销，将其账面余额记入"营业外收入"科目。

3.【答案】B 【解析】应付票据应按开具的面值入账，即226万元。

4.【答案】B 【解析】应付商业承兑汇票到期，如果企业无力支付票款，应将应付票据按账面余额转入"应付账款"科目。

5.【答案】B 【解析】选项A应记入"长期借款——应计利息"科目；选项C应记入"应收利息"科目；选项D应记入"应付债券——应计利息"科目。

6.【答案】A 【解析】预收货款业务不多的企业，可以不单独设置"预收账款"科目，其所发生的预收货款，可以通过"应收账款"科目的贷方核算。

7.【答案】B 【解析】选项B应当在"其他应付款"科目核算。

8.【答案】C 【解析】生产车间工人的职工薪酬应计入生产成本，会计分录为：
借：生产成本
　　贷：应付职工薪酬

9.【答案】A 【解析】企业研发无形资产应当区分研究阶段和开发阶段，研究阶段的职工薪酬应计入当期损益(管理费用)，而开发阶段满足资本化条件的才计入无形资产成本。

10.【答案】D 【解析】甲公司应当编制的会计分录为：
借：管理费用　　　　　　　　　　　　　　　　　　　　　　　　49 720
　　贷：应付职工薪酬　　　　　　　　　　　　　　　　　　　　　　49 720
发放时：
借：应付职工薪酬　　　　　　　　　　　　　　　　　　　　　　49 720
　　贷：主营业务收入　　　　　　　　　　　　　(20×2 200)44 000
　　　　应交税费——应交增值税(销项税额)　　　　　　　　　　5 720
借：主营业务成本　　　　　　　　　　　　　　(20×1 850)37 000
　　贷：库存商品　　　　　　　　　　　　　　　　　　　　　　37 000

11.【答案】D 【解析】企业交纳的印花税不需要预计应交数额，所以不通过"应交税费"科目核算，而是通过"管理费用"科目核算。

12.【答案】D 【解析】委托加工物资收回后直接出售，受托方代收代交的消费税应记入"委托加工物资"科目。

13.【答案】C 【解析】该企业原材料的入账金额＝20＋2.6＋1＝23.6(万元)。

14.【答案】A 【解析】委托加工物资入账成本＝材料成本＋加工费＋运费＝22＋3＋1＝26(万元)。因为甲公司为增值税一般纳税人，所以取得的增值税专用发票上注明的增值税税额可以抵扣；因收回后将委托加工物资用于连续生产应税消费品，所以受托方代收代交的消费税应记入"应交税费——应交消费税"科目的借方。

15.【答案】D 【解析】该企业应编制的会计分录为:
借:税金及附加 24 000
　　贷:应交税费——应交资源税 24 000
借:生产成本 2 400
　　贷:应交税费——应交资源税 2 400

16.【答案】C 【解析】将自有办公楼对外出租形成投资性房地产,与取得收入有关的价内税应记入"税金及附加"科目。

17.【答案】D 【解析】该企业应当编制的会计分录为:
借:待处理财产损溢 22.6
　　贷:原材料 20
　　　　应交税费——应交增值税(进项税额转出) 2.6
借:其他应收款 10
　　贷:待处理财产损溢 10
借:营业外支出 12.6
　　贷:待处理财产损溢 12.6

18.【答案】B 【解析】选项 A 应在"应付账款"科目核算;选项 C 应在"应付股利"科目核算;选项 D 应在"其他应收款"科目核算。

19.【答案】B 【解析】M 公司应付账款的入账金额=12 000×(1-20%)×500×(1+13%)=542.4(万元)。

20.【答案】C 【解析】根据《企业会计准则——应用指南》的规定,按照国家有关规定交纳社会保险费和住房公积金,借记"应付职工薪酬"科目,贷记"银行存款"科目。

21.【答案】D 【解析】企业自行研发无形资产,其在研究阶段的支出全部费用化,计入管理费用。

22.【答案】A 【解析】被辞退的职工不再为企业带来未来经济利益,因此,对于所有辞退福利,均应当于辞退计划满足预计负债确认条件的当期一次性计入管理费用,不计入资产成本。

23.【答案】B 【解析】委托加工存货收回后直接用于销售,由受托加工方代扣代交的消费税应计入委托加工存货成本,借记"委托加工物资"科目,贷记"银行存款"等科目。

24.【答案】B 【解析】应付债券账面余额=100+100×5%×6÷12=102.5(万元)。

25.【答案】A 【解析】当期利息费用=摊余成本(债券每期期初账面价值)×实际利率(市场利率)

26.【答案】B 【解析】其他条件不变的情况下,债券的票面利率高于同期银行存款利率时,可按超过债券票面价值的价格发行(溢价发行),溢价是企业为以后各期多付利息而事先得到的补偿。

27.【答案】A 【解析】根据《企业会计准则第9号——职工薪酬》,企业以其生产的产品作为非货币性福利提供给职工的,应按该产品的公允价值和相关税费,计量应计入成本费用的职工薪酬金额。

28.【答案】B 【解析】一般纳税人企业的增值税属于价外税。价外税是指与销售货物相关的增值税独立于价格之外单独核算,不作为价格的组成部分。增值税的应税销售收入中不含销项税额,销售成本一般也不含进项税额。

29.【答案】A 【解析】因为该企业是小规模纳税人,其增值税不能作为进项税进行抵扣,应该作为原材料购入成本,故该企业原材料的入账价值为=20 000+2 600+600=23 200(元)。

30.【答案】A 【解析】无法支付的应付款项,是指由于债权单位撤销或其他原因而无法支付,或者将应付款项划转给关联方等其他企业而无法支付或无需支付,按规定程序报经批准后转入当期损益的应付款项,应计入营业外收入。

31.【答案】D 【解析】由于工程于 2019 年 8 月 1 日至 11 月 30 日发生停工,能够资本化的期间时间为 2 个月。2019 年度应予以资本化的利息金额=2 000×6%×2÷12-1 000×3%×2÷12=15(万元)。

32.【答案】B 【解析】资本化率=(800×8%+500×6%×6÷12)÷(800+500×6÷12)×100%=7.52%。

33.【答案】D 【解析】不符合资本化条件的利息一般计入财务费用;筹建期的利息费用才计入管理费用。

34.【答案】D 【解析】2019年12月31日长期借款的账面余额=5 000+5 000×6%×1.5=5 450(万元)。

35.【答案】C 【解析】该债券的年利息支出=1 000×6%=60(万元),由于工程是2月开工并满足资本化条件,所以资本化的利息费用=60÷12×11=55(万元),计入财务费用的金额=60÷12×1=5(万元)。

36.【答案】D 【解析】记入"税金及附加"科目的税费包括消费税、城市维护建设税、教育费附加和资源税等。城市维护建设税及教育费附加的计税依据为纳税当月实际交纳的增值税、消费税合计数。所以记入"税金及附加"科目的金额=30+(20+30)×(7%+3%)=35(万元)。

37.【答案】A 【解析】该债券为分期付息、到期还本,利息支出应通过"应付利息"科目核算,所以2019年12月31日应付债券的账面余额为债券的面值,即100 000万元。

38.【答案】D 【解析】具有融资性质的延期付款购买的固定资产,固定资产的入账金额应当以购买价款的现值入账,实际支付价款与购买价款现值的差额记入"未确认融资费用"科目。甲公司应当编制的会计分录为:

借:固定资产　　　　　　　　　　　　　　　　　　　　　　　　456
　　未确认融资费用　　　　　　　　　　　　　　　　　　　　　 44
　　贷:长期应付款　　　　　　　　　　　　　　　　　　　　　　　　500

(二)多项选择题

1.【答案】ABCD

2.【答案】BC 【解析】根据受益对象分配,生产车间工人的职工福利应记入"生产成本"科目,同时,为职工支付的各项薪酬均应通过"应付职工薪酬"科目核算。

3.【答案】ABD 【解析】因债权人豁免或确实无法支付的应付账款应结转至营业外收入中。

4.【答案】CD 【解析】商业承兑汇票到期无力支付转入应付账款,银行承兑汇票到期无力支付转入短期借款;带息商业汇票的利息计入应付票据。

5.【答案】ABCD

6.【答案】ABD 【解析】预收账款业务不多的企业可以不设置"预收账款"科目,将预收的款项记入"应收账款"贷方核算。

7.【答案】ABC 【解析】生产车间生产工人的工资记入"生产成本"科目;研发人员的工资记入"研发支出"科目;工程人员的工资记入"在建工程"科目;财务人员的工资记入"管理费用"科目,而不是"财务费用"科目。

8.【答案】BC 【解析】将企业拥有的小汽车无偿提供给职工使用,根据受益对象,将该资产的折旧计入相关资产成本或当期损益,同时确认应付职工薪酬。

9.【答案】ABCD

10.【答案】ABCD

11.【答案】ABCD 【解析】根据《企业会计准则第9号——职工薪酬》,这四项均属于职工薪酬。

12.【答案】ABCD 【解析】根据《企业会计准则第9号——职工薪酬》,职工的范畴包括:与企业订立劳动合同的所有人员,含全职、兼职和临时职工;未与企业订立劳动合同但由企业正式任命的人员,如董事会成员、监事会成员等;以及在企业的计划和控制下,虽未与企业订立劳动合同或未由企业正式任命,但为其提供与职工类似服务的人员。

13.【答案】BCD 【解析】业务招待费不是企业为获得职工提供的服务而给予的报酬。

14.【答案】ABC 【解析】债券发行有三种方式,即面值发行、溢价发行、折价发行。其他条件不变的情况下,债券的票面利率高于同期银行存款利率时,可按超过债券票面价值的价格发行(溢价发行);若债券的票面利率低于同期银行存款利率,可按低于债券面值的价格发行(折价发行);若债券票面利率与同期银行存款利率相同,可按票面价格发行(面值发行)。溢价或折价是发行债券企业在债券存续期间内对利息费用的一种调整。

15.【答案】AD 【解析】对于预收账款,应设置"预收账款"科目进行核算。收到预收账款时,应借记"银行存款"科目,贷记"预收账款"科目;销售货物或提供劳务时,应借记"预收账款"科目,贷记"主营业务收入"和"应交税费——应交增值税"科目;退还多收货款时,应借记"预收账款"科目,贷记"银行存款"科目;收到对方补付款时,借记"银行存款"科目,贷记"预收账款"科目。"预收账款"科目贷方余额表示企业预收款项;当销货的全部价款大于预收账款而尚未收到购买方补付的账款时,"预收账款"科目的所属明细科目会有借方余额。

16.【答案】ABC 【解析】选项D,从小规模纳税人购入货物取得增值税普通发票的增值税,不能作为增值税进项税抵扣。

17.【答案】ABCD 【解析】资产负债表日,对于分期付息、一次还本的债券,企业应按应付债券的摊余成本和实际利率计算确定的债券利息费用,借记"财务费用""在建工程""制造费用""研发支出"等科目,按票面利率计算确定的应付未付利息,贷记"应付利息"科目,按其差额借记或贷记"应付债券——利息调整"科目。

18.【答案】ABD 【解析】根据《企业会计准则第17号——借款费用》规定,借款费用是企业因借入资金所付出的代价,它包括借款利息、折价或者溢价的摊销、辅助费用以及因外币借款而发生的汇兑差额等。

19.【答案】ABC 【解析】企业为生产产品(超过12个月才能到达可销售状态)借款而产生的利息费用计入产品成本,其他情况计入财务费用。

20.【答案】ACD 【解析】发行债券的利息费用属于筹建期间的记入"管理费用"科目;属于正常生产经营期间的记入"财务费用"科目;满足资本化条件的利息费用记入"在建工程"科目。

(三)判断题

1.【答案】× 【解析】应付账款附有现金折扣的,应按照扣除现金折扣前的应付账款总额入账。

2.【答案】√

3.【答案】× 【解析】企业应将确实无法支付的应付账款予以转销,将其记入"营业外收入"科目。

4.【答案】√

5.【答案】× 【解析】"预收账款"科目的贷方登记发生的预收账款数额和购货单位补付账款的数额。

6.【答案】× 【解析】财务部门属于企业管理部门,其职工的各项薪酬应计入管理费用。

7.【答案】× 【解析】企业在计量应付职工薪酬时,国家没有明确规定计提基础和比例的,企业应当根据历史经验数据和实际情况,合理计提当期应付职工薪酬。

8.【答案】√

9.【答案】√

10.【答案】√ 【解析】企业将自产的应税消费品发放给本单位职工作为福利,应交纳的消费税记入"税金及附加"科目。

11.【答案】× 【解析】企业将自产的应税矿产品对外销售,按规定应交纳的资源税计入当期损益(税金及附加)。

12.【答案】× 【解析】房地产开发企业销售房地产交纳的土地增值税记入"税金及附加"科目。非房地产企业如果土地使用权在"无形资产"科目核算的,土地增值税最终会影响营业外支出。

13.【答案】√

14.【答案】× 【解析】短期借款利息在预提或实际支付时均不通过"短期借款"科目核算。当企业按月预提利息时,借记"财务费用",贷记"应付利息";支付利息时,按已计息部分,借记"应付利息",按尚未计息部分,借记"财务费用",贷记"银行存款"。

15.【答案】× 【解析】企业向股东宣告的现金股利,在尚未支付给股东之前,是企业对股东的一项负债。

16.【答案】× 【解析】对于一次还本付息的长期借款,"长期借款"科目核算本金和利息。

17.【答案】× 【解析】企业长期借款所发生的利息支出,应按期预提计入在建工程成本或当期损益。

18.【答案】× 【解析】需要交纳消费税的委托加工存货,由受托加工方代收代交的消费税,应分情况处理:①委托加工存货收回后直接用于销售,由受托加工方代收代交的消费税应计入委托加工存货成本,借记"委托加工物资"科目,贷记"银行存款"等科目;②委托加工存货收回后用于连续生产应税消费品,由受托加工方代收代交的消费税按规定准予抵扣的,借记"应交税费——应交消费税"科目,贷记"银行存款"等科目。

19.【答案】× 【解析】企业生产并销售应税消费品,应将应交消费税记入"税金及附加"科目;但委托加工应税消费品,由受托加工方代收代交的消费税,不计入"税金及附加"科目。

20.【答案】× 【解析】企业生产工人的社会福利费属于应由生产产品、提供劳务负担的职工薪酬,计入产品成本或劳务成本。

21.【答案】× 【解析】按规定,企业自产或委托加工的货物用于非应税项目,应该计算并交纳增值税。

22.【答案】× 【解析】无论按哪种方式发行,都应按实际收到的金额借记"银行存款"等科目,按债券票面价值贷记"应付债券——公司债券(面值)"科目,按实际收到的金额与票面价值的差额,贷记或借记"应付债券——利息调整"科目。

23.【答案】× 【解析】长期借款利息费用应当在资产负债表日按实际利率法计算确定,实际利率与合同利率差异较小的,也可以采用合同利率计算确定利息费用。

24.【答案】✓

25.【答案】× 【解析】自行研发无形资产,在开发阶段发生的利息费用,应当计入当期损益。

26.【答案】× 【解析】企业购入资产超过正常信用条件延期付款实质上具有融资性质时,应按购买价款的现值作为相关资产的入账成本。

(四)不定项选择题

1.【答案】(1) D;(2) ABC;(3) ABCD

【解析】(1)运费计入原材料的采购成本,货物和运费所匹配的增值税可以抵扣,同时,采购时不需考虑现金折扣。

(2)支付货款时应当编制的会计分录为:

借:应付账款 226
  贷:银行存款 222
    财务费用 4

(3)四个选项均正确。

2.【答案】(1) CD;(2) A;(3) ABCD

【解析】(1)预收款项属于企业的负债,选项 A 不正确;预收账款的减少通常应当以货物或劳务进行清偿,选项 B 不正确;7月19日预收账款=100-226=-126(万元),借方余额代表应收账款。

(2)购入工程物资形成负债,应计入应付账款。

(3)四个选项均正确。

3.【答案】(1) ABCD；(2) BCD；(3) BD；(4) ABCD；(5) AD

【解析】(1) 四个选项均正确。

(2) 甲公司正确的账务处理为：

借：管理费用		22.55
贷：应付职工薪酬		22.55
借：应付职工薪酬		22.55
贷：累计折旧		22.55
借：管理费用		1
贷：应付职工薪酬		1
借：应付职工薪酬		1
贷：银行存款		1

(3) 为困难职工支付补助款应通过"应付职工薪酬"核算。

(4) 四个选项均正确。

(5) 将液晶电视发放给企业管理人员的账务处理为：

借：管理费用		88.14
贷：应付职工薪酬		88.14
借：应付职工薪酬		88.14
贷：主营业务收入		78
应交税费——应交增值税(销项税额)		10.14
借：主营业务成本		75
存货跌价准备		5
贷：库存商品		80
借：应付职工薪酬		1
贷：应交税费——应交个人所得税		1

对当月损益的影响金额＝－88.14＋78－75＝－85.14(万元)。

企业在计量应付职工薪酬时，对于国家统一规定了计提基础和比例的，应当按照国家规定的标准计提；对于国家没有明确规定计提比例和基础的，企业可以根据历史经验数据和实际情况合理的预计当期的应付职工薪酬。

(五) 业务题

1.【答案】(1) 决定发放非货币性福利时：

借：生产成本	[3 000×180×(1＋13％)]	610 200
管理费用	[3 000×20×(1＋13％)]	67 800
贷：应付职工薪酬		678 000

(2) 实际发放福利时：

借：应付职工薪酬	678 000
贷：主营业务收入	600 000
应交税费——应交增值税(销项税额)	78 000
借：主营业务成本	400 000
贷：库存商品	400 000

2.【答案】(1) 应支付的增值税税额＝4 600×13％＝598(元)。

应支付的消费税税额＝(70 000＋70 000×2％＋4 600)÷(1－5％)×5％＝4 000(元)。

(2) 有关会计分录如下：

借:委托加工物资	70 000
贷:原材料	70 000
借:委托加工物资	1 400
贷:材料成本差异	1 400
借:委托加工物资	4 600
应交税费——应交增值税(进项税额)	598
——应交消费税	4 000
贷:银行存款	9 198
借:委托加工物资	600
贷:银行存款	600
借:原材料	80 000
贷:委托加工物资	76 600
材料成本差异	3 400

3.【答案】(1) 计算本月应付电费:

借:制造费用	50 000
管理费用	10 000
贷:应付账款	60 000

(2) 购入不需要安装的设备一台:

借:固定资产	100 000
应交税费——应交增值税(进项税额)	13 000
贷:应付账款	113 000

(3) 生产车间委托外单位修理机器设备:

借:管理费用	2 000
应交税费——应交增值税(进项税额)	260
贷:银行存款	2 260

(4) 库存材料因意外火灾毁损:

借:待处理财产损溢——待处理流动资产损溢	9 040
贷:原材料	8 000
应交税费——应交增值税(进项税额转出)	1 040

(5) 建造厂房领用生产用原材料:

借:在建工程	20 000
贷:原材料	20 000

(6) 医务室维修领用原材料:

借:应付职工薪酬——福利费	20 260
贷:原材料	20 000
应交税费——应交增值税(进项税额转出)	260

(7) 出售一栋办公楼:

① 注销固定资产原值及已提折旧:

借:固定资产清理	600 000
累计折旧	20 000
贷:固定资产	800 000

② 收到出售收入:

借:银行存款 697 600
　　贷:固定资产清理 640 000
　　　　应交税费——应交增值税(销项税额) 57 600
③ 支付清理费用:
借:固定资产清理 10 000
　　贷:银行存款 10 000
④ 结转销售该固定资产的净收益:
借:固定资产清理 30 000
　　贷:资产处置损益 30 000

4.【答案】(1) 2019年1月1日发行债券:
借:银行存款 1 052 400
　　贷:应付债券——债券面值 1 000 000
　　　　　　　　——利息调整 52 400
(2) 计算各期利息费用:
票面利息(即"应付利息")＝面值×票面利率
当期利息费用(即"财务费用")＝摊余成本(债券每期期初账面价值)×实际利率
溢价发行时:利息调整＝票面利息－当期利息费用
　　　　　债券该期期初账面价值＝上期期初账面价值－利息调整
当期利息费用(即"财务费用")＝1 052 400×(8%÷2)＝42 096(元)。
第一期溢价摊销额＝1 000 000×5%－1 052 400×(8%÷2)＝7 904(元)。
第二期溢价摊销额＝1 000 000×5%－(1 052 400－7 904)×(8%÷2)＝8 220.16(元)。
以后各期计算依此类推。
① 2019年6月30日计提利息:
借:财务费用 42 096
　　应付债券——利息调整 7 904
　　贷:应付利息 50 000
② 每年第一期支付债券利息:
借:应付利息 50 000
　　贷:银行存款 50 000
③ 2019年12月31日计提利息:
当期利息费用(即"财务费用")＝(1 052 400－7 904)×(8%÷2)＝41 779.84(元)。
第二期溢价摊销额＝1 000 000×5%－(1 052 400－7 904)×4%＝8 220.16(元)。
借:财务费用 41 799.84
　　应付债券——利息调整 8 220.16
　　贷:应付利息 50 000
④ 每年第二期支付债券利息:
借:应付利息 50 000
　　贷:银行存款 50 000
其他各期利息费用相关会计分录同上。
(3) 债券到期还本时:
借:应付债券——债券面值 1 000 000
　　贷:银行存款 1 000 000

5.【答案】应付债券利息调整和摊余成本计算：

票面利息(即"应付利息")＝面值×票面利率

当期利息费用＝摊余成本(债券每期期初账面价值)×实际利率

折价发行时：利息调整＝当期利息费用－票面利息

　　　　债券该期期初账面价值＝上期期初账面价值＋利息调整

(1) 2019 年 1 月 1 日发行债券：

　借：银行存款　　　　　　　　　　　　　　　　　　　　　　　　　1 961.92

　　　应付债券——利息调整　　　　　　　　　　　　　　　　　　　　　38.08

　　　贷：应付债券——债券面值　　　　　　　　　　　　　　　　　　　　2 000

(2) 2019 年 6 月 30 日计提利息：

利息费用＝1 961.92×(4％÷2)＝39.24(万元)，本期利息费用予以资本化，记入"在建工程"科目。

　借：在建工程　　　　　　　　　　　　　　　　　　　　　　　　　　39.24

　　　贷：应付利息　　　　　　　　　　　　　　　　　　　　　　　　　　30

　　　　　应付债券——利息调整　　　　　　　　　　　　　　　　　　　9.24

(3) 2019 年 7 月 1 日支付利息：

　借：应付利息　　　　　　　　　　　　　　　　　　　　　　　　　　　30

　　　贷：银行存款　　　　　　　　　　　　　　　　　　　　　　　　　　30

(4) 2019 年 12 月 31 日计提利息：

利息费用＝(1 961.92＋9.24)×(4％÷2)＝39.42(万元)。

期末摊余成本＝期初摊余成本＋本期计提利息－本期支付的利息。因为该生产线于 2019 年 6 月月末完工交付使用，故本期及以后各期所发生的借款利息予以费用化，记入"财务费用"科目。

　借：财务费用　　　　　　　　　　　　　　　　　　　　　　　　　　39.42

　　　贷：应付利息　　　　　　　　　　　　　　　　　　　　　　　　　　30

　　　　　应付债券——利息调整　　　　　　　　　　　　　　　　　　　9.42

(5) 2020 年 1 月 1 日支付利息：

　借：应付利息　　　　　　　　　　　　　　　　　　　　　　　　　　　30

　　　贷：银行存款　　　　　　　　　　　　　　　　　　　　　　　　　　30

(6) 2020 年 6 月 30 日计提利息：

利息费用＝(1 961.92＋9.24＋9.42)×(4％÷2)＝39.61(万元)。

　借：财务费用　　　　　　　　　　　　　　　　　　　　　　　　　　39.61

　　　贷：应付利息　　　　　　　　　　　　　　　　　　　　　　　　　　30

　　　　　应付债券——利息调整　　　　　　　　　　　　　　　　　　　9.61

(7) 2020 年 7 月 1 日支付利息：

　借：应付利息　　　　　　　　　　　　　　　　　　　　　　　　　　　30

　　　贷：银行存款　　　　　　　　　　　　　　　　　　　　　　　　　　30

(8) 2020 年 12 月 31 日计提利息：

尚未摊销的"利息调整"余额＝38.08－9.24－9.42－9.61＝9.81(万元)。

利息费用＝30＋9.81＝39.81(万元)。

　借：财务费用　　　　　　　　　　　　　　　　　　　　　　　　　　39.81

　　　贷：应付利息　　　　　　　　　　　　　　　　　　　　　　　　　　30

　　　　　应付债券——利息调整　　　　　　　　　　　　　　　　　　　9.81

(9) 2021 年 1 月 1 日支付利息和本金：

借:应付债券——债券面值　　　　　　　　　　　　　　　　　　　　　　　　2 000
　　应付利息　　　　　　　　　　　　　　　　　　　　　　　　　　　　　　30
　　贷:银行存款　　　　　　　　　　　　　　　　　　　　　　　　　　　　　2 030

第九章　所有者权益

(一)单项选择题

1.【答案】A　【解析】其他三个选项均为所有者权益内部有增有减,所有者权益总额不变。

2.【答案】B　【解析】盈余公积年末余额＝50＋(600－150)×10％－10＝85(万元)。

3.【答案】A　【解析】留存收益包括盈余公积和未分配利润。盈余公积转增资本会减少留存收益。

4.【答案】C　【解析】在接受投资时,除股份有限公司外,通过"实收资本"科目核算。

5.【答案】C　【解析】新介入的投资者交纳的出资额大于其按约定比例计算的其在注册资本中所占的份额部分属于资本溢价,记入"资本公积"科目。

6.【答案】A　【解析】该公司计入资本公积的金额＝100 000×(1.2－1)－100 000×1.2×3％＝16 400(元)。

7.【答案】C　【解析】购回股票支付的价款低于股票面值总额的,所注销库存股账面余额与冲减股本的差额作为增加"资本公积——资本溢价"处理。

8.【答案】A　【解析】注销库存股时,应按股票面值和注销股数计算的股票面值总额,借记"股本"科目,按注销库存股的账面余额,贷记"库存股"科目,按其差额,冲减股票发行时原计入资本公积的溢价部分,借记"资本公积——股本溢价"科目,回购价格超过上述冲减"股本"及"资本公积——股本溢价"科目的部分,应依次借记"盈余公积""利润分配——未分配利润"等科目。

9.【答案】A　【解析】专项拨款应专款专用;接受捐赠资产应计入营业外收入;未分配利润应留待以后年度分配。

10.【答案】C　【解析】盈余公积补亏时,企业应当编制的会计分录为:
借:盈余公积
　　贷:利润分配——盈余公积补亏
该笔分录仅涉及留存收益内部的增减变动,所以不会引起所有者权益总额发生变化。

11.【答案】D　【解析】未分配利润不能转增资本

12.【答案】D　【解析】选项A和B均属于所有者权益内部的此增彼减,不会引起所有者权益总额发生变化;选项C会导致所有者权益减少。

13.【答案】C　【解析】甲公司发行股票支付证券公司的发行费应冲减"资本公积——股本溢价",所以应当编制的会计分录为:
借:银行存款　　　　　　　　　　　　　　　　　　　　　　　　　　　　　95 000
　　贷:股本　　　　　　　　　　　　　　　　　　　　　　　　　　　　　　10 000
　　　资本公积——股本溢价　　　　　　　　　　　　　　　　　　　　　　85 000

14.【答案】D　【解析】企业接受新投资者投资时其实际交纳的出资额大于按约定计算的在注册资本中所占份额的部分记入"资本公积——资本(股本)溢价"科目。

15.【答案】C　【解析】2019年12月31日甲公司的未分配利润＝2 000＋5 000×(1－25％)－5 000×(1－25％)×10％＝5 375(万元)。

16.【答案】A　【解析】可供分配利润＝当年实现的净利润＋年初未分配利润＋其他转入＝500－100(年初亏损)＋100(盈余公积补亏)＝500(万元)。

17.【答案】C　【解析】如果回购股票支付的价款低于股票面值总额的,所注销库存股的账面余额与所冲减股本的差额进行增加"资本公积——股本溢价"处理。

18.【答案】B 【解析】发行股票计入股本的金额为股票的面值乘以所发行的股票数,甲公司发行普通股计入股本的金额＝5 000×1＝5 000(万元)。

19.【答案】C 【解析】选项 A,通过"其他业务收入"和"其他业务成本"的差额来反映;选项 B 和 D,计入资产处置损益。

20.【答案】B 【解析】留存收益包括盈余公积和未分配利润,选项 A 属于留存收益内部的此增彼减,选项 C 是资本公积和实收资本的此增彼减,选项 D 属于未分配利润的此增彼减。

21.【答案】A 【解析】2019 年 12 月 31 日甲公司所有者权益总额＝2 000＋500－200＝2 300(万元)。

(二) 多项选择题

1.【答案】BC 【解析】投资者出资额超出其在注册资本或股本中所占份额的部分属于资本公积;企业收到投资者的出资额属于实收资本。

2.【答案】ABCD

3.【答案】ABD 【解析】留存收益包括盈余公积和未分配利润。

4.【答案】ABC 【解析】资本公积明细核算设置的明细科目包括"股本溢价"或"资本溢价"和"其他资本公积"。

5.【答案】ABD 【解析】宣告分配现金股利会减少所有者权益。

6.【答案】BCD 【解析】股本溢价通过"资本公积"科目核算。

7.【答案】ABCD 【解析】股份有限公司因减少注册资本而回购本公司股份的,应按实际支付的金额,借记"库存股"科目,贷记"银行存款"等科目。注销库存股时,应按股票面值和注销股数计算的股票面值总额,借记"股本"科目,按注销库存股的账面余额,贷记"库存股"科目,按其差额,冲减股票发行时原计入资本公积的溢价部分,借记"资本公积——股本溢价"科目,回购价格超过上述冲减"股本"及"资本公积——股本溢价"科目的部分,应依次借记"盈余公积""利润分配——未分配利润"等科目。

8.【答案】ABCD 【解析】将资本公积转增资本、将盈余公积转增资本、投资者投入资本和实际发放股票股利都会引起实收资本或股本增加。

9.【答案】ABC 【解析】企业提取的盈余公积可用于转增资本、弥补亏损、分配现金股利或利润。

10.【答案】AB 【解析】用盈余公积分配现金股利和用未分配利润分配股票股利均会使留存收益减少。

11.【答案】ABC 【解析】与负债相比,所有者权益的风险大、收益大。

12.【答案】ACD 【解析】以存货投资的,应当以双方在合同或协议中约定的价值确定存货的入账成本(不公允的除外)和在注册资本中应享有的份额。

13.【答案】BCD 【解析】未分配利润不能转增资本,选项 A 错误。

14.【答案】ABC 【解析】股份有限公司采用回购本公司股票方式减资的,按股票面值和注销股数计算的股票面值总额冲减"股本",按注销库存股的账面价值与所冲减股本的差额冲减"资本公积——股本溢价",股本溢价不足冲减的,依次冲减"盈余公积"和"利润分配——未分配利润"。

15.【答案】BC 【解析】选项 A 记入"资本公积——资本(股本)溢价"科目,选项 D 记入"营业外支出"科目。

16.【答案】ABD 【解析】企业资本公积不能弥补亏损。

17.【答案】AB 【解析】在溢价发行股票的情况下,企业发行股票取得的收入,等于股票面值的部分作为股本处理,超出股票面值的溢价收入应作为股本溢价处理;发行股票相关的手续费、佣金等交易费用,如果是溢价发行的股票的,应从溢价中抵扣,非溢价发行的股票或溢价金额不足以抵扣的,应将不足抵扣部分冲减盈余公积和未分配利润。

18.【答案】ABCD

19.【答案】ABCD

20.【答案】ABC 【解析】企业当年实现的净利润(或净亏损)加上年初未分配利润(或减年初未弥补

亏损)和其他转入(如盈余公积补亏)后的余额,为可供分配的利润。

(三)判断题

1.【答案】× 【解析】所有者权益是所有者对企业净资产的要求权,负债是债权人对全部资产的要求权,二者的性质是不同的。

2.【答案】√

3.【答案】× 【解析】盈余公积转增资本是所有者权益内部项目之间的相互转换,不会影响所有者权益总额,即净资产的增减。

4.【答案】× 【解析】企业接受原材料投资时,应按原材料的公允价值借记"原材料"科目,以原材料价值乘以增值税税率的金额借记"应交税费——应交增值税(进项税额)"科目,同时贷记"实收资本"科目,因此,题目中的说法是不正确的。

5.【答案】√

6.【答案】× 【解析】高出部分应计入资本公积。

7.【答案】× 【解析】企业接受非现金资产投资时,应将非现金资产按投资各方确认的价值入账。对于投资各方确认的资产价值超过其在注册资本中所占份额的部分,计入资本公积。

8.【答案】√

9.【答案】√

10.【答案】× 【解析】企业实收资本的构成比例可作为企业生产经营决策的基础,还可作为企业清算时确定所有者对净资产要求的依据。

11.【答案】√

12.【答案】× 【解析】股份有限公司采用回购本公司股票方式减资的,按股票面值和注销股数计算的股票面值总额冲减"股本",按注销库存股的账面价值与所冲减股本的差额冲减"资本公积——股本溢价",股本溢价不足以冲减的,依次冲减"盈余公积"和"利润分配——未分配利润"。

13.【答案】√

14.【答案】× 【解析】未分配利润是指企业实现的净利润经过弥补亏损、提取盈余公积和向投资者分配利润后留存在企业的、历年结存的利润。

15.【答案】√

16.【答案】√

17.【答案】× 【解析】如果企业以前年度发生亏损,应当先弥补亏损后再提取盈余公积。

18.【答案】× 【解析】企业董事会或类似机构作出拟分配利润方案的,企业无需进行账务处理,但需在财务报告中进行披露。

19.【答案】√

20.【答案】√

(四)不定项选择题

1.【答案】(1) D;(2) B;(3) A;(4) C;(5) ABC

【解析】(1)甲公司当年的所得税费用=(800-500)×25%=75(万元),净利润=800-75=725(万元),可供分配利润=-500+725=225(万元)。

(2)应当提取的盈余公积=(当年实现的净利润-以前年度亏损)×10%=(725-500)×10%=22.5(万元)。

(3)甲公司年末未分配利润=(-500+725)×(1-10%)=202.5(万元)。

(4)甲公司2019年12月31日所有者权益总额=实收资本+资本公积+其他综合收益+盈余公积+未分配利润=3 000+1 000+500+(1 000+22.5)+202.5=5 725(万元)。

(5)甲公司当年的所得税费用=(800-500)×25%=75(万元),净利润=800-75=725(万元);甲公司年末的留存收益总额=1 000(年初余额)+22.5(当年提取盈余公积)+202.5(年末未分配利润)=1 225

(万元);企业不能使用资本公积弥补亏损。

2.【答案】(1) C;(2) ABCD;(3) ABC;(4) AB

【解析】(1) 投资者出资额中超出实收资本的部分记入"资本公积——资本溢价"科目。

(2) M 公司接受乙公司投资时应当编制的会计分录为:

借:库存商品　　　　　　　　　　　　　　　　　　　　　　　　1 000
　　应交税费——应交增值税(进项税额)　　　　　　　　　　　　130
　　贷:实收资本　　　　　　　　　　　　　　　　　　　　　　　1 000
　　　　资本公积——资本溢价　　　　　　　　　　　　　　　　　130

(3) 盈余公积转增资本会增加实收资本减少盈余公积,所以选项 D 不正确。

(4) 当年 M 公司所有者权益净增加＝5 000＋1 130－500＝5 630(万元);投资时产生的资本溢价可以转增资本,"资本公积——其他资本公积"不得转增资本。

3.【答案】(1) CD;(2) ABCD;(3) BD;(4) B;(5) ABCD

【解析】(1) 企业应当根据股东大会的利润分配方案及转增股本方案进行账务处理。董事会作出分配预案无需进行账务处理,但需要在报表附注中进行披露。

(2) 四个选项均正确。

(3) 鸿运公司股本通过资本公积转增后增加1 000万元,2012年12月31日鸿运公司股本＝5 000＋1 000＝6 000(万元),所以选项 A 正确;资本公积转增股本后会减少资本公积,即2012年12月31日鸿运公司资本公积＝2 000－1 000＝1 000(万元),所有选项 B 不正确;2011年12月31日提取法定盈余公积20万元,2012年12月31日盈余公积＝2 000＋20＝2 020(万元),所以选项 C 正确;2012年12月31日未分配利润＝500(2011年年初余额)＋180(2011年净利润转入)－100(分配现金股利)－1 890(亏损)＝－1 310(万元),所以选项 D 不正确。

(4) 2013年12月31日未分配利润＝－1 310(2012年年末)＋220(2013年)＝－1 090(万元),所以选项 A 正确;2012年度发生亏损可以由以后的连续5年内税前利润弥补亏损,补亏期到2017年,2018年鸿运公司实现利润需要先交纳企业所得税,所以选项 B 不正确;2017年12月31日可供分配利润＝(－1 090＋100＋180＋200)(2016年12月31日未分配利润)＋210(2017年实现利润总额)＝－400(万元),可供分配利润为0万元,所以选项 C 正确;2018年12月31日未分配利润＝－400(2017年年末未分配利润)＋330×(1－25%)＝－152.5(万元),所以选项 D 正确。

(5) 盈余公积补亏不会影响企业留存收益;盈余公积补亏属于所有者权益内部此增彼减,所以所有者权益总额不变;盈余公积补亏后盈余公积的金额＝2 020－152.5＝1 867.5(万元)。

2019年4月23日鸿运公司所有者权益总额＝9 700＋200(2011年)－100(现金股利)－1 890(2012年)＋220(2013年)＋100(2014年)＋180(2015年)＋200(2016年)＋210(2017年)＋330×(1－25%)(2018年)＝9 067.5(万元)。

(五)业务题

1.【答案】借:固定资产　　　　　　　　　　　　　　　　　　　　126 000
　　　　　贷:实收资本　　　　　　　　　　　　　　　　　　　　100 000
　　　　　　　资本公积　　　　　　　　　　　　　　　　　　　　 26 000
　　　　借:原材料　　　　　　　　　　　　　　　　　　　　　　 110 000
　　　　　　应交税费——应交增值税(进项税额)　　　　　　　　　 14 300
　　　　　贷:实收资本　　　　　　　　　　　　　　　　　　　　100 000
　　　　　　　资本公积　　　　　　　　　　　　　　　　　　　　 24 300
　　　　借:银行存款　　　　　　　　　　　　　　　　　　　　　 390 000
　　　　　贷:实收资本　　　　　　　　　　　　　　　　　　　　300 000
　　　　　　　资本公积　　　　　　　　　　　　　　　　　　　　 90 000

2.【答案】(1)年末结转本年利润、提取盈余公积并分配现金股利：

借：本年利润 1 800 000
　　贷：利润分配——未分配利润 1 800 000
借：利润分配——提取法定盈余公积 180 000
　　　　　　　——提取任意盈余公积 450 000
　　贷：盈余公积——法定盈余公积 180 000
　　　　　　　　——任意盈余公积 450 000
借：利润分配——应付现金股利 500 000
　　贷：应付股利 500 000
借：利润分配——未分配利润 1 130 000
　　贷：利润分配——提取法定盈余公积 180 000
　　　　　　　　——提取任意盈余公积 450 000
　　　　　　　　——应付现金股利 500 000

(2) 以盈余公积转增资本,按股东比例转增：

借：盈余公积——法定盈余公积 500 000
　　贷：实收资本——A 公司 125 000
　　　　　　　　——B 公司 150 000
　　　　　　　　——C 公司 50 000
　　　　　　　　——D 公司 25 000
　　　　　　　　——其他 150 000

(3) 盈余公积补亏：

借：盈余公积 100 000
　　贷：利润分配——盈余公积补亏 100 000
借：利润分配——盈余公积补亏 100 000
　　贷：利润分配——未分配利润 100 000

3.【答案】(1)以每股3元的价格回购本公司股票2 000万股：

借：库存股 (2000×3)6 000
　　贷：银行存款 6 000

(2) 以每股2元的价格回购本公司股票4 000万股：

借：库存股 (4 000×2)8 000
　　贷：银行存款 8 000

(3) 注销股票：

借：股本 6 000
　　资本公积——股本溢价 6 000
　　盈余公积 1 500
　　利润分配——未分配利润 500
　　贷：库存股 14 000

第十章　收入、费用和利润

(一) 单项选择题

1.【答案】B　【解析】销售折让如果发生在销货方确认收入之前,销货方应直接从原定的销售价格中扣除给予购货方的销售折让作为实际销售价格,确认收入;如果发生在销货方确认收入之后,销货方应按实际给予购货方的销售折让,冲减销售收入。

2.【答案】C 【解析】罚款不属于企业的日常活动,是营业外收入;出售固定资产、无形资产的收入属于资产处置收益。

3.【答案】C 【解析】按收入会计要素定义,报废固定资产、报废无形资产都不属于企业的日常活动;出售长期股权投资应确认投资损益。

4.【答案】C 【解析】J公司2019年度应确认的劳务收入=200 000×136 000/170 000=160 000(万元)。

5.【答案】D 【解析】业务招待费属于管理费用的内容。

6.【答案】A 【解析】分期收款销售,商品已经交付,企业应当确定收入,同时结转成本。

7.【答案】B 【解析】应给予客户的现金折扣=(220-20)×100×1%=200(元)。

8.【答案】B 【解析】专设销售机构的各项费用均属销售费用。

9.【答案】B 【解析】2020年该企业应确认的劳务收入=200×60%-80=40(万元)。

10.【答案】A 【解析】A公司本年度应确认的销售收入=200×60%=120(万元)。

11.【答案】C 【解析】2019年年末"利润分配——未分配利润"科目的借方余额=80-5×10-(10-10×25%)=22.50(万元)。

12.【答案】D 【解析】企业在结转利润时自动弥补了亏损,不需专门进行账务处理。

13.【答案】C 【解析】企业确认商品销售收入后得知购货方资金周转发生困难无法收回该货款时,不应调整原账务处理,而应对该应收账款计提坏账准备、确认坏账损失。

14.【答案】D 【解析】委托方采用支付手续费的方式委托代销商品,受托方在商品销售后应按收取的手续费确认收入,选项D正确。

15.【答案】D 【解析】已确认销售收入的销售商品发生销售退回,且不属于资产负债表日后事项的,应当在发生时冲减当期销售商品收入。所以选项D是正确的。

16.【答案】A 【解析】年末劳务的履约进度=67.5÷(67.5+45)×100%=60%。
2019年应确认的劳务收入=180×60%=108(万元)。

17.【答案】C 【解析】销售折让是销货单位给予购货单位价格上减让,商品并未退回,所以无需冲减对应的成本。所以选项C不正确。

18.【答案】C 【解析】甲企业应当按扣除商业折扣后的100元/件进行销售,确认应收账款总额为1 130万元(100×100 000×1.13),因为购买方付款日为2月28日,应当享受的现金折扣为1%,所以实际收到的金额=1 130-1 000×1%=1 120(万元)。

19.【答案】A 【解析】甲公司本年度应按乙商店转来的代销清单确认收入,未销售部分不满足销售商品收入的确认条件,所以甲公司应确认的销售收入为:200×60%=120(万元)。

20.【答案】C 【解析】如果已经发生的劳务成本预计部分能够得到补偿的,应按能够得到补偿的劳务成本金额确认提供劳务收入,并按已经发生的劳务成本结转成本。所以甲公司应当按照能够收回的150万元确认收入。

21.【答案】B 【解析】2019年应确认的收入=40×60%=24(万元)。

22.【答案】D 【解析】选项A、B、C均应当确认"其他业务收入",选项D应当确认"营业外收入"。

23.【答案】A 【解析】处置固定资产发生的净损失应计入营业外支出,不属于期间费用。

24.【答案】C 【解析】选项C应记入"其他业务成本"科目。

25.【答案】D 【解析】选项A记入"销售费用"科目;选项B记入"固定资产清理"科目;选项C中处置净损益记入"资产处置损益"科目。

26.【答案】B 【解析】选项B为价外税。

27.【答案】D 【解析】销售商品发生的运费应记入"销售费用"科目。

28.【答案】B 【解析】甲公司为提供现金折扣方,所以在实际发生时记入"财务费用"科目,乙公司是享受现金折扣方,实际发生时冲减"财务费用"科目。

29.【答案】B 【解析】企业发生的诉讼费用应记入"管理费用"科目。

30.【答案】A 【解析】预计产品质量保证损失属于销售费用核算的内容。

31.【答案】D 【解析】选项A记入"在建工程"科目;选项B记入"劳务成本"科目;选项C记入"制造费用"科目;选项D记入"销售费用"科目。

32.【答案】B 【解析】企业发生的广告费应记入"销售费用"科目。

33.【答案】A 【解析】费用增加会增加企业的负债或减少企业的资产。

34.【答案】C 【解析】选项A记入"财务费用"科目;选项B记入"管理费用"科目;选项C记入"营业外支出"科目;选项D记入"销售费用"科目。

35.【答案】A 【解析】甲公司2019年度营业利润＝5 000＋100－3 500－60－50－120－20＝1 350(万元)。

36.【答案】C 【解析】选项A记入"营业外支出"科目;选项B不会影响企业损益,因为增值税属于价外税;选项D记入"营业外收入"科目。

37.【答案】C 【解析】固定资产盘盈属于前期会计差错,应计入以前年度损益调整,之后调整留存收益项目,所以不会影响企业当期的利润总额。

38.【答案】B 【解析】企业取得即征即退的增值税属于与收益相关的政府补助,在取得时计入营业外收入。

39.【答案】D 【解析】企业取得与资产相关的政府补助记入"递延收益"科目,是随着资产的使用寿命分期计入当期损益的。

40.【答案】A 【解析】存货盘盈应冲减管理费用。

41.【答案】C 【解析】现金盘亏损失记入"管理费用"科目。

42.【答案】A 【解析】甲公司应当确认的所得税费用＝(5 020－3 500－120－320－50＋100－10＋2)×25％＝280.5(万元)。

43.【答案】D 【解析】净利润＝营业利润＋营业外收入－营业外支出－所得税费用＝200＋15－5－52.5＝157.5(万元)。

44.【答案】B 【解析】当年企业应计提法定盈余公积＝(100－25)×10％＝7.5(万元)。

(二)多项选择题

1.【答案】ABD 【解析】出租无形资产净收益属于其他业务收入。

2.【答案】ABCD 【解析】营业利润＝营业收入－营业成本－税金及附加－期间费用－资产(信用)减值损失＋其他收益＋投资收益＋公允价值变动收益＋资产处置收益

3.【答案】BCD 【解析】增值税是价外税,不影响企业损益。

4.【答案】ABC 【解析】不能用计划履约进度确定合同履约进度。

5.【答案】ABC 【解析】业务招待费属于管理费用。

6.【答案】ABCD

7.【答案】AD 【解析】出售专利所有权收入和处置营业用房净收益均属于资产处置收益。

8.【答案】AD 【解析】对于订货销售,应在发出商品时确认收入,在此之前预收的货款应确认为负债;对视同买断代销方式,委托方可能在发出商品时确认收入,也可能在收到代销清单时确认收入。

9.【答案】BCD 【解析】选项A不属于资产负债表日后事项,所以应冲减本年度的收入与成本。

10.【答案】BCD 【解析】在同一会计年度内开始并完成劳务,应在劳务完成时确认收入,确认的金额为合同或协议金额。因此,选项A不正确。

11.【答案】ABCD

12.【答案】ABCD

13.【答案】ACD 【解析】采用预售款方式销售商品的,在发出商品的时候确认收入。所以选项B不正确。

14.【答案】BCD 【解析】选项A符合收入确认条件。

15.【答案】ABC 【解析】满足资本化条件的利息支出应记入"在建工程"等科目。

16.【答案】AD 【解析】企业发生的研究费用计入管理费用,开发费用满足资本化条件的应当资本化;企业财务部门人员工资计入管理费用。

17.【答案】ABC 【解析】选项D应通过"主营业务成本"科目核算。

18.【答案】BD 【解析】费用是指企业在日常活动中发生的、会导致所有者权益减少的、与向所有者分配利润无关的经济利益的总流出。成本费用包括主营业务成本、其他业务成本、税金及附加等,期间费用包括销售费用、管理费用和财务费用。所以选项A、C不正确。

19.【答案】BC 【解析】选项A、D应通过"营业外支出"科目核算。

20.【答案】ABCD

21.【答案】AB 【解析】选项A应通过"在建工程"科目核算;选项B应通过"管理费用"科目核算。

22.【答案】BCD 【解析】选项A应记入"制造费用"科目。

23.【答案】ABD 【解析】企业的利得分为直接计入当期损益的利得和直接计入所有者权益的利得,直接计入所有者权益的利得不会影响企业当期利润。

24.【答案】AB 【解析】选项A记入"管理费用"科目;选项B记入"资产减值损失"科目;选项C记入"营业外支出"科目;选项D记入"其他综合收益"科目。

25.【答案】ABCD

26.【答案】ABCD

27.【答案】BCD 【解析】选项A记入"营业外收入"科目,不会影响企业营业利润。

(三)判断题

1.【答案】× 【解析】收入是日常活动形成的经济利益流入;利得是非日常活动形成的经济利益流入。

2.【答案】√

3.【答案】√

4.【答案】√

5.【答案】× 【解析】预收货款方式销售产品应于发出商品时确认收入。

6.【答案】√

7.【答案】√

8.【答案】× 【解析】企业发生的销售折让应冲减当期的主营业务收入。

9.【答案】× 【解析】存货盘亏根据不同原因,作为管理费用或营业外支出处理。

10.【答案】× 【解析】投资收益属于营业利润的构成内容。

11.【答案】√

12.【答案】× 【解析】企业销售商品时如果不能满足收入确认条件,不应确认收入。企业商品已发出,应当借记"发出商品"科目,贷记"库存商品"科目。

13.【答案】× 【解析】企业经济利益的流入方式不单有收入,还包括利得(营业外收入)及直接计入所有者权益的利得。

14.【答案】× 【解析】企业在跨年度提供劳务确认收入过程中,如果提供的劳务交易结果不能可靠估计,在年末已经发生的劳务成本预计全部能够得到补偿,应按已收或预计能收回的金额确认提供劳务收入,并结转已经发生的劳务成本;如果已经发生的劳务成本预计部分能够得到补偿,应按能够得到补偿的劳务成本金额确认提供劳务收入,并按已经发生的劳务成本结转成本;如果已经发生的劳务成本预计全部不能得到补偿的,应将已经发生的成本确认为当期损益(主营业务成本或其他业务成本),不确认提供劳务收入。

15.【答案】√

16.【答案】× 【解析】如不能可靠地估计所提供劳务的交易结果,则不能按产出法或投入法确认收入。

17.【答案】× 【解析】企业应当按扣除商业折扣后的金额确认收入;实际发生的现金折扣记入"财务费用"科目。

18.【答案】√

19.【答案】× 【解析】采用支付手续费方式的委托代销,委托方支付给受托方的代销手续费应当在发生时记入"销售费用"科目。

20.【答案】× 【解析】企业确实无法支付的应付账款属于企业利得,应当记入"营业外收入"科目。

21.【答案】× 【解析】企业已将商品所有权上的主要风险和报酬转移给购货方,企业只代购货方保管该批商品,所以这批商品不再属于企业的资产。

22.【答案】× 【解析】根据企业会计准则规定,企业在确定商品销售收入时,不考虑各种可能发生的现金折扣和销售折让。现金折扣在实际发生时记入当期"财务费用"科目;不属于资产负债表日后事项的销售折让应在实际发生时冲减当期发生的收入。

23.【答案】× 【解析】费用是指企业在日常活动中发生的、会导致所有者权益减少的、与向所有者分配利润无关的经济利益的总流出。

24.【答案】√

25.【答案】× 【解析】企业向所有者分配利润也会导致经济利益的流出,而该经济利益的流出属于投资者投资回报的分配,是所有者权益的直接扣减项目,不应确认为费用。

26.【答案】× 【解析】商业折扣不影响损益,所以不属于期间费用。企业应当按扣除商业折扣后的金额确认收入并结转成本。

27.【答案】× 【解析】随同商品出售不单独计价包装物的成本应通过"销售费用"科目核算。

28.【答案】√

29.【答案】√

30.【答案】√

31.【答案】× 【解析】收回后直接出售的委托加工物资,由受托方代收代交的消费税通过"委托加工物资"科目核算。

32.【答案】× 【解析】企业发生的借贷利息费用属于筹建期间的,计入管理费用;属于生产经营期间,满足资本化条件的应当资本化,不满足资本化条件的计入财务费用。

33.【答案】√

34.【答案】× 【解析】年度终了,企业才将"本年利润"科目的余额结转至"利润分配——未分配利润"科目。

35.【答案】√

36.【答案】× 【解析】计算应交所得税应考虑纳税调整事项,存在纳税调整事项的应在利润总额经过调整后计算应交所得税。

37.【答案】√

38.【答案】× 【解析】出售长期股权投资发生的净损益记入"投资收益"科目,会影响企业的营业利润。

39.【答案】× 【解析】企业取得的与收益相关的政府补助,如果是补充以后各期发生的费用则需要记入"递延收益"科目,在费用发生时再将其转入"其他收益"或"营业外收入"科目核算。

40.【答案】√

41.【答案】×　【解析】年度终了时,"本年利润"科目无余额。

(四) 不定项选择题

1.【答案】(1) ABC;(2) C;(3) B;(4) AB;(5) BCD

【解析】(1) 2020年6月1日,商品发出时,满足收入确认条件,应确认收入及成本,不需要通过"发出商品"科目核算,所以选项D不正确。

(2) 运达公司应当编制的会计分录为:

借:应收账款	90 400
贷:主营业务收入	80 000
应交税费——应交增值税(销项税额)	10 400
借:主营业务成本	60 000
贷:库存商品	60 000

运达公司确认的损益=80 000-60 000=20 000(元)。

(3) 运达公司应当编制的会计分录为:

借:应收账款	152 550
贷:主营业务收入	[150×1 000×(1-10%)]135 000
应交税费——应交增值税(销项税额)	17 550
借:主营业务成本	120 000
贷:库存商品	120 000
借:银行存款	151 200
财务费用	1 350
贷:应收账款	152 550

(4) D公司代销形式为包销,运达公司应当在商品发出时确认收入,编制的会计分录为:

借:应收账款	271 200
贷:主营业务收入	240 000
应交税费——应交增值税(销项税额)	31 200
借:主营业务成本	180 000
贷:库存商品	180 000

运达公司确认的损益=240 000-180 000=60 000(元)。

(5) 运达公司销货退回不属于资产负债表日后事项,直接冲减退货当期的销售商品收入,所以选项A不正确,选项B正确。销货退回会增加库存商品80 000元,运达公司应当编制的会计分录为:

借:主营业务收入	120 000
应交税费——应交增值税(销项税额抵减)	15 600
贷:银行存款	135 600
借:库存商品	80 000
贷:主营业务成本	80 000

所以选项C、D均是正确的。

2.【答案】(1) C;(2) ABC;(3) BC

【解析】(1)合同签订时取得预售款项应当编制的会计分录为:

借:银行存款	200
贷:预收账款	200

所以选项 C 是正确的。

(2) 2019 年 12 月 31 日,甲公司应当采用投入法计算履约进度,并据此确定当期收入及成本。履约进度＝210/(210＋390)×100％＝35％。所以应当确认的收入＝1 000×35％＝350(万元),应当结转的成本为 210 万元;根据合同约定,至 2019 年 12 月 31 日应当再次预收工程款＝1 000×60％＝600(万元),所以选项 A、B、C 均是正确的。

(3) 如果提供的劳务交易未跨年,提供劳务的交易结果如果能够可靠估计,则应在劳务完成时确认收入,所以 A 选项不正确;如果提供劳务交易结果不能可靠估计,已经发生的劳务成本预计部分能够得到补偿的,应按能够得到补偿的劳务成本金额确认提供劳务收入,并按已经发生的劳务成本结转成本,所以选项 D 不正确。

3.【答案】(1) ABCD;(2) ABC;(3) AB;(4) C;(5) BD

【解析】(1) 甲公司将自有的一栋写字楼整体对外出租,应当将其作为"投资性房地产"进行核算,所以选项 A 正确;取得租金收入并非甲公司的主营业务,应当通过"其他业务收入"科目核算,所以选项 B 正确;因为甲公司所在地不存在活跃的房地产交易市场,所以对投资性房地产应当采用成本模式进行后续计量,所以选项 C 正确;约定全年租金 120 万元,则每月租金＝120÷12＝10(万元),所以选项 D 正确。

(2) M 公司于 2019 年 9 月 12 日付款,应当享有的现金折扣为 2％,即 10.6 万元(530×2％)。企业发生的现金折扣应当记入"财务费用"科目。所以选项 D 不正确。

(3) 此项运输劳务在当月即完成,所以不需在"劳务成本"科目进行归集,所以选项 C、D 不正确。

(4) 企业销售商品时如果未进行收入的确认,日后发生销售折让的,可以直接按折让后的金额确认收入,并结算对应的成本。所以选项 A、B、D 不正确。

(5) 甲公司将非专利技术的使用权对外出租应当记入"其他业务收入"科目,所以选项 A 不正确,选项 D 正确;因为合同规定使用费一次支付,且不提供后续服务的,应当视同销售该资产一次性确认收入,所以选项 B 正确,选项 C 不正确。

4.【答案】(1) AB;(2) B;(3) A;(4) ABCD;(5) D

【解析】(1) 选项 C 应记入"固定资产清理"科目;选项 D 应记入"主营业务收入"科目。

(2) 甲公司 2019 年 12 月的营业收入＝主营业务收入＋其他业务收入＝220＋2＋10＝232(万元)。

(3) 甲公司 2019 年 12 月的营业利润＝营业收入－营业成本－期间费用＝232－(160＋1.8＋3.5)－(12＋5＋1)＝48.7(万元)。

(4) 四个选项均正确。

(5) 甲公司 2019 年 12 月的利润总额＝营业利润＋营业外收入－营业外支出＝48.7＋0－10＝38.7(万元)。

(五) 业务题

1.【答案】

(1) 借:银行存款　　　　　　　　　　　　　　　　　　　678
　　　贷:主营业务收入　　　　　　　　　　　　　　　　　　600
　　　　　应交税费——应交增值税(销项税额)　　　　　　　　78
　借:主营业务成本　　　　　　　　　　　　　　　　　　540
　　　贷:库存商品　　　　　　　　　　　　　　　　　　　540
　借:存货跌价准备　　　　　　　　　　　　　　　　　　　5
　　　贷:主营业务成本　　　　　　　　　　　　　　　　　　5

(2) 借:主营业务收入　　　　　　　　　　　　　　　　　　200
　　　应交税费——应交增值税(销项税额)　　　　　　　　　26
　　　贷:银行存款　　　　　　　　　　　　　　　　　　　226

借:库存商品 120
　　贷:主营业务成本 120
(3) 借:合同履约成本 50
　　　贷:应付职工薪酬 50
履约进度＝50/(50＋150)×100％＝25％。
借:应收账款 113
　　贷:主营业务收入 100
　　　　应交税费——应交增值税(销项税额) 13
借:主营业务成本 50
　　贷:合同履约成本 50
(4) 借:生产成本 90.4
　　　贷:应付职工薪酬 [80×(1＋13％)]90.4
借:应付职工薪酬 90.4
　　贷:主营业务收入 80
　　　　应交税费——应交增值税(销项税额) 10.4
借:主营业务成本 50
　　贷:库存商品 50

2.【答案】(1) 甲公司(委托方)会计分录:
① 2019 年 3 月 6 日,甲公司将商品交给乙公司时:
借:发出商品 800
　　贷:库存商品 800
② 2019 年 6 月 8 日,甲公司收到乙公司开来的代销清单:
借:应收账款——乙公司 226
　　贷:主营业务收入 (1 000×20％)200
　　　　应交税费——应交增值税(销项税额) 26
借:主营业务成本 (800×20％)160
　　贷:发出商品 160
③ 2019 年 6 月 28 日,甲公司收到货款:
借:银行存款 226
　　贷:应收账款——乙公司 226
(2) 乙公司(受托方)会计分录:
① 2019 年 3 月 6 日,乙公司收到商品时:
借:受托代销商品 1 000
　　贷:受托代销商品款 1 000
② 2019 年 6 月 8 日,乙公司实际销售时:
借:银行存款 271.2
　　贷:主营业务收入 240
　　　　应交税费——应交增值税(销项税额) 31.2
借:主营业务成本 200
　　贷:受托销商品 200
借:受托代销商品款 200
　　应交税费——应交增值税(进项税额) 26
　　贷:应付账款——甲企业 226
③ 2019 年 6 月 28 日,乙公司支付货款时:

借:应付账款 226
　　贷:银行存款 226

3.【答案】(1)2019年1月1日销售实现时:
借:长期应收款 2 000
　　银行存款 260
　　贷:主营业务收入 1 600
　　　　应交税费——应交增值税(销项税额) 260
　　　　未实现融资收益 400
借:主营业务成本 1 560
　　贷:库存商品 1 560

(2)2019年12月31日收取货款时:
借:银行存款 400
　　贷:长期应收款 400
实现的融资收益=(2 000-400)×7.93%=126.88(万元)。
借:未实现融资收益 126.88
　　贷:财务费用 126.88

(3)2020年12月31日收取货款时:
借:银行存款 400
　　贷:长期应收款 400
实现的融资收益=[(2 000-400)-(400-126.88)]×7.93%=105.22(万元)。
借:未实现融资收益 105.22
　　贷:财务费用 105.22

其余各年收款和实现的融资收益的账务处理略。其余各年实现的融资收益分别为:81.85、56.62和29.43万元。

4.【答案】
积分的单独售价=1 000 000×0.1×90%=90 000(元)。
分摊至商品的交易价格=1 000 000×1 000 000÷1 090 000=917 431(元)。
分摊至积分的交易价格=1 000 000×90 000÷1 090 000=82 569(元)。
借:银行存款 1 000 000
　　贷:主营业务收入 917 431
　　　　合同负债 82 569
兑换积分时应当确认的收入=82 569×400 000÷900 000=36 697(元)。
借:合同负债 36 697
　　贷:主营业务收入 36 697

5.【答案】(1)计算甲公司本期所得税费用,并编制相应的会计分录:
甲公司应交所得税=(500+10-20)×25%=122.50(万元)。
借:所得税费用 122.50
　　贷:应交税费——应交所得税 122.50
借:本年利润 122.50
　　贷:所得税费用 122.50
借:本年利润 377.50
　　贷:利润分配——未分配利润 377.50

(2)根据2020年2月6日董事会提请股东大会2019年利润分配议案,编制甲公司提取法定盈余公积

的会计分录:
借:利润分配——提取法定盈余公积 (377.50×10%)37.75
　　贷:盈余公积——法定盈余公积 37.75
借:利润分配——未分配利润 37.75
　　贷:利润分配——提取法定盈余公积 37.75

(3) 根据2020年3月6日股东大会批准董事会提请股东大会2019年利润分配方案,编制甲公司向投资者宣告分配现金股利的会计分录:
借:利润分配——应付现金股利 50
　　贷:应付股利 50
借:利润分配——未分配利润 50
　　贷:利润分配——应付现金股利 50

(4) 年末未分配利润＝200＋377.50－37.75－50＝489.75(万元)。

第十一章　特殊交易和事项

第一部分　非货币性资产交换

(一) 单项选择题

1.【答案】A　【解析】非货币性资产交换具有商业实质且公允价值能够可靠计量的,应当以换出资产的公允价值加上支付的补价(或换入资产的公允价值)和应支付的相关税费,作为换入资产的成本。甲公司换入长期股权投资的入账价值＝1 400＋1 400＝2 800(万元)。

2.【答案】D　【解析】非货币性资产交换不具有商业实质的或者具有商业实质但换入资产或换出资产的公允价值不能够可靠地计量,应当以换出资产的账面价值和应支付的相关税费作为换入资产的成本,不确认损益。

3.【答案】A　【解析】非货币性资产交换不具有商业实质的或者具有商业实质但换入资产或换出资产的公允价值不能够可靠地计量,应当以换出资产的账面价值和应支付的相关税费作为换入资产的成本,不确认损益。非货币性资产交换同时换入多项资产的,在确定各项换入资产的成本时,应当按照换入各项资产的原账面价值占换入资产原账面价值总额的比例,对换入资产的成本总额进行分配,确定各项换入资产的成本。换入资产入账价值总额＝600－360＝240(万元)。换入设备的入账价值＝240×180÷(180＋120)＝144(万元)。

4.【答案】C　【解析】以公允价值为基础确定资产成本的情况下,支付补价时,换入资产入账价值＝换出资产公允价值＋补价(或换入资产公允价值)＋相关税费＝250 000＋30 000＋100 000＝290 000(元)。

5.【答案】B　【解析】企业在按照换出资产的账面价值和应支付的相关税费作为换入资产成本的情况下,收到补价的,应当以换出资产的账面价值,减去收到的补价并加上应支付的相关税费,作为换入资产的成本,不确认损益。
换入资产的入账价值＝500 000－500 000×2÷5－(500 000－500 000×2÷5)×2÷5＋10 000－30 000＝160 000(元)。

6.【答案】B　【解析】非货币性资产交换具有商业实质且公允价值能够可靠计量的,应当以换出资产的公允价值加上支付的补价(或换入资产的公允价值)和应支付的相关税费,作为换入资产的成本。非货币性资产交换同时换入多项资产的,在确定各项换入资产的成本时,对于非货币性资产交换具有商业实质,且换入资产的公允价值能够可靠计量的,应当按照换入各项资产的公允价值占换入资产公允价值总额的比例,对换入资产的成本总额进行分配,确定各项换入资产的成本。换入资产入账价值总额为150万元。换入汽车的入账价值=150×50÷(100+50)=50(万元)。

7.【答案】A 【解析】非货币性资产交换是指交易双方通过存货、固定资产、无形资产和长期股权投资等非货币性资产进行的交换,有时也涉及少量货币性资产(即补价)。认定涉及少量货币性资产的交换为非货币性资产交换时,通常以补价占整个资产交换金额的比例低于25%作为参考。A选项比例=80/(260+80)=23.53%,属于非货币性资产交换。

8.【答案】D 【解析】货币性资产,是指持有的现金及将以固定或可确定金额的货币收取的资产,包括现金、应收账款和应收票据以及准备持有至到期的债券投资等。

(二)多项选择题

1.【答案】AB 【解析】非货币性资产交换不具有商业实质时,企业在按照换出资产的账面价值和应支付的相关税费作为换入资产成本的情况下:

(1)支付补价的,应当以换出资产的账面价值,加上支付的补价和应支付的相关税费,作为换入资产的成本,不确认损益。

(2)收到补价的,应当以换出资产的账面价值,减去收到的补价并加上应支付的相关税费,作为换入资产的成本,不确认损益。

2.【答案】AD 【解析】非货币性资产交换不具有商业实质的,应当以换出资产的账面价值和应支付的相关税费作为换入资产的成本,不确认损益。

3.【答案】ABD 【解析】非货币性资产交换具有商业实质且公允价值能够可靠计量的,换出资产公允价值与其账面价值的差额,应当分情况处理:

(1)换出资产为存货的,应当视同销售处理,根据《企业会计准则第14号——收入》按其公允价值确认商品销售收入,同时结转商品销售成本。

(2)换出资产为固定资产、无形资产的,换出资产公允价值和换出资产账面价值的差额,计入资产处置损益。

(3)换出资产为长期股权投资、其他权益工具投资的,换出资产公允价值和换出资产账面价值的差额,计入投资收益。

4.【答案】ABCD 【解析】非货币性资产交换具有商业实质且公允价值能够可靠计量,以公允价值为基础确定换入资产成本的情况如下:

(1)支付补价方:换入资产的入账价值=换出资产公允价值+补价(或换入资产公允价值)+相关税费。

(2)收到补价方:换入资产的入账价值=换入资产公允价值(或换出资产公允价值-补价)+相关税费。

5.【答案】ABCD 【解析】支付补价方,以换出资产的账面价值加上补价和应支付的相关税费,作为换入资产的入账价值。如果涉及可抵扣的增值税进项税额,则还要减去可抵扣的增值税进项税额。

6.【答案】BD 【解析】涉及补价的非货币性资产交换的判定标准:收到补价企业,收到的补价÷换出资产公允价值≤25%;支付补价企业,支付的补价÷(支付的补价+换出资产公允价值)≤25%。

7.【答案】AD 【解析】一般来说,资产负债表所列示的项目中属于货币性资产的项目有货币资金、应收票据、应收股利、应收利息、应收账款、其他应收款等。

8.【答案】ABC 【解析】库存商品总的入账价值=330 000-(50 000+180 000)×13%+8 000=308 100(元);库存商品A的入账价值=308 100×50 000÷(50 000+180 000)=66 978.26(元);库存商品B的入账价值=308 100×180 000÷(50 000+180 000)=241 121.74(元);确认的损益=330 000-(300 000-5 000)=35 000(元)。

(三)判断题

1.【答案】× 【解析】应收账款作为企业的债权,有相应的发票等原始凭证作为收款的依据,虽然在收回货款过程中有可能发生坏账损失,但是,企业可以根据以往与购货方交往的经验,估计出发生坏账的可能性以及坏账金额,所以应收账款在将来为企业带来的经济利益是固定的或可确定的,属于货币性资产。

2.【答案】×　【解析】非货币性资产交换不具有商业实质的,企业在按照换出资产的账面价值和应支付的相关税费作为换入资产成本,不确认损益。

3.【答案】×　【解析】非货币性资产交换一般只涉及少量货币性资产即补价。认定涉及少量货币性资产的交换为非货币性资产交换,通常以补价占整个资产交换金额的比例不高于25%作为参考。

4.【答案】×　【解析】换入资产和换出资产公允价值均能够可靠计量的,应当以换出资产的公允价值作为确定换入资产成本的基础,但有确凿证据表明换入资产的公允价值更加可靠的除外。

5.【答案】×　【解析】非货币性资产交换不具有商业实质的,企业在按照换出资产的账面价值和应支付的相关税费作为换入资产成本,不确认损益。收到补价的,应当以换出资产的账面价值,减去收到的补价并加上应支付的相关税费,作为换入资产的成本,不确认损益。

6.【答案】×　【解析】在确定非货币性资产交换是否具有商业实质时,企业应当关注交易各方之间是否存在关联方关系。关联方关系的存在可能导致发生的非货币性资产交换不具有商业实质。

7.【答案】×　【解析】货币性资产,是指持有的现金及将以固定或可确定金额的货币收取的资产,包括现金、应收款项和应收票据以及准备持有至到期的债券投资等。

8.【答案】×　【解析】具有商业实质且换入资产或换出资产的公允价值能够可靠地计量的非货币性资产交换,应当以公允价值和应支付的相关税费作为换入资产的成本,公允价值与换出资产账面价值的差额计入当期损益。

9.【答案】×　【解析】$5.25\div(5.25+18)=22.58\%<25\%$,应确定为非货币性资产交换。

(四) 业务题【答案】

(1) 甲公司会计分录:

借:其他业务成本	640
投资性房地产累计折旧	160
贷:投资性房地产	800
借:交易性金融资产	800
银行存款	100
贷:其他业务收入	900

(2) 乙公司会计分录:

借:投资性房地产	900
贷:交易性金融资产	600
银行存款	100
投资收益	200

第二部分　债　务　重　组

(一) 单项选择题

1.【答案】C　【解析】红星公司应确认的债务重组收益=债务重组日重组债务的账面价值-股权公允价值=(100 000+3 500)-96 000=7 500(元)。

2.【答案】A　【解析】红星公司应确认的债务重组收益=债务重组日重组债务的账面价值-将来应付金额=5 200 000-(5 200 000-200 000)×(1+2%)=100 000(元)。

3.【答案】A　【解析】红星公司应确认的债务重组收益=113 000-93 000=20 000(元)。

4.【答案】D　【解析】红星公司应确认的债务重组收益=债务重组日重组债务的账面价值-所转让产品的账面价值=105 000-500-70 000=34 500(元)。

5.【答案】B　【解析】接受非现金资产按放弃债权的公允价值计量。

6.【答案】C　【解析】应按放弃债权的公允价值入账。

7.【答案】D 【解析】甲公司实际收到的款项600万元小于应收债权账面价值700万元的差额100万元作为当期损失,乙公司实际支付的款项600万元小于应付债务账面余额800的差额200万元作为当期收益。

8.【答案】B 【解析】深广公司应确认的债务重组损失=(130-5)-100=25(万元)。

(二)多项选择题

1.【答案】ABC 【解析】为了规范债务重组的确认、计量和相关信息的披露,根据《企业会计准则——基本准则》,制定债务重组准则。

2.【答案】ABCD 【解析】债务重组的方式主要包括:①以资产清偿债务;②将债务转为权益工具;③修改其他债务条件,如减少债务本金、减少债务利息等;④以上三种方式的组合。

3.【答案】ABC 【解析】若债权人已对债权计提减值准备的,债权人实际收到的款项大于应收债权账面价值的,应冲减部分坏账准备,不确认债务重组收益。

4.【答案】BC 【解析】将债务转为权益工具的,债务人应当将债权人放弃债权而享有股份的面值总额确认为股本(或者实收资本),股份的公允价值总额与股本(或者实收资本)之间的差额确认为资本公积。重组债务的账面价值与股份的公允价值总额之间的差额,计入当期损益(属于债务重组收益)。

(三)判断题

1.【答案】× 【解析】以现金清偿债务的,债权人应当将放弃债权的账面价值与收到的现金之间的差额,计入当期损益。

2.【答案】√

3.【答案】× 【解析】以非现金资产清偿债务的,债权人应当对接受的非现金资产按放弃债权的公允价值入账,放弃债权的公允价值与账面价值之间的差额,计入当期损益。

4.【答案】× 【解析】将债务转为权益工具的,债务人应当将债权人放弃债权而享有股份的面值总额确认为股本(或者实收资本),股份的公允价值总额与股本(或者实收资本)之间的差额确认为资本公积。重组债务的账面价值与股份的公允价值总额之间的差额,计入当期损益。

5.【答案】√

(四)业务题

【答案】

(1) A公司应编制的会计分录:

借:库存商品	300
坏账准备	5
固定资产	200
营业外支出	60
贷:应收账款	565

(2) B公司应编制的会计分录:

借:固定资产清理	234
累计折旧	200
贷:固定资产	434
借:固定资产清理	2
贷:银行存款	2
借:应付账款	565
贷:库存商品	200
固定资产清理	236
资产处置损益	129

第三部分 或 有 事 项

(一) 单项选择题

1.【答案】A 【解析】待执行合同变成亏损合同且该亏损合同产生的义务满足或有事项确认预计负债规定的,应当确认为预计负债。企业不应当就未来经营亏损确认预计负债。

2.【答案】B 【解析】甲公司2019年年末资产负债表"预计负债"项目的金额=(1×100+2×50)×5%-1=9(万元)。

3.【答案】A 【解析】甲公司应确认的预计负债=(1 500-1 200)×20=6 000(元)。

4.【答案】D 【解析】当清偿因或有事项而确认的负债所需支出存在一个金额范围,则最佳估计数应按该范围的上、下限金额的平均数确定。由于赔偿金额范围不含甲公司将承担的诉讼费2万元,因此,甲公司应确认的负债金额=(90+100)÷2+2=97(万元)。若赔偿金额范围含甲公司将承担的诉讼费2万元,则甲公司应确认的负债金额=(90+100)÷2=95(万元)。

5.【答案】A 【解析】95%的可能性属于很可能,不属于基本确定,因此,不能将或有事项确认为资产。

6.【答案】D 【解析】发生的可能性为"可能"不应将或有事项确认为负债。

7.【答案】C 【解析】将或有事项确认负债的条件之一是"该项义务的了结很可能导致经济利益流出企业"。此题甲公司败诉的可能性是40%,属于可能发生。甲公司不应将其确认为负债,选项"C"正确。

8.【答案】B 【解析】或有事项确认为负债应同时符合三个条件:第一,该项义务为企业承担的现时义务;第二,该项义务的了结很可能导致经济利益流出企业;第三,该项义务的金额能够可靠地计量。A公司对B公司的赔偿不符合上述三个条件,不应确认为负债。对于补偿金额,因该项业务未确认为负债,因此,也不能确认为资产。

9.【答案】A 【解析】或有资产和或有负债都不能确认。

10.【答案】C 【解析】当清偿或有事项而确认的负债所需支出不存在一个金额范围,或有事项涉及多个项目时,最佳估计数按各种可能发生额及其发生概率计算确定。因此,甲公司应确认的负债金额=1 000×15%×1%+1 000×5%×2%=2.5(万元)。

(二) 多项选择题

1.【答案】ABD 【解析】以财产抵押向银行借款不符合或有事项的特点,因此,选项C不正确。其他各选项均属于或有事项。

2.【答案】AD 【解析】如果清偿因或有事项而确认的预计负债所需支出全部或部分预期由第三方或其他方补偿,补偿金额只能在基本确定收到时,作为资产单独确认,且确认的补偿金额不应超过所确认负债的账面价值。企业确认因或有事项产生的负债时,不应将从第三方得到的补偿金额从中扣除。

3.【答案】ABC 【解析】选项D不正确,应按加权平均数确定。

4.【答案】ABC 【解析】应收账款预计发生坏账损失是企业根据财务报表日存在的应收账款可收回情况所作的判断,而不需要根据未来不确定事项的发生或不发生来加以证实,因此,它不属于或有事项。

5.【答案】AB 【解析】极小可能导致经济利益流出企业的或有负债不需披露。

6.【答案】AB 【解析】极小可能导致经济利益流出企业的或有负债不需披露,因此,选项C不正确。与或有事项相关的义务同时满足下列条件的,应当确认为预计负债:①该义务是企业承担的现时义务;②履行该义务很可能导致经济利益流出企业;③该义务的金额能够可靠地计量。因此,选项D不正确。

7.【答案】AD 【解析】对于应予披露的或有负债,企业应披露的内容有:①或有负债的形成原因;②或有负债预计产生的财务影响;③获得补偿的可能性。因此,选项A和D正确。因或有事项确认的负债,应在资产负债表中单列项目反映,并在会计报表附注中作相应披露。因此,选项B不正确。或有资产不应确认,因此,选项C不正确。

8.【答案】AB 【解析】极小可能导致经济利益流出企业的或有负债不需披露。

(三) 判断题

1.【答案】× 【解析】或有事项是指过去的交易或者事项形成的,其结果须由某些未来事项的发生或不发生才能决定的不确定事项。

2.【答案】√

3.【答案】× 【解析】亏损合同是指履行合同义务不可避免会发生的成本超过预期经济利益的合同。

4.【答案】× 【解析】或有负债是指过去的交易或者事项形成的潜在义务,其存在须通过未来不确定事项的发生或不发生予以证实;或过去的交易或者事项形成的现时义务,履行该义务不是很可能导致经济利益流出企业或该义务的金额不能可靠计量。

5.【答案】√

6.【答案】× 【解析】或有负债不能确认为负债。

7.【答案】× 【解析】企业清偿预计负债所需支出全部或部预期由第三方补偿的,补偿金额只有在基本确定能够收到时才能作为资产单独确认,应注意的是,或有事项确认为资产必须同时符合两个条件,一是相关义务已确认为预计负债,二是从第三方得到补偿基本确定。

8.【答案】√

9.【答案】√

10.【答案】× 【解析】资产负债表日要对或有事项确认预计负债的金额进行检查,有确凿证据表明账面价值不能真实反映当前最佳估计数的,应作相应调整。

11.【答案】√

12.【答案】× 【解析】企业不应当就未来经营亏损确认预计负债。

(四) 业务题

1.【答案】(1) 计算对 A 产品 2019 年年末应确认的预计负债:

A 产品 2019 年度应计提的预计负债=(1 000+800+1 200+600)×2%=72(万元)。

(2) 编制对 A 产品 2019 年年末确认预计负债相关的会计分录(假定按年编制会计分录):

借:销售费用　　　　　　　　　　　　　　　　　　　　　　　　72
　　贷:预计负债　　　　　　　　　　　　　　　　　　　　　　　　72

(3) 编制 A 产品 2019 年发生的售出产品"三包"费用相关的会计分录(假定按年编制会计分录):

借:预计负债　　　　　　　　　　　　　　　　　　　　　　　　75
　　贷:原材料　　　　　　　　　　　　　　　　　　　　　　　　43
　　　　应付职工薪酬　　　　　　　　　　　　　　　　　　　　17
　　　　银行存款　　　　　　　　　　　　　　　　　　　　　　15

(4) 编制 B 产品 2019 年与预计负债相关的会计分录:

① 借:预计负债　　　　　　　　　　　　　　　　　　　　　　　5
　　　贷:应付职工薪酬　　　　　　　　　　　　　　　　　　　　5

② 借:预计负债　　　　　　　　　　　　　　　　　　　　　　　3
　　　贷:销售费用　　　　　　　　　　　　　　　　　　　　　　3

(5) 计算 2019 年 12 月 31 日预计负债的账面余额(注明借方或贷方):

2019 年 12 月 31 日预计负债贷方余额=30+72-75+(8-5-3)=27(万元)。

2.【答案】

(1) 甲公司确认 A 产品预计负债:

借:营业外支出　　　　　　　　　　　　　　　　　　　(10×50)500
　　贷:预计负债　　　　　　　　　　　　　　　　　　　　　　　500

A产品按时完工转销：
借：预计负债　　　　　　　　　　　　　　　　　　　　　　500
　　贷：库存商品　　　　　　　　　　　　　　　　　　　　　　　500
(2) 甲公司计提 B 商品存货跌价准备：
借：资产减值损失　　　　　　　　　　　　　　　　　　　2 000
　　贷：存货跌价准备　　　　　　　　　　　　　　　　　　　　2 000
(3) 2020 年年末，甲公司确认生产线租金预计负债：
借：营业外支出　　　　　　　　　　　　　　　　　　1 000 000
　　贷：预计负债　　　　　　　　　　　　　　　　　　　　1 000 000
到 2021 年应该支付租金时：
借：预计负债　　　　　　　　　　　　　　　　　　　1 000 000
　　贷：其他应付款　　　　　　　　　　　　　　　　　　　1 000 000
(4) 甲公司购买 C 商品成本总额为 10 000 元，出售给乙公司价格总额为 8 000 元，亏损 2 000 元。合同为亏损合同。甲公司如单方面撤销，支付违约金 3 000 元。丙公司应根据损失 2 000 元与违约金 3 000 元两者中较低者，确认预计负债 2 000 元，编制会计分录：
借：营业外支出　　　　　　　　　　　　　　　　　　　　2 000
　　贷：预计负债　　　　　　　　　　　　　　　　　　　　　　2 000
购入 C 商品后：
借：预计负债　　　　　　　　　　　　　　　　　　　　　2 000
　　贷：库存商品　　　　　　　　　　　　　　　　　　　　　　2 000
(5) 甲公司购买 D 商品成本总额为 10 000 元，出售给乙公司价格总额为 8 000 元，亏损 2 000 元。合同为亏损合同。甲公司如单方面撤销，支付违约金 1 000 元。丙公司应根据损失 2 000 元与违约金 1 000 元两者中较低者，确认预计负债 1 000 元，编制会计分录：
借：营业外支出　　　　　　　　　　　　　　　　　　　　1 000
　　贷：预计负债　　　　　　　　　　　　　　　　　　　　　　1 000
支付违约金时：
借：预计负债　　　　　　　　　　　　　　　　　　　　　1 000
　　贷：银行存款　　　　　　　　　　　　　　　　　　　　　　1 000

第十二章　财　务　报　表

（一）单项选择题

1.【答案】C　【解析】"本年利润"科目的金额只有在年度终了时才能结转到"利润分配——未分配利润"科目。在未结转前编制资产负债表时，"本年利润"科目的余额也应反映在资产负债表的"未分配利润"项目中。

2.【答案】C　【解析】"预付账款"科目明细账贷方余额具有应付性质，应在资产负债表的"应付账款"项目中反映。

3.【答案】C　【解析】资产负债表中的"固定资产"项目，应根据"固定资产"科目期末余额减去"累计折旧""固定资产减值准备"科目余额后的净额填列。
"固定资产"项目的金额＝2 000－800－100＝1 100(万元)。

4.【答案】D　【解析】营业利润＝营业收入－营业成本－税金及附加－销售费用－管理费用－财务费用－资产(信用)减值损失＋其他收益＋公允价值变动损益＋资产处置损益＋投资损益。选项 D 是利润总额的影响因素。

5.【答案】A 【解析】购买工程物资属于投资活动;赊销商品和发放股票股利不会引起现金流动。

6.【答案】A 【解析】销售商品、提供劳务收到的现金＝本期销售商品、提供劳务的收入＋与收入业务有关的增值税销项税额＋应收账款(期初余额－期末余额)＋应收票据(期初余额－期末余额)＋预收账款(期末余额－期初余额)。

销售商品、提供劳务收到的现金＝1 000＋130＋(100－150)＋(10－50)＝1 040(万元)。

7.【答案】A 【解析】选项B,支付的各种税费属于"经营活动产生的现金流量";选项C,吸收投资所收到的现金属于"筹资活动产生的现金流量";选项D,支付货款属于"经营活动产生的现金流量"。

8.【答案】B 【解析】偿还长期借款利息,属于筹资活动的现金流出。筹资活动流出的现金主要包括:①偿还债务所支付的现金;②分配股利、利润和偿付利息所支付的现金;③支付的其他与筹资活动有关的现金。

9.【答案】B 【解析】选项B,收回债券投资所收到的现金,属于"投资活动流入的现金"项目中的"收回投资所收到的现金"。

10.【答案】C 【解析】选项A在"长期借款"项目中列示;选项B在"递延所得税负债"项目中列示;选项D在"非流动负债"项目中列示。

11.【答案】C 【解析】财务报告的使用者包括投资人、债权人、政府及有关部门和社会公众。

12.【答案】A 【解析】2019年12月31日甲公司资产负债表中"货币资金"项目填列的金额＝100＋0.2＋500＝600.2(万元)。提取现金、赊销商品没有引起"货币资金"的增减变动;取得银行承兑汇票属于"应收票据"的增加。

13.【答案】B 【解析】选项A应根据"其他应收款"总账余额减对应的"坏账准备"后的净额计算填列;选项C应当根据"应付账款"明细账的贷方余额加"预付账款"明细账的贷方余额计算填列;选项D应当根据"预收账款"明细账的贷方余额加"应收账款"明细账的贷方余额计算填列。

14.【答案】D 【解析】资产负债表中"存货"项目应填列的金额＝1 200＋500＋20＋500＋5－160＝2 065(万元)。工程物资不属于企业的存货。

15.【答案】C 【解析】如果企业预收账款明细账中出现借方余额,应将其与应收账款借方余额合并填列在资产负债表的"应收账款"项目中。

16.【答案】A 【解析】甲公司资产负债表中"固定资产"项目填列金额＝1 200－220－89＝891(万元)。

17.【答案】D 【解析】一年内即将到期的长期借款应列入"一年内到期的非流动负债"项目。向A、B、C银行借入的款项均在2020年1月1日到期,在2019年6月30日资产负债表中应列入"一年内到期的非流动负债"项目。

18.【答案】D 【解析】2019年12月31日资产负债表"所有者权益"项目合计金额＝200＋5 000＋500＋300＋200＋2 000＝8 200(万元)。提取盈余公积和资本公积及盈余公积转增资本均不会影响企业所有者权益总额。

19.【答案】D 【解析】"工程物资"在资产负债表中应列入"在建工程"项目。

20.【答案】C 【解析】预付账款明细账的借方余额应填列在资产负债表的"预付账款"项目中。

21.【答案】D 【解析】选项D属于与日常活动无关的政府补助,不应列入"营业收入"项目,应作为"递延收益"或"营业外收入"进行处理。

22.【答案】B 【解析】"净利润"项目的金额＝(1 000＋100－550－25－200－500－50＋500－200＋100－50)×(1－25％)＝93.75(万元)。

23.【答案】D 【解析】到2019年12月31日这笔长期借款距离到期时间还有半年,所以应该在"一年内到期的非流动负债"项目中列示。

24.【答案】D 【解析】现金等价物通常包括3个月内到期的债券投资。

25.【答案】A 【解析】企业分期付款购买固定资产,首次支付的购买价款属于投资活动产生的现金流出,而以后分期支付的购买价款属于筹资活动产生的现金流出。

26.【答案】C 【解析】"销售商品、提供劳务收到的现金"项目的金额＝2 600＋1 000－300＋50＝3 350(万元)。

27.【答案】A 【解析】偿还应付账款属于购买商品支付的现金,"购买商品,接受劳务支付的现金"项目的金额为 200 万元;以银行存款购买 2 个月内到期的国债不产生现金流量;支付生产人员工资属于"支付给职工以及为职工支付的现金";购买固定资产属于投资活动。

28.【答案】A 【解析】选项 B 属于筹资活动;选项 C 属于现金及现金等价物内部增减变动;选项 D 属于筹资活动。

29.【答案】D 【解析】选项 D 不会引起企业现金流量的变化。

30.【答案】B 【解析】选项 B 不在所有者权益变动表中单独列示。

31.【答案】C 【解析】企业附注应当披露重要的和重大的经济事项,未在会计报表中说明的问题如果比较小则无需披露。

(二)多项选择题

1.【答案】AB 【解析】"应付账款"项目需要根据"应付账款"和"预付账款"两个科目所属的相关明细账的期末贷方余额计算填列。

2.【答案】ABC 【解析】选项 D 属于"非流动资产"项目。

3.【答案】ABCD 【解析】根据《企业会计准则第 30 号——财务报表列报》规定,一套完整的财务报表至少应当包括"四表一注",即资产负债表、利润表、现金流量表、所有者权益(或股东权益)变动表以及附注。

4.【答案】CD 【解析】"营业收入"项目,反映企业经营主要业务和其他业务所确认的收入总额,本项目应根据"主营业务收入"和"其他业务收入"科目的发生额分析填列。

5.【答案】ABCD 【解析】"购买商品、接受劳务支付的现金"项目反映企业购买商品、接受劳务实际支付的现金,包括本期购入商品、接受劳务支付的现金(包括增值税进项税额),以及本期支付前期购入商品、接受劳务的未付款项和本期预付款项。本期发生的购货退回收到的现金应从本项目内扣除。

6.【答案】AC 【解析】选项 B 属于"支付的其他与经营活动有关的现金"项目;选项 D 属于"购建固定资产、无形资产和其他长期资产所支付的现金"项目。

7.【答案】ACD 【解析】选项 B 属于现金及现金等价物内部的转换。

8.【答案】AB 【解析】选项 C 属于"取得投资收益所收到的现金"项目;选项 D 不属于本企业的现金流量。

9.【答案】ABC 【解析】选项 D 是将净利润调节为经营活动的现金流量时的调减项目。

10.【答案】CD 【解析】选项 A、B 均属于"筹资活动产生的现金流量"项目。

11.【答案】BCD 【解析】"货币资金"项目需要根据"库存现金""银行存款"和"其他货币资金"3 个科目期末余额合计数填列。

12.【答案】BD 【解析】"预收款项"项目应当根据应收账款明细科目的贷方余额和预收账款明细科目的贷方余额合计填列。

13.【答案】ABCD

14.【答案】BCD 【解析】选项 A 属于流动资产。

15.【答案】ABCD

16.【答案】AD 【解析】选项 B、C 需要根据明细科目余额计算填列;选项 A、D 需要将一年内将要到期的应付债券和长期待摊费用根据相应总账科目余额和明细科目余额进行分析计算后填列。

17.【答案】AD 【解析】选项 B 记入"所得税费用"科目,影响净利润;选项 C 记入"其他综合收益"科目。

18. 【答案】AB 【解析】"未分配利润"项目,反映企业尚未分配的利润。本项目应根据"本年利润"科目和"利润分配"科目的余额计算填列。未弥补的亏损在本项目内以"－"号填列。

19. 【答案】AC 【解析】选项 B 记入"营业外收入"科目;选项 D 通过"其他业务收入"和"其他业务成本"科目核算。

20. 【答案】ABCD 【解析】"综合收益总额"项目,反映企业净利润与其他综合收益的税后净额的合计金额。所以四个选项均正确。

21. 【答案】BD 【解析】现金等价物是指企业持有的期限短、流动性强、易于转换为已知金额现金、价值变动风险很小的投资。期限短,一般是指从购买日起 3 个月内到期。现金等价物通常包括 3 个月到期的债券投资等。选项 A、C 属于现金。

22. 【答案】BCD 【解析】选项 A 属于其他货币资金,会引起现金流量变动。

23. 【答案】BCD 【解析】选项 A 属于投资活动产生的现金流量。

24. 【答案】AC 【解析】选项 B 属于筹资活动;选项 D 属于用现金购买现金等价物,不会引起现金流量的变动。

25. 【答案】ABD 【解析】选项 C 属于经营活动产生的现金流量。

26. 【答案】ABCD

27. 【答案】ABCD

28. 【答案】ABCD

29. 【答案】ACD 【解析】选项 B 属于"所得税费用"项目应当披露的内容。

(三) 判断题

1. 【答案】√

2. 【答案】× 【解析】资产负债表是反映企业某一特定日期的财务状况的报表。

3. 【答案】√

4. 【答案】× 【解析】资产负债表中"预付款项"项目应当根据预付账款明细账的借方余额加应付账款明细账的期末借方余额合计数减预付账款对应的坏账准备后的净额填列。

5. 【答案】√

6. 【答案】√

7. 【答案】× 【解析】利润表是指反映企业在一定会计期间的经营成果的报表,有助于保证财务报表使用者分析企业的获利能力及盈利增长趋势,从而为其作出经济决策提供依据。

8. 【答案】√

9. 【答案】√

10. 【答案】√

11. 【答案】× 【解析】前期确认的坏账又重新收回应在"销售商品、提供劳务收到的现金"项目中反映。

12. 【答案】√

13. 【答案】× 【解析】离退休人员的工资薪金通过"支付其他与经营活动有关的现金"项目反映。

14. 【答案】√

15. 【答案】√

16. 【答案】√

17. 【答案】× 【解析】"应付账款"项目应根据"应付账款"和"预付账款"科目所属各明细科目的期末贷方余额合计数填列。

18. 【答案】√

19.【答案】× 【解析】"营业收入"项目,反映企业经营主要业务和其他业务所确认的收入总额。本项目应根据"主营业务收入"和"其他业务收入"科目的发生额计算填列。

20.【答案】× 【解析】现金流量表属于动态会计报表。

21.【答案】× 【解析】资产负债表中确认的资产是企业拥有或控制的。

22.【答案】× 【解析】企业租入的使用权资产应单独反映在资产负债表的"使用权资产"项目中。

23.【答案】× 【解析】根据《企业会计准则第30号——财务报表列报》规定,企业必须对外报送的一套完整的财务报表,至少应当包括"四表一注",即资产负债表、利润表、现金流量表、所有者权益(或股东权益)变动表以及附注。

24.【答案】× 【解析】资产负债表中"应付账款""预付账款""预收账款"项目根据有关明细科目的余额计算填列。"应付账款"项目,需要根据"应付账款"和"预付账款"两个科目所属的相关明细科目的期末贷方余额计算填列;"预付账款"需要根据"应付账款"和"预付账款"两个科目所属的相关明细科目的期末借方余额计算填列;"预收账款"项目,需要根据"应收账款"和"预收账款"两个科目所属的相关明细科目的期末贷方余额计算填列。

25.【答案】× 【解析】"无形资产"项目,应当根据"无形资产"科目的期末余额,减去"累计摊销""无形资产减值准备"等科目期末余额后的净额填列。

26.【答案】√

27.【答案】× 【解析】营业外支出应反映在利润表的利润总额中。

(四) 不定项选择题

1.【答案】(1) ABD;(2) C;(3) AC;(4) ABCD;(5) ABC

【解析】(1)自产产品用于工程建设不需要视同销售。账务处理为:

借:在建工程　　　　　　　　　　　　　　　　　　　　　　　　　　200
　　贷:库存商品　　　　　　　　　　　　　　　　　　　　　　　　　　200

2019年折旧金额=(2 650+200)×(1-5%)÷10÷12×3=67.69(万元)。

(2) 转换日M公司的账务处理为:

借:投资性房地产——成本　　　　　　　　　　　　　　　　　　　　450
　　累计折旧　　　　　　　　　　　　　　　　　　　　　　　　　　200
　　贷:固定资产　　　　　　　　　　　　　　　　　　　　　　　　　500
　　　　其他综合收益　　　　　　　　　　　　　　　　　　　　　　　150

因为M公司所在地有活跃的房地产交易市场,能够持续可靠地取得与该厂房有关的房地产公允价值,所以应当采用公允价值模式进行后续计量,对于采用公允价值模式进行后续计量的投资性房地产不需计提折旧。

(3) 对被投资单位具有重大影响的,应当采用权益法核算长期股权投资,初始投资成本5 000万元小于投资日所享有被投资单位可辨认净资产份额5 400万元(18 000×30%)的部分应确认为营业外收入。

(4) 四个选项均正确。

(5) 货币资金=15 230-2 993.7(外购生产线设备)+200(厂房租金)-5 000(股权投资)=7 436.3(万元);应收账款=3 200-200(坏账准备)=3 000(万元);投资性房地产=550(年末公允价值);资本公积=500(万元)。

2.【答案】(1) BCD;(2) AD;(3) BCD;(4) ABD;(5) ABCD;(6) ABCD

【解析】(1) 收回以前年度已经核销的坏账会减少应收账款账面价值,选项A错误,其他选项正确。

(2) 资产负债表中,没有把"累计折旧"这个项目单独列示出来,而是将它反映在"固定资产"项目中,因为"固定资产"项目是按"固定资产"科目期末余额减去"累计折旧"和"固定资产减值准备"科目期末余额后的金额填列,选项 B 不正确;"长期待摊费用"项目根据"长期待摊费用"总账科目余额减去将于一年内(含一年)摊销的数额后的金额填列,选项 C 不正确。

(3) "短期借款"科目只核算短期借款本金,选项 A 错误,其余选项正确。

(4) 年末应收账款余额=40 000+58 500+(140-140)=98 500(元),选项 A 正确;年末坏账准备余额=98 500×4‰=394(元),选项 B 正确;12 月份坏账准备计提数=394-(160+140)=94(元),选项 C 错误;2019 年 12 月 31 日"应收账款"项目列示金额=98 500-394=98 106(元),选项 D 正确。

(5) 四个选项均正确。

(6) 货币资金=54 000+140-13 000-4 000-7 840-11 000-566+16 000=33 734(元),选项 A 正确;以公允价值计量且其变动计入当期损益的金融资产=55 000-15 000=40 000(元),选项 B 正确;存货=(20 000+90 000)-42 000=68 000(元),选项 C 正确;在建工程=42 000+13 000=55 000(元),选项 D 正确。

3.【答案】(1) C;(2) B;(3) ABC;(4) AC;(5) ACD

【解析】(1) 存货=3 522+(120+0.6)-350-0.2=3 292.4(万元)。

(2) 营业成本=350+0.2=350.2(万元)。

(3) 出售固定资产对当月损益的影响=50-(200-180)-20=10(万元)。

(4) 选项 B,使用寿命不确定的无形资产不需摊销;选项 D,年末进行减值准备,如果发生减值应计提无形资产减值准备,则会影响当期损益。

(5) 货币资金=9 530-135.6-0.6+0.22+0.028 6+200×30%+(50-20)=9 484.048 6(万元);应收账款=1 200+565=1 765(万元);应付账款=500+21.2=521.2(万元);预收款项=100+200×30%=160(万元)。

(五) 业务题

1.【答案】(1) 编制甲企业会计分录:

① 借:原材料　　　　　　　　　　　　　　　　　　　　　300 000
　　　应交税费——应交增值税(进项税额)　　　　　　　 39 000
　　　　贷:应付票据　　　　　　　　　　　　　　　　　　339 000
② 借:应收账款　　　　　　　　　　　　　　　　　　　　45 200
　　　　贷:主营业务收入　　　　　　　　　　　　　　　　40 000
　　　　　　应交税费——应交增值税(销项税额)　　　　　 5 200
　借:主营业务成本　　　　　　　　　　　　　　　　　　32 000
　　　　贷:库存商品　　　　　　　　　　　　　　　　　　32 000
③ 借:银行存款　　　　　　　　　　　　　　　　　　　　29 380
　　　　贷:其他业务收入　　　　　　　　　　　　　　　　26 000
　　　　　　应交税费——应交增值税(销项税额)　　　　　 3 380
　借:其他业务成本　　　　　　　　　　　　　　　　　　18 000
　　　　贷:原材料　　　　　　　　　　　　　　　　　　　18 000
④ 借:固定资产清理　　　　　　　　　　　　　　　　　　126 000
　　　累计折旧　　　　　　　　　　　　　　　　　　　　 24 000
　　　　贷:固定资产　　　　　　　　　　　　　　　　　　150 000
　借:银行存款　　　　　　　　　　　　　　　　　　　　180 000
　　　　贷:固定资产清理　　　　　　　　　　　　　　　　180 000
　借:固定资产清理　　　　　　　　　　　　　　　　　　 54 000
　　　　贷:资产处置损益　　　　　　　　　　　　　　　　 54 000
⑤ 借:信用减值损失　　　　　　[(200 000+45 200)×5‰-1 000]226
　　　　贷:坏账准备　　　　　　　　　　　　　　　　　　　　226

⑥借:应付票据	20 000	
应交税费——应交所得税	2 300	
贷:银行存款		22 300
⑦借:长期股权投资——乙企业(损益调整)	70 000	
贷:投资收益		70 000
⑧借:管理费用	1 000	
贷:累计摊销		1 000
借:管理费用	8 774	
贷:累计折旧		8 774
⑨借:所得税费用	42 900	
贷:应交税费——应交所得税		42 900

(2) 编制资产负债表:

资产负债表

编制单位:甲企业　　　　　　　2019年12月31日　　　　　　　　　　单位:元

资　产	期末余额	负债及所有者权益	期末余额
流动资产:		流动负债:	
货币资金	587 580	短期借款	300 000
应收票据	30 000	应付票据	369 000
应收账款	243 974	应付账款	180 000
其他应收款	200	合同负债	0
合同资产	0	应付职工薪酬	5 000
存货	710 000	应交税费	22 180
流动资产合计	1 571 754	流动负债合计	876 180
非流动资产:		非流动负债:	
长期股权投资	670 000	长期借款	1 260 000
固定资产	2 665 226	非流动负债合计	1 260 000
无形资产	4 000	负债合计	2 138 820
非流动资产合计	3 339 226	所有者权益:	
		实收资本	2 000 000
		资本公积	560 000
		盈余公积	128 710
		未分配利润	86 090
		所有者权益合计	2 774 800
资产总计	4 910 980	负债与所有者权益总计	4 910 980

计算过程如下:

应交税费=(期初)12 000-(1)39 000+(2)5 200+(3)3 380-(6)2 300+(9)42 900=22 180(元)。

2.【答案】

(1) 编制广南公司上述(1)到(10)和(12)项经济业务相关的会计分录:

业务(1) 借:应收账款	113
贷:主营业务收入	100
应交税费——应交增值税(销项税额)	13

借:主营业务成本 75
　　贷:库存商品 75

业务(2) 借:主营业务收入 10
　　　　　应交税费——应交增值税(销项税额) 1.3
　　　　　　贷:应收账款 11.3

业务(3) 借:银行存款 115
　　　　　财务费用 2
　　　　　　贷:应收账款 117

业务(4) 借:银行存款 100
　　　　　　贷:其他业务收入 100

业务(5) 借:银行存款 25
　　　　　　贷:预收账款 25

借:劳务成本 14
　　贷:应付职工薪酬 14

履约进度＝14÷(14＋6)＝70%
应确认收入＝30×70%＝21(万元)

借:预收账款 23.73
　　贷:主营业务收入 21
　　　　应交税费——应交增值税(销项税额) 2.73

借:主营业务成本 14
　　贷:劳务成本 14

业务(6) 借:库存商品 45
　　　　　　贷:发出商品 45

借:应交税费——应交增值税(销项税额) 6.5
　　贷:应收账款 6.5

业务(7) 借:银行存款 400
　　　　　　贷:预收账款 400

业务(8) 借:银行存款 34
　　　　　　贷:营业外收入 34

业务(9) 借:待处理财产损溢 10
　　　　　　贷:原材料 10

借:管理费用 10
　　贷:待处理财产损溢 10

借:固定资产清理 20
　　累计折旧 70
　　固定资产减值准备 10
　　　　贷:固定资产 100

借:营业外支出 20
　　贷:固定资产清理 20

业务(11) 借:所得税费用 17.5
　　　　　　贷:应交税费——应交所得税 17.5

(2) 编制利润表:

利 润 表

编制单位:广南公司　　　　　　　　　2019 年度　　　　　　　　　单位:万元

项　　　目	本期金额
一、营业收入	211
减:营业成本	109
税金及附加	6.5
销售费用	15
管理费用	22.2
研发费用	0
财务费用	12.3
加:投资收益(损失以"一"号填列)	14.2
其中:对联营企业和合营企业的投资收益	
公允价值变动收益(损失以"一"号填列)	0
信用减值损失(损失以"一"号填列)	0
资产减值损失(损失以"一"号填列)	0
资产处置收益(损失以"一"号填列)	0
二、营业利润(亏损以"一"号填列)	60.2
加:营业外收入	42
减:营业外支出	32.2
三、利润总额(亏损总额以"一"号填列)	70
减:所得税费用	17.5
四、净利润(净亏损以"一"号填列)	52.5

3.【答案】(1)销售商品、提供劳务收到的现金＝(4 000＋4 000×13%)＋(2 340－4 680)＋(585－351)－100＝2 314(万元)。

(2)购买商品、接受劳务支付的现金＝(2 500＋408)＋(2 400－2 500)＋(1 755－2 340)＝2 223(万元)。

(3)支付的各项税费＝实际交纳的增值税税款＋支付的所得税税款＝302＋(30＋100－40)＝392(万元)。

(4)收回投资收到的现金＝20＋100＝120(万元)。

(5)分得股利或利润收到的现金＝20＋30－10＝40(万元)。

(6)借款收到的现金＝400(万元)。

(7)偿还债务支付的现金＝300(万元)。

附录一　期末考试模拟试题

模拟试题(一)

一、单项选择题(本类题共 20 题,每小题 1 分,共 20 分。每小题备选答案中,只有一个符合题意的正确答案。多选、错选、不选均不得分。)

1. 下列各项中,不应在利润表"营业收入"项目列示的是(　　)。
   A. 与企业日常活动无关的政府补助收入　　B. 设备安装劳务收入
   C. 材料销售收入　　D. 固定资产出租收入

2. 甲公司为增值税一般纳税人,2019 年 12 月 31 日购入不需要安装的生产设备一台,当日投入使用。该设备价款为 360 万元,增值税税额为 46.8 万元,预计使用寿命为 5 年,预计净残值为零,采用年数总和法计提折旧。该设备 2020 年应计提的折旧为(　　)万元。
   A. 72　　B. 120　　C. 140.4　　D. 168.48

3. 2019 年 8 月 1 日,某企业开始研究开发一项新技术,当月共发生研发支出 800 万元,其中,费用化的金额 650 万元,符合资本化条件的金额 150 万元。8 月月末,研发活动尚未完成。该企业 2019 年 8 月应计入当期利润总额的研发支出为(　　)万元。
   A. 0　　B. 150　　C. 650　　D. 800

4. 企业在现金清查中发现多余现金,在未经批准处理之前,应借记"库存现金"科目,贷记(　　)科目。
   A. "营业外收入"　　B. "待处理财产损溢"
   C. "其他应付款"　　D. "其他业务收入"

5. 资产负债表日,其他债权投资的公允价值高于其摊余成本的差额时,借记"其他债权投资"科目,贷记(　　)科目。
   A. "其他综合收益"　　B. "投资收益"
   C. "信用减值损失"　　D. "公允价值变动损益"

6. 某企业对材料采用计划成本核算。2019 年 12 月 1 日,结存材料的计划成本为 400 万元,材料成本差异贷方余额为 6 万元;本月入库材料的计划成本为 2 000 万元,材料成本差异借方发生额为 12 万元;本月发出材料的计划成本为 1 600 万元。该企业 2019 年 12 月 31 日结存材料的实际成本为(　　)万元。
   A. 798　　B. 800　　C. 802　　D. 1 604

7. 长期股权投资采用权益法核算时,长期股权投资的初始投资成本小于投资时应享有被投资单位可辨认净资产公允价值份额的,应按其差额,借记"长期股权投资——成本"科目,贷记(　　)科目。

附录一　期末考试模拟试题 | 247

A. "投资收益" B. "资本公积——其他资本公积"
C. "营业外收入" D. "长期股权投资——其他权益变动"

8. 下列资产中,当月应计提折旧的是( )。
   A. 当月短期租入的设备 B. 已提足折旧继续使用的设备
   C. 当月租入的使用权资产设备 D. 大修理停用的设备

9. 一般纳税人委托其他单位加工材料收回后直接对外销售的,其发生的下列支出中,不应计入委托加工材料成本的是( )。
   A. 发出材料的实际成本 B. 支付给受托方的加工费
   C. 支付给受托方的增值税 D. 受托方代收代交的消费税

10. 企业对公允价值模式进行后续计量的投资性房地产取得的租金收入,应该贷记( )科目。
    A. "投资收益" B. "管理费用" C. "营业外收入" D. "其他业务收入"

11. 甲公司长期持有乙公司 60% 的股权,采用成本法核算。2019 年 1 月 1 日,该项投资账面价值为 1 300 万元。2019 年,乙公司实现净利润 2 000 万元,宣告发放现金股利 1 200 万元。假设不考虑其他因素,2019 年 12 月 31 日该项投资账面价值为( )万元。
    A. 1 300 B. 1 380 C. 1 500 D. 1 620

12. 某企业 2017 年 4 月 1 日从银行借入期限为 3 年的长期借款 500 万元,编制 2019 年 12 月 31 日资产负债表时,此项借款应填入的报表项目是( )。
    A. "短期借款" B. "长期借款"
    C. "其他长期负债" D. "一年内到期的非流动负债"

13. 企业开出并承兑的商业汇票到期无力支付时,正确的账务处理是将该应付票据( )。
    A. 转作短期借款 B. 转作应付账款
    C. 转作其他应付款 D. 仅做备查登记

14. 下列各项中,应列入利润表"管理费用"项目的是( )。
    A. 计提的坏账准备 B. 出租无形资产的摊销额
    C. 付中介机构的咨询费 D. 出售固定资产的净损失

15. 2019 年 1 月 1 日,甲公司采用分期收款方式销售大型设备一套,当日发出设备。合同约定的价款为 2 700 万元,分 3 年等额支付;该分期收款销售价款的现值为 2 430 万元。假定不考虑其他因素,甲公司该设备销售收入的入账价值为( )万元。
    A. 810 B. 2 430 C. 900 D. 2 700

16. 根据《企业会计准则第 8 号——资产减值》,资产减值是指资产的( )低于其账面价值的情况。
    A. 可收回金额 B. 可变现净值
    C. 预计未来现金流量现值 D. 公允价值

17. 企业期末计提除金融资产外的资产减值准备时,借记的科目是( )。
    A. "营业外支出" B. "管理费用"
    C. "投资收益" D. "资产减值损失"

18. 下列各项中,属于企业现金流量表"经营活动产生的现金流量"的是( )。
    A. 收到的现金股利 B. 支付的银行借款利息
    C. 收到的处置价款 D. 支付的经营租赁租金

19. 对有限责任公司而言,如有新投资者介入,新介入的投资者交纳的出资额大于其按约定比例计算的其在注册资本中所占的份额部分,应计入(   )科目。
   A."实收资本"   B."营业外收入"   C."资本公积"   D."盈余公积"
20. 下列各项中,不属于"其他货币资金"科目核算内容的是(   )。
   A. 信用证存款   B. 存出投资款   C. 备用金   D. 银行汇票存款

二、多项选择题(本类题共 5 题,每小题 2 分,共 10 分。每小题备选答案中,有两个或两个以上符合题意的正确答案。多选、少选、错选、不选均不得分。)

1. 下列各项中,影响净利润的有(   )。
   A. 计提专设销售部门固定资产折旧
   B. 出售投资性房地产取得的收入
   C. 购买交易性金融资产支付的相关税费
   D. 购买长期股权投资支付的相关税费
2. 下列各项中,属于投资性房地产的有(   )。
   A. 企业拥有并出租给员工居住的宿舍
   B. 企业以经营租赁方式租出的写字楼
   C. 企业持有并准备增值后出售的房屋
   D. 企业持有拟增值后转让的土地使用权
3. 下列各项中,能够引起负债项目发生变动的有(   )。
   A. 用盈余公积弥补亏损
   B. 宣告分配现金股利
   C. 支付现金股利
   D. 提取任意盈余公积
4. 下列各项中,应列入资产负债表"应收账款"项目的有(   )。
   A. 预付职工差旅费
   B. 代购货单位垫付的运杂费
   C. 销售产品应收取的款项
   D. 对外提供劳务应收取的款项
5. 按企业会计准则规定,下列各项中,不应记入"投资收益"科目的有(   )。
   A. 成本法核算下,被投资单位实现净利润
   B. 权益法核算下,被投资单位所有者权益变动
   C. 权益法核算下,被投资单位实现净利润
   D. 权益法核算下,被投资单位宣告发放现金股利

三、判断题(本类题共 10 题,每小题 1 分,共 10 分。)

1. 企业以一笔款项购入多项没有单独标价的固定资产时,应按各项固定资产公允价值的比例对总成本进行分配,分别确定各项固定资产的成本。(   )
2. 企业发生的各项利得或损失,均应计入当期损益。(   )
3. 资产组的认定应当以资产组产生的主要现金流入是否独立于其他资产或者资产组的现金流入为依据。(   )
4. 企业以短期租赁方式租入的固定资产发生的改良支出,应直接计入当期损益。(   )
5. 资产的可收回金额应当根据资产的销售净价与资产预计未来现金流量的现值两者之间较高者确定。(   )
6. 企业长期借款所发生的利息支出,应在实际支付时计入在建工程成本或当期损益。(   )
7. 用法定盈余公积转增资本或弥补亏损,均不引起所有者权益总额的变化。(   )
8. 采用预收货款方式销售产品,应于收到款项时确认收入。(   )
9. 企业在确认商品销售收入后发生的现金折扣,应在实际发生时计入财务费用。(   )
10. 企业将自行建造的房地产达到预定可使用状态时开始自用,之后改为对外出租,应当在该房地产达到预定可使用状态时确认为投资性房地产。(   )

四、不定项选择题(本类题共 2 题,每小题 10 分,共 20 分。)

1. 甲公司为增值税一般纳税人,2019 年第四季度该公司发生的固定资产相关业务如下:

(1) 10 月 8 日,甲公司购入一台需要安装的设备,取得的增值税专用发票上注明的销售价格为 98 万元,增值税税额为 12.74 万元,另支付安装费 2 万元,全部款项以银行存款支付。该设备预计可使用寿命为 6 年,预计净残值为 4 万元,当月达到预定可使用状态。

(2) 11 月,甲公司对其一条生产线进行更新改造,该生产线的原价为 200 万元,已计提折旧为 120 万元,改造过程中发生支出 70 万元,被替换部件的账面价值为 10 万元。

(3) 12 月,甲公司某仓库因火灾发生损毁,该仓库原价为 400 万元,已计提折旧 100 万元,其残料估计价值为 5 万元,残料已办理入库,发生的清理费用 2 万元,以现金支付,经保险公司核定应赔偿损失 150 万元,尚未收到赔款。

(4) 12 月月末,甲公司对固定资产进行盘点,发现短缺一台笔记本电脑,原价为 1 万元,已计提折旧 0.6 万元,损失中应由相关责任人赔偿 0.1 万元。

要求:

根据上述资料,假定不考虑其他因素,分析回答下列问题(答案中的金额单位用万元表示)。

(1) 根据资料(1),甲公司购入设备的入账成本是(　　)万元。
A. 110.74　　　　B. 98　　　　C. 100　　　　D. 112.74

(2) 根据资料(1),下列关于该设备计提折旧的表述中正确的是(　　)。

A. 2019 年 10 月该设备不应计提折旧

B. 如采用直线法,该设备 2019 年第四季度应计提折旧额为 3.2 万元

C. 如采用双倍余额递减法,其年折旧率应为 40%

D. 如采用年数总和法,其第一年的年折旧率应为 5/16

(3) 根据资料(2),更新改造后该生产线的入账成本是(　　)万元。
A. 140　　　　B. 260　　　　C. 270　　　　D. 150

(4) 根据资料(3),下列各项中,甲公司损毁固定资产的账务处理正确的是(　　)。

A. 支付清理费用时:

借:固定资产清理　　　　　　　　　　　　　　　　　　　　　2
　　贷:银行存款　　　　　　　　　　　　　　　　　　　　　　　　2

B. 确定应由保险公司理赔的损失时:

借:其他应收款　　　　　　　　　　　　　　　　　　　　　　150
　　贷:营业外收入　　　　　　　　　　　　　　　　　　　　　　150

C. 将损毁的仓库转入清理时:

借:固定资产清理　　　　　　　　　　　　　　　　　　　　　300
　　累计折旧　　　　　　　　　　　　　　　　　　　　　　　100
　　贷:固定资产　　　　　　　　　　　　　　　　　　　　　　　400

D. 残料入库时:

借:原材料　　　　　　　　　　　　　　　　　　　　　　　　　5
　　贷:固定资产清理　　　　　　　　　　　　　　　　　　　　　　5

(5) 根据资料(4),应记入"营业外支出"科目借方的金额是(　　)万元。
A. 0.8　　　　B. 0.1　　　　C. 0.3　　　　D. 1

2. 某棉纺企业为增值税一般纳税人,适用的增值税税率为13%,2019年3月1日,"应付职工薪酬"科目贷方余额为516 000元(全部为工资),该企业2019年3月份发生的有关职工薪酬业务如下:

(1) 1日,企业租入房屋4套供管理人员免费使用,月租金共计12 000元,每月月末支付租金,企业于当月31日以银行存款支付本月租金12 000元。

(2) 5日,从月初应付职工薪酬中扣除企业代扣由职工承担的个人所得税8 900元(尚未交纳),为职工代垫的家庭医药费5 000元,通过银行转账实际发放工资502 100元。

(3) 24日,企业以其生产的毛巾被作为福利发放给直接从事生产活动的职工,该批毛巾被市场售价总额为45 000元(不含增值税价格),成本总额为30 000元。

(4) 31日,本月各部门工资计算结果如下表:

2019年3月份部门工资计算简表 单位:元

部门	车间生产部门	车间管理部门	行政管理部门	销售部门	施工部门	合计
金额	258 000	29 700	63 400	74 100	59 800	485 000

假定该企业社会保险费的计提比例为工资总额的20%。住房公积金的计提比例为工资总额的15%。

要求:

根据上述资料,不考虑其他因素,分析回答下列小题(答案中的金额单位用元表示)。

(1) 根据资料(1),下列各项中,该企业会计分录正确的是(   )。

A. 借:管理费用　　　　　　　　　　　　　　　　　　　12 000
　　贷:银行存款　　　　　　　　　　　　　　　　　　　12 000

B. 借:管理费用　　　　　　　　　　　　　　　　　　　12 000
　　贷:应付职工薪酬——非货币性福利　　　　　　　　　12 000

C. 借:应付职工薪酬——非货币性福利　　　　　　　　　12 000
　　贷:银行存款　　　　　　　　　　　　　　　　　　　12 000

D. 借:应付职工薪酬——非货币性福利　　　　　　　　　12 000
　　贷:管理费用　　　　　　　　　　　　　　　　　　　12 000

(2) 根据资料(3),下列各项中,该企业账务处理结果正确的是(   )。

A. 库存商品减少45 000元　　　　B. 生产成本增加50 850元

C. 制造费用增加37 650元　　　　D. 主营业务成本增加30 000元

(3) 根据资料(2)至(4),下列项目中,应通过"应付职工薪酬"科目核算的是(   )。

A. 企业为职工交纳的社会保险费　　B. 企业为职工家属代垫的医药费

C. 企业为职工交纳的住房公积金　　D. 企业将自产毛巾被作为福利发放给职工

(4) 根据资料(4),下列各项中,该企业分配职工薪酬账务处理结果正确的是(   )。

A. 制造费用增加40 095元　　　　B. 管理费用增加85 590元

C. 销售费用增加100 035元　　　 D. 管理费用增加125 685元

(5) 根据资料(4),该企业3月份分配职工薪酬直接影响利润表"营业利润"项目的金额是(   )元。

A. 125 685　　　B. 140 130　　　C. 185 625　　　D. 225 720

五、业务题(本类题共 4 小题,每小题 10 分,共 40 分。凡要求计算的项目,均须列出计算过程;计算结果出现小数的,均保留小数点后两位小数。凡要求编制的会计分录,除题中有特殊要求外,只需写出一级科目。)

1. 东方公司 2019 年税后利润为 1 800 000 元,公司董事会决定按 10% 提取法定盈余公积,按 25% 提取任意盈余公积,分派现金股利 500 000 元(其盈余公积未达注册资本 50%)。东方公司现有股东情况如下:A 公司占 25%,B 公司占 30%,C 公司占 10%,D 公司占 5%,其他占 30%。经公司股东大会决议,以盈余公积 500 000 元转增资本,并已办妥转增手续。

要求:根据以上资料,编制东方公司 2019 年年末结转利润、分配利润和以盈余公积转增资本的会计分录("利润分配"科目要求写出明细科目)。

2. 甲股份有限公司为上市公司(以下简称甲公司),有关购入、持有和出售乙公司发行的债券资料如下:

(1) 2019 年 1 月 1 日,甲公司支付价款 1 100 万元,从活跃市场购入乙公司当日发行的面值为 1 000 万元的 5 年期债券。该债券票面年利率为 10%,利息按单利计算,到期一次还本付息,实际年利率为 6.4%。当日,甲公司将其划分为以摊余成本计量的金融资产,按年确认投资收益。2019 年 12 月 31 日,该债券未发生减值迹象。

(2) 2020 年 1 月 1 日,该债券市价总额为 1 200 万元。当日,为筹集生产线扩建所需资金,甲公司出售债券的 80%,将扣除手续费后的款项 955 万元存入银行。

要求:("债权投资"科目要求写出明细科目,答案中的金额单位用万元表示):

(1) 编制 2019 年 1 月 1 日甲公司购入该债券的会计分录。

(2) 编制 2019 年 12 月 31 日甲公司计提该债券利息的会计分录。

(3) 编制 2020 年 1 月 1 日甲公司售出该债券的会计分录。

3. 雅格公司为增值税一般纳税人,增值税税率为 13%。生产中所需 A 材料按实际成本核算,采用月末一次加权平均法计算和结转发出材料成本。2019 年 6 月 1 日,A 材料结存 1 400 千克,账面余额 385 万元,未计提存货跌价准备。雅格公司 2019 年 6 月份发生的有关 A 材料的业务如下:

(1) 3 日,持银行汇票 300 万元购入 A 材料 800 千克,增值税专用发票上注明的货款为 216 万元,增值税税额 28.08 万元,对方代垫包装费 1.8 万元,材料已验收入库,剩余票款退回并存入银行。

(2) 6 日,签发一张商业承兑汇票购入 A 材料 590 千克,增值税专用发票上注明的货款为 163 万元,增值税税额 21.19 万元,对方代垫保险费 0.4 万元。材料已验收入库。

(3) 10 日,收到乙公司作为资本投入的 A 材料 5 000 千克,并验收入库。投资合同约定该批原材料价值(不含可抵扣的增值税进项税额)为 1 415 万元,增值税进项税额为 183.95 万元,乙公司开具增值税专用发票。假定合同约定的价值与公允价值相等,未发生资本溢价。

(4) 30 日,因意外火灾毁损 A 材料 50 千克,该批材料购入时支付的增值税为 1.82 万元。经保险公司核定应赔偿 10 万元,款项尚未收到,其余损失已经有关部门批准处理。

要求:

(1) 编制雅格公司第(1)至(3)项业务的会计分录。

(2) 计算雅格公司 6 月份 A 材料的加权平均单位成本。

(3) 编制雅格公司第(4)项业务的会计分录。

4. 甲公司为增值税一般纳税人,增值税税率为13%。商品销售价格不含增值税,在确认销售收入时逐笔结转销售成本。假定不考虑其他相关税费。2019年6月份甲公司发生如下业务:

(1) 2日,向乙公司销售A商品1 600件,标价总额为800万元(不含增值税),商品实际成本为480万元。为了促销,甲公司给予乙公司15%的商业折扣并开具了增值税专用发票。甲公司已发出商品,并向银行办理了托收手续。

(2) 10日,因部分A商品的规格与合同不符,乙公司退回A商品800件。当日,甲公司按规定向乙公司开具增值税专用发票(红字),销售退回允许扣减当期增值税销项税额,退回商品已验收入库。

(3) 15日,甲公司将部分退回的A商品作为福利发放给本公司职工,其中,生产工人500件,行政管理人员40件,专设销售机构人员60件,该商品每件市场价格为0.4万元(与计税价格一致),实际成本0.3万元。

(4) 25日,甲公司收到丙公司来函。来函提出,2019年5月10日从甲公司所购B商品不符合合同规定的质量标准,要求甲公司在价格上给予10%的销售折让。该商品售价为600万元,增值税税额为78万元,货款已结清。经甲公司认定,同意给予折让并以银行存款退还折让款,同时开具了增值税专用发票(红字)。

要求("应交税费"科目要求写出明细科目及专栏名称;答案中的金额单位用万元表示):

(1) 编制甲公司上述业务的会计分录。

(2) 计算甲公司6月份主营业务收入总额。

模拟试题(二)

一、单项选择题(本类题共20题,每小题1分,共20分。每小题备选答案中,只有一个符合题意的正确答案。多选、错选、不选均不得分。)

1. 下列选项中,不属于流动资产的是( )。
   A. 预付账款　　　B. 存货　　　C. 应收利息　　　D. 工程物资

2. 一般纳税人委托其他单位加工材料收回后直接对外销售的,其发生的下列支出中,不应计入委托加工材料成本的是( )。
   A. 发出材料的实际成本　　　　B. 支付给受托方的加工费
   C. 支付给受托方的增值税　　　D. 受托方代收代交的消费税

3. 下列各项中,不应计入营业外收入的是( )。
   A. 固定资产盘盈利得　　　　　B. 收发差错造成的存货盘盈
   C. 报废固定资产净收益　　　　D. 确实无法支付的应付账款

4. 某企业2019年发生的营业收入为1 000万元,营业成本为600万元,销售费用为20万元,管理费用为50万元,财务费用为10万元,投资收益为40万元,资产减值损失为70万元(损失),公允价值变动损益为80万元(收益),营业外收入为25万元,营业外支出为15万元。该企业2019年的营业利润为( )万元。
   A. 370　　　B. 330　　　C. 320　　　D. 390

5. 甲企业期末"原材料"科目余额为100万元,"生产成本"科目余额为70万元,"材料成本差异"科目借方余额为5万元,"库存商品"科目余额为150万元,"发出商品"科目余额为15万元,"工程物资"科目余额为200万元。则甲企业期末资产负债表中"存货"项目的金额为( )万元。

A. 250　　　　　B. 320　　　　　C. 340　　　　　D. 540

6. 某企业销售商品 6 000 件,每件售价 60 元(不含增值税),增值税税率 13%。企业为购货方提供的商业折扣为 10%,提供的现金折扣(按不含增值税的售价计算)条件为"2/10, 1/20, n/30",并代垫运杂费 500 元(假定不考虑运费增值税抵扣问题)。该企业在这项交易中应确认的收入金额为(　　)元。

A. 320 000　　　B. 308 200　　　C. 324 000　　　D. 320 200

7. 下列各项中,属于投资性房地产的是(　　)。
A. 房地产企业开发的准备出售的房屋　　B. 房地产企业开发的已出租的房屋
C. 企业持有的准备建造房屋的土地使用权　D. 企业以经营租赁方式租入的建筑物

8. 2019 年 1 月 1 日,甲公司以 1 600 万元购入乙公司 30%的股份,另支付相关费用 8 万元,采用权益法核算。取得投资时,乙公司所有者权益的账面价值为 5 000 万元(与可辨认净资产的公允价值相同)。乙公司 2019 年度实现净利润 300 万元。假定不考虑其他因素,甲公司该长期股权投资 2019 年 12 月 31 日的账面余额为(　　)万元。

A. 1 590　　　　B. 1 598　　　　C. 1 608　　　　D. 1 698

9. 某企业以 350 万元的价格转让一项无形资产,适用的增值税税率为 6%。该无形资产原购入价 450 万元,预计使用寿命为 10 年,采用直线法进行摊销,无净残值,转让时已使用 4 年。不考虑减值准备及其他相关税费。企业在转让该无形资产时确认的净收益为(　　)万元。

A. 32.5　　　　B. 50　　　　　C. 62.5　　　　D. 80

10. 某增值税一般纳税人企业自建仓库一幢,购入工程物资 200 万元,增值税税额为 26 万元,已全部用于建造仓库;耗用库存材料 50 万元,应负担的增值税税额为 6.5 万元;支付建筑工人工资 36 万元。该仓库建造完成并达到预定可使用状态,其入账价值为(　　)万元。

A. 250　　　　　B. 282.5　　　　C. 286　　　　　D. 318.5

11. 以下不属于企业资产的是(　　)。
A. 短期租入的固定资产　　　　B. 租入的使用权资产
C. 存货　　　　　　　　　　　D. 企业申请的专利

12. 下列各项中,应列入利润表"管理费用"项目的是(　　)。
A. 计提的坏账准备　　　　　　B. 出租无形资产的摊销额
C. 支付中介机构的咨询费　　　D. 出售固定资产的净损失

13. 下列金融资产中,应按公允价值进行初始计量,且交易费用计入当期损益的是(　　)。
A. 交易性金融资产　　　　　　B. 债权投资
C. 应收款项　　　　　　　　　D. 其他债权投资

14. 下列各项中,不属于现金流量表"筹资活动产生的现金流量"的是(　　)。
A. 取得借款收到的现金　　　　B. 吸收投资收到的现金
C. 处置固定资产收回的现金净额　D. 分配股利、利润或偿付利息支付的现金

15. 下列各项中,不属于所有者权益的是(　　)。
A. 资本溢价　　　　　　　　　B. 计提的盈余公积
C. 投资者投入的资本　　　　　D. 应付高管人员基本薪酬

16. 对有限责任公司而言,如有新投资者加入,新加入的投资者交纳的出资额大于其按约定比例计算的其在注册资本中所占的份额部分,应记入(　　)科目。

A. "实收资本"　B. "营业外收入"　C. "资本公积"　D. "盈余公积"

17. 下列各项中,不应计入销售费用的是( )。
   A. 已售商品预计保修费用
   B. 为推广新产品而发生的广告费用
   C. 随同商品出售且单独计价的包装物成本
   D. 随同商品出售而不单独计价的包装物成本

18. 下列各项资产中,无论是否存在减值迹象,至少应于每年年度终了时对其进行减值测试的是( )。
   A. 商誉   B. 固定资产   C. 长期股权投资   D. 投资性房地产

19. 采用权益法核算长期股权投资时,长期股权投资的初始投资成本小于投资时投资单位应享有被投资单位可辨认净资产公允价值份额的差额,应计入( )。
   A. 资本公积   B. 投资收益
   C. 营业外收入   D. 公允价值变动损益

20. 某企业采用计划成本进行材料的日常核算。2019年12月,月初结存材料计划成本为300万元,本月收入材料计划成本为700万元;月初结存材料成本差异为超支2万元,本月收入材料成本差异为节约10万元;本月发出材料计划成本为800万元。本月结存材料的实际成本为( )万元。
   A. 197.6   B. 202.4   C. 201.6   D. 198.4

二、多项选择题(本类题共5题,每小题2分,共10分。每小题备选答案中,有两个或两个以上符合题意的正确答案。多选、少选、错选、不选均不得分。)

1. 下列各项账务处理方法中,体现谨慎性要求的有( )。
   A. 采用双倍余额递减法计提固定资产折旧
   B. 将租入的使用权资产视作自有资产核算
   C. 无形资产期末按照成本与可收回金额孰低计量
   D. 存货期末采用成本与可变现净值孰低法

2. 下列各项中,应列入资产负债表"应付利息"项目的有( )。
   A. 计提的短期借款利息   B. 计提的一次还本付息债券利息
   C. 计提的分期付息到期还本债券利息   D. 计提的分期付息到期还本长期借款利息

3. 下列各项中,应确认为应付职工薪酬的有( )。
   A. 非货币性福利   B. 社会保险费和辞退福利
   C. 职工工资、福利费   D. 工会经费和职工教育经费

4. 下列各项中,应列入利润表中"税金及附加"项目的有( )。
   A. 销售应税矿产品计提的应交资源税   B. 经营活动中计提的应交教育费附加
   C. 经营活动中计提的应交城市维护建设税   D. 销售应税消费品计提的应交消费税

5. 下列交易或事项中,会引起现金流量表"投资活动产生的现金流量净额"发生变化的有( )。
   A. 购买股票支付的现金   B. 向投资者派发的现金股利
   C. 购建固定资产支付的现金   D. 收到被投资单位分配的现金股利

三、判断题(本类题共10题,每小题1分,共10分。)

1. 收到被投资单位发放的股票股利,不进行账务处理,但应在备查簿中登记。 ( )
2. 企业无法可靠区分研究阶段和开发阶段支出的,应将其所发生的研发支出全部资本化

计入无形资产成本。( )

3. 企业以短期租赁方式租入的固定资产发生的改良支出,应直接计入当期损益。( )

4. 企业股东大会审议批准的利润分配方案中应分配的现金股利,在支付前不作账务处理,但应在报表附注中披露。( )

5. 所有者权益变动表能够反映所有者权益各组成部分当期增减变动情况,有助于报表使用者理解所有者权益增减变动的原因。( )

6. 采用成本模式进行后续计量的投资性房地产,其后续计量原则与固定资产或无形资产相同。( )

7. 持有存货的数量多于销售合同订购数量的,超出部分的存货可变现净值应当以产成品或商品的合同价格作为计算基础。( )

8. 企业溢价发行股票发生的手续费、佣金应从溢价中抵扣,溢价金额不足抵扣的调整留存收益。( )

9. 企业将自行建造的房地产达到预定可使用状态时开始自用,之后改为对外出租,应当在该房地产达到预定可使用状态时确认为投资性房地产。( )

10. 不管采用何种方法对固定资产计提折旧,使用期满后,计提的折旧总额是相等的。
( )

四、不定项选择题(本类题共 2 题,每小题 10 分,共 20 分。)

1. 甲企业为增值税一般纳税人,适用的增值税税率为 13%,该企业生产主要耗用一种原材料,该材料按计划成本进行日常核算,计划单位成本为每千克 20 元,2019 年 6 月月初,该企业"银行存款"科目余额为 300 000 元,"原材料"和"材料成本差异"科目的借方余额分别为 30 000 元和 6 152 元,6 月份发生如下经济业务:

(1) 5 日,从乙公司购入材料 5 000 千克,增值税专用发票上注明的销售价格为 90 000 元,增值税税额为 11 700 元,全部款项已用银行存款支付,材料尚未到达。

(2) 8 日,从乙公司购入的材料到达,验收入库时发现短缺 50 千克,经查明,短缺为运输途中合理损耗,按实际数量入库。

(3) 10 日,从丙公司购入材料 3 000 千克,增值税专用发票上注明的销售价格为 57 000 元,增值税税额为 7 410 元,材料已验收入库并且全部款项以银行存款支付。

(4) 15 日,从丁公司购入材料 4 000 千克,增值税专用发票上注明的销售价格为 88 000 元,增值税税额为 11 440 元,材料已验收入库,款项尚未支付。

(5) 6 月份,甲企业领用材料的计划成本总计为 84 000 元。

要求:根据上述资料,假定不考虑其他因素,分析回答下列小题(答案中的金额单位用元表示)。

(1) 根据资料(1),下列各项中,甲企业向乙公司购入材料的账务处理结果正确的是( )。

A. 原材料增加 90 000 元 B. 材料采购增加 90 000 元
C. 原材料增加 100 000 元 D. 应交税费减少 11 700 元

(2) 根据资料(2),2019 年度甲企业的账务处理结果正确的是( )。

A. 发生节约差异 9 000 元 B. 发生超支差异 9 000 元
C. 原材料增加 100 000 元 D. 原材料增加 99 000 元

(3) 根据材料(3),下列各项中,甲企业账务处理正确的是(　　)。

A. 借:原材料　　　　　　　　　　　　　　　　　　　60 000
　　贷:材料采购　　　　　　　　　　　　　　　　　　　　　60 000

B. 借:原材料　　　　　　　　　　　　　　　　　　　60 000
　　应交税费——应交增值额(进项税额)　　　　　　　 7 800
　　贷:应付账款　　　　　　　　　　　　　　　　　　　　　67 800

C. 借:材料采购　　　　　　　　　　　　　　　　　　57 000
　　应交税费——应交增值额(进项税额)　　　　　　　 7 410
　　贷:银行存款　　　　　　　　　　　　　　　　　　　　　64 410

D. 借:材料采购　　　　　　　　　　　　　　　　　　 3 000
　　贷:材料成本差异　　　　　　　　　　　　　　　　　　　 3 000

(4) 根据期初资料和资料(1)至(4),甲企业"原材料"科目借方余额为269 000元,下列关于材料成本差异的表述正确的是(　　)。

A. 当月材料成本差异率为3.77%

B. "材料成本差异"科目的借方发生额为8 000元

C. 当月成本差异率为0.8%

D. "材料成本差异"科目的贷方发生额为19 000元

(5) 根据初期资料和资料(1)至(5),2019年6月30日甲企业相关会计科目期末余额计算结果正确的是(　　)。

A. "银行存款"科目为26 050元　　　　B. "原材料"科目为101 700元

C. "原材料"科目为186 480元　　　　　D. "银行存款"科目为133 890元

2. 甲公司为增值税一般纳税人,适用的增值税税率为13%,所得税税率为25%,假定销售商品、原材料和提供劳务均符合收入确认条件,其成本在确认收入时逐笔结转,商品、原材料售价中不含增值税。2019年甲公司发生如下交易或事项:

(1) 3月2日,向乙公司销售商品一批,按商品标价计算的金额为200万元。该批商品实际成本为150万元。由于是成批销售,甲公司给予乙公司10%的商业折扣并开具了增值税专用发票,并在销售合同中规定现金折扣条件为"2/10, 1/20, n/30",甲公司已于当日发出商品,乙公司于3月15日付款,假定计算现金折扣时不考虑增值税。

(2) 5月5日,甲公司由于商品质量原因对上年出售给丙公司的一批商品按售价给予10%的销售折让,该批商品售价为300万元。增值税税额为39万元。货款已结清。经认定,同意给予折让并以银行存款退还折让款,同时开具红字增值税专用发票。

(3) 9月20日,销售一批材料,增值税专用发票上注明的售价为15万元。增值税税额为1.95万元。款项已由银行收妥。该批材料的实际成本为10万元。

(4) 10月5日,承接一项设备安装劳务,合同期为6个月,合同总收入为120万元,已经预收80万元。余款在设备安装完成时收回。采用投入法确认劳务收入,完工率按照已发生成本占估计总成本的比例确定。至2019年12月31日已发生的成本为50万元,预计完成劳务还将发生成本30万元。

(5) 11月10日,向本公司行政管理人员发放自产产品作为福利。该批产品的实际成本为8万元,市场售价为10万元。

(6) 12月20日,收到国债利息收入59万元,以银行存款支付销售费用5.5万元,支付税收滞纳金2万元。

要求:根据上述资料,不考虑其他因素,分析回答下列小题(答案中的金额单位用万元表示)。

(1) 根据资料(1),下列各项中,账务处理结果正确的是(　　)。

A. 3月2日,甲公司应确认销售商品收入180万元

B. 3月2日,甲公司应确认销售商品收入176万元

C. 3月15日,甲公司应确认财务费用2万元

D. 3月15日,甲公司应确认财务费用1.8万元

(2) 根据资料(2)至(5),下列各项中,账务处理正确的是(　　)。

A. 5月5日,甲公司发生销售折让时的会计分录:

借:主营业务收入　　　　　　　　　　　　　　　　　　30
　　应交税费——应交增值税(销项税额)　　　　　　　3.9
　　贷:银行存款　　　　　　　　　　　　　　　　　　33.9

B. 9月20日,甲公司销售材料时的会计分录:

借:银行存款　　　　　　　　　　　　　　　　　　　16.95
　　贷:其他业务收入　　　　　　　　　　　　　　　　15
　　　　应交税费——应交增值税(销项税额)　　　　　1.95

借:其他业务成本　　　　　　　　　　　　　　　　　10
　　贷:原材料　　　　　　　　　　　　　　　　　　　10

C. 11月10日,甲公司向本公司行政管理人员发放自产产品时的会计分录:

借:管理费用　　　　　　　　　　　　　　　　　　　11.3
　　贷:应付职工薪酬　　　　　　　　　　　　　　　　11.3

借:应付职工薪酬　　　　　　　　　　　　　　　　　11.3
　　贷:主营业务收入　　　　　　　　　　　　　　　　10
　　　　应交税费——应交增值税(销项税额)　　　　　1.3

借:主营业务成本　　　　　　　　　　　　　　　　　8
　　贷:库存商品　　　　　　　　　　　　　　　　　　8

D. 12月31日,甲公司确认劳务收入,结转劳务成本的会计分录:

借:预收账款　　　　　　　　　　　　　　　　　　　75
　　贷:主营业务收入　　　　　　　　　　　　　　　　75

借:主营业务成本　　　　　　　　　　　　　　　　　50
　　贷:劳务成本　　　　　　　　　　　　　　　　　　50

(3) 根据资料(1)至(5),甲公司2019年度利润表中"营业收入"的金额是(　　)万元。

A. 225　　　　B. 235　　　　C. 250　　　　D. 280

(4) 根据资料(1)至(5),甲公司2019年度利润表中"营业成本"的金额是(　　)万元。

A. 168　　　　B. 200　　　　C. 208　　　　D. 218

(5) 根据资料(1)至(6),下列各项中,关于甲公司2019年期间费用和营业利润计算结果正确的是(　　)。

A. 期间费用为7.3万元　　　　　　B. 期间费用为18.6万元

C. 营业利润为 13 万元　　　　　　　D. 营业利润为 72.4 万元

五、业务题(本类题共 4 小题,每小题 10 分,共 40 分。凡要求计算的项目,均须列出计算过程;计算结果出现小数的,均保留小数点后两位小数。)

1. 甲公司于 2019 年 1 月 12 日购入一台需要安装的设备,收到的增值税专用发票上注明价款为 110 000 元,增值税税额为 14 300 元,支付运杂费 2 300 元,支付安装费用 7 700 元。设备于 2019 年 2 月 17 日安装完毕,交付使用。设备预计使用寿命为 5 年,预计净残值率为 4%。

要求:
(1) 计算该设备的原始价值。
(2) 如果采用年限平均法计提折旧,计算该设备 2019 年 3 月份的月折旧额。
(3) 如果采用年数总和法计提折旧,计算该设备 2019 年 3 月份的月折旧额。
(4) 编制购入并安装、交付使用及按年限平均法计提折旧的会计分录。

2. 2019 年 3 月 10 日,甲公司以 620 万元(含已宣告但尚未领取的现金股利 20 万元)购入乙公司股票 200 万股作为交易性金融资产,另支付手续费 6 万元。3 月 30 日,甲公司收到现金股利 20 万元。至 12 月 31 日,甲公司仍持有该交易性金融资产,期末每股市价为 3.2 元。2020 年 2 月 10 日,乙公司宣告分派现金股利,每股 0.3 元,于 2 月 20 日发放。2020 年 3 月 12 日以 630 万元出售该交易性金融资产。

要求:编制上述经济业务的会计分录。

3. 某企业经批准于 2019 年 1 月 1 日起发行两年期面值为 100 元的债券 200 000 张,债券年利率为 3%,每年 7 月 1 日和 12 月 31 日付息两次,到期时归还本金和最后一次利息。该债券发行收款 1 961.92 万元,债券实际利率为年利率 4%。该债券所筹资金全部用于新生产线的建设,该生产线于 2021 年 6 月月末完工交付使用。债券溢折价采用实际利率法摊销,每年 6 月 30 日和 12 月 31 日计提利息。

要求:编制该企业债券发行及发行第一年计息和付息的会计分录(金额单位用万元表示)。

4. 甲公司在 2019 年 7 月 12 日向乙公司销售一批商品,开出的增值税专用发票上注明的销售价格为 200 000 元,增值税税额为 26 000 元,款项尚未收到;该批商品成本为 120 000 元,甲公司在销售时已知乙公司资金周转发生困难,但为了减少存货积压,同时也为了维持与乙公司长期建立的商业合作关系,甲公司仍将商品发往乙公司且办妥托收手续。假定甲公司发出该批商品时其增值税纳税义务已经发生。

2019 年 10 月 5 日,甲公司得知乙公司经营情况逐渐好转,乙公司承诺近期付款;2019 年 10 月 16 日,甲公司收到款项。

要求:作出甲公司的账务处理。

附录二 模拟试题参考答案

模拟试题(一)参考答案

一、单项选择题

题号	1	2	3	4	5	6	7	8	9	10
答案	A	B	C	B	A	C	C	D	C	D
题号	11	12	13	14	15	16	17	18	19	20
答案	A	D	B	C	B	A	D	D	C	C

二、多项选择题

题号	1	2	3	4	5
答案	ABC	BD	BC	BCD	ABD

三、判断题

题号	1	2	3	4	5	6	7	8	9	10
答案	√	×	√	×	×	×	√	×	√	×

四、不定项选择题

1.(1)【答案】C 【解析】甲公司购入设备的入账成本＝98＋2＝100(万元)。

(2)【答案】A 【解析】购入需安装的固定资产,在固定资产达到预定可使用状态的次月开始计提折旧,即11月开始计提折旧,所以该设备2019年10月份不应计提折旧,选项A正确;如果采用直线法,该设备2019年第四季度计提折旧的月份是11、12月,折旧额＝(98＋2－4)÷6÷12×2＝2.7(万元),选项B错误;如果采用双倍余额递减法,年折旧率＝2/预计使用寿命×100％＝2/6×100％＝33.33％,选项C错误;如果采用年数总和法,第一年的年折旧率＝尚可使用寿命/预计使用寿命的年数总和＝6/(1＋2＋3＋4＋5＋6)＝2/7,选项D错误。

(3)【答案】A 【解析】更新改造后该生产线的入账成本＝(200－120)＋70－10＝140(万元)。

(4)【答案】CD 【解析】甲公司毁损固定资产时,编制的全部会计分录如下:
结转固定资产的账面价值时:
借:固定资产清理　　　　　　　　　　　　　　　　　　　　　300
　　累计折旧　　　　　　　　　　　　　　　　　　　　　　　100
　　贷:固定资产　　　　　　　　　　　　　　　　　　　　　　　400
残料入库时:

借:原材料	5	
贷:固定资产清理		5

以现金支付清理费用时:

借:固定资产清理	2	
贷:库存现金		2

确定应由保险公司理赔的损失时:

借:其他应收款	150	
贷:固定资产清理		150

结转清理净损失时:

借:营业外支出	147	
贷:固定资产清理		147

所以选项CD正确。

(5)【答案】C 【解析】短缺笔记本电脑应记入"营业外支出"的金额=1－0.6－0.1＝0.3(万元)。

相关会计分录如下:

盘亏固定资产时:

借:待处理财产损溢	0.4	
累计折旧	0.6	
贷:固定资产		1

确定应由责任人赔偿时:

借:其他应收款	0.1	
贷:待处理财产损溢		0.1

报经批准转销时:

借:营业外支出——盘亏损失	0.3	
贷:待处理财产损溢		0.3

2.(1)【答案】BC 【解析】确认为管理人员提供租赁住房的非货币性福利时的会计分录为:

借:管理费用	12 000	
贷:应付职工薪酬——非货币性福利		12 000

支付租赁住房的租金时的分录为:

借:应付职工薪酬——非货币性福利	12 000	
贷:银行存款		12 000

(2)【答案】BD 【解析】企业将生产的毛巾被作为福利发放给直接从事生产活动的职工的会计分录为:

借:应付职工薪酬——非货币性福利	50 850	
贷:主营业务收入		45 000
应交税费——应交增值税(销项税额)		5 850
借:主营业务成本	30 000	
贷:库存商品		30 000

(3)【答案】ACD 【解析】为职工家属代垫的医药费通过"其他应收款"科目核算,不通过"应付职工薪酬"科目核算。会计分录如下:

借:其他应收款
　　贷:银行存款

(4)【答案】ABC　【解析】选项 A,制造费用增加=29 700×(1+20%+15%)=40 095(元);选项 B、D,管理费用增加=63 400×(1+20%+15%)=85 590(元);选项 C,销售费用增加=74 100×(1+20%+15%)=100 035(元)。

(5)【答案】C　【解析】该企业 3 月份分配职工薪酬直接影响利润表"营业利润"项目的金额=85 590+100 035=185 625(元)。

五、业务题

1.【答案】(1) 年末结转本年利润、提取盈余公积并分配现金股利:

① 借:本年利润　　　　　　　　　　　　　　　　　　　　　1 800 000
　　　贷:利润分配——未分配利润　　　　　　　　　　　　　　1 800 000
② 借:利润分配——提取法定盈余公积　　　　　　　　　　　　180 000
　　　　　　　　——提取任意盈余公积　　　　　　　　　　　　450 000
　　　贷:盈余公积——法定盈余公积　　　　　　　　　　　　　180 000
　　　　　　　　——任意盈余公积　　　　　　　　　　　　　　450 000
③ 借:利润分配——应付现金股利　　　　　　　　　　　　　　500 000
　　　贷:应付股利　　　　　　　　　　　　　　　　　　　　　500 000
④ 借:利润分配——未分配利润　　　　　　　　　　　　　　　1 130 000
　　　贷:利润分配——提取法定盈余公积　　　　　　　　　　　180 000
　　　　　　　　　——提取任意盈余公积　　　　　　　　　　　450 000
　　　　　　　　　——应付现金股利　　　　　　　　　　　　　500 000

(2) 以盈余公积转增资本,按股东比例转增:

借:盈余公积——法定盈余公积　　　　　　　　　　　　　　　500 000
　　贷:实收资本——A 公司　　　　　　　　　　　　　　　　　125 000
　　　　　　　——B 公司　　　　　　　　　　　　　　　　　　150 000
　　　　　　　——C 公司　　　　　　　　　　　　　　　　　　50 000
　　　　　　　——D 公司　　　　　　　　　　　　　　　　　　25 000
　　　　　　　——其他　　　　　　　　　　　　　　　　　　　150 000

2.【答案】(1) 2019 年 1 月 1 日甲公司购入该债券的会计分录:

借:债权投资——乙公司(成本)　　　　　　　　　　　　　　　1 000
　　　　　　——乙公司(利息调整)　　　　　　　　　　　　　　100
　　贷:银行存款　　　　　　　　　　　　　　　　　　　　　　1 100

(2) 计算 2019 年 12 月 31 日甲公司该债券投资收益、应计利息和利息调整摊销额:

2019 年 12 月 31 日甲公司该债券投资收益=1 100×6.4%=70.4(万元)。
2019 年 12 月 31 日甲公司该债券应计利息=1 000×10%=100(万元)。
2019 年 12 月 31 日甲公司该债券利息调整摊销额=100-70.4=29.6(万元)。

会计分录:
借:债权投资——乙公司(应计利息)　　　　　　　　　　　　　100
　　贷:投资收益　　　　　　　　　　　　　　　　　　　　　　70.4
　　　　债权投资——乙公司(利息调整)　　　　　　　　　　　　29.6

(3) 2020年1月1日甲公司售出该债券的损益＝955－(800＋56.32＋80)＝18.68(万元)。
会计分录：

借：银行存款　　　　　　　　　　　　　　　　　　　　　　　　955
　　贷：债权投资——乙公司(成本)　　　　　　　　　　　　　　　800
　　　　　　——乙公司(利息调整)　　　　　　　　　　　　　56.32
　　　　　　——乙公司(应计利息)　　　　　　　　　　　　　　80
　　　　投资收益　　　　　　　　　　　　　　　　　　　　　　18.68

3.【答案】(1)① 借：原材料——A材料　　　　　　　　　　　　　217.8
　　　　　　　应交税费——应交增值税(进项税额)　　　　　　　28.08
　　　　　　　贷：其他货币资金——银行汇票存款　　　　　　　245.88
借：银行存款　　　　　　　　　　　　　　　　　　　　　　　　54.12
　　贷：其他货币资金——银行汇票存款　　　　　　　　　　　　54.12
② 借：原材料——A材料　　　　　　　　　　　　　　　　　　　163.4
　　　应交税费——应交增值税(进项税额)　　　　　　　　　　21.19
　　　贷：应付票据　　　　　　　　　　　　　　　　　　　　184.59
③ 借：原材料——A材料　　　　　　　　　　　　　　　　　　　1 415
　　　应交税费——应交增值税(进项税额)　　　　　　　　　　183.95
　　　贷：实收资本　　　　　　　　　　　　　　　　　　　　1 598.95

(2) A材料加权平均单位成本
＝(385＋217.8＋163.4＋1 415)÷(1 400＋800＋590＋5 000)＝0.28(万元/千克)。

(3) ① 借：待处理财产损溢　　　　　　　　　　　　　　　　　　15.82
　　　　　贷：原材料——A材料　　　　　　　　　　　(0.28×50)14
　　　　　　　应交税费——应交增值税(进项税额转出)　　　　　1.82
借：营业外支出　　　　　　　　　　　　　　　　　　　　　　　5.82
　　其他应收款　　　　　　　　　　　　　　　　　　　　　　　10
　　贷：待处理财产损溢　　　　　　　　　　　　　　　　　　　15.82

4.【答案】(1) ① 借：应收账款　　　　　　　　　　　　　　　　　768.4
　　　　　　　　贷：主营业务收入　　　　　　　　　　　　　　　680
　　　　　　　　　　应交税费——应交增值税(销项税额)　　　　88.4
借：主营业务成本　　　　　　　　　　　　　　　　　　　　　　480
　　贷：库存商品　　　　　　　　　　　　　　　　　　　　　　480
② 借：主营业务收入　　　　　　　　　　　　　　　　　　　　　340
　　　应交税费——应交增值税(销项税额)　　　　　　　　　　44.2
　　　贷：应收账款　　　　　　　　　　　　　　　　　　　　　384.2
借：库存商品　　　　　　　　　　　　　　　　　　　　　　　　240
　　贷：主营业务成本　　　　　　　　　　　　　　　　　　　　240
③ 借：生产成本　　　　　　　　　　　　　　　　(500×0.4×1.13)226
　　　管理费用　　　　　　　　　　　　　　　　(40×0.4×1.13)18.08
　　　销售费用　　　　　　　　　　　　　　　　(60×0.4×1.13)27.12
　　　贷：应付职工薪酬　　　　　　　　　　　　　　　　　　　271.2

借:应付职工薪酬　　　　　　　　　　　　　　　　　　　　　　271.2
　　贷:主营业务收入　　　　　　　　[(500+40+60)×0.4]240
　　　　应交税费——应交增值税(销项税额)　　　　　　　31.2
借:主营业务成本　　　　　　　　　　[(500+40+60)×0.3]180
　　贷:库存商品　　　　　　　　　　　　　　　　　　　　　180
④借:主营业务收入　　　　　　　　　　　　　　　　　　　　　60
　　应交税费——应交增值税(销项税额)　　　　　　　　　7.8
　　贷:银行存款　　　　　　　　　　　　　　　　　　　　　67.8
(2)主营业务收入的总额=680-340+240-60=520(万元)。

模拟试题(二)参考答案

一、单项选择题

题号	1	2	3	4	5	6	7	8	9	10
答案	D	C	B	A	C	C	B	D	D	C
题号	11	12	13	14	15	16	17	18	19	20
答案	A	C	A	C	D	C	C	A	C	D

二、多项选择题

题号	1	2	3	4	5
答案	ACD	ACD	ABCD	ABCD	ACD

三、判断题

题号	1	2	3	4	5	6	7	8	9	10
答案	√	×	×	×	√	√	×	√	×	√

四、不定项选择题

1.(1)【答案】BD　【解析】资料(1)相关会计分录如下:
借:材料采购　　　　　　　　　　　　　　　　　　　　　90 000
　　应交税费——应交增值税(进项税额)　　　　　　　11 700
　　贷:银行存款　　　　　　　　　　　　　　　　　　　101 700

(2)【答案】AD　【解析】资料(2)相关会计分录如下:
借:原材料　　　　　　　　　　　　　　(4 950×20)99 000
　　贷:材料采购　　　　　　　　　　　　　　　　　　　90 000
　　　　材料成本差异　　　　　　　　　　　　　　　　　9 000

(3)【答案】ACD　【解析】资料(3)相关会计分录如下:
借:材料采购　　　　　　　　　　　　　　　　　　　　　57 000
　　应交税费——应交增值税(进项税额)　　　　　　　7 410
　　贷:银行存款　　　　　　　　　　　　　　　　　　　64 410
借:原材料　　　　　　　　　　　　　　(3 000×20)60 000
　　贷:材料采购　　　　　　　　　　　　　　　　　　　57 000
　　　　材料成本差异　　　　　　　　　　　　　　　　　3 000

(4)【答案】BC 【解析】6月份,"材料成本差异"科目的借方发生额=8 000(元);"材料成本差异"科目的贷方发生额=9 000+3 000=12 000(元)。

6月30日,甲公司"材料成本差异"科目借方余额=6 152-9 000-3 000+8 000=2 152(元)。

6月材料成本差异率=2 152/269 000×100%=0.8%。

(5)【答案】D 【解析】6月30日,"银行存款"科目余额=300 000-101 700-64 410=133 890(元);"原材料"科目余额=269 000-84 000=185 000(元)。

2.(1)【答案】AD

【解析】

① 3月2日:

借:应收账款　　　　　　　　　　　　　　　　　　203.4
　　贷:主营业务收入　　　　　　　　　　　　　　　　　180
　　　　应交税费——应交增值税(销项税额)　　　　　　23.4
借:主营业务成本　　　　　　　　　　　　　　　　　150
　　贷:库存商品　　　　　　　　　　　　　　　　　　　150

② 3月15日:

借:银行存款　　　　　　　　　　　　　　　　　　　201.6
　　财务费用　　　　　　　　　　　　　　　　　　　　1.8
　　贷:应收账款　　　　　　　　　　　　　　　　　　203.4

(2)【答案】ABCD 【解析】选项D,履约进度=50/(50+30)×100%=62.5%,应确认劳务收入=120×62.5%=75(万元),应结转已发生的劳务成本50万元。

(3)【答案】C 【解析】营业收入=180-30+15+75+10=250(万元)。

(4)【答案】D 【解析】营业成本=150+10+50+8=218(万元)。

(5)【答案】BD 【解析】期间费用=1.8[资料(1)]+11.3[资料(5)]+5.5[资料(6)]=18.6(万元);营业利润=250-218-18.6+59[资料(6)]=72.4(万元)。

五、业务题

1.【答案】(1) 计算该设备的原始价值=110 000+2 300+7 700=120 000(元)。

(2) 年限平均法:2019年3月份月折旧额=[120 000×(1-4%)/5]÷12=1 920(元)。

(3) 年数总和法:2019年3月份月折旧额=[120 000×(1-4%)×5/15]÷12=3 200(元)。

(4) 会计分录:

① 购买并安装:

借:在建工程　　　　　　　　　　　　　　　　　　120 000
　　应交税费——应交增值税(进项税额)　　　　　　14 300
　　贷:银行存款　　　　　　　　　　　　　　　　　134 300

② 交付使用:

借:固定资产　　　　　　　　　　　　　　　　　　120 000
　　贷:在建工程　　　　　　　　　　　　　　　　　120 000

③ 计提折旧:

借:制造费用　　　　　　　　　　　　　　　　　　1 920
　　贷:累计折旧　　　　　　　　　　　　　　　　　1 920

2.【答案】(1) 2019年3月10日购入时:

借:交易性金融资产——成本	600
应收股利	20
投资收益	6
贷:银行存款	626

(2) 2019年3月30日收到股利时:

借:银行存款	20
贷:应收股利	20

(3) 2019年12月31日:

借:交易性金融资产——公允价值变动	(200×3.2−600)40
贷:公允价值变动损益	40

(4) 2020年2月10日宣告分派时:

借:应收股利	(0.30×200)60
贷:投资收益	60

(5) 2020年2月20日收到股利时:

借:银行存款	60
贷:应收股利	60

(6) 2020年3月12日出售时:

借:银行存款	630
投资收益	10
贷:交易性金融资产——成本	600
交易性金融资产——公允价值变动	40

3.【答案】(1) 2019年1月1日发行债券:

借:银行存款	1 961.92
应付债券——利息调整	38.08
贷:应付债券——债券面值	2 000

(2) 2019年6月30日计提利息:

利息费用=1 961.92×2%=39.24(万元)。

借:在建工程	39.24
贷:应付利息	30
应付债券——利息调整	9.24

(3) 2019年7月1日支付利息:

借:应付利息	30
贷:银行存款	30

(4) 2019年12月31日计提利息:

利息费用=(1 961.92+9.24)×2%=39.42(万元)。

期末摊余成本=期初摊余成本+本期计提利息−本期支付的利息。

借:财务费用	39.42
贷:应付利息	30
应付债券——利息调整	9.42

(5) 2020 年 1 月 1 日支付利息:

借:应付利息 30
  贷:银行存款 30

4.【答案】(1) 2019 年 7 月 12 日,甲公司发出商品:

借:发出商品 120 000
  贷:库存商品 120 000

同时,将增值税专用发票上注明的增值税税额转入应收账款:

借:应收账款——乙公司 26 000
  贷:应交税费——应交增值税(销项税额) 26 000

(2) 2019 年 10 月 5 日,甲公司得知乙公司经营情况逐渐好转,乙公司承诺近期付款:

借:应收账款——乙公司 200 000
  贷:主营业务收入 200 000
借:主营业务成本 120 000
  贷:发出商品 120 000

(3) 2019 年 10 月 16 日,甲公司收到款项:

借:银行存款 226 000
  贷:应收账款——乙公司 226 000

郑重声明

高等教育出版社依法对本书享有专有出版权。任何未经许可的复制、销售行为均违反《中华人民共和国著作权法》，其行为人将承担相应的民事责任和行政责任；构成犯罪的，将被依法追究刑事责任。为了维护市场秩序，保护读者的合法权益，避免读者误用盗版书造成不良后果，我社将配合行政执法部门和司法机关对违法犯罪的单位和个人进行严厉打击。社会各界人士如发现上述侵权行为，希望及时举报，我社将奖励举报有功人员。

反盗版举报电话　（010）58581999　58582371
反盗版举报邮箱　dd@hep.com.cn
通信地址　北京市西城区德外大街4号　高等教育出版社法律事务部
邮政编码　100120